ASTROLOGISCHER
LEHR- UND ÜBUNGSKURS

nach protokollarischen Aufzeichnungen eines
Abendkurses, basierend auf dem System der

MÜNCHNER RHYTHMENLEHRE

Leiter: Wolfgang Döbereiner

IV. Teil

Vertrieb: Kailash Buch im Heinrich Hugendubel Verlag

Die Münchner Rhythmenlehre ist ein in sich geschlossenes astrologisches System.

Es beinhaltet:

1) Definition der vier Quadranten wie Häuserbild
2) Trennung von Anlage zu Verhalten mit Deutungsmethode (Anlage – Verhalten – Finalität bzw. AC – Sonne – MC)
3) Rhythmische Auslösung und Schwingungsbilder (Septare)
4) die sich aus dem System ergebende Anschauung und ihre Definitionen

Das System wurde vom Kursleiter in der Zeit von 1952 – 1956 entwickelt und erstmals als „Münchner Rhythmenlehre" von 1956 – 1959 in der damaligen Süddeutschen Astrologenschule in München gelehrt.

Herausgegeben im Selbstverlag im
Herbst 1984

Vertrieb im Heinrich Hugendubel Verlag
ISBN 3-88034-254-7

EINUNDDREIßIGSTER ABEND

5. JULI 1972

A: Wir brauchen nur einmal acht Tage eine Pause einlegen, dann werden wir immer weniger. Da sind wir bald unter uns, nachher.

Jetzt ist folgendes: ich habe heute kein festes Programm, und zwar deswegen, weil das Buch immer noch nicht fertig ist und der Verlag aber nur bis Freitag Mittag mitmacht ..

K: Geht das ?

A: Ja, siebenundsiebzig Manuskriptseiten - nein - siebenundsechzig sind es nur noch. - Bitte ? - Siebenundsechzig, das geht.

K: Das ist ja wurscht, siebenundsiebzig oder siebenundsechzig.

A: Das macht was aus, schreiben Sie einmal achthundert Seiten, dann zählen Sie am Schluß jede einzelne, jede einzelne, wirklich - achthundert waren es.

K: Das kriegt man dann schon zum Kaufen ?

K: Das können wir ja gleich bestellen.

A: Besser nicht bei mir, weil ich ein nachlässiger Mensch bin. Ich würde sagen: Herr Gertl - der ist nicht da heute ..

Irgend jemand, der sich dazu berufen fühlt, soll auf einer Liste alle Besteller aufschreiben und dann an den Südwest-Verlag schicken.

K: Wann erscheint das Buch ?

A: Im August.

K: Was kostet es ?

A: Zwölf Mark und achtzig Pfennige sind vorgesehen.

K: Das ist billig.

A: Sind zweihundert Druckseiten, da kommt die Seite .. weiß nicht ..

K: Wie heißt das Buch ?

A: "Horoskop für jeden Tag". Der Titel ist nicht von mir, sollte gängig sein, hats' geheißen. Das Dumme ist nur, daß der Inhalt nicht zum Titel paßt. Ich sage Ihnen allerdings gleich, Sie werden sich ..

K: .. wundern.

A: Ja - es ist etwas rüde geschrieben. Es steht also durchaus bei einzelnen Geburtstagen zum Beispiel, daß man in einer geistigen Konfektion steckenbleibt, oder daß man demonstrativ besinnlich ist, - es ist also nicht hingeschrieben: "Sie sind edel" und "Sie sind fleißig" und so - verstehen Sie, die guten Eigenschaften sind zum Teil sogar mit Absicht in Anführungszeichen gesetzt, weil ich ja jedem mißtraue, der ordentlich ist, ich mißtraue auch jedem, der fleißig ist - mißtraue ich echt, weil ich mich frage, "warum muß der das sein ?", verstehen Sie, das ist ja nicht zufällig. - Bitte ?

K: Wenn nun alle anders wären, wie würde dann die Welt aussehen ?

A: Besser, viel besser. Ich habe ja nichts gegen die Vielfalt und gegen das bunte Leben. Ich habe nur etwas dagegen, daß einer nur ordentlich ist und sonst gar nichts, daß er sich anmaßt, sein Maß auf andere zu übertragen und sich in Dinge und Welten einzumischen, für die er nicht zuständig ist und die ihn deshalb nichts angehen - da habe ich was dagegen.

Hinter der Ordnung sitzt die Angst, die Angst um sich, und wenn sie übertrieben wird, kann man außer sich selbst gar nichts mehr sehen. In dem Buch kommt ja auch einmal der Satz vor: "es kann sich nicht jeder leisten, unordentlich zu sein.", es kann sich nämlich wirklich nicht jeder leisten.

Da gibt es einen Satz von Arthur Kutscher - der war früher einmal hier ein sehr gefeierter Mann der Theaterwissenschaft, und der hat gesagt, "er war in seinem Leben nie vernünftig, denn er hat viel Wichtigeres zu tun gehabt". Womit ich auch gleich wieder sagen möchte, ich bin mißtrauisch gegen alle, die vernünftig sind, denn wenn einer so an der Sicherheit seines Selbstgefühls hängt, daß er vernünftig sein muß, was muß das für ein Subjektivist sein. Die Vernunft ist ja nur zum Schutz des Subjektiven da, das ist Haus sechs - die sind gegenwartslastig, situationsgebunden, die wissen morgen nicht mehr, was sie heute gesagt haben. Mit einem, der so vernünftig ist, würde ich keinen Vertrag machen, - dagegen ist ja auch nichts zu sagen, nur, dann sollen die eben über das, was über ihre Subjektivität hinausgeht, den Mund halten.

K: Da muß man dann den Vertrag schriftlich machen.

A: Ach, schriftliche Verträge, schauen Sie, ich berate seit zwanzig Jahren, ich weiß, was die wert sind. Da kommt es nur auf das Geld an, das unter Umständen dahintersteht, da können Sie jeden Vertrag zunichte machen, jeden Vertragspartner aushungern, wenn der kein Geld hat - da können Sie gar nichts machen, wenn einer dumm genug war, sich zum Beispiel mit einem starken Partner zusammen zu tun und zu sagen "da hat mir so ein Konzern einen Vertrag angeboten.", jubelt und was weiß ich und merkt gar nicht, wie er schon jenseits von Gut und Böse ist.

Gut, wir wollen heute .. - Ja ?

K: Ich wollte Sie bitten, daß wir ein bißchen korrigieren lernen. - Sie sagen oft "Milieuwechsel" oder bestimmte Sachen "da hat er geheiratet" oder so etwas Ähnliches. Und unsereiner sagt "ja, das ist sehr lustig, wenn einer das sieht", nur wäre das jetzt interessant, wenn unsereiner das auch sehen würde.

A: Das stimmt.

K: Gerade das mit dem Milieuwechsel - Sie haben letzthin gesagt, ein Milieuwechsel ist, wenn irgend so ein einundzwanzig Grad Widder oder Waage fällig ist, wenn man dann in ein Lokal hineinkommt ..

A: Vierundzwanzig.

K: Vierundzwanzig Grad Waage, - da haben Sie gesagt, man kann darauf warten, daß dann ein Milieuwechsel stattfindet. "Milieuwechsel" heißt bei Ihnen einerseits, "der steht auf und geht", andererseits heißts' "er ist umgezogen".

A: Ja.

K: Wenn Sie sagen, der ist da und da umgezogen, an was erkennen Sie, daß der Milieuwechsel jetzt nicht bedeutet, daß er da wahrscheinlich im Lokal aufgestanden und gegangen ist ?

A: Das merke ich ganz einfach, wenn der im Lokal aufsteht und geht, dann kann es sich nur um die laufende Tagesachse, um den laufenden Ascendent handeln. Das hat mit dem individuellen Horoskop überhaupt nichts zu tun. Natürlich, wenn der den Mars auf vierundzwanzig Waage hat, dann steht er vielleicht heftig auf, oder wenn er den Uranus oder den Herrscher von eins auf vierundzwanzig Waage hat, dann wechselt er vielleicht öfter das Lokal - dann wirkt sich halt der laufende Tages-Ascendent zwingender aus. Aber wenn - wie gesagt - der Ascendent des laufenden Tages vierundzwanzig Grad Widder oder Waage hat, im übrigen auch auf den Kardinalpunkten, oder wenn der Mond erreicht ist, dann entsteht der Impuls aufzubrechen oder sich zu verändern, das sind dann immer ganze Gruppen.

K: Es kann aber doch sein oder es ist vielleicht meistens so, daß einer immer zu einer bestimmten Zeit in ein Lokal geht und zu einer bestimmten Zeit wieder aufbricht, oder überhaupt, die täglichen Milieuwechsel sind doch genormt.

A: Sicher ist das so, nur hat das mit dem Milieuwechsel, der das Durchschnittsverhalten durchbricht, nichts zu tun. Die Konstellationen, die wir ja hier nennen, sind ja nicht die durchschnittlichen Verhaltenssituationen, die normal wären, sondern in dem Moment, in dem bei uns eine Konstellation eintritt, ist das schon eine Abweichung vom Durchschnittsverhalten, das ist schon eine Mutation. Das heißt, wenn einer in seinem Leben ununterbrochen in Lokale geht, und der bekommt einen Uranus - von mir aus - am Ascendenten, oder - noch besser - am MC, ja dann geht der auf den Eifelturm, oder in eine Nachtbar auf dem Eifelturm, oder er kommt aus dem Lokal gar nicht mehr heraus, da wird dann der Milieuwechsel zur Wohnung, - die Veränderung das Beständige. Aber wenn z.B. einer das ganze Jahr immer zuhause sitzt und der hat dann einen solchen Uranus, dann treibt es ihn nach draußen, dann geht er in ein Lokal, aber dann ist es noch nicht die Nachtbar auf dem Eifelturm, denn dann bedeutet es für ihn schon sehr viel, wenn er in ein normales Lokal geht, das bis um zehn Uhr abends auf hat. Also ich meine, die Relation müssen Sie schon sehen. Natürlich sehen Sie die Relation schon in der Grundlage des Geburtsbilds, aber Sie sehen auch nicht immer in jedem Geburtsbild sofort genau nach und sagen und deuten gleich das Gesamtbild.

Und bei der laufenden Tagesachse bzw. dem Tages-Ascendenten ist es halt so, daß bei einem laufenden Ascendenten von vierundzwanzig Grad Waage der Impuls zur Milieuveränderung vermittelt wird. Und weil es eine mundane, das heißt allgemeine Konstellation ist, vermittelt sie sich immer mehreren Personen, gleichzeitig, und das wirkt sich eben in einem Lokal so aus, daß immer mehrere gleichzeitig den Impuls zum Aufbruch haben.

K: Wie geht dann das mit dem Korrigieren mit den vierundzwanzig Grad Waage .. ?

A: Das ist halt eine technische Gesichte, das hat mit dem Gruppenschicksal zu tun - da will ich noch nicht viel darüber erzählen. Aber eines kann man sagen: wenn Sie den Ascendenten schlicht um "ein Grad" ist gleich "ein Jahr" verschieben, und Sie liegen mit Ihrem Ascendenten z.B. vierzehn Grad von den vierundzwanzig Waage entfernt, dann können Sie sagen, für den Fall, daß der Ascendent stimmt, daß der Betreffende mit vierzehn Jahren einen Milieuwechsel im Sinne des Umzugs hat. Ist der Milieuwechsel dann tatsächlich mit dreizehn Jahren, dann stimmt eben der Ascendent um ein Grad nicht. Und damit kann man schon einmal grob korrigieren.

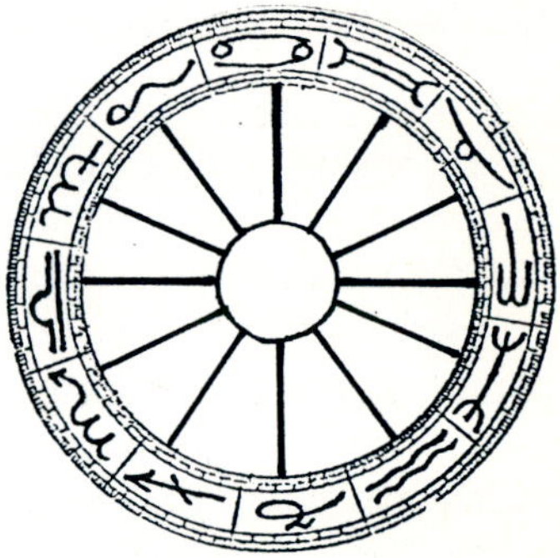

K: Ich habe das nur gefragt, weil Sie das damals erwähnt haben. Denn "umziehen" tut man als Kind vielleicht zwei oder drei Mal, wenn man erwachsen ist, auch noch einmal. Sagen wir, bis zu dreißig Jahren ist man im Normalfall vielleicht fünf bis sechs Mal umgezogen. Und das sind doch markante Punkte, wo man sagen kann: anhand dessen kann ich sagen, "aha, dieser Ascendent stimmt nie und nimmer".

A: Na gut, da gibt es zwei Möglichkeiten: die eine ist das, daß wenn es ein Umzug ist, der gleichzeitig ein Wechsel des Sozialmilieus ist, also ein Umzug, der gleichzeitig das Sozialmilieu verändert, gut oder schlecht, das spielt keine Rolle, dann muß dieser Umzug in der rhythmischen Auslösung, wie wir sie durchgenommen haben, enthalten sein, - muß er. Und zwar Haus zwei muß dann betroffen sein, und selbst wenn dies über die mitausgelösten Planeten, also über die Aspekt-ausgelösten Planeten ..

K: Ja, aber .. was verstehen Sie unter "Sozialmilieuveränderung", wenn ich jetzt ..

A: Schauen Sie, da hat einer fünf Jahre im Hinterhaus gelebt und gewinnt im Lotto, oder die Tante stirbt - ich weiß es nicht, eine die Geld hat, und dann nimmt der sich eine Eigentumswohnung und ..

K: Also wenn ich jetzt z.B. mein Milieu verändere, sagen wir jetzt von Nord- nach Süddeutschland, deswegen bleibt mein Milieu ja gleich, oder ?

A: Das meine ich damit nicht - natürlich bleibt dann Ihr Milieu gleich, wiewohl sich das Milieu Ihrer Umgebung, und zwar auch das Sozialmilieu Ihrer Umgebung verändert hat.

K: Sie heiraten einen ganz reichen Mann und ziehen mit dem in eine Villa ein, dann ist das eine Sozialmilieuveränderung.

A: .. oder wenn Sie - angenommen - Sie sind in Norddeutschland verheiratet, oder besser, im Rheinland, und Ihr Mann wird um eine Stufe verbessert, dann kommt er in einen anderen Kreis von Bekannten hinein. Da ist das so, die verkehren nicht mit jedem. Das ist dann eine soziale Milieuveränderung. Das muß dann noch nicht einmal ein Umzug sein, denn das wirkt fast schon so wie ein Umzug.

K: Aber es gibt doch Umzüge, die ohne Veränderung des sozialen Milieus sind.

A: Auf die komme ich eben ..

K: Sieht man, ob das einschneidend ist - ob die Veränderung gut ist oder schlecht, ob ich dahin ziehe oder nicht. Daß man einen bösen Hausherrn hat, oder so etwas ?

A: Ach so, Sie wollen also nicht die Korrektur jetzt, sondern überhaupt einen Abend über Mietrecht hören ?

K: Nein - ob ich einen Umzug sehe, der milieumäßig jetzt gleich bleibt, aber ob ich den Umzug machen soll, weil ..

K: Eine Ortsveränderung praktisch.

K: Ja, ob die gut ist oder schlecht.

A: Ich habe Ihnen doch gesagt, daß die soziale Milieuveränderung in der rhythmischen Auslösung zu sehen sein muß, und zwar ob gut oder ob schlecht, und zwar bezüglich oder bezogen auf das zweite Haus.

K: Ich habe einen Umzug hinter mir, und zwar also eine scheußliche Geschichte mit der alten Wohnung. Und da bin ich einmal zu einem von Ihren Kollegen gegangen und da hat der gesagt: "Solange der Saturn noch in Ihrem vierten Haus ist, .." ..

A: Das weiß man aber nicht sicher, ob das ein Kollege war ..

K: .. und der sagt: "Der Saturn ist im Moment noch in Ihrem vierten Haus, und solange der da drin steht, bleiben Sie in Ihrer alten Wohnung". Und dann ging der Saturn aus dem vierten Haus heraus, und dann bin ich tatsächlich in meine neu gefundene Wohnung eingezogen.

A: Ja, das lag aber nicht, oder nicht nur am Saturn, der Saturn drückt nämlich im vierten Haus etwas ganz anderes aus. - Ich darf Ihnen folgendes sagen: natürlich ist es nicht zufällig, wo man wohnt. Ich nenne Ihnen einmal ein Beispiel: da war ein Mannequin, die hat so ein Leben hinter sich gehabt - so in dem Sinn "frei ist die Welt" - und dann hat sie plötzlich einen Überdruß bekommen, was man daran merkt, daß sie sich dann Lederkleidung gekauft hat. Das ist ein ganz typisches Symptom.

K: Wieso ?

A: In dem Moment, in dem sich ein Mädchen Lederkleidung kauft, dann weiß man, was los ist - dann hat sie es satt, die braucht man erst gar nicht zu verführen, weil das ist für sie schon wieder jenseits, das ist schon wieder auf der anderen Seite von prüde sein. Das ist so das Bild vom härernen Wams, das auf die Suche nach den inneren Werten hinweist, zumindest hinweisen soll. Jedenfalls, die war des freien Lebens überdrüssig und wollte nun in sich gehen. Und sie war zufällig Löwe, also ein Feuerzeichen, nun ist es also so, das In-sich-gehen von Menschen, die die Sonne in einem Feuerzeichen haben, das sieht man, - also so ein Mensch - wissen Sie, die verlagern die Verarbeitung innerer Zustände in die Außenwelt und beziehen den Umkreis in ihre Verarbeitung mit ein, infolgedessen merkt man immer, wenn die etwas zu verarbeiten haben. Jetzt stellen Sie sich einmal vor, so jemand geht in sich. So jemand geht so aktiv in sich, da können Sie zuschauen. Und bei der war es genau so, - da entsteht ja dann erst der Ernst, denn die anderen, die nicht außen verarbeiten, die brauchen den Ernst ja gar nicht. Nun ist da folgendes passiert: sie hat zu dieser Zeit den laufenden Saturn stationör am Descendenten gehabt, und nun hatte sie Krebs-Ascendent, fünf Grad, und diese Ascendenten sind sowieso gefährdet: die suchen nämlich, weil sie sich selbst nicht zu leben trauen und deshalb empfindungslos sind, den Triebkonsum, sind deshalb gefühlsabhängig und labil. Drum haben die auch als Stütze ein so starkes Kontrolldenken, den Steinbock, und später im Alter werden die dann oft, ganz im Gegensatz zu ihrem Leben, ganz strenge Moralisten. Das können Sie schön beobachten. Und die hatte also Steinbock-Descendent und den laufenden Saturn direkt am Descendenten. Das heißt also, das Begegnende ist was ? Was ist denn dann das Begegnende ? - Bitte ?

K: Gehemmt.

A: Gehemmt, das könnte Ihnen jeder Vulgär-Astrologe sagen. Nein, Sie wollen ja etwas Besseres werden. Was sagt der Saturn da hinten drin ?

K: Das heißt "Formierung".

A: Formierung, und was noch ? - Sie will sich also formieren, was will sie noch ? - Bitte ?

K: Eine Festlegung, praktisch.

A: Sie will sich auch festlegen, richtig, aber was noch ? Was ist denn Steinbock für ein Zeichen ?

K: Einschränkung.

A: Was ist .. das wievielte Zeichen ist Steinbock ?

K: Ach, das zehnte.

A: Was heißt das ?

K: Das ist der Beruf.

A: Nein, "Beruf" ist zweideutig, der hat unter Umständen mit der Erwerbstätigkeit nichts zu tun - "Beruf" kann alles sein.

K: Die Wirkung nach außen.

A: Ich sag' Ihnen ja: sprachliche und begriffliche Ungenauigkeiten können sich alle leisten, sogar Naturwissenschaftler, nur Astrologen nicht. - Die sucht nach Bedeutung, d.h. sie sucht nach Wesentlichem, nach Bildern des Außersubjektiven, Wirklichen. Der Steinbock ist im siebten Haus, dem Bildempfang. - Ist das klar ? - Und die mußte aus irgend einem Grund umziehen, was meinen Sie, wo die hingezogen ist ? Wo der Blick aus ihrem Fenster hinging ? - Die ist in die Germaniastraße gezogen und direkt gegenüber hat sie die Erlöserkirche gehabt. - Als sie mir sagte, daß sie umgezogen sei, meinte sie: an das Glockenläuten müßte sie sich erst gewöhnen und ob ich nicht einmal kommen mag, abends, sie würde Kaffee mittrinken oder so. Ich bin gekommen, und da sehe ich aus dem Fenster die Erlöserkriche, da ist mir das erst richtig bewußt geworden. Da habe ich ihr gesagt: "Ist Ihnen eigentlich klar, was mit Ihnen los ist ?" Und ausgezogen ist sie erst in dem Moment, in dem der Saturn-Transit weggegangen war, und der war über ein Jahr am Descendenten.

Ich wollte damit sagen, es ist nicht zufällig, wie und wo und was Sie wohnen. Infolgedessen, wie wollen Sie feststellen, wie wollen Sie überhaupt feststellen: ist das Wohnen für mich günstig, ist das für mich ungünstig - verstehen Sie, nach welchen Maßstäben wollen Sie das überhaupt beurteilen ?

K: Für welchen Quadranten soll es denn günstig sein ?

K: Darum fragen wir ja Sie.

A: Ja, ja.

K: Wie ist das jetzt mit dem Korrigieren ?

A: Ja, dann schieben Sie .. Primitivmethode: wieviel Grad haben

Sie Ihren Ascendenten ?

K: Drei Grad Jungfrau.

A: Gut, wie lange braucht man, bis man zu einem Kardinalpunkt kommt ? - Es sind siebenundzwanzig Grad bis zum nächsten Kardinalpunkt, bis zu null Grad Waage.

K: Mhm.

A: Gut, die siebenundzwanzig Grad nehmen Sie nun schlicht als siebenundzwanzig Jahre. Zu diesem Zeitpunkt also, wenn Sie auf null Grad Waage kommen, gehen Sie in ein neues Quartal des Tierkreises hinein, infolgedessen müssen Sie da einen Milieuwechsel haben, und zwar im Sinne eines Umzugs, und zwar in dem Sinne, in dem Ihre Venus im Radis steht. Weil bei null Grad Waage die Venus aktiviert wird, genau so wie bei einem anderen Kardinalpunkt, etwa null Widder, der Mars aktiviert wird, und zwar genau so, wie er in Ihrem Radix steht. Wenn Sie nun drei Grad Fisch-Ascendent hätten, dann würden Sie nach siebenundzwanzig Grad ist gleich siebenundzwanzig Jahre auf null Widder kommen, da würde es eine andere Art von Milieuwechsel geben, nämlich einen totalen Wechsel der Existenzgrundlage, sozusagen einen ganz grundlegenden Existenzeinschnitt oder Akzent, durchaus im Sinne der eigenen marsischen Aktivität.

Haben Sie einen Umzug gehabt mit siebenundzwanzig ?

K: Ich bin noch nicht siebenundzwanzig.

A: Sie waren - ein schlechtes Beispiel.

K: Wie war das jetzt mit dem Verschieben ?

A: Sie können, sozusagen geometrisch, "ein Grad" für "ein Jahr" nehmen, und in dem Augenblick, in dem Sie mit dieser Art von Verschiebung Ihres Ascendenten ..

K: Nach oben oder nach unten ?

A: Völlig egal, rauf oder runter, weil es bleibt sich ja gleich, ob Sie nun den Tierkreis bewegen und die Achse ruhen lassen, oder ob Sie die Achse bewegen und den Tierkreis ruhen lassen. Und wenn Sie bei so einer Verschiebung des Ascendenten allein schon in ein neues Zeichen kommen, kommen Sie in ein neues Milieu, und selbst wenn es ein neues Denkmilieu ist.

K: Allein in ein neues Zeichen ?

A: Allein schon ein neues Zeichen. Das macht schon etwas aus. Sie können auch den MC in dieser Weise verschieben, nur bezieht sich das weniger auf die äußere Ereignisebene als vielmehr auf das Selbstgefühl, aus dem man aus sich selber heraus getragen wird.

K: Vielleicht kann man, weil ich jetzt nicht zugehört habe - der Unterschied noch einmal zwischen MC und Ascendent ?

A: Der Ascendent ist die Erscheinungsform, die Effektivität dessen, was man sehen kann, und was sich mit der äußeren Ereigniswelt verbindet. Der MC ist das, wodurch man sich aus seiner eigenen Wirklichkeit heraus getragen fühlt, also nicht etwa das Selbstbewußtsein, sondern eher das, was man "Selbstgefühl" nennen könnte.

K: Also praktisch heißt das: beim MC eine Veränderung des Selbstgefühls, wo beim Ascendenten eine Milieuveränderung ist.

A: Genau das. - Wobei man natürlich bedenken muß, daß sich die Grundmentalität nie verändert, daß sich also die Veränderung im Rahmen der Grundmentalität abspielt. Die Grundmentalität verändert sich nie, auch nicht blitzartig, weil der Saulus als Paulus ja auch wieder nur ein Saulus ist.

Und die Grundmentalität, die ist eben jeweils verschieden, was ja auch bekannt ist. Es gibt, wie gesagt, Menschen, die schützen ihr Sicherheitsgefühl durch Beziehungslosigkeit, das sind die mit dem Reflexmangel gegenüber Umstände, wieder andere haben ihr Sicherheitsgefühl aus dem Vorhandensein - aus dem übersichtlichen Vorhandensein von Mitteln, das sind die mit dem Depottrieb, daß sie also direkt sehen, ich habe was auf der Kasse oder so, mit möglichst viel Bankauszügen, und wieder andere, die können daraus nie Selbstsicherheit bekommen, sondern die bekommen sie aus dem Gefühl, unmittelbar und ständig am Lebensprozess beteiligt zu sein. Andere haben sie, indem sie eine feste Anstellung haben und jeden Tag um acht Uhr in ein Arbeitsnest gehen, - weil viele Leute betrachten ja ihre Arbeit als Nest der Geborgenheit. Das bedeutet dann eine emotionelle Schwäche, wie jeder durchbrechende Herdentrieb, der die reaktive Bewegung durch Zugehörigkeit ermöglicht und Emotion ersetzt.

Gut, da wollten wir ja nicht hin. - Jedenfalls, wenn Sie den Ascendenten so - wie gesagt - um ein Grad pro Jahr verschieben, dann können Sie die vierundzwanzig Grad Waage und die vierundzwanzig Grad Widder gleichermaßen wie die Kardinalpunkte für eine erste Groborientierung zur Korrektur benützen.

K: Ja, wenn der Ascendent dann an den vierundzwanzig Grad Waage landet, dann ist also im Äußeren ein Milieuwechsel da ?

A: Wenn Sie entscheidend umziehen, und der Ascendent landet nicht an den vierundzwanzig Grad Waage zu diesem Zeitpunkt, sondern zwei Jahre vorher oder zwei Jahre nachher, dann können Sie mit einer an Sicherheit grenzenden Wahrscheinlichkeit annehmen, daß Ihr Ascendent um zwei Jahre nicht stimmt - um zwei Grad nicht stimmt.

K: Stimmt denn das "ein Grad pro Jahr" genau ?

A: Stimmt genau. - Wissen Sie, es ist so, der mittlere Sonnenbogen und der - ich weiß schon - schauen Sie, da müssen wir ein kurzes Wort über Direktionen verlieren. Also, die normale Astrologie arbeitet nicht wie wir mit den Rhythmen, mit der Auslösung der Anlagebilder und so weiter, sondern die arbeiten mit sogenannten Direktionen. Das Wort "Direktion" kommt von "dirigieren", das heißt also in der Fachsprache, daß die Positionen des Horoskops, also die Planeten und die Achsen verschoben werden. Und zwar sagen sie immer - das steht schon in der Bibel -: "Ich habe Euch für ein Jahr einen Tag gegeben" - das heißt also, die nehmen in der analogen Vereinfachung für ein Jahr einen Tag. Und sie sagen, wenn einer acht Jahre alt ist, dann verschiebe ich also um acht Tage, und wenn einer zwanzig Jahre alt ist, dann verschiebe ich eben um zwanzig Tage. Weil aber die Sonne in zwanzig Tagen durchschnittlich zwanzig Grad geht, entspricht das der Formel: "ein Jahr ist gleich ein Grad". Nachdem aber die bisherige Astrologie auf dieser rein mechanischen Verschiebung blind und gedankenlos stehengeblieben ist und eingerostet ist, es aber genügend Leute gegeben hat, die das Eingerostete verwalten wollten, also die sogenannten Reproduzenten oder Widerkäuer, haben sich sehr bald mehrere Gruppen gebildet und die haben gesagt: "Ich habs', ich weiß, wie es geht. Man muß nur die Sonne den einen Tag so nehmen, wie sie tatsächlich gelaufen ist zu diesem Zeitpunkt, an dem der geboren ist" - Sie wissen ja, die Sonne geht ja im Jahr nicht immer gleichmäßig einen Grad, sondern sie geht einmal nur achtundfünfzig Bogenminuten und einmal geht sie wieder ein Grad und soundso viel Bogenminuten, weil eben die Ekliptik keine Kreisbahn, sondern ein Elipsoid ist. Und die sagen also: "Gut, man muß also den Sonnenbogen nehmen, wie er ist." Dann haben andere wieder gesagt: "Nein, man muß da die Mitte davon, den Durchschnittswert nehmen, nämlich den mittleren Sonnenbogen," - und dann hat es wieder welche gegeben, die haben gesagt: "Da gibt es einen Schlüssel nach Neibod" und dann .. also es gibt alles.

Dann haben welche gesagt, "man muß alle Planeten um das Maß der Sonne verschieben", das heißt, wenn einer zwanzig Jahre alt ist, dann muß ich also sämtliche Planeten, wie sie im Radix stehen, um zwanzig Grad nach vorne und nach hinten verschieben, - verstehen Sie ? - Und dann ist wieder einer gekommen und hat gesagt: "Nein, das ist falsch, denn wenn ein Tag ein Jahr sein soll, dann darf ich nicht alle Planeten um das Maß der Sonne verschieben, sondern ich muß den Tag des Ablaufs für die Planeten so nehmen, wie er zu dieser Nach-Geburtszeit tatsächlich war. Und dann muß ich halt am achten Tag nach der Geburt in den Ephemeriden nachschauen, wo die Venus inzwischen hinmarschiert ist, wenn ich das achte Lebensjahr haben möchte." Das sind dann die Sekundärdirektionen. Das andere, wenn alles nach dem Maß der Sonne verschoben ist, gleichmäßig, das sind die Primärdirektionen. Und dann gibt es wieder welche, die verschieben alles nach der Schnelligkeit des Mondes, - das sind dann die Tertiärdirektionen. Nur, damit Sie das überhaupt einmal gehört haben. - Was dabei herauskommt, das können Sie sich ja gut vorstellen. Wenn Sie alle Planetenpositionen mitsamt ihren Verschiebungen miteinander kombinieren, bekommen Sie eine Unzahl von Komponenten. So, und die Möglichkeit all dieser Komponenten, sich zu treffen, die können Sie sich ausrechnen - ich bin kein Mathematiker - und dann können Sie sich eben ausrechnen, zu welcher Aussage Sie kommen.

K: Zu gar keiner.

A: Bitte ?

K: Zu gar keiner, weil man den Überblick verliert.

A: Ja, und dann kommt hinzu - wissen Sie, das ist eine mechanische Buchhalterei, bei der die Anlagebilder sprich Planetenpositionen durch das Verschieben entwurzelt werden, bei der die Anlagebilder die Identität ihres Ortes verloren haben - wobei hinzukommt, daß überhaupt die Definitionen fehlen, die Deutung verschwommen ist. Und da wird plötzlich klar, wieso Astrologen dann in ihren Gutachten solche Wellensprachen führen, dieses "sowohl als auch", und wieso strukturelle oder inhaltliche Zusammenhänge durch Eigenschaftswörter verdeckt werden. Das muß dann zu Wertungen führen. - Ich kann das wirklich laut behaupten, ich habe sie gesammelt, Gutachten von allen möglichen Astrologen, nicht, um etwas Böses damit zu tun, sondern weil es mich echt interessiert hat.

Die machen aber trotzdem ein gutes Geschäft, denn das liegt ja nicht daran, ob eine Sache gut oder schlecht ist, sondern .. die muß ja manchmal schlecht sein, damit ein Geschäft geht, weil - das ist klar. - Gut, das also so weit über Direktionen. Das Verschieben des Ascendenten um ein Grad ist im Grunde nichts anderes als eine unkomplizierte Primärdirektion, und wenn Sie das mit Hilfe des sehr empfindlichen Ascendenten machen, der ja selbst nicht ausstrahlt, kein Planet ist, sondern nur empfindlich reagiert, dann können Sie das zur ersten Grobkorrektur mitbenützen. - Ist schon klar ?

K: Nicht sehr.

A: Gut. - Sie haben hier mit vierundzwanzig Grad Widder und vierundzwanzig Grad Waage zwei Gruppenschicksalspunkte. Das sind in diesem Falle - ich will, wie gesagt, noch nicht viel mehr darüber reden - zwei fixe Punkte im Tierkreis. Und zwar beinhalten sie nicht nur einfache Umzüge im Sinne des Milieuwechsels, sondern es sind Punkte der harmonischen Assoziierung, also ein gutwilliges harmonisches Zusammenfinden oder Zusammenziehen im Sinne einer Vergemeinschaftung. Dabei geschieht dies bei vierundzwanzig Grad Waage immer privat, bei vierundzwanzig

Grad Widder wohl mehr beruflich.

Es muß deshalb nicht ein Umzug sein, wenn jemand zuzieht, dann ist das auch ein sogar entscheidender Milieuwechsel, oder wenn man sich geschäftlich assoziiert, das heißt zu einer neuen Interessengruppe verbindet. Wenn sich nun einer dieser Punkte in der Alterszeitweite Ihres mutmaßlichen Ascendenten befindet, dann können Sie damit schon fürs' erste korrigieren. Und wenn Ihr mutmaßlicher Ascendent auch noch in der Nähe oder Reichweite eines Kardinalpunkts liegt, dann können Sie die Gegenprobe machen.

Im Grunde ist das eine Dreisatzrechnung, wir brauchen dafür zwei Ereignisse. Nehmen wir einmal an, Sie haben so eine vage Angabe wie "zwischen zehn und halb elf", - jetzt wollen Sie es aber genau wissen, wo der Ascendent - für eine erste schnelle Übersicht - liegen müßte. Nehmen wir nun weiter an, der Ascendent müßte der vagen Angabe zufolge zwischen vier und zehn Grad Widder liegen. Nun liegen, angenommenerweise, zwei Ereignisse vor. Das eine könnte sein, daß im Alter von fünf Jahren die Existenz der Familie auf eine neue Grundlage gestellt werden mußte, weil der Vater nicht aus dem Krieg heimgekommen sein mag, oder in Gefangenschaft war, - wobei dann allerdings der Mars im Radix schlecht liegen müßte, eventuell beim Uranus als der Aufhebung des Mars. Da können wir dann schon vermuten, daß der Ascendent fünf Grad Widder sein müßte, da das Ereignis dem Kardinalpunkt null Widder entspräche. Wenn nun als zweites Ereignis hinzukäme, daß im Alter von neunzehn Jahren mit einer Freundin oder einem Freund zusammengezogen wird, dann können Sie sich der fünf Grad Widder als Ascendent schon recht sicher sein. Sie müssen natürlich schon wissen, schaut der wie ein Widder aus, hat er die Anlagen vom Widder. Das ist überhaupt die Voraussetzung.

K: Gerade bei benachbarten Zeichen - kann man da schon sagen oder fast ausschließlich sagen - das ist entweder ein Fisch oder ein Widder - kann man das ziemlich sicher sagen ?

A: Das können Sie. - Manchmal spielt allerdings die Sonne noch ein Stückchen mit hinein, die Verhaltenssituation, die verwechselt man oft, weil das Verhalten als .. also wenn Sie nach dem Anschauen jemanden beurteilen wollen, dann ist ja eine Standphotographie besser als ein Film, der abläuft. Und zwar einfach deshalb, weil in dem Film, der abläuft, kommen ja Verhaltenseigenschaften mit hinein, das strahlt unwillkürlich so aus, daß Sie plötzlich nicht mehr trennen können, sieht der nun so und so aus - ich habe es ja schon einmal gesagt: es gibt ja Menschen, die sehen möglicherweise nach Allgemeinbegriffen häßlich aus, aber in dem Moment, wo sie sich bewegen, sind sie schön, - verstehen Sie, was ich meine ? Die Erscheinungsform als solche ist häßlich, aber - zweiter Quadrant - das Ausdrucksvermögen ist das, was man - sagen wir einmal - schön oder gefällig oder hübsch oder sonstwas nennt. Und in dem Moment sehen Sie nicht mehr, daß das Ganze eigentlich häßlich ist. Dadurch schaffen Sie es ja - na ja gut - dadurch schaffen es ja viele, vertrauenswürdig zu wirken, die es so vielleicht gar nicht wären. Das ist ja das, womit die Betrüger agieren. Ganz toll, hernach denkt man sich: "Mensch, dem sieht man es doch eigentlich an", - wenn man es weiß.

K: Ich habe dazu noch eine Frage: Kardinalpunkte gibt es doch an sich nur vier, null Grad Widder, null Krebs, null Waage und null Steinbock ..

A: Genau.

K: In der Regel sind das neunzig Grad Unterschied !

A: Ja, nun können Sie die Zwischenkardinalpunkte nehmen, nämlich die fünfundvierzig Grad zwischen jeweils zwei Kardinalpunkten. Also fünfzehn Stier, fünfzehn Löwe und so weiter - die sind zwar schwächer, aber die können Sie dann auch noch verwenden.

K: Warum fünfzehn ?

A: Das sind die fünfundvierzig Grad zwischen zwei Kardinalpunkten, das ist das halbe Quadrat, das ist der achte Teil vom Tierkreis. Die fünfzehn Löwe - Skorpion wirken verselbständigend, als Umzug, Milieuwechsel, als Vergemeinschaftung, wobei man eigene Vorstellungen ungehindert durchsetzen kann. Die fünfzehn Wassermann oder Stier haben mehr den Akzent auf das Befreiende, sind aber auch wie im vorgenannten Sinne Milieuwechsel, dabei aber durchaus Akzente im Leben, wobei also bestimmte neue Abschnitte eingeleitet werden.

K: Ich wollte noch einmal was zum Milieuwechsel fragen ..

A: Von dem komme ich nicht weg, - ja ?

K: Sie hatten eine Bemerkung gemacht: ein Milieuwechsel findet nur dann statt, wenn .. - und das ist mir entgangen.

A: Wenn ein Milieuwechsel über einen Kardinalpunkt oder einen halben Kardinalpunkt stattfindet, dann ist er immer grundsätzlich und leitet neue Phasen ein. Das ist also dann kein Nebenbei-Umzug.

Ich würde nun folgendes vorschlagen, weil sonst - das Fragen ist ja zwischendrin sehr schön und ich wollte ja auch Fragen haben - haben Sie dieses Horoskop vom Fußballspiel dabei ?

K: Sie haben doch zwei Sachen von mir mitgenommen ? - War das nicht dabei ?

A: Könnte sein, und dann ist es draußen in Steinebach in meiner Mappe.

K: Explosionen wollten wir ja auch noch machen.

A: Explosionen wollten wir auch noch machen, also wir haben eine ganze Menge zu tun. Wer hat eine Explosion dabei ?

K: Haben Sie die vom letzten Mal nicht mehr dabei, die drei ?

A: Die habe ich alle draußen. Ich wollte noch die Mappe nehmen, aber wissen Sie, bei mir liegt im Moment so viel an Manuskripten herum, und ..

K: Machen wir das doch ein anderes Mal, ich habe die ganzen Explosionen zuhause.

A: Dann haben wir nichts da ? Auch keinen Fußball ?

K: Fußball habe ich auch keinen dabei, ich kann Ihnen höchstens mit dem Baader-Horoskop dienen, also mit der ganzen Geschichte, die da jetzt gelaufen ist.

A: Das wäre interessant, haben Sie ?

K: Ja, ich habe das Horoskop des Vorgangs da, wobei auch das Planeten-Radix von ihm schon eingezeichnet ist.

A: Wunderbar. - Dann machen wir es so: bis zur Pause sprechen wir über Tierkreiszeichen, was noch an wissenswertem über einzelne Zeichen fällig ist, und nach der Pause machen wir dann diese Horoskop-Geschichte hier.

Gut, dann reden wir jetzt einmal über Tierkreiszeichen.

K: Nur zur Klärung: das ist also außen die eingezeichneten Planeten von Baader, und das innen, das ist der Beginn der Polizei-Aktion, fünf Uhr achtunddreißig, die haben dann später noch eine andere Zeit angegeben, da verschiebt sich das Ganze um zwölf Minuten. Mir ist von einem Polizisten gesagt worden, das wäre die direkte Festnahme gewesen, und dann hat mir jemand anderer gesagt, da hätte die Polizei-Aktion angefangen ..

A: Nein, begonnen haben sie um fünf Uhr zweiundzwanzig, festgenommen haben sie ihn um acht Uhr dreißig, so habe ich es jedenfalls gehört.

K: Ach, dann stimmt acht Uhr dreißig. Wie gesagt, da fallen die passenden Konstellationen ganz gut zusammen.

A: Ja gut, dann Tierkreiszeichen: was ist gefragt ?

K: Wassermann.

A: Wassermann ?

K: Von einem Vogel hatten Sie einmal etwas gesagt.

K: Der "Vogelflug", Wassermann.

A: Also, beim Wassermann ist das Symbol der "Vogelflug". Wenn ein solches Symbol möglich wird, dann muß es irgend etwas ausdrücken. Wie wir ja festgestellt haben, hat der Stier seine Haupteigenschaften aus dem Urrudiment einer Zeit, in der der Herdentrieb vorherrschend war, und umgekehrt der Löwe, in dem das Jagen wichtig war. Was würde man nun vermuten, wenn man sagt: also gut, das Wassermann-Symbol ist der "Vogelflug" oder der "Vogel" - was würde man vermuten, was würde man daraus ableiten ?

K: Erst einmal eine luftige Angelegenheit, also ein Luft-Element.

A: Luft-Element - ja, anders ausgedrückt: wer fliegen will,

braucht Platz. - Bitte ?

K: Überhaupt das Erheben von der Erdenschwere,die Loslösung, Unabhängigkeit von den Schwerkräften.

A: Also die Adhäsion gegenüber den Umständen ist herabgesetzt. - Wie ist also die Zentrumslage ? - Zentrumsdrang oder Zentrumsflucht ?

K: Flucht - die periphere Entfaltung ist ganz wichtig.

A: Also Zentrumsflucht. Was können wir daraus entnehmen ? Wir wollen ja dann die Eigenschaften erst davon ableiten, also, wer fliegen will, braucht Platz. Zweitens: Zentrumsflucht, - drittens: - na ?

K: Kein konkretes Ziel.

A: Genau.

K: Bitte ?

A: Hat kein konkretes Ziel. Man könnte sogar sagen, er meidet Ziele, denn Ziele sind ja auch Zentren. - Das ist ja das Schwierige beim Wassermann, daß er einerseits unruhig ist, weil er außerhalb der Zentren lebt, und er zweitens keine Richtung hat, wo er die Unruhe ableiten kann. Also das ist ein echtes Problem. Wird Ihnen bei jedem Wassermann begegnen. - Ich weiß nicht, wieviel Wassermänner haben wir hier, ich glaube, wir haben fünf oder sechs, -

Was würden Sie noch schlußfolgern ?

K: Den Freiheitsdrang, oder .. ?

K: Das Ätherische, jetzt nicht im übertragenen Sinn, sondern die ..

A: Ja gut, verstehe ich schon, was Sie meinen. Wenn er also Zentrumsflucht hat, was hat er dann gleichzeitig ? - Bitte ?

K: Die Weite braucht er.

A: Die Weite - die Weite versteht sich aus dem Verhältnis zum Zentrum, das ist polar, dann müßte er ein Verhältnis zum Zentrum haben, das hat er nicht. - Zentrumsflucht ist natürlich schon auch Belastungsflucht.

K: Begegnungsschwierigkeiten hat er.

A: Nein, die hat er nicht. - Was kann man noch sagen ? - Na, wie ist denn jemand, der vom Zentrum weg ist, oder vielmehr von den Zentren weg ist ?

K: An der Peripherie.

A: Und wie ist denn jemand, der an der Peripherie ist ?

K: Desinteressiert.

A: Nein.

K: Er schwebt über den Dingen.

A: Er schaut den anderen in ihrem Zentrum zu. Das ist sehr interessant. Sie erleben es dann, wenn in etwa das Zeichen doppelt ist, also die Sonne und der Ascendent im Wassermann ist. Die sitzen da und drehen und wenden den Kopf noch nicht einmal viel - sie äugen. Die Augen gehen, das ist sagenhaft, und denen entgeht echt nichts. Die machen sich zwar nichts draus, was sie sehen, aber entgehen tut ihnen nichts.

K: Das gehört zum Fliegen.

K: Die schweben über den Dingen und brauchen also praktisch nicht ..

A: Die schweben über den Dingen - das ist der nächste Punkt, was heißt das ? - Na, wir wissen ja, Haus elf, entpolarisieren von Unterschieden. Was heißt das, "sie stehen über den Dingen" ?

K: Die können sich also praktisch nicht eingezwängt fühlen in irgendeine Form, sie brauchen sich nicht engagieren in irgendeiner Form, weil sie dann nicht mehr ehrlich sind.

A: Na ja - also nun, jeder ist ja ein Mensch und die Wassermann-Geborenen unter uns sind ja auch keine reinen Vogel, die dann also wegfliegen können. Das heißt, jeder hat ja alle Bausteine und alle Tierkreiszeichen in seiner Anlage-Hierarchie, und wenn bei jemandem das Wassermann-Zeichen dominant ist, dann heißt das ja, daß er sich mit seinen anderen Anlagen auch auseinandersetzen muß. - Was würde es also dann heißen: "er steht über den Dingen" ? - Ich will jetzt gar nicht lange fragen: das Interessante an der Geschichte ist, daß der Alfred Adler, der Ihnen sicher ein Begriff ist, ein Wassermann ist, und der hat sich mit dem Thema "Kompensation durch Überlegenheit" oder vielleicht besser "Sicherheit in der Überlegenheit suchen", besonders beschäftigt. Das ist also der Psychologe für alle Wassermänner, und für alle die, die mit dem Uranus kompensieren - denn die mit dem schadhaften Uranus benützen diese Kompensation des Überlegenseins fast ausschließlich.

K: Der bildet sich ein, überlegen zu sein ?

A: - Ja, das bilden sich viele ein und sagen es nicht. - Infolgedessen entziehen sie sich der Auseinandersetzung und der Belastung, der Beengung und der Stellungnahme durch neutrale Scheinüberlegenheit. "Neutrale Scheinüberlegenheit" heißt: "Ich steh' ja über allen Dingen". Darum brauchen die auch alle vier Wochen eine kleine Ration spöttisch-sein oder herablassend-sein. Das brauchen die einfach wie das tägliche Brot .. bitte ?

K: Hängt das vom Mond ab, daß die so sind ?

A: Wenn jemand den Schutz durch Überlegenheit sucht, dann ist die seelische Belastbarkeit nicht groß, dann ist das ein Zeichen von Dualitätsschwäche, die kann unter Umständen ganz wo anders herrühren. Die sind ja auch nicht argumentativ, weil ihnen Dualität nicht liegt, - wie sie überhaupt aus jeder Polarität herausfallen, a-polar sind. Da verwechseln sie dann gerne die Realitäten .. aber, wie gesagt, jeder Schutz ist legitim.

Welche Religionen werden denn bevorzugt ?

K: Freiheit.

A: Natur, ja, frei.

K: Atheismus.

A: Ja, was nicht weh tut. Ich habe einmal von einem Wassermann gehört, "wenn es also einen Gott gäbe oder gibt, dann muß der ein so unendlich großes Wesen sein, da sind wir so kleine Menschen dagegen, der nimmt uns gar nicht wahr". Und dann habe ich gesagt: "Und infolgedessen können wir ganz unverbindlich sein". Verstehen Sie, das ist so ..

K: .. bequem.

A: Nein, nicht bequem - das ist Schutz. Ich meine, "Schutz" kann ma ja niemandem verübeln, und - das ist also die Geschichte, die wollen gerne unterschiedslos sein, wollen gerne ungebunden sein, haben gern eine Weltanschauung, die im Realen neutralisiert, - was für eine Weltanschauung gibt es denn heutzutage, die im Realen neutralisiert ? - Kommunismus, Sozialismus, aber nur geistig, leben können sie ihn nicht.

K: Wieso nicht ?

A: Weil - da kommen sie ja wieder in Bedrängnis, da wirds' ja wieder eng. Außerdem gibt es das gar nicht, die Unterschiedslosigkeit im ersten Quadranten, die "reaktive Unterschiedslosigkeit" also. Die ist sowieso ein Nonsens in sich - die ist dann bald ohne Reaktionen, hebt sich von selbst auf und alles, was existiert. Das ist dann progressiv im wörtlichsten Sinne, unheilbar.

K: Zu der Größe von dem Gott, - ein bayrischer Bekannter von mir, der ist Bergsteiger, der war auf dem Pamier, bei der Expedition waren sie zunächst in einem Eingeborenendorf, da haben sie in einem Tempel gewohnt, weil der eben das größte Haus im Dorf war. Und dann wollten sie Kartenspielen und haben gesagt, ob sie da Karten spielen dürften, in dem Tempel, und dann haben sie gesagt "warum nicht ?", wenn der Gott so groß ist, dann macht das dem überhaupt nichts aus.

A: Ja, eben, da darf man auch Karten spielen, wenn es sein muß. Vielleicht war der Gott der vom Wassermann.

Es ist natürlich so: es gibt ja andere Relgionsformen, die etwas fordern, die also Verpflichtungen und Verbindlichkeiten fordern - also das wären dann keine Wassermann-Religionen, das ist mal sicher. Nur geht es den Wassermännern schlecht, wenn es wegen der Umweltverschmutzung bald keine Natur mehr gibt, dann können sie den Lieben Gott nicht mehr im Grashalm suchen, der ist dann weg, - nicht nur für die Wassermänner.

Was haben die aus diesem Grunde - es geht jetzt ein bißchen durcheinander, aber Sie wissen ja, ich liebe das ja, weil man da am meisten an sich hinorganisiert - was würden Sie also aus dem bisher Gesagten für Verhaltenseigenschaften entnehmen, richtig ableiten ?

K: Oberflächlichkeit.

A: Das ist Wertung, das hat mit dem Verhalten selbst nichts zu tun.

K: Unpersönlich.

K: Eine gewisse Distanz.

A: Distanz -, was Sie meinen, ist etwas anderes: die sind beziehungslos, - beziehungslos realen Erfordernissen gegenüber. Diese Beziehungslosigkeit bringt es manchmal mit sich, daß er distanzlos ist, weil er kein Reviergefühl hat, - den werfen Sie vorne hinaus und hinten kommt er freudestrahlend wieder herein - der geht als Neutrum über die Schwelle, daß Sie ihn bedenkenlos hereinlassen. Dumm ist es nur, wenn er sich danach wieder personalisiert.

Was gibt es noch ?

K: Überheblich.

A: Nein, ich meine jetzt nicht die Wertenden.

K: Vielseitig.

K: Beweglich.

A: Beweglich, ja. - Was noch ? - Ja gut, vielleicht ist das eine Überforderung. Ich will Sie jetzt einmal folgendes fragen: Sie sind befreundet mit einem Wassermann und Sie fahren jetzt drei oder vier Wochen in Urlaub, irgendwo hin. Zelten oder Hotel oder wie auch immer. Was würden Sie beachten ?

K: Da muß was los sein.

A: Ja, das ist ja durchs' Fahren schon. Da passiert ja immer was, aber ..

K: Der muß viel Platz haben, der muß offene Fenster haben, ..

A: .. der muß - das geht schon beim Schlafen an, da geht das schon los - der will schon ewig frische Luft, der kann keine geschlossenen Räume oder Türen haben, da bekommt er Beengungsangst, - ja ?

K: Beispiel: Vorhänge. - Ich kenne einen Wassermann, der hat also was gegen zu dichte Vorhänge, der muß, auch wenn draußen eine tausend Watt Lampe hängt, - also auch dann darf der Vorhang nicht undurchsichtig sein, der muß durchscheinend sein, sonst bekommt er Beengungsängste.

A: Ja, verstehe ich vollkommen, - ..

K: Ja, also das muß ich bestätigen. Ich habe zuhause die grössten Schwierigkeiten, weil ich immer sage: "mach' doch die Vorhänge wenigstens einen Spalt auf, daß ich den Himmel oder die Luft oder .." - aber meine Tochter macht es zu und ich sage: "laß' doch, damit ich sehe, ob es Tag ist oder nicht".

A: Gehen wir gleich einen Schritt weiter, wenn es mit dem Schlafen so schwierig ist. Sind das Morgen- oder Abendmenschen ?

K: Abendmenschen.

K: Die sind Morgenmenschen, natürlich.

A: Warum Abend-, warum Morgenmenschen ?

K: Morgen, weil er da was sieht.

K: Die wachen sehr früh auf.

K: Die werden sehr früh am Abend schlagartig müde.

K: Ja, das mag ich nicht, spät ins Bett, genau.

A: Wie würden Sie das begründen ?

K: Weil es nicht mehr hell ist.

A: Gut, gehen wir noch ein Stück weiter: fragen wir präziser - ist ihm die Nacht oder der Tag lieber ?

K: Der Tag.

K: Die Nacht. (Anm.: mehrheitlich)

A: Und warum die Nacht ? - Da muß man natürlich jetzt unterscheiden. Die Nacht in der Stadt ist etwas anderes als die Nacht am Land. - Also, es kommt natürlich darauf an, wie der Ascendent liegt, aber normalerweise sind Wassermänner ausgesprochene Morgenmenschen. Die stehen in der Früh um vier, - fünf, - sechs auf - wenn es sein muß.

K: Wie erklärt man das: ich habe einen Bekannten, Wassermann, der kommt zwar in der Früh nicht aus dem Bett heraus, allerdings, das Leistungshoch hat er am Vormittag und am Abend ist er nicht in der Lage, einen Brief zu schreiben.

A: Das eine ist möglicherweise ein niederer Blutdruck und das andere - schauen Sie, der Uranus hat keinen Sinn für Begrenzung, er kann nichts halten, deshalb entlädt sich der Wassermann schnell. Das ist so das Gegenteil von einer Batterie, das Gegenteil von Stier. Die müssen deshalb immer wieder zwischendurch aufgeladen werden. - Was würden Sie noch alles finden außer der Luft, außer dem offenen Fenster, den offenen Türen ?

K: Er läßt sich nicht gerne festlegen.

K: Er will die Welt nach seiner Theorie haben ..

A: Das wollen viele, die Skorpione auch ....

K: Aber nicht so sehr, so herausfordernd.

K: Sie sind großzügig.

A: Nein .. ich will keine Adjektive, ich will Strukturen, Ableitungen. Die Adjektive ergeben sich dann von alleine.

In dem Moment, in dem Zentrumsflucht und Belastungsflucht besteht, wie ist das Standortgefühl ? - Das Standortgefühl fehlt. - Was gibt es für Vorzüge, wenn das Standortgefühl fehlt ?

K: Daß er sich schnell anpaßt.

A: Nein, anpassen ist - er hat ja deshalb kein Standortgefühl, damit er sich nicht anpassen muß. Also, was gibt das für Vorzüge ?

K: Er belastet sich nicht selber dadurch, daß er Stellung nimmt.

A: Ja schon, ich meine etwas anderes. - Also gut, ich sage Ihnen als Beispiel, wer da alles geboren ist. Im Wassermann ganz typischer Weise geboren ist, ich weiß nicht, den einen oder den anderen kennen Sie genau oder nicht oder weniger, aber geboren ist da unter anderem der E.T.A. Hoffmann, der Balthasar Neumann, der Mozart, der Schelling, wen gibt es denn noch alles ?

K: Der Hofmannsthal.

A: Der Hofmannsthal, richtig. Der Günther Eich, der ..

K: .. der Brecht.

A: Der auch. Der - wie heißt denn der Geiger, der immer so umeinandergeigt .. ?

K: Der Zacharias.

A: Der Zacharias, richtig. Die haben doch alle etwas gemeinsam, etwas ganz Symptomatisches.

K: In eine fremde, oder andere Welt gehend, der E.T.A. Hoffmann, die suchen vielleicht Zuflucht irgendwo anders, die bauen sich eine Scheinwelt auf. Ich möchte nicht sagen, Scheinwelt, aber die bewegen sich in einer Welt, die anders ist als der Rest.

A: Ja gut, woher beziehen die also Sicherheitsgefühl ?

K: Aus der Illusion.

A: Nein, die Illusion macht sich etwas vor, und zwar was Reales - sie macht den Schein zum Realen. Das ist hier nicht der Fall. Hier wird die Realität aufgehoben, oder notfalls mit ihr gespielt - das ist Rokkoko - wie sind denn da die Denkvorgänge ?

K: Beweglich.

A: Ja, wie noch ? Bewegliche Gedanken hat der Krebs auch. - Der Dietmar Schönherr ist z.B. Wassermann.

K: Sprunghaft.

A: Ja, aber etwas ist typisch Wassermann: er kennt keine Grenzen, und schon gar nicht die der Logik oder der Vernunft. Und die Beiden stecken den Raum ab, in dem sich das subjektive Selbstverständnis bzw. das subjektive Sicherheitsgefühl bewegt. Davon ist er nicht abhängig, schon gar nicht im Denken. Infolgedessen ist er fähig, genialisch zu denken. Im übrigen ist auch der erste Luftpionier, wie es so schön heißt, der Junkers ein Wassermann: erstes Ganzmetallflugzeug, erster Eindecker, erste .. und was weiß ich noch. Der hat Ascendent Skorpion und Sonne Wassermann, der hat, wörtlich übersetzt, Systeme in die Luft gebaut.

K: Aber fliegen die dadurch leicht auf die Nase, weil sie dann praktisch die Realitäten als solche letzten Endes ignorieren, weil die für sie nicht existent sind ?

A: Ja, schauen Sie, die haben deswegen weniger - jedes Lebewesen hat ja sein Schutzverhalten, dafür können sie ja fliegen, verstehen Sie, die reagieren ja nicht logisch auf Realität, also sind in deren Raum nicht gefangen. Sie brauchen auch die Herdenmechanismen nicht für ihr Sicherheitsgefühl, im Gegenteil, und zwar deswegen, weil sie dezentralisieren und durch Zentren störbar werden - deswegen sind sie ja auch nicht - wie sagt man denn ? - das klingt gleich wieder so negativ - verpflichtungstreu, sie sind ja nicht angewiesen darauf .. schauen Sie, wenn ein Stier verpflichtungstreu ist, dann ist er es ja deswegen, weil er seine Sicherheit aus der organisierten Herde hat. Jetzt geht der Stier her und sagt überall: "Gut ist der Mensch, der verpflichtungstreu ist." Ich finde das falsch, für einen Stier ist das gut, aber für den Anderen doch nicht. Verstehen Sie, - ja ? - na ja, so weit man eine organisierte Gesellschaft hat, schon, aber so einen moralischen Maßstab soll man nicht daraus machen. Sicher hat auch ein Wassermann irgendwo eine Stier-Komponente, die ist aber eben geringer. Der Georg Trakl ist auch ein Wassermann, davon abgesehen.

Ja gut, was gibt das neutrale Standortgefühl, was gibt das für - außer dem unabhängigen Denken, - die halten alles für möglich. Es gibt rein gar nichts, was für die unmöglich ist, das sieht man ja auch ein bißchen bei dem Schönherr, der macht die unmöglichsten Sachen, wie ein Kind. Ich glaube nicht, daß er sie forciert macht, um etwas Originelles zu machen, sondern das ist echt seine Mentalität: "Lassen wir einmal die Erwachsenen unter dem Wasser aus dem Auto aussteigen". (Anm.: In einer Fernseh-Show). Verstehen Sie, - und jetzt kommt der Clou: die machen es. Aber so etwas ist eine echte Unabhängigkeit im Denken. Setzen Sie doch das einmal in andere Zusammenhänge, in andere Ebenen. Was da von Realem befreite Wirklichkeiten auftauchen, das ist doch sagenhaft. Ist das nicht verständlich ?

K: Doch.

A: Und darum interessiert sich ja auch aus dem ungebundenen

Standortsgefühl, dem Realen gegenüber, - interessiert sich der Wassermann ja für alles. Zum Beispiel für Astrologie, irrsinnig, bloß - sehr weit darf es nicht gehen. Verstehen Sie, weil sonst wird es zu verbindlich. Das ist wieder nichts, da ist die Astrologie dann mit ihren Schlußfolgerungen zu nah, zu dicht. Ideen sind nur so lange gut, so lange sie einen nicht persönlich berühren. - Nächste Frage: wenn der Wassermann ein neutrales Standortgefühl hat, was hat er denn da möglicherweise für ein Leitbild ? - Also sagen wir einmal anders, er hat ein neutrales Standortgefühl: ist das fest, ist das verankert ? Ist das ..

K: Nein, nicht verankert, das muß offen sein.

K: Jederzeit wieder veränderbar sein.

A: Also wie ist es ?

K: Nach allen Seiten frei.

A: Nach allen Seiten frei - ist es also dann sehr sicher, ist es sehr fest ?

K: Nein, gar nicht.

A: Also unsicher, sprunghaft.

K: Jongliert.

A: Jongliert, warum jongliert er ?

K: Weil es ihm Spaß macht.

A: Ja, gut, also ist er unruhig in seinem Zentralgefühl, also in seinem Standort unruhig, neutral unruhig.

K: Ja.

A: Gut, was .. da organisiert sich doch ein Schutz mit der Zeit, jedes Lebewesen möchte ja ein bißchen sicher sein. Was organisiert sich da für ein Schutz ?

K: Die Anpassungsfähigkeit, "Anpassungsfähigkeit" ist nicht der richtige Ausdruck hier. Er trainiert irgendwie auszuweichen, wenn irgend etwas kommt, was ihn verletzen könnte.

A: Das liegt im Wort des Schutzverhaltens ein bißchen mit drin: es soll also eine Schwäche aufgehoben werden - eine Schwäche hebt man ja auf, wenn man die Schwäche organisiert und eine Tugend daraus macht. Dann ist es aber kein Schutzverhalten mehr. "Schutzverhalten" heißt ja im eigentlichen Sinne, daß ich die Schwäche bestehen lasse und statt sie auszugleichen einen Schutzwall um sie herumbaue. Also als Ausgleich etwas suche als Ergänzung, irgendeine Prothese suche - was könnte die Prothese sein ?

K: Ein fester Partner.

A: Ein fester Partner ? Wie fest ? Also ..

K: Ein standortgebundener Partner.

K: Ja, der läßt sich auf nichts ein.

A: Nein, das Schutzverhalten, das bildet sich ja meistens aus dem Leitbild, also aus der Vorstellung: sich durch etwas schützen wollen, das man sich stark vorstellt. Beim Krebs, haben wir ja schon gesagt, der ist im persönlichen Verhalten labil, seiner Triebhaftigkeit ausgeliefert, aber keiner denkt klarer und präziser als der Krebs, weil er die Klarheit seiner Denkwelt ja benötigt als Schutz bzw. als Ausgleich aus dem Bereich, was er nicht selbst ist - ein Anderer braucht ja nicht so eine klare, präzise Denkwelt. Und ich finde es eben falsch, daß man einen Maßstab daraus macht: einer, der gut denken kann, der eine klare, präzise Vorstellungswelt hat, der ist immer wer, - das ist ein Blödsinn. Es gibt Leute, die brauchen es eben echt nicht, die brauchen es nicht, um vollständig zu sein, um ihre Wirklichkeit zu finden. Ja, die stört es eher.

K: Darf ich kurz noch einmal nachhaken, weil das Problem wollte ich Sie schon einmal fragen: wo ist jetzt "Denken", "Denken" ist Descendent ?

A: Ja, das Denken als Vorstellungsfähigkeit, als Bildwelt, - nicht der Intellekt. Der hat hier nur dienende Rolle.

K: Und wie definieren Sie Ascendent, also das Gegengesetzte ? Ist das dann Fühlen ?

A: Die Anlage, ja, hier als Fühlen.

K: Also Fühlen - zu Denken, - heißt hier die Achse ?

K: Aber nur beim Krebs.

A: Beim Krebs ist es der Anlage nach im Sinne des Ascendenten das Fühlen und Empfinden.

K: Ich meine jetzt unabhängig vom Tierkreiszeichen - ich hätte ganz gerne die Ascendent-Descendent-Achse erklärt.

A: Descendent ist das Vorstellungsdenken, und zwar nicht das Intellekt-Denken, sondern es ist .. der Intellekt ist im Sinne der Causa materialis das Erschließen des Umraums und zwar des konkret Gegenständlichen und seiner Funktionen - da stört das Gestalthafte, die Gestalten selbst: sie werden zerstört. Das Zerstören liegt im Prinzip und nicht im Wollen, das läuft als sachliche Reaktion auf Umweltzustände zwanghaft ab, auch im instrumentalen Sinn der Technik - das gibt dann die Intellektuellen, die Wissenschaftsmenschen, - die Instrumentalneurotiker. Das Andere, das ist die Causa effiziens, das ist die Kapazität an Bildaufnahme für Gestalthaftes wie für Gestalten, die Orientierung nach der Wirklichkeit der Umwelt, die als ererbte Erfahrung im Vorstellbaren, Bildhaften verankert ist. Das ist das geistige Denken, das die eigene Isolation durchbricht - das ist die Fähigkeit zur Objektivität, die von den Intellektuellen mißbraucht wird, weil sie es mit dem sachlichen Neutralisieren verwechseln.

Nun ist es so, daß die Zeichen des dritten Quadranten denen des ersten Quadranten genau gegenüberliegen, daß sich also die Bildaufnahme nach dem Gegensatz ausrichtet, nach der gegensätzlichen Ähnlichkeit, also genau der Umkehrung. Und da kann es sein, daß das, was ich bildhaft aufnehme, mir besser gefällt als ich mir selbst, daß ich also mit der gegensätzlichen Ähnlichkeit kompensiere - na, wenn jemand klein ist, dann kompensiert er sich gerne mit der großen Schrift. D.h., wenn einer kompensieren will, dann kompensiert er nach der Vorstellung des Descendenten. Sie können also sagen: im Verhalten ist der Wassermann ein sprunghafter Wassermann und in seiner Vorstellungswelt ist er der Descendent vom Wassermann, und das ist der Löwe - und was ist das ? - schauen Sie sich mal die meisten Wassermänner an, die laufen alle gern im Abenteurer-Look herum, d.h.

ein riesen Halstuch, möglichst so ganz bunt, wie im wilden Westen, und dann etwas ganz typisches für den Wassermann, sowohl für Wassermann-Frauen als auch für Wassermann-Männer, etwas unwahrscheinlich Typisches, was sozusagen einen Symbolwert hat - da begreift man, wenn man einen Wassermann sieht, begreift man erst wieder, was ein Gürtel ist. Da weiß man erst wieder, was hinter einem Gürtel eigentlich inhaltlich steckt. Die tragen solche breiten Gürtel oder sonstige wilde Gürtel, selbst anständige Bürgersfrauen .. Ist Ihnen das noch nicht aufgefallen ?

K: Nein.

A: Bitte ?

K: Hosen ziehen sie auch gerne an.

K: .. (Anm. unverständlich) - (Lachen)

A: Wenn wir es nicht wüßten, dann wüßten wir jetzt das Tierkreiszeichen von Ihnen genau.

K: Entschuldigung, ist das Sonne oder Ascendent ?

A: Das ist jetzt Sonne-Wassermann.

K: Aber das ist, würde ich sagen, ist doch auch ein Teil der Originalitätssucht ..

A: Nein, das ist einfach ..

K: .. der Wassermann will sich doch gerne aus der Allgemeinheit herausheben.

A: Er will die Peripherie der Allgemeinheit, und da spielt er gern den Abenteurer, den Verwegenen ..

K: Ja eben, das ist das Herausheben, er ist nicht der Bürger, sondern er ist jemand anderes als der Bürger.

A: Es ist das Leitbild der Stärke, das er hat. Verstehen Sie, wenn er seinen Gürtel auszieht, bricht er zusammen. Die geben sich auch gerne unkonventionell, mit großer Geste, das ist alles dieses Leitbild der verwegenen Individualität, "Leitbild der Stärke" kann man es nennen. Persönlich ist er sprunghaft, unstet, unruhig und wenig belastbar, also braucht er das Leitbild der Stärke, des Abenteurertums, des verwegenen Heldens à la "die drei Musketiere", oder was weiß ich.

K: Also das deckt sich jetzt mit dem Löwen - deckt sich das eigentlich gesetzmäßig immer so, daß das Leitbild gegenüber vom Ascendenten ist ?

A: Davon rede ich ja die ganze Zeit. Ich sag' Ihnen ein anderes Beispiel, z.B. Sonne Fische: ich habe ja jetzt in dem Buch die einzelnen Tierkreiszeichen alle durchgearbeitet. Ich habe gestaunt über Sonne Fisch, was da alles herausgekommen ist an Zusammenhängen. Und zwar haben Sie bei den Sonne Fisch das Bedürfnis - ja, wie kann man das ausdrücken ? - die Fische sind also im Verhalten unklar, haben eine schwache Durchsetzung, sind Empfindungen ausgeliefert. Sie sind also sehr empfänglich und je empfänglicher und je sensibler ein Mensch ist, desto mehr zeigt sich ein sozial schlechtes Gewissen. Ein Mensch .. also wenn Sie wenig Selbstvertrauen haben, aus welchen Gründen auch immer, dann schauen Sie doch auf Ihre Umwelt, mit wenig Selbstvertrauen. Da horchen Sie doch in die Umwelt hinein. Da sind Sie doch .. als ausgesetztes, ungeschütztes Lebewesen, da nehmen Sie doch jedes Geräusch wahr. Sie werden also von Jugend an direkt dazu hingetrimmt, übersensibel in die Umwelt hineinzuhorchen. So, was machen Sie jetzt mit Ihrer Sensibilität ? Sie sind ihr ja ausgeliefert. Und Sie haben ein - als Fisch, denken Sie sich hinein - ein sozial schlechtes Gewissen gegenüber der Umwelt, - also ich bin selber Fisch, also ich habe mich immer geniert, wenn der Briefträger um zwölf Uhr gekommen ist und ich habe einen Schlafmantel angehabt und habe aufgemacht, dann habe ich immer gesagt: "Ja, ich bin heute nacht .. lang habe ich gearbeitet .." - interessiert den Briefträger gar nicht, verstehen Sie, weil ..

K: Dann bin ich aber auch ein Fisch.

A: Der Neptun im ersten Quadranten macht das noch deutlicher.

K: Also bei mir stimmt es.

A: Und - aber es gibt Menschen, denen ist das völlig wurscht, und die sagen: "das geht den einen Dreck an, und ich" - was weiß ich. Die Folge ist, daß die Sonne Fisch ihr Gegenzeichen organisiert. Was ist denn das Gegenzeichen von Fisch ?

K: Die Jungfrau.

A: Jungfrau - nämlich das sich der Umwelt bewußt versichern. Ist das klar ?

K: Das ist ein sehr treffendes Beispiel dafür.

A: Und infolgedessen werden die versuchen, alles, was an Sensibilität da ist, an unterbewußten Strömungen spürbar wird, zu grammatikalisieren, zu artikulieren. Sie finden nämlich eine Unmenge von Lyrikern bei den Fischen, und der Schwerpunkt liegt zwischen dem zwölften und achzehnten März. Das ist der Versuch, das Aufgenommene in Bilder zu setzen, in grammatikalisierende Bilder. Das hat mit der Gedichtemacherei nichts zu tun, nichts mit der Umeinanderschwärmerei von Gefühlen. Gefühle haben die Fische gar nicht. - Bitte ?

K: Nein ?

A: Ja, wissen Sie, Sensibilität hat mit Gefühlswärme nichts zu tun. Sensibilität kann sehr kühl sein.

K: Meine Schwester ist eine kalte Fischin.

A: Ja, die Undine, - die ist aber nicht auf den Fisch beschränkt. Z.B. bei den Januar-Wassermännern, da finden Sie die Undinen reihenweise. Also - man organisiert sich also durch das Gegenzeichen. Die Steinböcke organisieren sich auch durch ihr Gegenzeichen, z.B. ..

K: .. den Krebs.

A: Ja, das vierte Zeichen im Sinne des Steinbocks, die geordnete Gemeinschaft. Was können wir noch für Beispiele nehmen ?

K: Schütze - Zwilling.

A: Schütze - Zwilling, das ist schwierig zu formulieren, für mich jedenfalls, - den Schützen habe ich eigentlich nie so richtig durchschaut. Die wollen alles vereinheitlichen, dabei möglichst die ganze Welt einfangen, darum müssen sie auch die ganze Welt verstehen. Dabei ist der Schütze echt großmütig, aber das kann er ja leicht sein, weil ihm ja die Gegenwart nicht viel wert ist - der erste zum dritten Quadranten, das ist nämlich die Zeitachse. Der dritte Quadrant, das ist die "andere

Zeit", da ist man weg von der Gegenwart, von der Zeitgebundenheit des Ego, da ist man in der Expansion, und da kann man gut großmütig oder auch großzügig sein - im übrigen auch in der Verfügung Anderer, weil ja in der Übertragung die Gegenwart Anderer auch nicht viel wert ist. Und der Löwe ist - wie gesagt - auch großzügig, sehr großzügig sogar. Warum der ? - Weil er jemandem lieber noch zehn Mark dazugibt, bloß damit er seine Ruhe hat. Verstehen Sie, das ist Schutz, die Großzügigkeit vom Löwen ist echter Schutz, um ja selber unantastbar zu sein. "Keiner kann sagen, ich bin abhängig von ihm, keiner kann sagen, ich habe auch nur ein Fünferl von ihm genommen." - Ja ?

K: Das bin ich allerdings auch und ich bin kein Löwe.

A: Na ja .. ich sage Ihnen ja, wenn es so einfach wäre: wir tun ja immer nur einen Baustein besprechen und als Beispiel, wenn jemand die Sonne da drinnen hätte. - Es hat ja jeder alle Bausteine, oft mehrere dominant. Wenn es natürlich so einfach wäre, daß wir alle nur in zwölf Zeichen einteilen, was meinen Sie, dann hätten wir ja gar keine Psychologie heute, - d.h., die hätten wir trotzdem. - Ja, dann machen wir eine Pause, und hernach machen wir die Beispiele.

P A U S E

(Anm.: Der Beginn des Bandes fehlt, - es wird hier ein von einem Schüler vorgelegtes Horoskop auf Richtigkeit der Geburtszeit überprüft.)

.. so vor ein oder zwei Jahren wohnlich verbessert ?

K: Etwas früher, also so vor ..

A: Wieviel ?

K: Vor vier Jahren.

A: Vor vier Jahren. - So, jetzt kommen wir der Sache schon näher. Und wo ist er geboren ?

K: In Konstanz.

A: Konstanz. Ich will Ihnen nämlich kein falsches Horoskop an die Tafel malen. Der ist nicht Schütze, sondern sicher Skorpion-Ascendent.

K: Ja, das würde besser passen.

A: Also, wenn er sich vor vier Jahren wohnlich verbessert hat, umgezogen ist, dann ist das Skorpion-Ascendent, keine andere Chance. Und dann ist die Umstrittenheit, in die er geraten ist, die ist dann etwas früher gewesen.

K: Früher, ja, ja.

A: Früher, gell. - Können wir ja wieder wegwischen. Oder können Sie sich vorstellen, daß der jetzt Skorpion ist ?

K: Ja.

A: Ja ? - Brauche ich es nicht mehr neu zeichnen ?

K: Wonach haben Sie jetzt korrigiert ?

A: Schauen Sie, dieses Horoskop ist das Horoskop eines Mannes. Und jetzt sehen Sie das unmittelbar als das Horoskop eines Menschen bzw. eines Mannes an. Das ist zunächst falsch. Denn zunächst ist das das Bild eines Menschen, das in Bewegung ist. Und zwar schildert es nichts anderes als den exakten Geburtsvorgang. Ist das klar ? - Sie können also durchaus vermuten, wenn die Mutter nicht unbedingt auf zwei Grad Zwilling oder Schütze einen Planeten stehen hat, also wenn das nicht der Fall ist, was wir ja hier nicht nachprüfen können, dann findet die Geburt aber ganz bestimmt beim Übergang über den Planeten statt. Nur dann nicht, wenn die Mutter gleich dahinter möglicherweise den Mond stehen hat, oder davor. Vielleicht hat die Mutter da vorne irgend etwas - ist das klar ?

K: Nein.

A: Nicht klar ?

K: Nein.

K: Und wo bringen Sie denn die Mutter her ?

A: Die Mutter muß es ja geben, nicht ?

K: Ja.

K: So weit sind wir uns schon einig.

A: Und die Mutter ist ja auch irgendwann einmal geboren.

K: Der Vater auch.

A: Aber der hat das Kind ja nicht geboren. - Die ist also irgendwann einmal geboren. Irgendwo hat sie also auch Planeten stehen. Es ist doch anzunehmen bei einem Geburtsvorgang, wo sie selber Schmerzen hat, und wo sie ihren Mann verflucht und sagt: usw. ..., da muß doch die auf der Geburtsachse, wenn das ein Vorgang ist, muß doch da im Horoskop der Mutter ein einschneidender Punkt ansprechen. Ist das klar ?

K: Ja schon, aber wir haben das Horoskop der Mutter ja nicht.

A: Nun hat ein Vorgang immer dann das Bedürfnis, sich zur Aktualität oder zur Erscheinung durchzuzwängen, wenn die Achse über einen Geburts-Horoskop-Planeten der Mutter geht, vornehmlich über den Mars, wegen der Schmerzen ..

K: Mars, ja, bei mir wars' so.

A: Bei Ihnen der Mars, und bei Ihnen ? - Auch ? - Ja. Und ? - Weil der Mars ist der Schmerz, das ist klar. Es kann aber auch sonst die Achse über einen wichtigen Planeten der Mutter laufen. Nun haben wir die Mutter zur Überprüfung nicht hier. Aber wir wissen, hier ist der Saturn am Descendenten. Jetzt habe ich gleich nach der Nase gefragt, ob der eine Saturn-Nase hat. Ist das klar ? - Das war das erste. Das zweite waren die auseinanderstehenden Augen, aber da kommen wir .. das ist dann immer so ein Begriffs-Wirrwarr - da kann man streiten - er hat also so blaue Augen, so bläulich, also so blau ..

K: Das kann ich nicht sagen.

A: Kennen Sie den Schauspieler

Paul Hoffmann ?

K: Nein.

A: Niemand. Kennt niemand den Schauspieler Paul Hoffmann ? Der hat so richtig blaue Skorpion-Augen, also Augen - oder der Loriot, haben Sie den schon einmal gesehen ? Der hat dieselben Augen wie der Paul Hoffmann und wie er Skorpion. - Bitte ?

K: Groß sind sie nicht ?

K: Das sind so wässrige.

A: Wässrig - kalt, und so ein bißchen flackernd.

K: Ist da so ein bißchen grau drin ?

A: Ja, es gibt gemischte. - Und dann habe ich .. wissen Sie, ich brauche ja noch ein Spezialwissen, das müssen Sie verstehen, jeder hat sein Schutzverhalten, und da ich als Person, was ich also durchaus sagen kann - das sagen andere Leute, die sind eher draufgekommen als ich - da ich nicht geschäftstüchtig bin, muß ich doch zumindest, um auf der Welt bestehen zu können, andere Vorteile mir erhalten, damit ich nicht geschäftstüchtig sein brauche, verstehen Sie. Und das sind also ein paar technische Verfahren und ein bißchen ein Blick, wo ist etwas zu entdecken - geistig da, an Techniken und Systemen dieses und jenes. Und das schützt meine - wie soll ich sagen ? - eine gewisse Art von Unvernunft, und die Unvernunft ermöglicht mir wieder die Erkenntnisse. Ich muß also immer dafür sorgen, daß ich unvernünftig sein kann.

Ich kann mir deshalb ja auch keine geschäftstüchtige Konkurrenz großziehen, die erzählen das irgendwo hin, verstehen Sie, wenn sie es für sich behalten oder im Rahmen der eigenen Tätigkeit anwenden, ist ja alles schön und recht, aber ich meine, ich habe ja dafür ja irrsinnig viel eingesetzt, meine Existenz aufs' Spiel gesetzt, dann kann ich das jetzt nicht für ein Butterbrot hergeben, und schon gar nicht für diese Art von Reproduzenten, die sich mit der Astrologie und damit die Astrologie selbst gut vermarkten wollen, zu ihrem persönlichen Vorteil - die sollen dann lieber bei Persil bleiben. Also bin ich sogar verantwortlich gehalten, das nicht einfach wegzugeben. Ist schon verständlich, nicht ?

K: Ja.

K: Die kriegen das aber doch nicht mit. Sie können doch uns alles sagen, was Sie wissen und ein objektiver Beobachter, der würde das genau so gut können wie Sie, aber den gibt es eben nicht, weil eben ein anderer nie in der Lage ist, das so aufzunehmen, wie Sie es sagen, weil er eben nicht so wie Sie damit verwurzelt ist.

A: Ich erkläre es ja immer, wenn ich Ihnen etwas sage - ..

K: Ja, aber das bleibt ja nicht haften.

A: Das hilft nichts, meinen Sie ? Dann finde ich es sehr nett, daß der Kurs immer noch so voll ist.

K: Nur, um Ihnen das Gefühl zu geben, daß .. (Lachen).

A: Es kommt ja noch etwas hinzu: ich könnte Ihnen technisch so viel Wissen beibringen, daß Sie nach den Inhalten überhaupt nicht mehr fragen. Ich habe früher einmal Kurse gehalten - da gab es einmal so eine Astrologenschule in München (1956 - 1959) und die Teilnehmer waren am Schluß des Kurses fähig, den Beruf eines Betreffenden aus dem Geburtsbild heraus zu entwickeln. Die waren fähig, unwahrscheinliche Aussagen zu machen und zwar nicht zufällig, sondern den Regeln gerecht, zuverlässig. Nur haben sie mit Begriffen gesprochen, die sie selbst überhaupt nicht verstanden haben. In einem Fall haben sie von einem Horoskop gesagt: "der macht bzw. tätigt selbst etwas Musisches, wegen des dritten Hauses, und er hat etwas Instrumentales bei sich - das ist ein Musiker !" - Sie werden lachen, das war das Horoskop eines Cellisten. Stellen Sie sich einmal vor, auf diesem kurzen Weg kommt also der Schüler auf die richtige Aussage, ohne zu begreifen, was ein Cellist ist bzw. ohne diesen Cellisten zu begreifen - von der Musik überhaupt einmal abgesehen. Die hatten also Gesetzmäßigkeiten und Regeln im reproduktiven Sinne richtig angewandt, ohne die seelische Reife des Erfahrungsweges zu haben. - Aber gut, jedenfalls ist das jetzt korrigiert. Sie dürfen ja außerdem nicht vergessen, ich habe ja eine lange Übung.

K: Ja, aber Herr Döbereiner, Sie kennen ihn gar nicht und haben dieses nur einmal gesehen ..

A: Ich habe ja von Ihnen Anhaltspunkte bekommen.

K: Ja, an der Nase und .. (Lachen). Also das ist mir unbegreiflich, das ist doch ..

A: Sie bekommen mit der Zeit doch einen Blick - schauen Sie, wenn Sie heute zu einem Arzt gehen, der dreißig Jahre oder vierzig Jahre Praxis hat, sie gehen hinein zur Tür, der schaut hin und sagt: "Au weh, die Leber ist hin". Verstehen Sie, da hat er noch gar nicht viel Anhaltspunkte.

K: Ja.

A: Das hat der aber auch nicht zwischen den Fingern, - sondern durch seine dreißigjährige Erfahrung hat er Erscheinungsmerkmale und Ausdrucksmerkmale der Person, die sonst bei Ihnen unterbewußt verbleiben, sofort im Bewußtsein. Verstehen Sie, das ist dasselbe: bei mir kommt in die Praxis jemand herein, dann weiß ich schon, was der fragt. Echt, in den meisten Fällen.

K: Ja, da sehen Sie ihn vor sich, aber hier haben Sie ihn selber überhaupt nicht gesehen.

A: Sie haben ja was gesagt dazu: Sie haben ja gesagt, erstens mit der Nase, zweitens, daß er mit fünfundvierzig Jahren was gehabt hat und dann, daß er vor vier Jahren wohnlich sich verbessert hat, und jetzt kommt das Wesentliche, daß er vor vier Jahren umstritten war.

K: Ja.

A: Das sind doch Anhaltspunkte, also wenn das nicht reicht.

Gut, der hat also Skorpion-Ascendent. Jetzt schauen wir natürlich nach dem Herrscher von eins, wir müssen also uns den Pluto holen. Der liegt auf achtundzwanzig Grad Zwillinge. - Zeichnen wir doch gleich alle Planeten ein.

Ja, was soll ich jetzt machen, soll ich Ihnen jetzt sagen, was der von Beruf ist, vorher, oder soll ich Ihnen nichts sagen ?

K: Nein, nichts sagen.

A: Okay, ich sage es Ihnen nicht. Bei der Berufsangabe hätten Sie sofort gemerkt: der konnte gar nicht Schütze sein, weil dann der Inhalt des Geburtsbildes nicht mehr mit der äußeren Form der Person übereingestimmt hätte. Wenn Sie das können, dann erst anschließend können Sie das Technische lernen. Verstehen Sie, was ich meine ? - Das wäre jetzt eigentlich eine gute Hausaufgabe: Herrscher von eins in acht, der andere Herrscher von eins, vielleicht ist er es noch, in zwei, der ist aber abhängig vom ersten Herrscher, das ist klar, das Folgeprinzip. Die Verwirklichung ist in Haus drei, und die Bedeutung ist auch in drei. - Der sieht sich aber schon gern an der Öffentlichkeit, was ?

K: Ja, wieso ?

A: Da kommt der schon ganz stolz daher. Allerdings bloß mit dem Merkur, der gibt auch nicht so viel her. Wollen wir das als Hausaufgabe machen, oder wollen wir es so schnell jetzt machen ?

K: Wenn Sonne und Merkur gleich sind, hat dann der Merkur noch viel Wirkung ?

A: Der Merkur ist ein sogenannter Charakterloser, der sich nach dem richtet, der neben ihm steht, - was heißt das in dem Fall ? - Er richtet sich nach der Sonne aus. D.h. in dem Fall: ist er es noch, oder ist er es nicht. Was büßt er denn ein, wenn er bei der Sonne steht ? Den Vorteil seiner Neutralität, nämlich die Beweglichkeit. Infolgedessen heißt es in der Vulgär-Astrologie, "verbrannter Merkur" macht stur.

K: Ist das bei jedem Planeten, der im gleichen Grad wie die Sonne steht, daß er dann keine Wirkung mehr hat ?

A: Nein, beim Saturn ist es unter Umständen umgekehrt, denn die Sonne kann sich gegenüber dem Saturn nicht übermäßig wehren -

da ist die Sonne auch mit beeinflußt, - weil der Saturn ja selbst kein Neutraler ist. Das gilt nur für die neutralen Planeten. Was sind neutrale ?

K: Der Mars.

A: Der Mars, der Merkur, der Uranus, die richten sich nach ihrer Umgebung. Und wenn die bei einem anderen Planeten stehen, bei einem Nicht-Neutralen, dann büßen sie an Beweglichkeit ein. Ist das klar ? - Bitte ?

K: Verzeihung, bei der Uranus-Pluto-Konjunktion hätte also der Uranus seine ..

A: .. Beweglichkeit eingebüßt ..

K: .. zugunsten vom Pluto.

A: Ja, das ist aber dann schwierig, das ist dann eine harte Geschichte.

K: Hart in welcher Richtung ?

A: Das sind zwei - ich möchte fast sagen - fleischlose Planeten, ohne Puffer. D.h. sie haben beide glatte Fronten, sind beide nicht elastisch. Und dadurch, daß sie beide nicht elastisch sind, gibt es kein Ausweichen, gibt es Reibungen und damit Reibungsschärfen, das kann dann das Problem sein. Das ist etwas anderes, wenn sie im Fisch stehen, oder im Krebs, dann haben sie einen weichen Hintergrund, der nachgibt. Das ist dasselbe, wenn bei Ihnen - ich habe vorhin im Geburtsbild gesehen - da ist die Saturn-Opposition-Pluto, der Pluto steht im Krebs, der Saturn kann also dem Pluto schon viel weniger tun, weil der Pluto im Krebs, der hat ja eine Gummiwand hinter sich, der kann ja ausweichen. Ist das verständlich ?

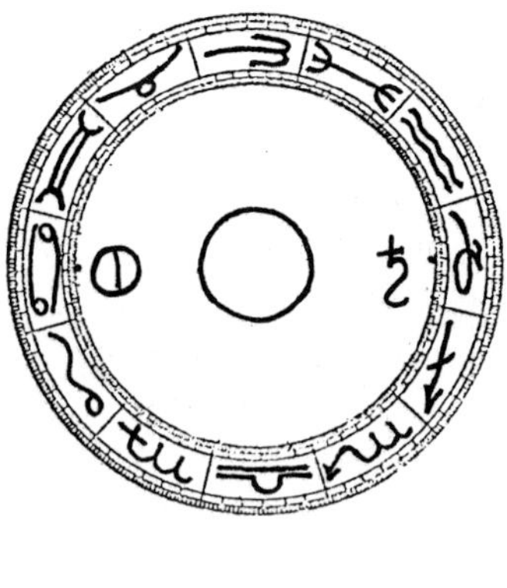

K: Ja.

A: Schon ist es nicht mehr so schlimm.

K: Und Mars-Uranus ?

A: Ja, das ist auch hart, das sind auch zwei unelastische. Wenn zwei unelastische zusammenkommen ist es also problematisch. Da ist auch eine Opposition schon schlimmer oder ein Quadrat oder sonst was, als sonst.

K: Wenn jetzt die im Trigon stehen, Mars-Trigon-Uranus ?

A: Das Beispiel kann ich Ihnen von einer Frau erzählen, die hat den Uranus-Trigon-Mars zum MC gehabt bei einem Zwillings-Ascendenten und bei einem MC Wassermann. Was macht Ihnen das für einen Eindruck ? - Wenn Sie fragen, ob die beiden Planeten im Trigon zusammenpassen, - zusammenpassen tun sie schon, in sich, aber für die Umwelt ? - Schauen Sie, die Frau ist heute sechsundfünfzig Jahre, etwa, und da war ich vor ein paar Jahren zu Besuch, und da wurde Reisig zusammengesammelt im Garten, auf einen Haufen zusammengerecht, so zum Anzünden. Komischerweise hat ja jeder Mensch Feuer so recht gern. Und während ich noch so überlege, wieso hat man das Feuer gern, stellt die sich hin und hebt zu singen an, eine sechsundfünfzigjährige Frau, "Flamme empor". Jetzt werden viele von Ihnen damit nichts anfangen können, aber - wissen Sie - da sind noch die Relikte gewesen aus der BDM-Zeit des Nationalsozialismus, und da war sie bestimmt BDM-Führerin, sonst würde sie nicht so lange nach dem Krieg noch "Flamme empor" singen, vor dem Feuer, mit dem edlen Schwur. Also da haben Sie Mars-Trigon-Uranus, die haben möglicherweise kein Gefühl für Atmosphäre, - daß ihr Singen der Wirklichkeit der Umgebung nicht entsprochen hat, das hat die gar nicht gemerkt, daß ihre eigenen Geschwister weggeschaut haben, weil sie rot geworden sind. Aber das ist immer so: zusammenpassen tun sie als Planeten im Trigon schon, aber wo sie den Einzelnen dann hintreiben - jedenfalls einmal mit Sicherheit in die Schamlosigkeit. Unter "Schamlosigkeit" meine ich "keine Empfindungen mehr für Situationsinhalte haben".

Gut, dann haben wir es für heute, dann machen wir dieses Horoskop als Hausaufgabe bis zum nächsten Mal.

ZWEIUNDDREIßIGSTER ABEND

12. JULI 1972

A: Wir haben als Hausaufgabe diese männliche Geburt gehabt und .. jetzt ist es ja leider so, daß die Dame, die mir das gegeben hat, heute gar nicht da ist bzw. vielleicht noch kommt.

K: Nein, sie kommt nicht mehr, sie hat bei uns angerufen, sie läßt sich entschuldigen, sie hat eine Lebensmittelvergiftung.

K: Dann sollten wir eigentlich das Horoskop der Dame behandeln.

A: Na ja, die Dame ist Jungfrau-Ascendent, und die sind sowieso immer sehr empfindlich auf Lebensmittel, deswegen also - Jungfrauen essen ja ungern Innereien. - Haben wir irgendeine Jungfrau da, die gern Innereien ißt ?

K: Leber esse ich gerne, aber das ist ja keine Innerei in dem Sinn.

A: Ja doch, das ist schon eine Innerei. - Also meistens essen die also Innereien ganz ungern.

K: Ich bin keine Jungfrau, ich mag auch keine Innereien.

A: Das ist ja nur eines von vielen Merkmalen, die zusammenfallen müssen, damit man Schlüsse ziehen kann.

K: Aber trotzdem würde uns jetzt hier bei diesem Horoskop der Beruf interessieren.

K: Der Mann hat uns sehr viel Kopfzerbrechen gemacht.

A: Der hat Ihnen Kopfzerbrechen gemacht ? - Na ja.

K: Sie wissen ja den Beruf von dem Mann.

A: Ja, den weiß ich. - Was gibt es für Ergebnisse ? - Gar keine ?

K: Verschiedene.

K: Sehr gemischt.

K: Die Sonne ist doch im dritten Haus, oder ?

A: Die Sonne ist im dritten Haus, das ist mal ganz sicher.

K: Es geht immer auf Selbstdarsteller hin, in irgendeiner Weise.

A: Ja, in irgendeiner Weise, ohne Zweifel.

K: Wir sind der Meinung, daß er mehrere Berufe hat, nämlich ..

A: Mehrere ?

K: Ja, - Schriftsteller zumindest.

A: Also ich höre jetzt da Ergebnisse. Ich will keine Ergebnisse, ich möchte einen ..

K: .. konkreten Beruf.

A: Nein, einen soliden Aufbau.

K: Der Herrscher von eins in acht, also der rutscht durch den veränderten Ascendenten schon ziemlich weit hinauf.

A: Der ist ungefähr acht - was sagt das ?

K: Spitze acht.

A: Ja, was sagt das ?

K: Irgendwo eine geistige Bindung.

A: Ja, also was heißt das mit anderen Worten, "geistige Bindung" ?

K: Verpflichtung an die Begegnung.

A: Ja, und was heißt das ?

K: Eine geistige Verpflichtung.

A: Mhm, - was heißt das, wenn Sie das also jetzt ganz praktisch übersetzen ? Wenn sich jemand einer Sache, die nicht in ihm ist, verpflichtet, - was ist das ?

K: Verantwortung für Andere.

A: Nein - ja, auch, aber .. bitte ?

K: Leitbildhaft.

A: Leitbildhaft. Der ist vorstellungsgebunden. Der hat eine Idee oder irgend so etwas. Ist das ..

K: Ja.

A: Ich will es Ihnen ja nicht erklären, Sie haben es ja als Hausaufgabe gehabt. Ich möchte auch ein bißchen fruchtbare Seitenmeinungen. Da höre ich nichts.

K: Die Leitbildhaftigkeit ist ja praktisch in Haus acht, und dadurch, daß es im Zwilling steht, ja auch wieder in drei, in der Analogie des dritten Hauses.

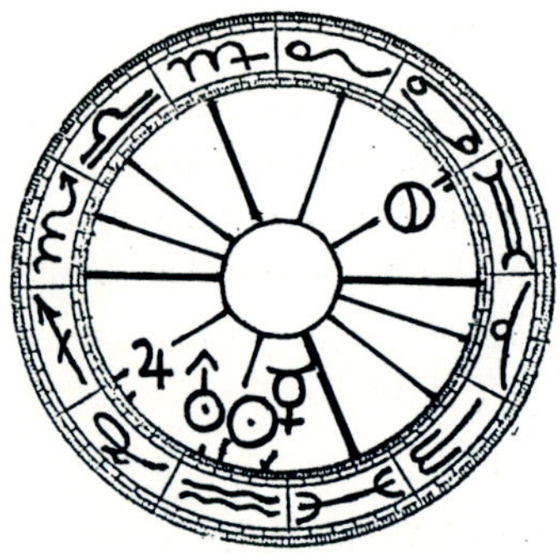

A: Mhm.

K: Und verwirklicht wird es wiederum in Haus drei.

A: Und was heißt das ?

K: Also durch die Selbstdarstellung, irgendwie ..

A: Was ist denn Haus drei ? - Bitte ?

K: Sehr ich-betont.

A: Ja, wissen Sie, Ich-betont-sein kann man auf verschiedenste Weise.

K: Ich würde sagen, daß die Leitbildhaftigkeit, die fixe Idee in erster Linie funktionell verwirklicht wird. Das kann schon irgendwie was Selbstdarstellerisches sein, sich selbst etwas herausheben aus dem Durchschnitt, und das würde ja an sich verbindlich sein, weil ja der Herr von zehn in Konjunktion mit der Sonne im dritten Haus ist. Jetzt müßte man sagen, die Funktion wird ja vom Uranus beherrscht, der beherrscht ja auch die Sonne, also die Verwirklichung und auch das Endergebnis. Und der Uranus steht nun in zwei, also was passiert da ? Polaritäten versucht er aufzuheben ? - Oder bin ich da jetzt schon auf dem Irrweg ?

K: Der hat uns Kopfzerbrechen gemacht.

A: Ja, der ist schwierig, der ist sehr schwierig, da ist gar kein Zweifel - ja, und sonst ?

K: Na ja, jetzt kommt der Mit-Herr von eins in zwei, das ist natürlich auch noch was.

A: Mhm. Gut, was haben Sie für einen Allgemeineindruck ?

K: Das ist ein sehr ich-betonter Mensch, dies vor allen Dingen.

A: Ja - also was .. ich höre wirklich gar nichts, nirgends etwas ?

K: Der stellt seine Leitbildhaftigkeit dar, es ist also auch seine Funktion.

A: Mhm.

K: Durch seine Funktion stellt er sie dar.

A: Ich meine, wenn Sie mit dem Grobsystem, mit den Grundschemen nicht zurechtkommen, dann können Sie natürlich die Dinge miteinbeziehen, die außerhalb des Grobsystems sind und können z.B. fragen: was ist eigentlich mit der Abhängigkeit ? Wovon ist er abhängig ? Oder Sie können fragen ..

K: Ja, von was ist er abhängig ? Vom Stier ?

A: Ja, das ist in dem Fall der Stier. Das ist das Symbol - das ist die Anlage, die seine Erwerbstätigkeit, die Anpassung seines Triebes an die Bedingungen betrifft usw.

K: Könnte man sagen, daß dadurch das Sicherungsbedürfnis oder das Sicherungsstreben sehr groß ist ?

A: Ja, aber in welcher Beziehung ? Schauen Sie, der eine bekommt Sicherheitsgefühl aus Bewegungsfreiheit, der andere bekommt Sicherheitsgefühl durch die Enge, also das ist ..

K: Kann man den Mond nicht in diesem Falle auch als Volk bezeichnen, daß er volkstümlich ist ?

A: Ja, das kann ich Ihnen leider nicht beantworten, weil die Dame nicht da ist, aber ich glaube nicht, daß der sehr volkstümlich ist.

K: Das zweite Haus ist doch irgendwie der Besitz, ist das nicht so, daß der immer wieder verändert wird, also nichts Beständiges .. ?

K: Der Uranus in Haus zwei enthält ja auch eine Nervenangelegenheit, - ist das nicht möglich ?

A: Eine Nervenangelegenheit ?

K: Uranus in zwei sind Nerven, haben wir gelernt.

A: Ja, das sind Nerven, das stimmt schon ..

K: Und dann habe ich gemeint: Psychotherapeut.

K: Entschuldigung, darf ich dazwischenfragen: warum ist Uranus in zwei eine Nervenangelegenheit ?

K: Das ist organisch.

A: Ich kann Ihnen in vielen Fällen eine Begründung geben, und ich bin darüber immer sehr glücklich, es gibt aber einige Fälle, da kann ich nur auf empirische - auf Erfahrungen zurückgreifen.

Wie haben Sie von den Nerven aus kombiniert zum Psychotherapeuten ? Vom Uranus aus ?

K: Ja.

K: Also ich tippe in dieser Richtung.

K: Ja, vielleicht beschäftigt er sich mit den Nerven, ..

K: Nein, ich glaube, das Hauptproblem ist, daß der Herrscher von eins in acht ist, und das ist ja mehr ein überpersönliches Motiv der Anlagen, die Verwirklichung aber ist im ersten Quadranten. Sie ist also für die Anlage wahrscheinlich nicht so sonderlich geeignet.

A: D.h., wir haben eine Diskrepanz zwischen dem Anlagebild und den Verhalteneigenschaften. Ist das klar so weit ? Das ist also schon einmal das Springende. Wissen Sie, es kommt gar nicht so darauf an, wenn Sie irgendein Horoskop vor sich haben, da kommt es gar nicht so sehr darauf an, daß zunächst es benennen können. Das Benennen-können ist eine Frage der Beherrschung des Formalen, - sondern es kommt darauf an, daß Sie das Problem erkennen. Das ist das Entscheidende.

K: Und es bestünde keine Diskrepanz zwischen Anlage und Verhaltenseigenschaften, wenn die Sonne hier z.B. in zehn wäre ?

A: Überhaupt nicht.

K: Also im dritten oder vierten Quadranten ?

A: Ja.

K: Dann kann man das grundsätzlich sagen, wenn bei einem Herrscher von eins in acht, sieben, die Sonne in eins bis sieben steht, d.h. inclusive sechs steht, daß eine Diskrepanz zwischen Anlage und Verhaltenseigenschaft vorliegt ?

A: Ja, mit der Unterscheidung, daß wenn sie im zweiten Quadranten ist, hat es also noch plus insofern, weil dann zwar ein subjektivistischer, aber immerhin ein Ausdrucksvermögen da ist, das also innerhalb der subjektivistischen Grenzen das Außersubjektive gestalten kann.

K: Hängt das jetzt damit zusammen, daß in diesem Fall Skorpion-Ascendent vorliegt und der dem Skorpion zugeordnete Pluto an und für sich zuhause ist über dem Horizont ?

A: Nein, das hängt hier damit zusammen, daß der Herrscher von eins schematisch - ganz gleich, welches Zeichen - in acht ist. Schauen Sie, worin liegt denn die Diskrepanz hier ? Worin drückt sie sich denn ganz genau aus ? Es drückt sich darin aus, daß sich die weitläufigere Anlage, die auf das, was ausserhalb des eigenen Horizonts liegt, orientiert ist, in der Enge des eigenen Horizonts verwirklichen lassen muß. Dabei wollen wir nicht unterscheiden, ob nun das, was überpersönlich oder außersubjektiv motiviert ist, das Edlere sei. Das ist uns völlig wurscht. Aber ganz ohne Bewertung und Stellungnahme muß gesagt werden, daß hier beide, Anlage und Verhalten zueinander gesehen, ungeeignet sind. Infolgedessen passiert was ? Was können wir denn sehen ?

K: Opposition vielleicht ?

K: Spannung ?

A: Ja, was für eine ?

K: Die Sonne hat das Quadrat.

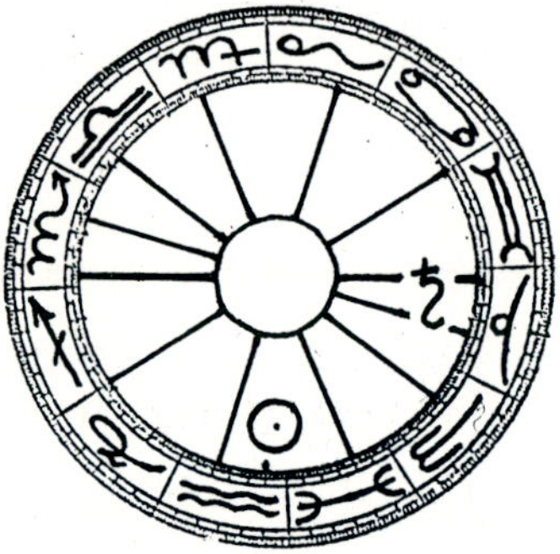

A: Genau - wir haben als äußeres Kennzeichen dieser Diskrepanz, daß die Sonne vom dritten Haus aus ein Quadrat zum Saturn hat.

K: Und ein Quadrat zum Ascendent hat.

A: Zum Ascendenten tut es nicht weh, aber zum Saturn, das tut weh. Was kann man weiter sehen ? - Also wenn der jetzt zu Ihnen käme und würde sagen: "ja, was soll ich denn jetzt für einen Beruf ergreifen ?" - Was würden Sie denn dann sagen ?

K: Ich habe jetzt keine Sprechstunde.

A: Das ist eine gute Möglichkeit - wird oft angewandt. - Was würden Sie sagen ? - Also gut, gehen wir einmal nach dem sogenannten Ausschaltungsverfahren: ist er Kraftfahrer ?

K: Nein.

A: Nicht. Sind wir uns da ganz sicher ?

K: Warum ist er nicht Kraftfahrer ?

K: Mit der Selbstdarstellung nach außen.

K: Und der Pluto kommt zu kurz.

A: Der kann nämlich mit seinem Verhalten nur was in Wirklichkeit umsetzen ?

K: Seine Anlage.

A: Ja eben, und was er nicht hat, hat er nicht.

K: Ich könnte mir vorstellen, oder sogar erwarten, daß er irgend etwas Schriftstellerisches darstellt, d.h., irgendeine

Idee, - also nicht gerade einer, der sich hinsetzt und einen Roman schreibt - sondern einer, der sich einer Idee verpflichtet fühlt, ob das jetzt politisch, weltanschaulich oder irgend etwas wäre, - und das muß er jetzt natürlich nach außen los werden, und zwar in Haus drei geeigneter Weise. Ich könnte mir vorstellen, daß er für irgendeine Illustrierte schreibt, oder sonst was.

A: Trauen Sie einem Illustrierten-Schreiber zu, daß er den Pluto in acht hat als Herrscher von eins ?

K: Na ja, wenn ..

A: Da schätzen Sie die aber hoch ein - aber das Grundprinzip, das Sie genannt haben, stimmt ..

K: Der Herrscher von neun steht ja praktisch auch in drei.

A: Also, - vielleicht sollte man die Sache jetzt herumdrehen, und sollte den Beruf nennen ..

K: .. und dann fragen: warum ?

A: Der Mann ist Psychotherapeut.

K: Das hatte ich mir nämlich auch gedacht.

A: Ja, Sie können jetzt dann gleich durch den Triumphbogen gehen. - Ja, der Mann ist also Psychotherapeut. Frage: warum ? Und dann: wie macht er das ? Drittens: warum macht er das ? Viertens: hat er was davon ? Und: was hat er davon ?

K: Ist er ein guter, ist er ein berühmter, ist er ein anerkannter ?

A: Der soll ein sehr berühmter Mann sein - mir fehlt der Name - und er darf auch nicht genannt werden. Mir wurde nur gesagt, daß er ein sehr berühmter Mann ist. Ich kann aber gleich ausschließen, der Riemann ist es nicht, denn dessen Horoskop kenne ich und der Riemann wäre auch nie ein Skorpion, davon abgesehen.

K: Der Mann kann ungefähr sechzig Jahre alt sein.

A: Also nicht von der Seite bitte. Natürlich, die sind alle alt, wenn sie mal berühmt sind. Und da gibt es dann viele. Ist ja auch relativ, ob man in Fachkreisen oder unter Kollegen bekannt ist, oder ob man Gutachter ist, aber - was würden Sie denn vermuten, wo ist denn der berühmt oder bekannt ? Unter Kollegen ..

K: Unter Kollegen weniger ..

K: Der wird wahrscheinlich ein Buch geschrieben haben.

A: Unter Kollegen weniger, aber wo mehr ? - Na, bei irgendwelchen Prozessen, als Gutachter, nehme ich an, mit der Sonne in Haus drei, da haben Sie natürlich mit der Illustrierten indirekt wieder recht.

K: Ich glaube auch, daß das ein guter Hypnotiseur ist.

A: Ja ? Und warum ?

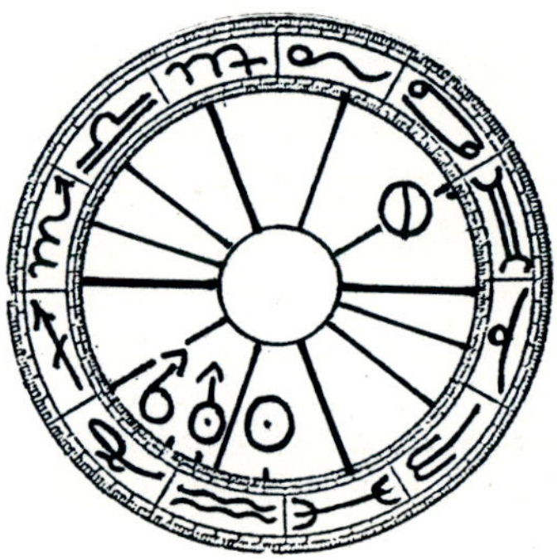

K: Mit dem Uranus und mit dem Mars.

A: Das ist jetzt natürlich alles schön vage geangelt. Das ist ..

K: Das habe ich schon vorher gesagt.

A: Ja, schon, - das kann ich nicht beurteilen mit der Hypnose. Es könnte aber sein durch den Skorpion, gewisse magische Versuchungen ..

K: Aber da müßte vielleicht der Pluto im Krebs doch besser geeignet sein als im Zwilling, oder ?

A: Das sagt nichts, denn sonst müßten ganze Generationen ohne Hypnotiseur und Psychotherapeuten ausgekommen sein, das kann man schlecht verlangen.

Es ist natürlich nicht auszuschließen, daß die Psychotherapie seit dem Zeitpunkt, in dem der Pluto in den Krebs hineingegangen ist, besonders sich ausgebreitet hat. Ja, die Psychologie-

Welle könnte man zeitlich schon damit in Zusammenhang bringen.

K: .. wenn man einmal denkt mit - sagen wir einmal - Freud, Jung - bis er sich zur Psychoanalyse durchgekämpft hat und den ersten Verein gegründet hat, da war es ungefähr die Zeit von 1906, da etwa sind die Vorlesungen über Psychoanalyse erst von Freud geschrieben worden.

A: Ja, das kommt hin, 1912 etwa ist der Pluto das erste Mal in den Krebs hineingelaufen und vorher dran 'rumgependelt.

K: Könnte man hier sagen, daß der Saturn als Herr von zwei, von der Sicherung, an Spitze sieben steht und deshalb die Sicherung eindeutig von der Begegnung abhängig ist ?

A: Ja.

K: Daß diese Begegnungen problematisch sind, ergibt sich wahrscheinlich auch durch diese Mondstellung, die im Grunde genommen ja als Herr von acht im Haus der Anpassung steht und somit das Volk als Mittel des Erwerbs determiniert.

A: Also folgendes - es ist natürlich schon sehr schön, Analogie-Ketten herzustellen, oder Symbol-Ketten, nur sollte man das bei der Deutung eines Anlagebildes nicht übertreiben, weil das mit dem Volk ist zwar sehr schön, aber nicht hier. Verstehen Sie, das Anlagebild muß in sich verstanden werden können, ohne daß man es durch eine periphere Anlage-Kette interpretieren muß - wenn Sie nämlich Analogie-Ketten verwenden, kommen Sie in die Gefahr, sich zu verwirren und sich zu verlieren, die Klarheit der Struktur aus dem Auge zu verlieren.

K: Wann ist er denn geboren worden ?

K: 13.2.13.

A: 1913 ist er also geboren. Dann war er mit fünfundfünzig Jahren umstritten - wir wissen es ja nicht, ob er es schon früher ein paar Mal war.

Ja, ist das also so schwer, das Geburtsbild ?

K: Ja. - Also ich würde sagen: schwer.

A: Wir haben doch schon welche gehabt, da ist es geradezu geflossen. Ich kann mich an einen Abend erinnern, das ist noch nicht so lange her - vier Wochen - wo ich vom Ergebnis Ihrer Deutung her so befriedigt war, daß ich feststellen konnte: der Kurs ist ja gar nicht umsonst gehalten worden. Und ..

K: Ist der Mann auch Arzt ?

A: Er soll Arzt gewesen sein, ja. Ich kann das aber jetzt nicht beschwören.

K: Darauf hatte ich getippt.

K: Ja, ich auch, auf Nervenarzt hatte ich zuerst getippt.

K: Und zwar, weil er seine Sicherung durch die Sicherung der Anderen bekommt, so habe ich mir das zusammengereimt.

K: Also ein Psychotherapeut, der 1913 geboren ist, der muß ja automatisch damals noch Mediziner gewesen sein.

A: Bei dem stimmt das auch, aber der Riemann war nicht Mediziner.

K: Das könnte auch über den Heilpraktiker gehen.

K: Der Riemann war nicht Mediziner ?

A: Nein, das hat es ihm ja so schwer gemacht ..

K: Aus welcher Richtung kam denn der ?

A: Das kann ich Ihnen nicht sagen.

K: Die Institute haben ja früher, im Gegensatz zu jetzt, irgendeinen Ruf vorausgesetzt, irgendein Hochschulstudium.

A: Möglicherweise ist das beim Riemann so eine Art von unorganisiertem Werdegang, wo sich halt irgendeine Begabung durchsetzt.

K: Also Lehranalyse hat er. Da muß man schon Lehranalyse haben, und die Institute gibt es noch nicht so ewig lang und damals konnte man mit irgendeinem abgeschlossenen Hochschulstudium die Analyse machen.

A: Ich kann es Ihnen nicht beantworten. Ich bin nur der Meinung, - ich glaube zu wissen, daß er nicht Arzt war.

K: Theologie und Jura wurde damals schon zugelassen.

A: So etwas kann er gemacht haben. Theologie ist denkbar, denn er hat sich einmal vier oder fünf Jahre lang völlig vom Leben zurückgezogen, so aus fixer Idee, so quasi selbstgewähltes Kloster.

K: Könnte der Mann auch von der Psychiatrie herkommen ?

A: Der könnte durchaus daher kommen. Aber die wichtigste Frage ist doch jetzt die: wenn Sie das Verhaltensproblem als solches effektiv zu begreifen versuchen, was würden Sie denn da für Schlußfolgerungen ziehen ? Was würden Sie dem Mann dazu sagen ? Was soll er machen, was soll er nicht machen ?

K: Wenn man eine Karikatur zeichnen würde, dann würde man ihn als Magier vor eine Showbude hinstellen - so in etwa.

K: Ja, genau - das entspräche dem Pluto in acht und der Sonne in drei .

A: Würden Sie zu dem als Patient gehen ?

K: Also ich könnte mir vorstellen, daß er ein orthodoxer Freudianer ist. Einfach aus dem Pluto, dem Leitbildhaften heraus, weil die ja noch am meisten Schema mitbringen. Einen Jungianer kann ich mir da nicht vorstellen, weil da die Gefahr besteht, daß er Liberalität überhaupt nicht aufbringen kann dem Patienten gegenüber.

A: Was macht er denn mit den Patienten ?

K: Natürlich sein Leitbild aufrollen und draufstempeln.

A: Projizieren, ja ?

K: Ja. Er braucht den Patienten für sich, er gibt sich selbst nicht dem Patienten.

A: Gut, jetzt haben wir doch über den Skorpion schon eine Menge gesprochen. Was ist denn das Prinzip des Skorpions ?

K: Machtverhalten.

A: Was ist denn ein Machtverhalten ? Die Macht ist ja nur eine

Auswirkung.

K: Ohne Emotionen.

A: Ohne Emotionen - warum ? - Was tut denn der Skorpion ?

K: Der ist lebensfeindlich, an sich.

A: Er ist lebensfeindlich, und was ist alles lebensfeindlich ? Also wenn jemand zwanghaft vorstellungsgebunden ist, dann heißt das, daß sich das Lebendige der Vorstellung unterzuordnen hat. Was ist denn der Erfolg, wenn das von Jugend auf passiert, aus welchen Gründen auch immer ? - Daß eine seelische Entwicklung von vorne herein gar nicht möglich ist, daß er daraus nicht belastungsfähig ist und daß er somit seine Vorstellungen wovon erfüllen lassen muß ?

K: Von seinem Publikum.

A: Von Anderen. Verstehen Sie, da kommt genau das, was Sie sagen, da kommt der Übergriff auf den Patienten - und das ist allerdings nicht nur bei Skorpionen, da haben wir ja schon darüber geredet, über den Fall, daß die - daß ja viele Berater, viele Ärzte und welcher Art auch immer, sehr, sehr von ihren Patienten leben, nicht nur geldlich, sondern - sagen wir einmal - schon durchaus auch auf aussaugende Weise - siehe das Beispiel von dem aufrechtgehenden Arzt im weißen Mantel in einem Krankensaal, wo alle anderen liegen. Was muß das für ein tolles Gefühl sein für den, wenn er gefühlsunsicher ist. Der lebt in seinem Selbstgefühl von denen, die da liegen, und natürlich pflegt er sie dann auch, weil das gehört dann ja dazu. Im übrigen ist es ökonomisch. Ich meine, das ist jetzt zwar hart gesagt, aber das ist in sehr vielen Fällen so, vor allen Dingen dann noch, wenn über einen Beruf eine soziale Klassifizierung erreicht werden will. Das Schlimmste, was in irgendeinem Wissensgebiet passieren kann ist das - die Astrologie wurde ja bisher davon verschont - das Schlimmste ist, daß sich eine sozialisierungsbedürftige Menge dann an dem Wissensgebiet guttut, um sich daran zu klassifizieren als irgend etwas Besonderes - was weiß ich als was.

K: Etwas Besseres sein.

A: Ja, wichtig sein, oder dazugehören, oder als was Besseres dazugehören. Beides zusammen ist natürlich noch runder. Und was haben wir da für eine Gefahr ? - Der Übergriff gegenüber der Person. Manche wählen ja so einen Beruf, nicht aus den Gründen des Interesses für ein Gebiet, sondern um damit am geeignetsten seelisch an Menschen heranzukommen, sozusagen parasitär an den Quellen des Lebens zu sitzen.

Eine andere Frage: was kann der anderes machen ? Bleibt dem irgend etwas übrig ? Verstehen Sie, weil damit, wenn wir so etwas sagen, kommen wir natürlich leicht in die Gefahr zu bewerten, und das wollen wir ja nicht. Wir wollen Gründe und Auswirkungen finden.

K: Könnte es sein, wenn er z.B. Buchhalter ist ..

A: Sie springen hart um mit dem.

K: Ja, aber in dem Fall formiert er doch nur noch eine Sache ..

A: Ja, es kommt dann immer noch darauf an: Buchhalter von was, also Pluto in Haus acht, Buchhalter vom lieben Gott, oder was es so alles gibt .. - Ich meine, er könnte sein ein Vertreter für Ideen, ein Berichterstatter, denn mit der Sonne in Haus drei ist er ja reproduktiv. Also z.B. Anschauungen, oder das Anschaubare, also Wirklichkeit, aufgenommene Wirklichkeit, in der Vorstellung aufgenommene Wirklichkeit zu interpretieren im dritten Haus - vielleicht so etwas wie ein weltanschaulicher oder wissenschaftlicher Schriftsteller oder Journalist.

K: Irgendwie ist doch das verschroben: der antiintellektuelle Wassermann und dann die Fixierung an Vorstellungen.

A: Die meisten Wassermänner kommen ja vom Adler her, wegen ..

K: .. Minderwertigkeitskomplex.

A: Genau. Das gibt ja, wie wir schon gesagt haben, die schwache Durchsetzung, wie bei allen Zeichen oder Planeten des vierten Quadranten, und das müssen sie irgendwie immer mit Überlegenheit kompensieren. Das haben wir ja auch - glaube ich - irgendwann einmal gesagt: die brauchen alle drei Wochen irgendeine Ration Verachtungsmöglichkeit, so eine kleine herablassende Gebärde brauchen sie alle drei Wochen, dann sind sie wieder wohl auf. Der Adler, der diese Kompensationstheorie sozusagen entwickelt hat, ist also selbst ein Wassermann, der ist ungefähr so am siebten Februar geboren. Als ich die Diagnose für diese Geburtstagsgruppe gemacht habe, habe ich festgestellt, daß sich die hier Geborenen in ganz besonderem Maße als Kompensation für mangelnde Selbstsicherheit in eine sogenannte Scheinüberlegenheit flüchten. Und dann habe ich anschließend die Namen zusammengesucht, wer da an Profilierten geboren ist und siehe: da ist der Adler geboren, und das habe ich also dann schon sehr schön gefunden. Und wenn man dann noch sieht, daß das Symbol für den Wassermann der Vogel ist und die repräsentative Figur dafür heißt dann noch Adler, dann ist das noch schöner. Die einzelnen Symbole für die Tierkreiszeichen sind ja nicht zufällig entstanden: der Wassermann als Vogelsymbol oder als Symbol vom Vogelflug, wo die Sicherheit immer außerhalb des Zentrums liegt, um von dort aus Andere in ihrem Zentrum zu betrachten. Das ist nämlich ein ganz wesentlicher Zug. Und in dem Augenblick, in dem sie mit andern in einen Topf gesteckt werden, bekommen sie Panik. Die wollen nicht ursprünglich etwas Besseres sein, sondern sie wollen aus einer Schwäche eine Stärke machen, sie wollen sich an die Peripherie absentieren, um jederzeit ihre Fluchtmöglichkeiten einsetzen zu können. In einem Zentrum jedweder Art, seelisch-geistig oder gegenständlich, fühlen sie sich unwohl.

K: Ist das nicht bei jedem so ?

A: Nein. Schauen Sie einen Stier an. Es gibt kaum einen Stier, der sich nicht wirklich um die moderne Gesellschaft kümmert, Sie brauchen bloß einmal in der Zeitung lesen, ob das die Hamm-Brücher oder - wer weiß - sonst ist, wer sich um die Konfektionierung der Modernen Gesellschaft und die Verplanung der zukünftigen Erlebniswege, die Perfektionierung des Mittelmasses, wer sich darum kümmert, aus lauter Sicherheitsangst, um in der Gruppe, und zwar in der fest organisierten Gruppe Sicherheit zu haben, wie die Kühe, die überall 'rumliegen mit dem Rücken gegeneinandergekehrt, damit ja von außen jeder Angriff abgewehrt werden kann, dann sind das eben die Stiere. Die kümmern sich um Gruppenorganisation, die fühlen sich am wohlsten, je wärmer es gegeneinander ist, desto schöner. Das ist ein ganz anderes Lebensgefühl als wie das des Wassermanns. Der fühlt sich in der Gruppe sogar bedroht. Der fühlt sich nur sicher, wenn er alleine ist und die Anderen im Auge hat. Der Stier fühlt sich nur sicher, wenn er in der Gruppe zusammengebunden ist. Das sind völlig verschiedene Punkte. Und wènn man selbst kein Stier und kein Wassermann ist, dann tut man sich eben manchmal schwer, das nachzuvollziehen, von was der Eine oder der Andere hier geleitet wird. Und wenn Sie sich mit Astrologie beschäftigen, müssen Sie diesen Urrudimenten, die ja irgendwo dominant werden in den einzelnen Zeichen, die müssen Sie eben nachvollziehen können, die müssen Sie begreifen, also wirklich "nachfühlen", - und um das nachfühlen zu können, muß man es wiederum wissen. Sie können einen anderen Menschen oder sein Verhalten nicht à se vom Verhalten her verstehen. Sie können es immer nur verstehen, indem Sie den symbolischen Charakter begreifen, und dann können Sie sein Anders-sein nicht nur akzeptieren, denn das ist fast schon anmaßend, sondern es als Selbstverständlichkeit nehmen. Und darum ist ja die Astrologie manchmal sehr gut, denn Sie können niemandem mehr böse sein, das fällt Ihnen dann echt schwer, - und das böse sein fehlt einem dann manchmal.

Gut, jetzt sind wir also noch bei diesem Horoskop, - der benützt also zum Teil die Patienten, um was zu tun ?

K: Um sich zu verwirklichen.

A: Um seine Vorstellung an Anderen verwirklicht zu sehen, und wie Sie am Anfang schon gesagt haben: er projiziert, - nicht sich, sondern eine Idee. Warum projiziert er nicht sich ? - Weil er den Herrscher von eins im dritten Quadranten hat. Es kommt natürlich noch eins hinzu: mit dem Pluto als Herrscher von eins in acht geht es natürlich auch um die Perfektion des Menschenbildes, was durch Sonne Haus drei in seinen Funktionen gemessen wird.

K: Ich würde noch gern etwas Näheres über den Uranus hören, weil ganz am Anfang aufgrund des Uranus auf Psychotherapie geschlossen wurde. Haben wir es hier mit Zufall zu tun oder nicht ? Was kann man vom Uranus wirklich sagen ?

A: Eines ist klar: der Uranus ist der Eigentümer - quasi - der Sonne, und er ist auch der Eigentümer des Merkur und damit auch indirekt des zehnten Hauses. Und als solcher nimmt er schon eine sehr wesentliche Rolle ein. Und was macht die Sonne in Haus drei ? Da ist sie reproduktiv, sie mißt also Funktionen, und mit dem Pluto in Haus acht mißt sie die Funktionen nach der Vorstellung, nach dem Bild vom Menschen. Man müßte sagen: mißt und interpretiert bzw. berichtet. Und da haben wir schon wieder die Diskrepanz, aus dem Bild vom gesamten Menschen kommen nur die Funktionen zur Geltung. Nun wird dies alles vom Uranus auf das zweite Haus bezogen. Also die Frage des Zusammenhangs im wissenschaftlichen Sinne. Das würde auf den Psychoanalytiker hinweisen, aber noch wesentlich dominanter auf den Schulmediziner.

K: Ja, darum hatte ich Nervenarzt getippt gehabt.

A: Eben. Und ich würde hier sagen, daß es hier von Freud und Jung wieder zurückgegangen ist auf neurologisch-wissenschaftliche Betrachtungsweisen. Das entspricht ja auch voll der starken Durchführung im ersten Quadranten. Der hat vermutlich eine wissenschaftliche Vorstellung vom Menschen, und seine Selbstsicherheit ist in dem Augenblick gegeben, wenn seine Leitbilder oder Vorstellungsbilder nachvollzogen werden. Infolgedessen ist er bemüht, diese Leitbilder, die die seinen sind bzw. mit denen er sich identifiziert hat, überall in der Welt und vor allen Dingen - "überall in der Welt" ist ja für die meisten Menschen Haus drei, nämlich der Funktionsraum, in dem sie auftreten - nachvollzogen zu finden. Die Folge ist, daß er natürlich dann auch an das Licht der Öffentlichkeit drängt, nämlich der

Haus-drei-Öffentlichkeit, um den Nachvollzug der Vorstellungen zu forcieren - ich würde vermuten, daß er sehr stark als Gutachter auftritt, ich würde sogar vermuten, daß das seine Hauptbeschäftigung ist. Und hier muß es natürlich seinem Geburtsbild gemäß zur Umstrittenheit immer wieder kommen, weil er das Leben als Abweichung von der Funktion sehen muß.

K: Ich habe eine Frage, die grundsätzlich auf jedes Geburtsbild zutrifft: wenn wir ein Geburtsbild durchnehmen, dann suchen wir uns den Beruf heraus, und was wir ganz systematisch dazu brauchen ..

A: .. und das Andere lassen wir liegen.

K: Ja. Zum Schluß bleiben dann doch eine Anzahl von Planeten, von denen ich also jetzt nichts wüßte.

A: Die sogenannten restlichen Planeten schlußfolgern sich ja in ihren Verhältnissen zueinander aus den Gegebenheiten des Grobsystems. Und diese Ableitungen haben wir oft gemacht, wir haben z.B. gefragt: wenn die eine Position hier und die andere Position dort ist, wo steht dann z.B. der Saturn ? - wenn Sie sich erinnern. Hier kann man dann diese Logik im Geburtsbild ebenso verfolgen, das Detail muß sozusagen fürs' Ganze des Grobsystems stehen. - Gut, was wollen Sie wissen ?

K: Der Jupiter, was sagt der aus ?

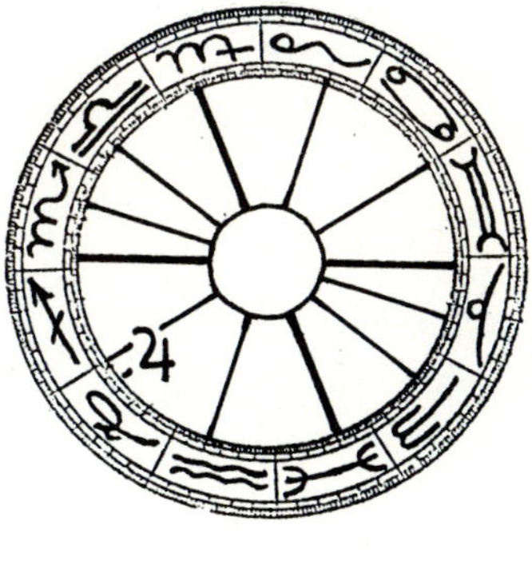

A: Er ist der Herrscher von eins in zwei, was sagt er aus ?

K: Ein starkes Sicherungsstreben.

A: Ja, und auf welchem Gebiet ? Was ist in diesem Fall das Haus zwei ?

K: Das Recht.

A: Rechtsfragen, genau.

K: Und warum nicht finanziell ?

A: Weil der Herrscher ..

K: .. aus Haus sieben kommt, oder ?

A: Genau. Der Jupiter kann nur so, wie es der Hauseigentümer zuläßt. Der Jupiter ist hier der Mieter. Und in dem Moment, in dem das zweite Haus durch den Herrscher des zweiten Hauses, durch den Saturn, auf Haus sieben bezogen werden muß, sind das Rechtsfragen. Sicherheit hier also in geordneten Rechtsfragen. Und da hätten wir dann schon wieder prozessuale Interessen.

Ich würde sogar hier in die psychiatrische Richtung denken, aber ich halte dieses Geburtsbild nicht für zwingend für dieses Berufsbild.

K: Das ist auch nicht behauptet worden.

A: Durch den Nebenherrscher von eins im zweiten Haus ist es

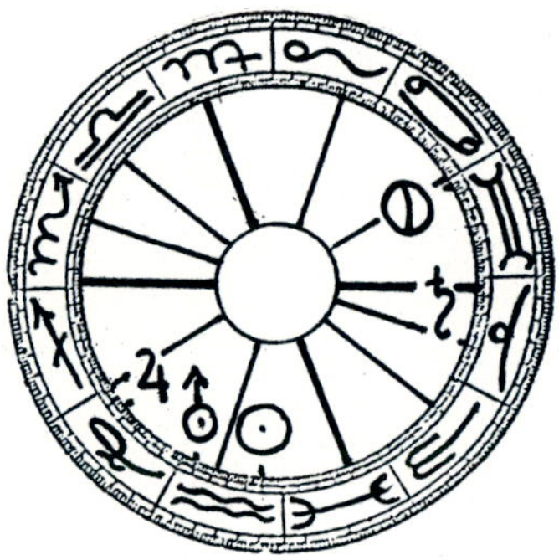

zwingend, vor allem, wie gesehen dadurch, daß der Herrscher des zweiten Hauses, der Saturn in sieben steht, daß durch die Sonne im dritten Haus Rechtsgrundsätze vertreten werden ..

K: Das gibt es auch in anderen Berufen.

A: Gut, ich bin ja auch noch nicht fertig. Erstens also die Rechtsgrundsätze, zweitens: ein fester Vorstellungsinhalt. In dem Moment, in dem Sie dem Rechtsgrundsatz den Pluto in acht dazutun, fällt der Jurist schon heraus. Der ist schon weg. Ein Jurist, der ein festes Vorstellungsbild hat, der braucht gar keine Praxis anfangen, schon vorbei, der verdient nichts. Juristen haben in der Regel eine Waage-Vorstellung, die offene Vorstellung, die in das Foyer des Bildempfangs alles hineinläßt, dann aber, wegen der Verschiedenartigkeit des Versammelten neben der Etikette - ohne moralische Wertung - vor allem formale Grundsätze des geordneten Nebeneinanders braucht. Die werden dem Unterschiedlichen, das sie hereinlassen, nur noch formal gerecht.

Hier aber wird durch den Pluto in acht ein Vorstellungsbild mit der Sonne in Haus drei demonstriert, und zwar demonstriert im Sinne des Uranus in zwei: die Vorstellung von der Funktionalität des Menschen hinsichtlich seiner neutralen Beschaffenheit. Das ist dann der, der die Seele mit der Wissenschaft sucht und natürlich nicht findet.

K: Und wie wäre denn da der Neurochirurg ?

A: Da ist mir der Mars zu wenig aktiv, der gehört in ein Bewegungshaus, also nicht in fünf, sondern z.B. in Haus sechs, da finden Sie ihn bei Chirurgen häufig. Außerdem ist hier der Mars für sich alleinstehend, also ohne Aspekt, richtungslos - da fährt der nämlich sonst mit dem Messer weiß Gott wo herum. Das, woran der Mars gebunden ist, darf ruhig rücksichtslos sein, etwa Mars-Saturn, weil ja in abgeschlossene Organismen scharf eingegriffen wird. Es handelt sich hier um eine Art Revierübergriff - der Mars muß das Bedürfnis zeigen, dies zu tun.

K: Nein, ich meine nicht den reinen Chirurgen, ich meine den Neurochirurgen.

A: Also das Berufsbild kenne ich zu wenig, als daß ich da was sagen könnte - was machen die ?

K: Schädelfrakturen, Gehirnverletzungen ..

K: Wie der normale Chirurg, ich würde da keinen großen Unterschied machen.

A: Ach so, wie es in Amerika entstanden ist ? Geisteskrankheiten durch Durchtrennen von Nervenbahnen usw. heilen - also "heilen" ist natürlich übertrieben. - Ich würde sagen, daß sich da am Prinzip nichts ändert, vielleicht müßte ein Neurochirurg den Mars speziell noch mit dem Uranus verbunden haben - im übrigen habe ich sehr oft festgestellt, daß die Chirurgen-Horoskope einen dominanten Skorpion und dazu einen starken Widder haben.

K: Was sagt eigentlich die Venus da unten noch aus ?

K: Die Venus steht im Gemütshaus, im Widder.

K: Da steht sie auch nicht sonderlich glücklich.

A: Ach Gott, die Venus, die hat

ein Quadrat zum Jupiter. Aber Sie wissen ja, Quadrate zum Jupiter, also das ist nicht übel. Ich würde sagen, das ist ein bißchen tropisch, die Gemütslage, sie ist ein bißchen subtropisch. Wenn Sie sich so etwas vorstellen können, es gibt ja so dekorative - ja, er wohnt auf jeden Fall dekorativ, das ist mal sicher. Die dekorative Komponente ist deutlich - gar kein Zweifel.

K: Aber wieso - im Widder ?

A: Nicht wegen des Widders, sondern wegen dem Quadrat zum Jupiter in das zweite Haus hinein, und dann, weil er ja selber - schauen Sie, Sie müssen immer darauf achten: - gut, im vierten

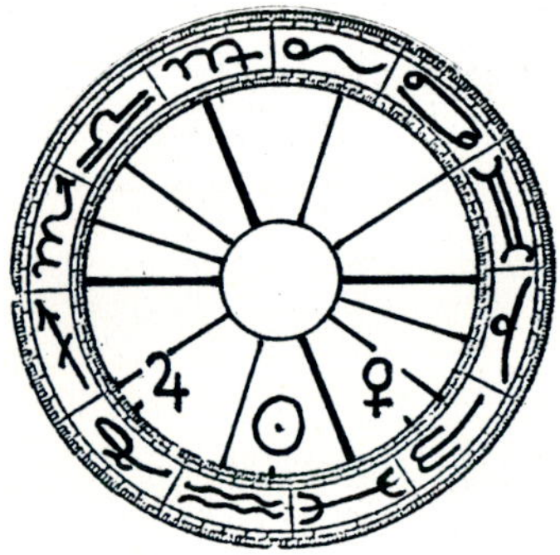

Haus steht die Venus, aber auch die Venus wird verwirklicht über die Sonne. Jeder Planet, nicht nur der Herrscher von eins, jeder wird über die Sonne verwirklicht. Die Venus in vier bekommt also damit einen demonstrativen Charakter, wird also dekorativ, und in Verbindung mit dem Jupiter sogar üppig - so ist sein Wohnstil, das ist sicher.

K: Aber leicht unordentlich ..

A: Bitte ?

K: .. mit dem Fisch an der Spitze.

A: Nein, das sagt nicht ..

K: .. das ist eine schlimme Unordnung.

A: Nein, der Neptun selbst ist ja im dritten Quadranten - und der Fisch, das ist eher eine Dezentralisierung des Empfindens, - im übrigen wäre bei dem eine jede Unordnung kalkuliert, also so etwas wie eine gepflegte Unordnung oder eine routinierte Art, feinfühlig oder feinnervig zu sein. Ich kenne solche Fälle.

K: Das spräche ja jetzt wieder für den Nervenchirurg.

A: Demonstrativ schönes Wohnen ? - Ich kenne zwei solcher Fälle, mit marokanischen Wandbehängen, alles schön farbig abgestuft ..

ein griechischer Mann an der Wand, - beim Wassermann eigentlich noch besser aufgehoben. Gut, dann machen wir jetzt eine Pause.

P A U S E

Ich bin in der Pause gefragt worden: wie ist das mit der Vollständigkeit dieser Person ? - Von der Vorhergehenden ? Die wir an der Tafel hatten ?

K: Im vierten Quadranten hat er nichts gehabt, gar nichts.

K: Ich glaube, das tut dem am wenigsten weh.

A: Das ist klar, jeder fühlt sich da wohl, wo er in Vollständigkeit verwirklicht ist, und da stört es ihn also nicht, wenn er nicht bedeutend ist, aber es stört ihn, daß er nicht bedeutend erscheint. Also unter "unbedeutend" meine ich jetzt nicht eine Wertung, - man fliegt da ja im Sprachgebrauch so schnell 'rein, sondern "unbedeutend" meine ich jetzt damit, daß er über seine Person hinweg nicht verbindlich ist - ist das klar ? - daß, zieht man das Ego und seine Subjektivität in ihrer Vergänglichkeit und jeweiligen aktualen Gegenwärtigkeit ab, so bleibt nichts an Wirkung. Das Wort "Bedeutung" kommt ja aus "geistiger Unterscheidbarkeit", und da unterscheidet er sich in nichts von der Aktualität.

K: Das heißt also, wenn er auch jetzt berühmt ist, er verschwindet wieder .

A: Selbst dann .. berühmt kann man sein im Sinne von Publicity über das dritte Haus, man kann es aber auch über das siebte Haus sein. Aber das "Bedeutend-sein" und das "Berühmt-sein", das ist also ein ganz großer Unterschied. Schauen Sie, ich habe es Ihnen ja schon einmal gesagt: der Jochen Hauer, der war bedeutend, und der Schönberg, der war berühmt, - verstehen Sie ? - Aber derjenige, der eine nachhaltige Wirkung auf die Musikentwicklung gehabt hat, das war der Jochen Hauer, und das war nicht der Schönberg. Also da muß man schon wesentlich unterscheiden, und es kommt nicht darauf an, daß einer berühmt ist.

K: Aber wenn er verbindlich wird an die Außenwelt ..

A: Je mehr Bedeutung ist, vierter Quadrant, desto mehr geht jemand wohin ? - In die Anonymität, - mit dem, was er selbst ist, mit einem schwachen Ego, das sich in der Aktualität nicht durchsetzt, und auch nicht durchsetzen soll. Denn er kann ja nur zuständig sein, wenn er unabhängig ist von Klassifizierungen, Wertungen, und was es dergleichen so alles gibt. Verstehen Sie, es ist sogar verdächtig, wenn einer berühmt ist - ja, es ist echt verdächtig. - ..

K: Was meinen Sie: "berühmt" und "bedeutend". Wie meinen Sie jetzt ?

A: Ich meine, wenn er nur berühmt ist.

K: Das ist verdächtig ?

A: Ja.

K: Warum ?

A: Na ja, dann untersuchen Sie einmal den Begriff: was ist "berühmt" ?

K: Also ich meine jetzt unter "berühmt" nicht irgendeinen Schauspieler, sondern wo was Geistiges dahintersteckt.

A: Also mit dem "geistig" ..

K: Das ist "bedeutend" ?

A: Nein .. ein geistiger Mensch ist der Wirklichkeit gegenüber aufgeschlossen, das ist noch nicht bedeutend.

K: Einer, der halt eine Persönlichkeit hat, die eben verbindlich ist.

A: Na ja, eben "berühmt", da gibt es ja auch verschiedene Möglichkeiten: man kann ein Leitbild sein für Andere, das ist .. der Adrian Hofen ist auch ein Leitbild für viele gewesen, oder ..

K: Aber die verschwinden mit der Zeit wieder.

A: Ja, aber trotzdem sind sie berühmt, trotzdem sind sie Leitbilder, als Personen selbst aktuell - was weiß ich - die Mary Roos ist ein Leitbild für .. oder - wie heißt denn die Andere, die in der Wüste immer singt ?

K: Die Daliah Lavi.

A: Daliah Lavi, richtig, die ist auch so ein Leitbild .. bitte ?

K: Herr Döbereiner, Sie haben jetzt ein falsches Leitbild ..

A: Das hängt immer vom Bedürfnis ab, das dem entgegenkommt.

K: Das schon, aber wenn wir .. der ist Psychotherapeut, also sagen wir einmal, ein Mensch, der mit Denken und so weiter ..

A: .. der mit Gedanken anderer zu tun hat, meinen Sie ?

K: Ja ..

A: Das ist ein Unterschied, - Sie meinen, wenn so einer ..

K: Er wird halt nicht berühmt und bedeutend, oder verbindlich bedeutend. Er geht wieder unter, weil er eben nichts im vierten Quadranten hat.

A: Also so einfach .. - da muß man natürlich vorsichtig sein, ich meine, die Einteilung in die vier Quadranten ist zwar eine sehr schöne Sache, .. ich vertrete sie ja, aber - wie soll ich sagen - das muß man differenzieren. Schauen Sie, wenn der Herrscher von eins im vierten Quadranten ist, dann ist das zehnte Haus von dort her schon auf einer ganz anderen Ebene. Also das müßte man am Einzelfall, oder an Einzelfällen üben. Wir müßten also zunächst einmal einen berühmten Mann oder eine berühmte Frau anhand der Horoskope durchgehen.

K: Also einen Berühmten, der verbindlich geworden ist ?

A: Nein, überhaupt nur einen Berühmten. Schauen Sie, das ist dasselbe wie mit dem Albert Schweitzer. Albert Schweitzer ist z.B. berühmt, ich bezweifle, daß er bedeutend ist. Ich bezweifle, daß er also über die Aktualität hinaus Wirkung erzielt hat. Er ist Leitbild geworden für eine unzählige Schar - ich möchte sagen: für die Masse der Mannequins. Verstehen Sie, der ist Leitbild für alle Mädchen, die zwischen Bar und Straße 'rumlaufen. Für die ist er Leitbild geworden, Sie können kaum eine sehen, und selbst wenn Sie eine in der Landsberger Straße fragen, "wer ist Ihr Leitbild ?" - "Albert Schweitzer". - Dann kriegt sie so große Augen, weil der so mildtätig ist. Gut, -

wir können ja das Geburtsbild von Albert Schweitzer machen - wissen Sie, ich bin immer mißtrauisch, wenn persönliche Bedürfnisse, etwa Schuldgefühle, an Anderen ausgelebt werden, das ist in Ordnung, das tut jeder. Aber wenn daraus dann eine Mission gemacht wird, da bin ich .. also da schaue ich den Leuten gerne auf die Finger, da werde ich böse, weil das Benützen eines Anderen, oder einer Sache, um sich selbst daran zu stilisieren ..

K: .. profilieren.

A: Von dieser Warte her gesehen ist es eine Verletzung der Würdes jedes Negers, der behandelt worden ist, - also das ist jetzt vielleicht übertrieben, aber - bitte schön - wir müssen die Sache auch einmal vom totalen Extrem sehen. Ich verliere mich gerne in Extreme, das gebe ich zu. Aber - Sie müssen es einmal von der Seite her sehen, "gebt mir einen Kranken, damit mein Leben einen Sinn bekommt" - hernach werden die Leute krank gemacht, damit jeder seinen Sinn findet.

K: .. ist das nicht einem Idealismus entsprungen ?

A: Das hat mit Idealismus gar nichts zu tun, denn da wird der Eine dafür benützt, damit der Andere zur Klassifizierung kommt. Das ist nicht besser, als wenn ich ein Wissensgebiet dazu genutze, um sich selbst zu klassifizieren. Da ist die Hand nicht 'rumzudrehen. Und denen, die das machen, denen muß man auf die Finger klopfen, sofort. Denn die ruinieren alles um ihrer selbst willen, das sind die Maden .. Und weil den Leuten nicht - weil sie in der Mehrheit sind - weil denen nicht auf die Finger geklopft wird, drum sind sie ja überall dran, laut negativer Auslese, sind die also überall dran, wo sie unfähig sind dafür. Und wenn einmal genügend Unfähige beieinander sind - was ? - na, die haben eine Witterung füreinander. Ein Unfähiger wittert den anderen Unfähigen. Und dann sichern sie sich ab gegen die Fähigen, und denen geht es dann schlecht. Die kommen nicht hoch. - Ja, Sie können es überall sehen, die halten zusammen, das ist sagenhaft, die brauchen nicht ein Wort miteinander zu wechseln. Und wenn dann wirklich einer so gut ist, daß er nicht weiter zu unterdrücken ist, dann helfen sie alle, "hau ruck", und dann kommt er mindestens fünf Etagen hoch hinauf, denn dann kann er nicht mehr schaden.

K: Wer ist dann bedeutend ?

A: Das ist jetzt wurscht, wer bedeutend ist. Es geht jetzt nur darum, gegen sogenanntes "Leitbild sein für jemand", das sagt also wie gesagt nichts. Also, wir müssen halt einmal das Horoskop von einem berühmten Mann - müssen wir halt dann einmal anlagemäßig ..

K: .. behandeln.

A: Das ist dasselbe: schauen Sie - ich will ja jetzt gar nichts politisch sagen - aber es ist immer verdächtig, wenn also z.B. ein Politiker von der Geschichte redet. Also wenn er immer als Hintergrund, als attraktiven oder dekorativen Hintergrund die Geschichte herholt. Und - viele von Ihnen werden es ja wissen - der Hitler hat ja das auch gemacht, der hat sich auch immer vor die Geschichte hingestellt. Und dann hat er noch ein bißchen Vorsehung hineingemischt und - ja, bitte schön - aber heute ist es doch das Gleiche mit dem Herrn Brandt. Und was ist gemeinsam ? - Die kompensieren ihr eigenes Aufwachsen, indem sie Traditionen schaffen wollen - ist doch ganz klar - und dann stellen sie sich vor die Geschichte. Mir ist doch die Geschichte wurscht. Wenn die sich durch die Geschichte kompensieren wollen, darunter möchte doch ich nicht leiden, das ist doch nicht mein Problem.

K: Aber er will Geschichte machen.

A: Ja, ja, das ist das: man kann das nicht machen, was sich unabhängig vom Wollen ergibt.

K: Den Nobell-Preis hat er bekommen für das, was er erzielt hat.

A: Ich würde mich nicht prämieren lassen - vielleicht hat er ihn verdient, - ich will ja nicht schimpfen, ich will ja auf den Brandt nicht schimpfen, ich will nur darauf hinweisen, daß er mir zu pathetisch vor der Geschichte steht.

Ja gut, ich wollte eigentlich noch auf das vorhergehende Geburtsbild insofern eingehen, weil wir ja einmal gesagt haben: daß spätestens seit dem Paradies was passiert ist ? - Daß ab dem Paradies der Mensch gemerkt hat, daß er die Hälfte seiner Anlagen außerhalb seiner Person suchen muß - ist das nicht mehr

.. ?

K: Ja, doch.

A: Schon klar. - Wenn er also paradiesisch werden will, - jetzt kommt das Adam-und-Eve-Prinzip, d.h., er muß - im Gegensatz zum Tier - den Teil seiner Anlagen, den er an die Außenwelt verloren hat, in der Außenwelt wieder holen und verwirklichen. Er muß also notwendigerweise sich für Notwendigkeiten der Außenwelt einsetzen. Ist schon klar !

Wie ist das bei dem ? - Da ist es ja gemischt. - Na, Herrscher von eins hat er .. ?

K: In acht.

A: Ja, den hat er also nicht innerhalb der Bereiche seiner Person angelegt. Kann er den da 'reinholen ?

K: Nein.

A: Kann er nicht ? - Jetzt wenn er aber den Drang hat, vollständig zu werden, Wirklichkeit zu werden, was macht er dann ?

K: Dann müßte er in den vierten Quadranten gehen.

A: Das macht er nicht, sondern: es geschieht mit ihm. Seine Sonne in Haus drei legt es nahe, daß er den Pluto in den ersten Quadranten zieht, das Ego sich aufbläht und ins Extrem läuft. Damit sind aber die Herren des vierten Quadranten nicht zufrieden, sie verhindern, daß das Ego weiterhin ins Extrem läuft: der Saturn steht im Quadrat zu eben dieser Sonne in Haus drei, - der kommt immer wieder in eine ziemlich starke Erleidensform. Wäre er mit seiner Sonne in Haus drei fähig, den Pluto außerhalb seines subjektiven Bedürfnisbereichs oder seines Ego zu rechtfertigen, dann könnte ihm das Saturn-Sonne-Quadrat nichts anhaben. Aber - wie gesagt - das ist über den Weg mit der Sonne Haus drei sehr schwer zu schaffen und das Extrem wird dann immer wieder mit einer Erleidensform durch die Mechanismen des vierten Quadranten ausgeglichen. Sie haben ja auch die Neptun-Opposition zum Mars, die also auch das Ego bremst, damit er sich nicht aus der Ordnung seiner Wirklichkeit erhebt, oder entfernt.

Schade, daß wir das Horoskop schon weggewischt haben. Vielleicht können wir das nächste Mal noch einmal darauf eingehen.

Jetzt schauen wir uns einmal dieses Horoskop hier an, sonst wird es zu spät. - Was würden Sie dazu sagen ? - Was fällt Ihnen da auf ? - Das ist ein Ascendent von zwölf Grad Waage, das Ganze ist weiblich.

K: Die Regelmäßigkeit der einzelnen Häuser.

A: Ja, die sind ziemlich regelmäßig, - was fällt Ihnen noch auf ?

K: Die Achsen.

A: Die Achsen, - was sagen die ?

K: Die stehen ziemlich normal aufeinander.

A: Die Achsen stehen normal aufeinander, ja. Was ist das ? Ascendent Waage - Descendent Widder ?

K: Begegnung.

K: Ist alles in umgekehrter Form.

A: Ja, es ist alles umgekehrt, sozusagen. Also gegenüber dem normalen Tierkreis liegt hier alles entgegengesetzt. - Was sagt das ?

K: Das ist wahrscheinlich immer ein bißchen schwieriger, wenn das so umgedreht ist.

A: Und warum ?

K: Also gerade deswegen.

K: Die hat eine aggressive Vorstellungswelt.

A: Gut, die ist also schwach im Handeln und hat eine aggressive Vorstellungswelt, eine herausfordernde. Was sagt das ? - Sind Sie einverstanden, wenn wir sagen: schwach im Handeln ? -

Jetzt sehe ich da schon einige Augen blitzen, die von den Waage-Ascendenten, oder ? - Wie könnte man das anders formulieren ? - Etwas netter ?

K: Kann man da ohne Planeten überhaupt schon etwas sagen ?

A: Sie können schon eine Menge sehen. - Schauen Sie, wir sind mit der Häusereinteilung verkehrt im Tierkreis. Damit wird die Person selbst Begegnung, und die Vorstellungswelt wird aggressiv. Das ist doch schon eine Menge. - Ja gut, wonach fragen wir zuerst ?

K: Nach der Venus.

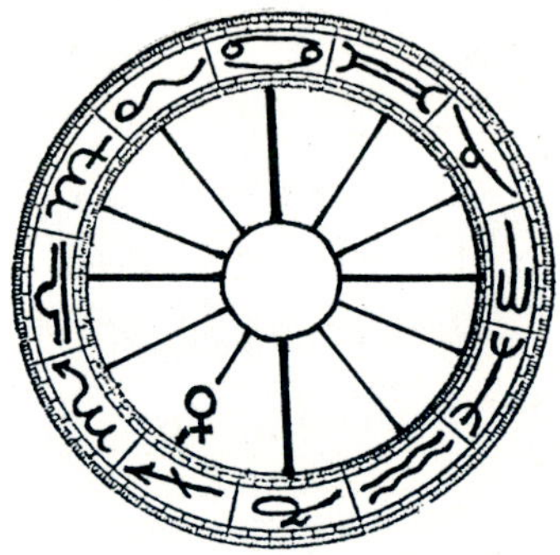

A: Wo steht die Venus ? - Die steht auf zwölf Grad Schütze. Was heißt das ? -

K: Die Anlage will sich darstellen.

K: Also die Anlage ist geeignet zur Darstellung.

A: Also gut, wir haben nun zum Wiederholen: wir fragen zuerst nach der Anlage: das ist also Ascendent, und zweitens dann nach dem Verhalten, das diese Anlage umsetzen soll in die Wirklichkeit, anhand von Situationen, anhand von Ereignissen. In welchem - fragen wir einmal anders herum - in welcher Entwicklungsphase befindet sich diese Waage ?

K: Im Haus der Funktion.

A: Also in der Mechanik.

K: Mechanik, ja, Mechanik der Bewegung.

A: Was würde das also heißen ? - Schauen Sie, Sie können einen Planetenstand nur dann begreifen, wenn Sie ihn in der Entwicklung sehen: wenn Sie also fragen, was war vorher oder was war nachher ? Wenn also der Planetenstand so ist, daß die Anlage in Haus drei steht, also in der funktionellen Verbreiterung im sichtbaren Lebensraum, wenn das also das Wesentliche der Anlage ist, was ist dann vorher passiert ? - Na, vor dem dritten Haus kommt doch das zweite, also muß sie doch die Sicherung und die

Verwurzelung schon hinter sich haben. - Gut, das hat sie also hinter sich, - Schlußfolgerung ? - Sie braucht es nicht mehr. Verstehen Sie, was ich meine ? - Drum ist natürlich ein Standort im dritten Haus eigentlich leicht. Das Bedürfnis des zweiten Hauses ist gestillt. Ist das klar ?

K: Nein, überhaupt nicht.

A: Wenn Sie zwölf Entwicklungsphasen haben, das übersetzen Sie auf zwölf runde Kilometer. Und wenn Sie im dritten Kilometer sind, dann haben Sie den zweiten schon geschafft.

Als nächstes müssen Sie fragen: was fehlt dann ? Als nächster Schritt - fehlen tut überall möglicherweise viel, aber es ist immer wichtig zu wissen, was als nächster Schritt fehlt.

K: In diesem Fall der seelische.

A: Die ist also noch nicht befruchtet. Das ist klar. Die Krisis, des sich nicht mehr im sichtbaren Raum weiter verbreitern können, die Krisis ist hier noch nicht eingetreten. Was heißt das also ? Die ist aus sich heraus nicht begrenzbar. Sie muß also immer von anderen Dingen, von außen her begrenzt werden. Sie hat die Grenzen nicht in sich, - ist das klar ? Denn sie will ja auf die Krise zulaufen, um die Grenze erst kennenzulernen. Ist das schon klar ?

K: Nein.

A: Nicht klar ? Ja - wie soll ich das erklären ?

K: Das ist die Analogie zum dritten Haus, die Grenze, die ..

A: Das ist die Analogie zum Zwilling, die Analogie möglicherweise für die Naturwissenschaften - wo ich wieder bei einem beliebten Thema bin. Die suchen ja auch die Grenzen - wie soll ich sagen - die haben ja die Grenzen nicht in sich. Na, die Eigengesetzlichkeit der Naturwissenschaft ist es, sich ständig im sichtbaren Raum weiter zu verbreitern, zu vergrößern, zu untersuchen, zu entdecken, herauszuholen, zu entbergen und was der Deibel alles. Es liegt aber in der Eigengesetzlichkeit der Naturwissenschaft nicht, Grenzen zu sehen. - Ist das nicht klar ? - Schon klar . Die Folge ist, daß die Grenzen natürlich wo anders herkommen müssen. Auch klar.

K: Was ich nicht verstanden habe, von vorhin, - was heißt: noch nicht befruchtet ?

K: Ein Unbegrenzter erfährt eine Krisis, wenn er begrenzt wird ..

A: Genau. Und die Krise von außen führt erst zum Weg nach innen, zum vierten Haus.

K: Das wäre also der Befruchtungsakt, dieser Übergang ..

A: Unter "Befruchtung" meine ich - in dem Fall - "sich plötzlich seiner Grenzen gewahr werden, nicht mehr sich selber verbreitern, sondern durch sich Verbreiterung hervorrufen." Das hat die also noch nicht, die sucht Grenzen. Gut, was wollen wir denn noch ?

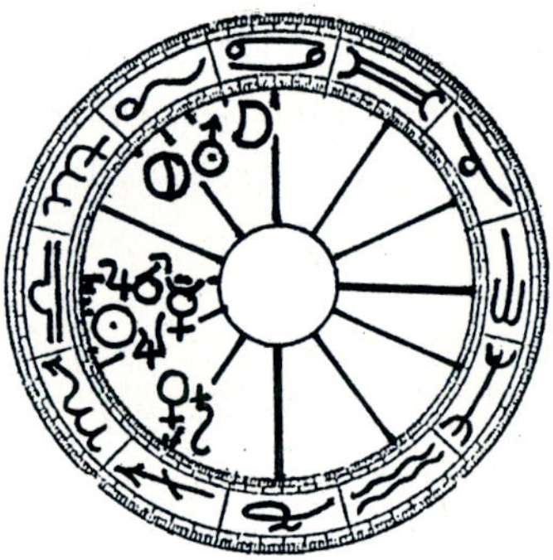

K: Was steht im ersten Haus ?

A: Was steht im ersten ? - Da muß ich erst in mein Blatt schauen. - Ja, da steht so viel drin, das muß ich also ganz klein zeichnen.

K: Und Sonne, und Neptun ?

A: Ja, wenn es jetzt hier etwas ungenau aussieht, Sie können es in den Ephemeriden nachschlagen.

K: Was ist sie denn für ein Jahrgang ?

A: 17.10.57, hat den Mars am Ascendenten und hat auch einen Vornamen, der dem Wortstamm schon entsprechen könnte: "Martina". - Nachdem wir nur noch drei Planeten übrig haben, ist es also sinnlos, die nicht einzuzeichnen. - Das soll der Saturn sein, damit Sie wissen, daß der noch ins dritte Haus gehört, ich habe ihn noch so hingequetscht.

K: Normalerweise würde man sagen: das ist eine Person, an der niemand so schnell vorbeikommt.

A: Ja, an der kommt man schlecht vorbei, stimmt schon.

K: Ich habe jetzt irgendwie herausgehört, daß das irgendetwas Negatives sein soll, - wenn ich unbefangen wäre, dann würde ich zunächst einmal ganz stark das Positive suchen.

A: Ja, suchen Sie, aber ich .. schauen Sie, jetzt haben Sie schon etwas Wesentliches gesagt: ich würde nämlich zunächst weder im Positiven noch im Negativen suchen, und zwar deswegen, weil - wie soll ich sagen ? - weil Sie sonst sehr leicht übersehen: was ist gegenüber wem geeignet oder ungeeignet, verstehen Sie ? - Ich meine, es kann sehr geeignet sein, wenn das Ego im Leben verhindert wird. Ich habe einmal einen Klienten gehabt, der hat immer fürchterlich daneben gelangt und da sagt der eines Tages zu mir: "vielleicht liegt meine Erfüllung in der Verhinderung". Das klingt erschütternd, wenn das ein fünfundsechzigjähriger Mann sagt, - so kurz nach dem Bankrott - ..

K: Es sind an sich keine hemmende Aspekte hier festzustellen. Ich bin immer noch beim Positiven, weil ich nämlich ..

K: Die Frage ist: wie gehe ich überhaupt so etwas an ?

A: Ja, das ist echt die Frage.

K: Das war für mich immer schon das Problem: wie geht man an die Sache ran ? Ich sehe auch weder etwas Positives oder Negatives, nur, das Problem ist, ich stelle mir die Sache nicht ganz einfach vor, wenn man mit so einem Geburtsbild herumläuft, weiß aber nicht, warum ? Ich kann also nicht erklären, wo jetzt die Schwierigkeit liegt, aber gefühlsmäßig würde ich sagen: ich möchte es nicht haben.

A: Na ja, wenn man es selbst hat, dann hat man es auch gern. Fragen Sie irgendeinen Strauch in der Natur, ob er nicht einen Lustgewinn hat, Strauch zu sein. Ich möchte das Geburtsbild schwierig von einem anderen Punkt aus bezeichnen. Schwierig ist ein Geburtsbild immer dann zu deuten, wenn sich sehr viel Kräfte an einem einzigen Punkt konzentrieren, weil Sie dann nämlich eine sogenannte Aussagevermischung bekommen. Sie tun sich sehr schwer, die einzelnen Punkte dann wirklich auseinanderzuhalten. Aber was Sie hier .. hier fällt natürlich eines zusammen: im ersten Haus oder im ersten Quadranten fallen Verwirklichung und Anlage zusammen, - also insofern müssten wir sagen: das ist ideal. Da wüßte man eigentlich gar nicht, was man dagegen sagen soll, nicht ? Es ist eine schöne runde Geschichte. Was stört Sie daran, wenn Sie was stören würde ?

K: Ja, die runde Sache.

A: Weil es so rund ist, ja ?

K: Man fragt sich, was macht jetzt dieser Ball. Der ist also in sich schön rund und - die steht ja irgendwo im Leben. Wo sind denn die Möglichkeiten, die Fühler auszustrecken ?

A: Der Vergleich mit dem Ball ist gar nicht schlecht. Man hat hier nämlich das Gefühl der Prallheit, der persönlichen Prallheit. Die steht so voll in die Realität hinein, da ist nichts durchsichtig, und dadurch ist sie verletzlich.

K: Es gibt gar keine Spannung zum dritten Quadranten.

K: Sagen wir einmal: es ist eine schöne Funktion nach außen da, sie tendiert nach draußen, aber draußen ist ja nichts.

K: Die Begegnungssituation ist in dem Fall sehr schwierig.

A: Braucht sie die ?

K: Nicht unbedingt, der Mars als Herrscher von sieben steht wieder im ersten Haus.

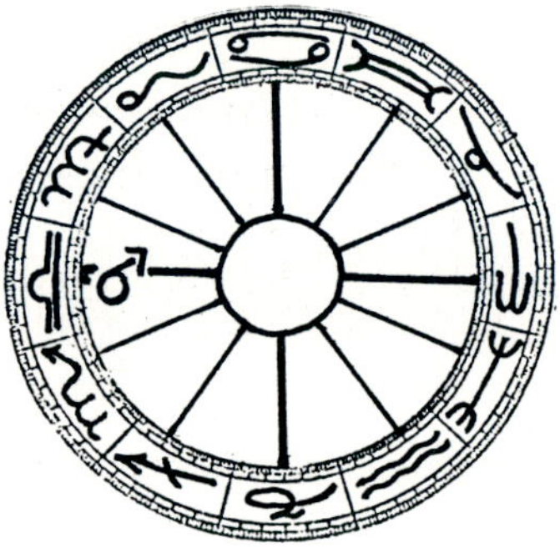

A: Haben die Eltern irgendeine Stoffniederlassung oder so was Ähnliches ? - Oder überhaupt einen Verkaufsladen ?

K: Das meinen Sie jetzt ganz materiell ?

A: Ganz materiell.

K: Können Sie uns kurz die Symbolkette sagen, warum Sie auf Stoff und Textil kommen, manchmal kommt man dadurch auf was Anderes.

A: Die Tradition, aus der sie erbmäßig kommt, zeigt sich durch den Herrscher von vier in drei, das offene Haus. Der Ausgangspunkt der Erbtradition muß nicht der Vater sein, das kann auch

der Großvater sein, das kann weiß Gott wer sein, irgendein Seitenstrang, in der Familie vielleicht längst vergessen oder gar verschwiegen. Nun fällt der Herrscher von vier, der Saturn, mit dem Herrscher von eins, der Venus, im dritten Haus zusammen: also entspricht das offene Haus der persönlichen Funktion. Wenn man dann noch bedenkt, daß der Waage-Ascendent, der voll auf den ersten Quadranten gerichtet ist, sich für andere zur Begegnung macht, und dies mit der starken Besetzung des ersten Hauses materiell, dann ist die Schlußfolgerung nach einem Verkaufsgeschäft durchaus naheliegend.

Die Frage nach den Textilien bezieht sich eigentlich auf die Erfahrung, daß der professionelle Umgang damit oft festzustellen ist bei Neptun Haus zwei, - allerdings meist mit Merkur verbunden. Was mich noch darauf brachte ist die Waage als Prinzip der Selbstergänzung. Waage-Ascendenten haben mit Vorliebe, wenn sie weiblich sind, z.B. für Kleider, die immer irgendwo was Flatterndes dran haben, das können Sie sofort erkennen, zum Kleid noch ein kleines Jäckchen, flattert ein bißchen oder da so Flatterkrausen, oder so Schleifen oder so Zeugs, das ist alles für Waage symptomatisch. Auch leichte Stoffe, feste Kostüme werden meistens abgelehnt - also "abgelehnt" nicht, aber bevorzugt werden so die leichten Stoffe, so mit Matisse - Farb-Mustern ..

K: Das ist auf jeden Fall so, - Ernährung fällt nicht mehr unter diesen Gedanken ?

A: Das könnte schon sein, aber das müßte ein ganz spezifischer Ernährungsladen dann sein, - nicht ein allgemeiner.

K: Ja.

K: Wie ist die Gemütslage ?

A: Da kommen wir noch drauf, wenn wir zuerst das erste .. wissen Sie, hier ist der entscheidende Punkt der: braucht die was ? Fehlt der was ? Oder fehlt der nichts ?

K: Das ist ein Goldkind, eigentlich.

K: Also alles, was in eins steht, kann praktisch nur in drei heraus, durch die Venus, die wird aber gleichzeitig in die Zange genommen durch den Saturn, sodaß das also alles nicht so 'raus kann wie nach Art der Venus. Außerdem gibt es wieder eine Rückbeziehung zu Haus eins durch den Jupiter, der praktisch den Schützen beherrscht und den praktisch wieder zum ersten Haus hinführt. Also ist das praktisch eine innere Frustration, oder so etwas ..

A: Was gibt es noch so alles ?

K: Daß sie in der Begegnung auf lukrative Dinge schaut.

A: Daß sie auf lukrative Dinge schaut ?

K: Ja, daß sie etwas einbringt, die Begegnung, in irgendeiner Form.

K: Da möchte ich jetzt gern eine ganz neutrale Begründung wissen.

K: Weil in der Begegnung eigentlich lauter massive Zeichen sind, Stier, ..

A: Stier, Widder, - ah so, ..

K: Ihre Vorstellungen bewegen sich nur im Realen, Zweckmäßigen.

K: .. die ganzen Planeten, die da drüben im ersten Haus sind, da geht halt alles über die eigene Person. Die begegnet sich selbst, praktisch.

K: Die Sonne ist an sich eingesperrt, finde ich.

K: Das ist überhaupt für mich das Problem - es sind doch die ganzen Planeten so dicht aufeinander im ersten Haus und die haben doch nun letztlich widersprüchliche Aussagen im Einzelnen. Und die stehen jetzt alle auf einem Fleck. Und ich kann mir jetzt nicht vorstellen, daß man sagt: das wäre alles sehr

schön ! Das muß doch - im Gegenteil - eine zum Bersten geplatzte Sache sein. Alles das in einer Persönlichkeit ? Wenn ich das verteilt habe, kann ich entweder etwas verdrängen oder negieren oder ausleben oder sonst was, aber wenn ich alles in mir drin habe, in meiner Person, - also ich stelle mir das gar nicht so schön vor.

A: Es ist die Frage, ob die Sonne hier überhaupt geeignet ist, diese Anlagen zu verwirklichen.

K: Wenn man die Planeten nimmt, die man eigentlich am ehesten fühlt, das sind der Neptun und ..

A: Fürchten Sie den Neptun ?

K: Ich hätte ihn nicht unbedingt so gern im ersten Haus.

K: Aber da sind ja immerhin der Jupiter und die Sonne mit drin.

K: Die können alle nur so viel, wie es die Venus zuläßt.

A: Da ist nämlich was Wahres dran.

K: Es ist überhaupt was Angenehmes, die Sonne in eins zu haben !

A: Ja, also ich muß sagen - ich hab' sie zwar nicht drin, für einen selber: may be, aber - wie gesagt - für die Anderen: ein bißchen schwierig. Es geht da um die Selbstdurchsetzung, oder um die Durchsetzung von etwas über sich selbst, also: wenn der Herrscher von eins - meinetwegen - in sechs steht, dann wird man mit der Sonne in eins selbst ein Mahnmal für Vernunft. Aber immer geht es um die Person selbst, die sich durchsetzt oder durch sich etwas durchsetzt. Und da ergeben sich natürlich auch Probleme. Denn das Ego steht ja dann voll im Raum. Und was den gefürchteten Neptun betrifft: der ist ja im siebten Haus auch nicht so schön, der macht die Begegnung konturlos, milchig ..

K: Ist der Neptun in eins nicht auch für Selbsttäuschung verantwortlich ?

A: Was ist eine "Selbsttäuschung" ?

K: .. daß man unsicher ist in gewisser Weise.

A: Nein - was würde das heißen ? - Lassen wir einmal den Neptun weg - ach so, das ist ja gar nicht der Herrscher von sieben - aber um dabei zu bleiben: wenn der Herrscher von sieben in eins steht, was heißt das prinzipiell ?

K: Daß man sich täuscht in der Begegnung.

A: Dann sagen wir es anders: wenn der Herrscher von sieben in vier steht, was heißt das ? - Das haben wir nämlich schon einmal gehabt. - Bitte ?

K: Sie täuscht sich im Wesen, ..

A: Nein - wo sieht der seine Begegnung, seine Ergänzung ?

K: In seinem Wesen.

A: In seinem Wesen, der findet also sein eigenes Wesen herrlich. Was ist jetzt los, wenn der Herrscher von sieben in eins steht ?

K: Dann liebt er sich selbst.

A: Der begegnet sich selbst - drum sage ich ja: "Spiegel", das ist eine Spiegelgeschichte hier. Ihre Vorstellungswelt beschäftigt sich mit ihrer Person selbst, und zwar in toto, denn sie selbst ist mit dem Herrscher von eins in drei, d.h. also im ersten Quadranten nicht ausdehnbar auf andere Bereiche.

K: Ich könnte mir das so vorstellen: da es ein Mädchen ist, so eine wunderhübsche Frau, die kalt, aber innerlich total kalt ist, nur halt eben sich selbst liebt.

K: Das wäre doch dann die Anlage eines excellenten Neurotikers. Echt klinisch, also sozusagen eines klinischen Neurotikers.

K: Was ist ein "echter Neurotiker" ?

K: Die Ergänzung dessen, was der Herr eben gesagt hat, das wäre die Analyse eines "echten Neurotikers": hübsch, darauf angewiesen, daß Andere ihn hübsch finden, aber gemütsbeschränkt.

K: Gemütsbeschränkt ?

K: Beschränkt im Gemüt, nicht "gemütsarm", sondern "gemütsbeschränkt".

A: Was ist wichtiger als das Gemüt ?

K: Der Spiegel.

A: Ja schon, der Spiegel, aber was spiegelt sich ? - Die Form ist es, die übereinstimmende Form ist immer wichtiger als die Identifizierung. Es heißt, es ist hier ein ausgesprochener Identifizierungsmangel mit der Umwelt da. Wenn die Form stimmt, dann stimmt alles übrige.

Was würden Sie jetzt sagen .. die ist jetzt wie alt ? - Fünfzehn.

K: Vierzehn.

K: Da wird der Uranus ausgelöst.

A: Richtig, da wird der Uranus ausgelöst, mit fünfzehn. - Au weh. Die steht kurz vor dem Ventil, was würden Sie sagen, wenn die als Klientin zu Ihnen käme ? Da ist also eine Mutter, und die kommt und sagt: "Ja Sie, meine Tochter .. " usw., "was soll ich mit der machen ?"

K: Das ist ja Dynamit in eins, das muß ja praktisch irgendwie über drei 'rauskommen, und das ist die Selbstdarstellung ..

A: Ja gut, schauen Sie, es ist Folgendes: wir wollen jetzt zuerst einmal das Geburtsbild deuten: in seiner ganzen Veranlagung. Wir können uns auch fragen: wo kommt sie her ? Wo kommt das überhaupt her, daß dem so ist ? Wahrscheinlich ist die geboren in irgendeiner Phase der Eltern, in der es bei denen um die prinzipielle Existenzdurchsetzung ging, sodaß sich also im

Kind genau dieses Bild niedergeschlagen hat. -

Sie dürfen als erstes nicht fragen: wo löst es sich ? Sie müssen als erstes fragen: was ist überhaupt bestimmend in diesem Gewurl da vorne drin ? Und bestimmend ist nur ein einziges - und das haben Sie vorhin gesagt: es kann sich nur alles so verwirklichen, wie ..

K: .. die Venus es zuläßt.

A: Genau.

K: Die Sonne.

A: Nein, die Venus es zuläßt.

K: .. als Hausherr ?

A: Als Hausherr und als Herrscher von eins. Insofern ist also in sich die Anlage schon gemäß. Und nachdem der Herrscher von vier in drei, d.h. also, statt Ausdruck und Identifizierung werden Formfragen vorgezogen bzw. das Signalisieren oder das demonstrative Moment, also das Darstellungsprinzip.

K: Mhm.

A: Das Darstellungsprinzip ist vorherrschend. Wenn Sie die Schrift sehen würden von der Betreffenden - gibt es da was ?

K: Ja.

A: Dann würde ich sagen: die Mittelzone ist recht hoch.

K: Kann ich aus dem Kopf jetzt nicht sagen, aber ich kann es eventuell mitbringen.

A: Also keine fließende, bewegte, sondern eine starre, hohe Mittelzone. Dann würde ich eine dünne Strichführung erwarten. Dann wäre sicher keine Bewegung im Bild, nichts Fließendes, sondern monoton immer die gleichen Formtypen. Und dann keine Unterschiede in den Mittelzonengrößen, keine Unterschiede in der Druckstärke, kein Fadenfluß, und wenn, dann: diese sogenannten dünnen Vereinfachungen, die nicht echt sind, die also quasi gemacht sind - und dann würde ich ganz stark vermuten, daß der Buchstabe "M" immer ganz groß geschrieben wird, -

auch wenn irgendetwas anderes geschrieben wird als "Martina". Stimmt das ?

K: Ja.

A: Stimmt, gell. Das ist klar, wenn sie "Martina" heißt, und alles hier vorne im ersten Haus stehen hat, dann muß sie doch das "M" immer ganz groß schreiben, was auch immer sie schreibt. Und Sie haben hier eben als Gegensatz zum Ausdrucksstrich das Darstellungsprinzip, also das Form- und Darstellungsprinzip ist hier wichtig. D.h.: das gedachte Moment, das Kalkül. Das heißt: Mutterliebe als Vorstellung, Partnerschaftsliebe als gedachte Vorstellung, Helfen als Vorstellung, aber nicht als Ausdruck, nicht erlebt.

K: Also demonstriert, und nicht erlebt.

A: Nein, das Wort "demonstriert" sagts' nicht alleine, sondern: aus der Vorstellung gelebt, aus der Vorstellung durchgeführt, aber nicht aus sich erlebt.

K: Das ist ja dann eine übersteigende Erlebensform.

A: Gut, und jetzt kommt das Entscheidende. Was wird denn in diesem dritten Haus, auf das alles hinzielt, dargestellt ? - Und jetzt wird es nämlich komisch: das eigene Verhalten wird dargestellt.

K: Nein .. ach so, ja, doch.

A: Eigentlich müßte es heißen: sie verhält sich bzw. lebt nur auf das Demonstrative hin, und lebt dabei das für die Demonstration geeignete Verhalten, oder - mit dem Waage-Ascendent und dem Herrscher von sieben in eins - was man sich dafür als geeignet vorstellt. Wo liegt also das Problem ? - Keine Begegnung und - kein Ausdruck.

K: Was heißt: kein Ausdruck ?

A: Das Emotionelle ist funktionalisiert.

K: Eingefroren.

A: Aber das Geburtsbild sagt, daß das Emotionelle hier nicht notwendig ist, also fehlt es hier nicht.

K: Aber der Umwelt sehr.

A: Das tut ihr aber nicht weh.

K: Das tut beiden nicht weh, der Umwelt nicht und ihr nicht.

K: Der Umwelt kann es schon weh tun.

A: Ja nur, wer in der Umwelt mit dem Bedürfnis nach Enttäuschung herumläuft, der kann es bei ihr versuchen, aber der darf sie dann aber nicht schuldig schimpfen, denn er läuft ja mit dem Bedürfnis nach Enttäuschung herum - also so ist es ja nicht. Ich meine, er muß ja froh sein, wenn es sie gibt .. bitte ?

K: So kann man das doch nicht sehen.

A: Ja, das ist echt so. Was glauben Sie, wenn es keine Konfliktstoffe gäbe, wo müßten denn die .. schauen Sie, heute ist ja der Sicherheitsstaat, also ich rede immer der freien Marktwirtschaft des Schicksals das Wort, wenn Sie heute Ihr Schicksal erleben wollen, Ihren Bußwunsch, Ihren Konfliktwunsch, Ihren unterbewußten Ereigniswunsch, wenn Sie Ereignisse brauchen oder Erlebnisse, die Sie vollständig machen, die Ihnen Erfahrung bringen, was wollen Sie heute denn noch machen ? Da sind Sie versichert, da kann Ihnen nichts passieren, versichert gegen die Infragestellung des Schicksals, also Ihres eigenen Korrekturtriebs, - und dann dürfen Sie nur hundert fahren, - ja, wie wollen Sie denn Ihre Schicksalskrankheit dann ausleben, das geht echt nicht. Sie haben keine Chance mehr, Ihre Vollständigkeit über Ihr Schicksal zu erreichen. Das Schicksal von allen ist verplant, reguliert, - wie die Flüsse und die Natur.

Gut, wie ist das hier, kann die Anlage zur Vollständigkeit kommen ? Wie schaut es damit aus ?

K: Die Anlagen sollen halt verwirklicht werden, also Sonne in eins.

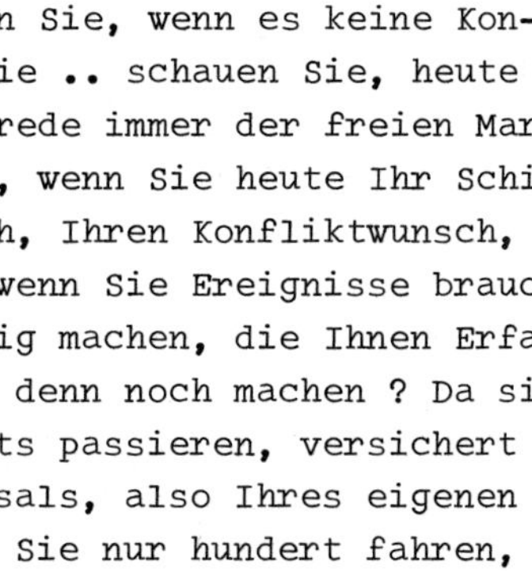

A: Also ich würde sagen: sie hat damals im Paradies nicht alles hergegeben, verstehen Sie, sie braucht also nicht so viel hereinholen.

K: Na sicher, sie hat ja noch alles da.

A: Sie müssen natürlich eines bedenken: sie lebt ja nicht - jetzt sage ich also etwas ganz Drastisches, was Sie bitte nicht mißverstehen sollen, aber - ich habe es schon einmal gesagt: wenn Sie einen Tiger in seinem Ausgeliefertsein an seine Reißzähne begreifen wollen, dann müssen Sie zunächst einmal feststellen, daß er Reißzähne hat. Die lebt ja nun nicht in einem Tierrudel. Also hat sie mit ihrem starken Ego ganz erhebliche Anpassungsschwierigkeiten.

Also wenn ich sage, daß sie ja nicht in einem Tierrudel lebt, da wollte ich etwas ganz Bestimmtes damit ausdrücken. Das, was vorhin schon angesprochen wurde mit dem Ball, daß sie wie ein Ball ist, der so springt oder zurückspringt, wie die jeweilige Bodenbeschaffenheit ist: sie ist in ihrer Reaktivität den Bedingungen fast blind ausgeliefert. Sie ist sozusagen in ihren Anlagen gefangen. Und das gefällt ihr, und sie bespiegelt sich darin auch, sie ist nicht entzaubert. Das ist eine ..

K: .. Narzißtin.

A: .. narzißtisch, gut, das ist eine Prinzessin, die nicht entzaubert ist. Verstehen Sie, was ich meine ? Die wird mit siebzig noch eine Prinzessin sein, - in ihrer Vorstellungswelt als Ego gefangen.

K: Den Vergleich finde ich gut, es trifft immer wieder, auch das, was ich vorhin ins Gespräch geworfen habe, auf den "Neurotiker" zu, auf den "echten Neurotiker". Nur "zufrieden", das stimmt dann insoweit nicht: der Neurotiker ist nicht nur für seine Umwelt schwer zu ertragen, irgendwie gefällt er sich selbst nämlich auch nicht, auch wenn er jetzt - sagen wir einmal - ein hübsches Kleid oder sonst was anhat und Wert darauf legt.

K: Können Sie nicht überhaupt den Mond und den Uranus wegstreichen, das würde nichts Wesentliches verändern, denn den braucht sie doch weiter gar nicht, mit dem kann sie doch irgendwie nichts anfangen.

K: Aber sie hat ihn doch.

A: Sie hat ihn.

K: Ja, gerade wenn sie ihn nicht braucht, wäre es doch ein Konfliktstoff.

A: Also wissen Sie, was man hat, braucht man, das ist ein Grundprinzip. - Gut, was können Sie sagen mit dem Uranus in zehn - was tut er ?

K: Entpolarisieren.

A: Das zehnte Haus, das lebt ja trotz alledem immer von der Substanz dessen, was in eins da ist, das haben wir ja schon einmal gesehen. Wir haben ja schon einmal gesagt, das zehnte Haus hängt natürlich von der Qualität des ersten ab. Wenn nun das erste kräftig ist, was tut der Uranus ? - Der ..

K: .. bremst.

A: Nein, was haben wir denn gesagt: was tut er denn ?

K: Wandeln.

A: Ja, was ist denn das ?

K: Umwandeln.

A: Ja, was ist denn "Umwandlung", was tut denn der Uranus da ?

K: Er entpolarisiert.

A: Er mutiert. Jedenfalls ist die für ihre Familie ein Mutant, ein Fremdling, ein unbegriffener Fremdling. Das ist ganz klar, sie mutiert aus der Familientradition heraus.

K: Darf ich hier gleich einwerfen: das stimmt also im vollsten Umfange, nur drängt sich für mich die Frage auf: angenommen, man erklärt einer Familie so etwas ?

A: Daß die Tochter ein Mutant ist ?

K: Ist es sinnlos, der Familie so etwas zu erklären, weil sie aus sich heraus immer der Fremdling sein muß ?

A: Die Geschichte ist so: wenn eine Gemeinschaft, eine Familiengemeinschaft jemanden unter sich hat, den sie eigentlich am liebsten ausscheiden würde, wenn es nach urrudimentären Vorgängen ginge und in die nächste Aschentonne 'reinstecken, es aber nur deshalb nicht tun, weil es die Zivilisationen und die Tradition und ein gewisses Denken von Menschsein und so was gibt, tun sie sie nicht in die Aschentonne. Nun leidet die Familiengemeinschaft unter dem unterdrückten Trieb, sie auszuschließen, weil sie andererseits sagen: "das ist ja unsere Tochter", und irgendwie, und Mitgefühl doch wieder, und Sentimentalität und so Zeugs, wenn sie der ..

K: Aber ist es nicht sehr häufig, daß da dann ein sehr starkes Gefühl kommt ?

A: Das mag sein. - Wenn Sie der Familie nun sagen, woher das kommt, ist sie echt erleichtert, weil sie sagen: "ah, das ist also das". Verstehen Sie, die fühlen einerseits eine Berechtigung in ihrem Trieb, denn jetzt unterdrücken sie ihren Trieb ja, weil sie sagen: "es ist ein schlechter Trieb, jemanden aus der Familie auszuschließen und in die Aschentonne zu stecken". Jetzt geben Sie ihnen die Möglichkeit, Stellung zu nehmen für den Trieb und zu sagen: "das ist ja ganz natürlich". Und dann atmen sie auf und in dem Moment sind sie von dem Trieb gar nicht mehr so abhängig, weil er einmal nicht mehr ungesteuert ist, und zum zweiten, weil sie dann sagen: "ja, Moment einmal, das kann man ja irgendwie in Bahnen leiten, kann man ja sehen ..". Verstehen Sie, Sie geben denen die Chance, zu etwas Stellung zu nehmen, was sie bislang an sich nicht konnten.

K: Was etwas Positives eigentlich bewirkt.

A: Weil sie ja dann nicht mehr Angst vor ihrem eigenen Trieb haben und diese Angst nicht auf den Mutanten abwälzen.

K: Ist die aber nicht trotzdem sehr muttergebunden ?

A: Jeder, der den Uranus im zehnten hat, ist ein Mutant aus der Familientradition, jeder. Jeder ist ein Fremdling in seiner Gemeinschaft. Und wenn dann irgendein anderer Planet dabeisteht, dann gibt das die einzelnen Modalitäten, - manche springen gut 'raus aus ihrer Familie. Wer den Jupiter dabei hat, der springt angenehm aus der Familie heraus.

K: Ist die nicht recht muttergebunden, trotz allem ?

A: Nein, schauen Sie, das ist eine verwunschene Prinzessin, .. man denkt ja meistens von sich aus, das nennt man Übertragung, und das ist ..

K: .. falsch.

A: .. falsch, ja. - Sicher, hier ist die Empfindungssituation nicht übermäßig stark, sie ist etwas dünnblütig, sie empfindet das nicht, und insofern ist das ja gerecht ausgeglichen. Ich kenne übrigens den gleichen Ascendenten, eine Frau, auch mit der Sonne hier vorne drin, zwar um eine Eckerl weiter - die hat also eine Serie von Bildern an der Wand, interessanterweise, weil man immer sagt: Waage ist China, - so Dschunken, Chinesen mit so runden Dingern und so Zöpfchen hinten, in zwölf oder fünfzehn Reihen, halt so schönes Klischee, daneben auch noch einmal so ein Pferd, das so springt, so ein junges, das ist alles so schön aus der Vorstellung, das ist überhaupt nicht erlebt, und da ist auch nichts, was leben würde. Und da sind wir genau bei dem Punkt, weil das so nüchtern - wie wir das jetzt alles sagen - so gemein klingt, - aber was eben noch schlimmer ist: wer so in der Vorstellungswelt eines Klischees lebt, der läßt das Leben bei den Anderen nicht zu, und das manchmal in radikalster Weise. Denn, was ist denn schlimmer, das Schlimme selbst oder daß man darüber redet ?

Also - wie gesagt - die ist verwunschen. Ich meine, verzaubert sind wir alle, verstehen Sie, wir brauchen uns nicht über das Raubtier erheben mit dem Reißzahn oder den großen Ohren oder sonst was, wir haben auch unsere Lebenswerkzeuge. Und insofern sind wir alle noch mit Hornhaut und allem möglichen verzaubert und mit Trieben zur Sicherung, zur Selbsterhaltung, da stecken wir alle noch drin.

K: Die ist also jetzt vierzehn Jahre, Berufswahl, alles steht noch bevor. Was würden Sie ..

A: .. bei der Berufswahl ?

K: Mannequin.

A: Mein Gott, Mannequin, sagen Sie einmal einem Elternteil: "die Tochter soll ein Mannequin werden", dann können Sie ja die Eltern gleich ..

K: .. ich würde sagen: Schneiderin, dann kann sie immer noch entscheiden ..

A: Nein, Schneiderin, da ist sie dann ein ganz armes .. kennen Sie Schneiderinnen ? Die sitzen bis nachts um zwei Uhr und nadeln und nadeln, kriegen keine Lehrlinge, verdienen kein Geld, weil die Konfektion stärker ist und - das ist nicht schön, nein, das ist kein guter Beruf.

K: Die Meisterschule für Mode.

A: Ja, eben, da waren die auch alle und jetzt müssen sie bis nachts um drei Uhr nadeln und nadeln, oh, da habe ich genügend Klientinnen, nein. Alles, was funktionell modisch in die Richtung geht. Warum "modisch" ? Stewardess wäre das Richtige, da wäre der Uranus auch noch zufrieden. Aber wenn schon modisch, dann - Selbstergänzung, es könnte Schmuck sein, es könnte unechter Schmuck sein - Pforzheimer Geschichten oder was weiß ich. Alles, was im Sinne der Selbstergänzung funktionell ist. Was ist denn "Selbstergänzung" alleine schon ? Der Lippenstift, Kosmetik, das alles ist im Oberbegriff "Selbstergänzung", wenn man die Selbstergänzung auf den ersten Quadranten bezieht. Das "An-sich-etwas-ranhängen", und so weiter. Und in diesen Branchen, da wären Chancen. Wissen Sie, wo man sich auch im Schmuck verspiegeln kann. Aber wie gesagt, Stewardess wäre richtig.

K: Ich möchte ganz gerne ihren bisherigen Berufswunsch verraten, das wäre Reiten, Reitlehrerin.

A: Das sagt nichts, das ist bei Mädchen in dem Alter eher entwicklungsbedingt.

K: Dürfte ich noch eine Frage stellen: wir haben vorhin gesagt: der Uranus - sie ist jetzt vierzehn Jahre auf fünfzehn hin - der Uranus wird also ausgelöst. Erstens: wie wird er sich auswirken, konkret, wenn er sich auslöst ?

A: Herrscher von fünf löst vier aus: das heißt: da fallen zwei Punkte zusammen - es sieht danach aus, daß sie das erste Mal mit irgendeinem Kavalier quasi ins Bett geht, wenn sie eine sturmfreie Bude hat oder sonst was - obwohl man das dazu eigentlich gar nicht braucht. Also die Konstellation ist in dieser Richtung sehr stark. Und vor allen Dingen auch, daß die Gefahr des Nachwuchses dabei in aller Deutlichkeit gegeben ist.

K: Warum löst Herr von fünf vier aus ?

A: Der Uranus, - mit fünfzehn ist sie beim Uranus, und der Wassermann ist der Herrscher von fünf und der löst vier aus.

K: Den Steinbock ?

A: Nein, Wassermann. - Das haben wir doch gehabt: das geht in die Gegenrichtung. Die Auslösung geht in die Gegenrichtung von der Beherrschung. - Da waren Sie krank, da hats' gefehlt. - Gut, aber das, was dahintersteht, ist etwas ganz anderes, - hinter dieser äußeren Funktion bzw. hinter diesem schlagwortartigen Ausdruck "Herrscher von fünf löst vier aus" steckt noch etwas anderes. Was würde das heißen ? - Der Lebenstrieb wird vom Gemüt her bewußt. Das heißt, das ist ein Aufwachen der Eigenständigkeit im Emotionellen oder - sagen wir einmal - im Lebenstrieb. Das ist also die erste selbständige Auseinandersetzung mit dem Leben, der dann im Sinne des Uranus, als Mutant, in den Weg der Abstoßung führt. Bisher war sie ja möglicherweise "brave Tochter", aber jetzt kommt die ganze emotionale Eigenständigkeit heraus, sie bricht sich Bahn und sie mutiert. Und jetzt kommt die Frage: was hat denn der Uranus, der hat nämlich gar nichts, der wird nämlich gar nicht gehindert. Die Eltern müßten da also sehr tolerant sein.

K: Also das ist einleuchtend, ja.

K: Der nächste Punkt wäre der: momentan hat sie also wirklich bis ins Extrem gehende Schulschwierigkeiten. Ist da der Uranus dran schuld an dieser Entwicklung, ist das also diese seelische Krise, die sie vom Lernen abhält, oder woher kommt das ?

A: Sie ist natürlich schon in dem Rhythmus dieser Periode, in der der Uranus aus der bisherigen nicht mehr passenden Folgerichtigkeit herausmutieren läßt. Und da sie - wie wir anfangs gesagt haben - ihre Grenzen nicht selbst findet, nicht aus sich heraus, muß also die Begrenzung von außen kommen, lebt sie also so, daß das Schicksal sie ihr bieten muß.

DREIUNDDREIßIGSTER ABEND

19. JULI 1972

A: .. sind Horoskope verfügbar, für die der Wunsch besteht, daß sie behandelt werden ?

K: Da liegt schon eins, das liegt schon im Abonnement.

A: Können wir dann sehen. Wissen Sie, ich will hier im Kurs nicht unbedingt - sagen wir einmal - unmittelbare Mitglieder des Kremiums behandeln, auch nicht deren Sprößlinge ..

K: Meinen Freund täte es schon interessieren.

A: Dann können wir es ja einmal außer der Reihe machen, das kostet nichts, wissen Sie, es entsteht nämlich sofort ein Hemmungsfaktor, zu Recht besteht er, automatisch.

K: Wir brauchen ja nicht zu wissen, wer es ist.

K: Die Hemmung ist aber trotzdem da.

A: Ja, bei mir auch. Gut, ich möchte also einen Fall praktizieren, und zwar wollen wir wieder anfangen von ganz vorne: immer wieder Teilstücke herausholen. Sie wissen also inzwischen alle sicher in- und auswendig, wie die Deutung vor sich geht. - Ist es Ihnen zu heiß, wenn wir die Türen zumachen ?

K: Nein.

A: Machen wir lieber die Tür zu, irgendwie ist der Raum geschlossener, da kommt irgendwie was Unruhiges 'rein. - Sie wissen also sicher alle noch, wie die Deutung vor sich geht, d.h., wie der Aufbau oder die Unterteilung der Anlagen sich in einer Methode schön niederschlägt. Das erste war also: die Sache an sich, das war also der Ascendent, das zweite war: die Art der Durchführung, das war der Sonnenstand, und das dritte war: die sich daraus ergebende Bedeutung oder Erlösungssituation, d.h., unter "Bedeutung" - das kann man vielleicht jetzt einmal dazu sagen: das Erwirkte, unabhängig von der Person und ihrem Wollen.

Der dritte Punkt entspricht der Erlösungssituation, wenn die Anlagen alle verwirklicht sind, wenn das Ego und das Subjektive sich aufgebraucht haben. Sie erinnern sich vielleicht an die Vergleichsmöglichkeiten, an die - sagen wir einmal - Gleichnisse des Märchens, erinnern Sie sich daran ? -

K: Ja.

A: Schon. Na gut, ich kann es ja kurz sagen: im Märchen ist einer verzaubert, hat - was weiß ich - Schuppen am Körper, oder eine große Nase, oder er ist ein Bär, was es so alles gibt, - Frosch, Frosch ist er auch, im Wasser, da hat er es aber noch gut, - die Art der Verzauberung ist also vergleichbar mit den Anlagetrieben, die der Mensch hat. Vor allen Dingen vergleichbar mit den Trieben, die aus der Erbentwicklung seiner Familie, vielleicht der Sippe oder auch der Menschheitsentwicklung urrudimentär hat. Wenn einer den Mars am Ascendenten hat, dann hat er halt noch ein bißerl was vom Raubtier, dann hat er halt starkes Hornhäute, ein starkes Gebiß, mindestens scharfe Reißzähne. Und diese Anlage zu den scharfen Reißzähnen im ersten Haus ist dann ein Ausgeliefertsein an diese Anlagen, die ja den Trieb haben, zum Ereignis zu werden. D.h., diese Anlagen treiben den Menschen in eine sogenannte - stellen Sie sich einmal einen Tiger vor, der hat einen großen Reißzahn. Schauen Sie, der Tiger muß sich nach Geeignetheit seines Reißzahnes verhalten, er muß jagen, er muß Gier zeigen, er muß andere Tiere reißen, um zu überleben.

K: Ist das die Verankerung im Irdischen ?

A: Etwa. "Verankerung", das wäre ein statisches Prinzip, das gehört sicher mit hinein, aber es ist auch noch die Durchsetzung, also der Jagdtrieb, es ist die Entfaltung, also je nachdem. Gut, diese Anlagesituation wird dann über den Verhaltensweg umgesetzt.

K: Wie ist dann die Fortsetzung im Märchen ?

A: Ach so, das Märchen haben wir nicht weiter gemacht. Im Märchen kann man nun sehr schön unterteilen: der verzauberte Prinz braucht ja nun einen Erlebnisweg, um über diesen Erlebnisweg seine Verzauberung los zu werden. Jetzt kann er den Erlebnisweg auf verschiedene Art und Weise haben, d.h. er kann quasi mit der Sonne in der oberen Hälfte des Horoskops gehen, oder er kann ihn mit der Sonne in der unteren Hälfte des Horoskops gehen. Bei den Märchen, bei denen der Prinz die Sonne in der unteren Hälfte hat, da muß er sich selber erlösen. Bei den Märchen, bei denen der Prinz oder die Prinzessin - ist noch besser - die Sonne oben hat, da muß der Partner was tun, da muß nämlich der Prinz was tun für die Prinzessin, oder wer auch immer es ist. Ist das klar ?

K: Auch im vierten ?

A: Auch im vierten. Im vierten ist es halt dann möglicherweise keine Person, sondern ein wundersames Geschick.

Man ist also ein verzauberter Frosch, hat also die Sonne oben, dann muß man warten, bis einer kommt und einen erlöst. Ist man ein verzauberter Frosch und hat die Sonne unten, dann muß man es selber machen. D.h. also, die Verwirklichung in sich oder durch sich finden, oder die Verwirklichung über die Begegnung finden.

Wenn Sie nun die Verwirklichung über die Begegnung finden, also darüber, daß Ihnen Wirklichkeit begegnet, so liegt dieses ausserhalb Ihres willentlichen Entscheidungsbereichs. Was heißt das als Konsequenz ?

K: Man muß es an sich 'rankommen lassen.

A: D.h. mit anderen Worten, daß der Mensch unvollständig ist. D.h. er hat alles das, was er eigentlich zur Vollständigkeit bräuchte, gar nicht mehr in seinem Besitz. Will er vollständig werden, muß er die Eva miteinbeziehen. Die "Eva" jetzt in der sinnbildlichen Verlängerung hier als die "Art der Begegnung von Wirklichkeit".

K: Kann man dann sagen, wenn die obere Hälfte sehr belegt ist, daß das ein schizoider Typ ist ? Kann man das damit begründen ?

A: Nein, kann man nicht sagen, - da kann man sagen, daß wenn beim Menschen die obere Hälfte völlig belegt ist, daß dieses dann hieße, daß er in seinem Ego schwach ist, was gefährlich sein kann.

K: Auch gespalten, dann natürlich ?

A: Nicht gespalten. Gespalten ist er dann, wenn er sehr viele Anlagen oben hat, aber die Sonne als Verwirklichungsweg unten. Dann wirds' problematisch, denn dann ist er unter Umständen nicht gewillt, das alles, was oben ist, zu verwirklichen, womit er seine Totalität eben nicht erreicht. Und das Nichtverwirklichte spaltet sich dann, möglicherweise, ab irgendeinem bestimmten Zeitpunkt unter Umgehung der bewußten Steuerung, also des Verhaltens, ab.

Wenn der die Vollständigkeit seiner Anlagen innerhalb seiner Verhaltenssteuerung erreichen wollte, so müßte er die Wirklichkeit der Umwelt, ihr Sosein und damit ihre Unbeschadetheit, in sein Verhalten mit einbeziehen. Tut er es nicht, dann nennt man das dann "egoistisch". Dabei muß man aber bedenken, daß er nur dann egoistisch wirkt, wenn er auf Partner trifft, für die das ungeeignet ist. Wenn er aber auf Partner trifft, für die das geeignet ist, dann ist das ein wunderbarer Ausgleich.

K: Egoist zu Egoist.

A: Nein, das paßt nicht. Wissen Sie, jeder Mensch hat ja einen Bußwunsch, also einen unterbewußten Ereigniswunsch nach Korrektur, nach Beschränkung, nach Disziplinierung, - und in einem solchen Fall müssen Sie dem dankbar sein, der Ihnen die Konflikte liefert und sie ärgert. Er bietet Ihnen ja genau das, was Sie als offene Stelle in Ihrem Geburtsbild nicht selbst übernehmen wollen.

Das ist mit das Wichtigste, was Ihnen bewußt werden muß. Dann verstehen Sie auch, warum die Astrologie in einer Konfrontation zum heutigen Zeitgeist steht, auch zu den gesamten Denksystemen, die im Grunde genommen zu gar keiner anderen Haltung geführt haben als "jeder ist sich selbst der Nächste", und wenn einer den anderen aufs' Kreuz legt, dann ist das heute ja schon "tüchtig". Vor dem hat man dann schon Respekt.

Wir haben weiter Folgendes: wir haben beim MC nicht nur die Frage: was kommt dabei heraus ? Was ist das Erwirkte ? Sondern auch die: was ist damit erreicht, wenn die Anlagen erlöst sind ? Beim Märchen wird dann nicht mehr viel weiter erzählt, beim Märchen heißt es nur, daß er entzaubert ist und daß da plötzlich ein strahlender Prinz steht und daß sie ewig leben und glücklich sind. Wenn wir das Beispiel vom Lehm nachvollziehen - ich kann es ja noch einmal wiederholen, weils' im aristotelischen Sinne ja antik ist, sozusagen ein antikes Beispiel - beim Lehm ist es so, daß die Idee, aus dem Lehm etwas zu machen oder machen zu wollen, die Idee liegt ja nicht in dem, der es tut, sondern die Möglichkeit zur Idee, etwas draus zu machen, liegt ja im Lehm selber, nämlich der Lehm fordert dazu heraus. Verstehen Sie, Sie können also sozusagen sagen, der Lehm hat ein siebtes Haus, der Lehm hat eine Begegnung. Er hat nämlich die Herausforderung in sich, daß man aus ihm irgendetwas formt.

K: Aber nur ein ganz begrenzter Teil des Lehms, nämlich der, der geformt wird, das übrige nicht.

A: Der Vorgang des Handelns ist bei dem Objekt mit in die Außensituation einbezogen, weil das Objekt unlebendig ist, kann es nicht selber handeln. Bei jedem Objekt haben Sie quasi einen zweiten Quadranten, der von außen erfüllt wird. Sie können ein Horoskop von einem Stuhl machen, der handelt nicht, aber das Handeln an ihm wird erfüllt, nämlich durch die Herausforderung des Sitzens.

Beim Lehm können Sie ja schon das Ergebnis sehen, das Ergebnis, das also vorliegt, daß Sie sagen, "das ist eine Schale", oder das ist irgendetwas. Das heißt, der Lehm ist erst durch die Verwirklichung seiner in sich liegenden Herausforderung unterscheidbar geworden. Er wird also erst in seiner Totalität unterscheidbar.

Gut, das war jetzt so eine kleine Wiederholung, wieder einmal von einer anderen Seite her, was zwischendurch ganz gut tut, wenn man nämlich immer nur funktionell Horoskope durchgeht, vergißt man allzu leicht, was im Grunde dahintersteckt.

Dies alles würde im übrigen heißen, daß - wenn man den Bogen einmal etwas weiter spannt - das im Horoskop dargestellte auch im Chromosomensatz zu finden sei. Diesbezügliche Forschung soll ja so weit sein, daß sie meinen, das Alter wäre im Chromosomensatz bereits festgelegt. Das würde heißen, daß man auch im Chromosomensatz zwischen Anlage und Verhalten unterscheiden kann, daß die Aktualisierung der Erbfaktoren in einer gleichen rhythmischen Weise vor sich geht, daß insgesamt der Chromosomensatz wie ein Horoskop reagiert.

Dazu noch folgendes - ich habe das noch nicht gesagt - wenn

ein Kind geboren wird, wird aus der jeweils vorliegenden Erbanlage das herausgeholt, was der Situation der Eltern entspricht - was ja auch logisch ist, denn darauf muß ja im Sinne der Erhaltung reagiert werden können - das Verhalten der Eltern selbst aber wird zum Ascendenten des Kindes, also zur Anlage.

K: Was heißt das: wenn ein Kind geboren wird .. ?

A: Zeugung und Schwangerschaft mit inbegriffen. - Nun kann man ja verschiedener Meinung sein, nämlich, daß die Erbanlage, die aktualisiert werden möchte, die Eltern in entsprechende Bedingungen treibt, oder .., daß die Bedingungen der Eltern bestimmtes Erbgut selektieren. Jedenfalls - Sie können aus jedem Horoskop schlüssig ersehen, in welcher Situation die Eltern sich zur Zeugungszeit befanden, und Sie können sehen, daß sich das Verhalten der Eltern in der Anlage der Kinder wiederspiegelt. - Bitte ?

K: Das "Stirb und Werde" von Lessing.

A: Ich bin ungebildet, ich kenns' nicht.

K: Im Prinzip gehts' genau so, daß man von dem erbt, was ..

A: .. was der g'rad tut.

K: .. was der Vater gemacht hat, und daß praktisch durch das ewige "Stirb und Werde" ein immer besserer Mensch nachher herauskommt.

A: Das war schon lang her, daß der gelebt hat, außerdem war er ein Wassermann, die sind immer idealistisch.

Ja, nun ist folgendes: an dem Gesagten sehen Sie relativ deutlich, wie verantwortlich oder unverantwortlich manchmal Zeugungen vor sich gehen, wie also Kinder entstehen. Es geht nicht nur um den Zeitpunkt der Zeugung, sondern auch um die Frage, in welcher echten oder unechten Lebensphase man steht, was man schon verwirklicht oder auch gelöst hat, - manchmal natürlich auch im subjektiv echten Gefühl des Richtigseins, wenn ein Ehepartner den anderen heiratet als Entwicklungshelfer für temporäre Bedürfnisse, was er nicht weiß, daß sie temporär sind, weil er vielleicht sich selbst täuschend, sich nicht traut, dies im Bewußtsein auftauchen zu lassen. Wenn somit der Partner nichts anderes ist als eine Prothese, eine seelische Prothese für eigene Mängel, dann ist das natürlich eine ungesunde Geschichte, und das können Sie dann alles schön herauslesen: es gibt kein Horoskop, wo nicht irgendwelche Konflikte drin sind - ich meine, das sage ich jetzt nicht aus moralischen Gründen, sondern eigentlich mehr aus stilistischen, und zwar deshalb: ich bin der Meinung, es macht sehr viel mehr Spaß, Fehler zu machen, wenn man wenigstens weiß, daß man sie macht, und das setzt voraus, daß man seine Fehler überhaupt kennt. Man ist dann nicht so blind, man wird nicht so leicht Gefangener seiner selbst. - Wir sind also jetzt .. - bitte ?

K: Die Fehler wiegen leichter.

A: Sie wiegen ? - Ja, wiegen - wir haben also die Deutung immer so durchexerziert, daß wir gesagt haben: der hat den und den Ascendenten und diese Anlage verwirklicht er über dieses oder jenes Verhalten. Nun gibt es - ich weiß nicht, wieviele - Variationsmöglichkeiten, auf welche Art ein Ascendent verwirklicht werden kann. Das heißt: Sie können also eine ganz phantastische Verwirklichung haben und eine ziemlich problematische Anlage als Voraussetzung haben. Nehmen wir also einmal einen Fall an - ich skizziere hier nur einmal ganz vage - das ist ja nur ein Phantasieprodukt - nehmen Sie einmal an, Sie haben die Verwirklichung in Haus zehn. Und Sie haben - ist dumm, daß jetzt das der Skorpion ist, weil der Pluto gar nicht da sein kann, wo ich ihn jetzt 'reinzeichnen möchte, ich zeichne ihn aber trotzdem hinein. Das muß ja nicht von heute sein, quasi, es kann ja vom Neandertaler sein. Und

wir haben hier Mars-Saturn in Haus zwei, - Pluto-Saturn, kann auch noch die Venus dazu, oder was weiß ich - machen wir, damit die ganze Geschichte auch noch richtig rund wird, auch noch den Uranus dazu. - Was passiert jetzt damit ? - Das heißt doch, der

Betreffende ist in seiner Verwirklichung ..

K: .. verbindlich.

A: .. verbindlich. Auf der anderen Seite haben wir aber gesagt, der Verwirklichungsweg kann nichts anderes verwirklichen, als er als Material vorliegen hat. Was heißt das ?

K: Saturn-Mars-Pluto-Uranus werden verbindlich.

A: Und was ist das ?

K: Zerreißproben.

K: Größte Härte in der Durchsetzung. Größte Hindernisse auch, um sich selbst durchzusetzen.

A: Ja, und was ist daran nun bedeutend ?

K: Das Handeln nach dieser Anlage.

A: Nehmen Sie an, Sie haben so ein Horoskop vor sich, der Mann erscheint bei Ihnen, was sagen Sie ?

K: Wahrscheinlich drängt es diesen Mann unwahrscheinlich nach Selbstverwirklichung, nach Erfüllung mit der Sonne in Haus zehn im Löwen, aber der Weg dorthin ist gekennzeichnet mit unwahrscheinlichen Härten und Schwierigkeiten und Krisen, - könnte man das so sehen ?

A: Schon, das ist natürlich alles drin, aber ich möchte weniger Auswirkung, sondern mehr Struktur: was passiert, wenn eine bedeutende Verwirklichung eine solche Anlage verwirklicht ?

K: Die kommt in Konflikt mit der Umwelt.

A: Richtig, sie kommt in Konflikt mit der Umwelt. Und was heißt das ?

K: Und da kommt eben die Umwelt, die wehrt sich dagegen und aktiviert nochmals den Ausbruch der Anlage dieses Mannes, also das ist ein Circulus vitiosus.

K: Und da wird er unter Umständen im zwölften Haus landen.

K: Hinter Gittern.

A: Hinter Gittern ?

K: Ja.

A: Was macht jetzt die bedeutende Sonne ?

K: Er wird irgendetwas angestellt haben, daß er halt verurteilt und hinter Gittern landet.

A: Aber ist das verbindlich für die Umwelt ?

K: Würde ich schon sagen.

A: Sie haben hier nämlich in etwa das Geburtsbild eines Massenmörders. - Also in den wesentlichen Positionen.

K: Auf das genaue Horoskop kommt es ja jetzt nicht an, das kommt ja nur auf die Sache an sich ..

A: Ja, - es muß ja nicht unbedingt ein Mörder sein, es kann ja auch ein Revolutionär sein - schauen Sie, wenn einer in einer wirklich ordentlichen Gesellschaft lebt mit solchen Anlagen, dann kommt er halt mit dem Gesetz in Konflikt, weil er seine Anlagen ausleben will. Angenommen, Sie haben also irgendeinen Bekannten, der solche Anlagen hat und der fünfzehn Jahre alt ist, und es wird gefragt: "was soll der Bub werden ?", dann würde ich sagen: "mit den Anlagen, da muß er .." - Bitte ?

K: Metzger.

A: Nein, dann schicke ich den in ein Land, wo unmittelbar kurz darauf eine Revolution stattfindet, wissen Sie, da kann er die gleichen Anlagen erfüllen und wird ein Held dabei, das ist dann ein Unterschied.

K: Wenn er nicht draufgeht.

A: Das geht er dann hier auch. - Wir können uns jetzt überlegen: worin liegt denn die Bedeutung ?

K: Wie meinen Sie "Bedeutung" ?

K: .. im Sinne des Berühmtwerdens ?

A: Bedeutung für die Umwelt, nicht "berühmt werden", eine inhaltliche verbindliche Bedeutung für die Umwelt.

K: Sie gehen nur nach Quadranten ?

A: Ich gehe nur nach Quadranten, ja.

K: Ich sehe die Bedeutung darin, daß man sich vor derartigen Typen schützen muß.

K: .. daß es das gibt, daß man also praktisch mit allem in diesem Leben rechnen muß, und daß nicht jeder Mensch der liebe Gott ist ..

A: Nein.

K: Das meinen Sie nicht ?

A: Nein, - es gehören ja beim Umbringen immer zwei dazu .. einer, der umbringt und einer, der umgebracht wird. Das ist auch so beim Autofahren, das ist bei allem, bei der Ohrfeige so, wenn einer dem anderen eine Ohrfeige geben will, dann gehören ja zwei dazu. Einer, der sie kriegt, einer, der sie austeilt. Jetzt brauchen wir also, wenn wir einen haben, der in Bedürfnis steht, eine Ohrfeige auszuteilen, brauchen wir ja einen, der in Bedürfnis steht, eine zu erhalten.

K: Ein ungewolltes Bedürfnis, aber immerhin eine ..

K: Also Identität von Täter und Opfer.

A: Schauen Sie, wenn das anders wäre, dann bräuchten wir ja nicht Astrologie treiben, wenn irgendwo jemand hergehen könnte und einen niederknallen könnte, - wo ist denn da Inhalt und Funktion ? Da stimmt doch nichts mehr. Das ist nicht möglich. Wenn einer in seinem Geburtsbild, das heißt, in seiner Anlage unverletzlich ist, dann kann ihn einer mit einer Maschinenpistole entgegenstehen und die hat Ladehemmung. Da ist nichts zu wollen, weil in seiner Verwirklichung seiner Anlagen keine Möglichkeit enthalten ist, auf diese Weise zu sterben. Das ist ungefähr so wie ein Chinese, Li Po, irgend so einer hats' gesagt, Li Po der zweite, da gibts' einen - ich weiß aber nicht, ob ders' gesagt hat: "wenn nichts an einem ist, woran der Tiger seinen Zahn einbohre" - da hab' ich nämlich den Tigerzahn her - "dann kann man durch eine Herde von Tigern gehen und es wird einem nichts passieren".

K: Gibt es da so klassische Stellungen, wo der Tigerzahn eingreifen kann ?

A: Klassisch sind die Stellen nur, wo der Tigerzahn nicht eingreifen kann.

K: Da gibts' doch den Thronfolger, der ermordet wurde, der

Mars-Opposition-Uranus von eins nach sieben exakt hat, das sind schon ziemliche Möglichkeiten, um einem Gewaltverbrechen zum Opfer zu fallen.

K: .. Oder der Kennedy, der hat auch Mars-Uranus im Quadrat.

K: Aber jetzt kommt Hiroshima, da sind so und so viele umgebracht worden durch die Atombome ..

K: Das muß aber entsprechen.

K: Das ist ein Massenereignis, da wird es schwierig.

A: Ja - es ist nämlich folgendes - wer hat mir jetzt erst kürzlich erzählt von diesen Bölkow-Maschinen ?

K: Ich.

A: Richtig.

K: Ich habe sogar ein Horoskop gemacht.

A: Vor kurzem, nur weils' aktuell ist, aber ich könnte Ihnen auch x andere Beispiele nennen: es ist eine Bölkow-Maschine mit Spitzentechnikern im Flug von England nach hier abgestürzt. Und da soll - unterbrechen Sie mich, wenn ich in der Erinnerung etwas falsch sage - sagen Sie es lieber, ich weiß es nicht mehr.

K: Das waren aber nur zwanzig.

A: Da sind auf jeden Fall zwei umgestiegen ..

K: Ja: und zwar war die Maschine schon ausgebucht, weil noch zwei Techniker von Bölkow mitgenommen werden mußten, sodaß zwei andere eine Linienmaschine nehmen mußten. Und kurz vor dem Flug entscheiden sich zwei, daß sie halt eben noch was zu erledigen haben, später fliegen und nun ebenfalls auf eine Linienmaschine umbuchen. Und die, die ursprünglich auf die Linienmaschine gebucht hatten, die hören das und sagen"hoppla, da sind zwei Plätze frei geworden !" Und die haben dann sofort umgebucht, und so sind sie halt dann mit umgekommen.

A: Verstehen Sie, was ich damit sagen möchte ? Da können Sie - da gibts' doch so eine Stelle in der Bibel. Wo die beim Zurückschauen zur Salzsäule geworden sind, und wo es dann heißt: "wenn nur ein Gerechter in der Stadt ist .." - das klingt völlig unverständlich, weil wir schicksalsfremd erzogen sind und nicht nach dem sogenannten Inhaltssog zu denken gewohnt sind, sondern rein funktionell. Ich habe es ja schon einmal erzählt - nehmen Sie irgendeine große Landkarte und nehmen Sie an, - es gibt im übrigen auch solche Punkte - und nehmen Sie einmal an, auf irgendeinem Punkt x der Landkarte ist eine Mars-Saturn-Konstellation. Die Leute, die gerade eine Mars-Saturn-Auslösung haben - die Konstellation ist ja nur die Bereitschaft, um aus ungelösten Problemen die Zurückführung auf ihre Wirklichkeit zu finden - aber eben diese Menschen, die in einer solchen Situation stehen, die treibts' an diesen Ort im Sinne eines unbewußten Ereigniswunsches. Ich habe Ihnen schon einmal gesagt: wenn Sie mit dem letzten Geld fünfhundert Kilometer fahren müssen, um Ihr Unglück - "Ihr" - unterstrichen - Unglück zu erleben, oder Ihre Enttäuschung. Das muß ja nicht ein Unglück immer sein, um Ihre Enttäuschung zu erleben, oder was der Deibel. Und das ist dasselbe mit dieser Maschine, die an der Theresienhöhe abgestürzt ist, Sie können es an Beispielen reihenweise sehen.

K: Bei der Bölkow-Maschine ist doch ein Überlebender.

A: Das weiß ich nicht.

K: Ja, da ist einer dabei, der liegt im Krankenhaus. Könnte man auch sehen, ob der durchkommt oder nicht ?

A: Freilich könnte man das sehen. Was für ihn interessanter wäre, wäre festzustellen, welche Gemeinsamkeiten alle diese Personen haben. Ich habe das schon einmal gemacht, versuchsweise, ich habs' dann wieder sein gelassen, weils' mir ein bißchen makaber war, - es war der Fall von der Theresienwiesenmaschine. Ich habe dabei derartig eklatante Übereinstimmung gefunden, die bis ins Detail ging - was kein Mensch für möglich halten würde. Und zwar Übereinstimmungen sowohl derjenigen, die im Flugzeug saßen, als auch derjenigen, die in der getroffenen Trambahn saßen und auch derjenigen, die geholfen haben, und auch die, die dort wohnten. Überall das gleiche - ich möchte fast sagen - Kennzeichen des Verhaltens. Das Ganze hatte nämlich eine Vorgeschichte. Ich war nämlich an diesem Tag bei meiner Schwester zu Besuch, und hatte ihr voll Stolz gesagt, daß ich eine neue astrologische Methode entwickelt hätte, der zufolge ich auf gestellte Fragen sofort antworten könne. Meine Schwester, die einen schönen Neptun am Ascendenten hat, fragte dann: "was passiert jetzt in der Stadt ?" Ich war auf die Frage nicht gefaßt, weil aber der Zeitpunkt der Frage auf einen dominanten Uranus-Pluto-Punkt fiel (Anm.: 22 Grad Schütze), habe ich ihr gesagt, daß da irgendein Unglück sein müsse. Später habe ich erfahren, daß das der gleiche Zeitpunkt war, an dem das Flugzeug abgestürzt ist. Das hat mich dann beschäftigt, und ich hatte die Idee, daß alle diejenigen, die vom Unglück in irgendeiner Weise betroffen waren, in der Situation dieser Konstellation sein müßten. Und ein sehr guter Bekannter von mir, der in der gleichen Situation war, aber ganz wo anders wohnte, der kam dann abends lange nicht ins Stammlokal herein, der kam also sonst immer um zehn Uhr abends, da war es dann zwölf, und er war noch nicht da - und plötzlich assoziierte ich, obwohl der nie in diese Gegend kam, assoziierte ich, der steht in derselben Situation, - na, wer weiß, der Teufel schläft nie, und ich machte mir Sorgen um ihn. Und da kam er um viertel nach zwölf Uhr in das Lokal herein und ich sagte spontan: "Na, da leben Sie ja noch !" Da sagt der: "Wieso wissen Sie ?" - Der war am Unglücksort. Ein anderer Bekanter, der war in der gleichen Situation, unter dem gleichen Kennzeichen, dessen Gspusi wohnte zufällig in der Gegend des Absturzes in der Pettenkoferstraße, und die hat drei Wochen vorher geträumt, daß ein Flugzeug aufs' Haus fällt. Hier haben Sie es mit einer Symbolik zu tun, - es geht jetzt nicht darum, ob die einen Wahrtraum hat, oder ob die - der ist nichts passiert, aber immerhin wohnte sie gleich um die Ecke.

Das haben wir ja auch schon einmal gesagt: die Frage ist, erlebe ich es am Partner oder erlebe ich es an mir, oder erlebe ich es im Umkreis. Jedenfalls ist die in die Erlebnissituation miteinbezogen worden. Ich habe dann weitere Untersuchungen gemacht, so lange, bis ich sicher sein konnte, bei den Betroffenen nachgefragt, was nicht einfach war, denn wer will schon etwas "Negatives" über einen sagen, den ein Unglück betraf.

Das ist der Punkt, weshalb Astrologie wichtig ist, und das muß ich jetzt unterstreichen, das Vertrauen zum Schicksal zu haben. Es geht ja nicht darum, festzustellen, ich kann dies und das von der Zukunft ausrechnen, und ich kann mich da sicher fühlen. Sondern es geht darum, ein Vertrauen zum Schicksal zu haben und nicht deshalb, weil ich es berechnen kann, sondern deswegen, weil ich weiß, mir kann nur das passieren, wofür ich inhaltliche Voraussetzungen habe und wofür ich inhaltlich verantwortlich bin. Das heißt, das Schicksal ist nichts anderes als eine Erfüllungsgehilfin meines Unterbewußtseins für alle die Dinge, die ich unterlassen habe. Ich habe es Ihnen ja schon einmal gesagt: die Natur kann sich Extreme nicht erlauben, auch nicht das Menschliche. Ist das klar ? - Ist das nicht klar ?

K: Doch.

A: Gut, nehmen wir einmal folgende Situation: irgendein Mensch lebt in einer Situation, die mit seiner Wirklichkeit nicht übereinstimmt. Er ist also in einer unechten Lebenshaltung, hat eine Scheu, sich das einzugestehen - es gibt ja mehrere Gründe, man nennt das quasi "Verdrängung" - ein Grund kann sein "Angst, auf eigenen Beinen zu stehen" bei einem Ehepaar z.B.. Ein Grund kann sein "Sicherheitsprobleme". Ein Grund kann sein - es gibt also Gründe genug ..

Bandwechsel

K: .. die brechen aus.

A: Die brechen aus, aber wenn sie dann ausbrechen, dann so fulminant, daß sie die Steuerung der Vernunft auf die Seite schieben. Und das machen sie eben unterbewußt, das Unterbewußtsein ist ja der Erfüllungsgehilfe für alles das, was das Oberbewußtsein nicht tut. Das treibt sie dann in das Korrekturereignis, in das hinweisende. Und jetzt könnte man sagen, das ist ja furchtbar ungerecht, da hat also irgendeiner etwas gemacht oder nicht gemacht, und da kommt dann gleich ein Flugzeug auf den los, also das steht in einem Mißverhältnis, das gehört sich nicht. Aber es ist ja nie so, daß eine solche Situation nun prompt aus heiterem Himmel - wie es heißt - kommt, das sind ja alles Ausdrucksweisen, die unastrologisch sind, denn "aus heiterem Himmel" kann astrologisch gesehen nie etwas kommen, aus "heiterem" schon gar nicht. Das ist schon ein verlogener Ausdruck. - Bitte ? - Na klar, die wollen ihn halt heiter sehen. Das ist das Gleiche, als wenn Sie den Ausdruck hören: "der Betreffende wurde von einer heimtückischen Krankheit befallen". Überlegen Sie sich einmal den Nonsens "die Krankheit ist heimtückisch", "das Unglück kommt aus heiterem Himmel", also das darf es astrologisch überhaupt gar nicht geben. Und es ist in Wirklichkeit so, daß Sie immer sogenannte Vorwarnungswellen haben, das heißt, zwei Monate und dann noch einmal sechs Monate und dann noch einmal zehn Monate vorher haben Sie schon so Treffen, Ereignistreffen, die immer stärker werden, die Sie dann wegschieben können aus dem Bewußtsein, - oder die Sie als Hinweis nehmen, um Stellung zu nehmen. Nun muß das Ereignis nicht so sein, daß Sie deswegen gleich einen Autounfall haben und den Wagen zahlen müssen vom anderen oder irgend so etwas. Das kann ja unter anderem auch das sein, daß z.B. Operationen fällig werden, das gehört alles dazu. - Bitte ?

K: Aber dann könnten sich theoretisch alle Schwierigkeiten eigentlich auflösen.

K: Das haben Sie ja schon einmal gesagt, daß das geht.

A: Theoretisch schon, das liegt am Menschen, daß es nicht geht, und wenn, dann geht es immer nur annäherungsweise.

K: Aber es will sich doch erfüllen.

K: .. über die Bewußtbarmachung.

A: Die Bewußtbarmachung reicht nicht, Sie brauchen schon Erlebnissituationen, an denen Sie sich selbst disziplinieren oder selbst Abstriche machen, bevor es Ihr unterbewußter Ereigniswunsch tut. Aber das ist ja gerade heutzutage unmöglich: denn der Zeitgeist erzählt ja jedem, daß er das Recht zu allem hat, daß alles zufällig ist, daß jeder nur einen Anspruch hat - da können Sie nicht erwarten .. - auf der einen Seite ist natürlich schon zu erkennen, daß der Zug zur Astrologie zur Zeit ja irrsinnig stark ist, es wird also so furchtbar Mode, daß es wahrscheinlich nicht mehr zum Aushalten ist. Und ich fürchte halt, daß dann das, um was es in der Astrologie eigentlich geht, daß das völlig untergebuttert wird. Und dann - dann wird sie gefährlich, dann wird - Gott sei Dank, die können dann nicht so viel, da hat man dann immer noch eine Hand drauf. Aber es geht ja nicht nur ums' Können. Schauen Sie, wenn Sie ein Horoskop machen, Geburtsbilder beurteilen, dann denken Sie zunächst immer daran, an das, was Sie kennen. Das also, was Sie in Ihrem Leben jemals erlebt haben, an sich, an anderen. Das heißt, Sie müssen zuerst einmal sich selbst über die Klinge springen lassen, damit kein Widerstand entstehen kann, wenn Sie den Anderen begreifen wollen. Und das kann man dann erst, wenn man nicht mehr zugehörig ist, wenn man keiner Interessengruppe zugehörig ist, und wenn man deshalb Moralität oder Positiv- oder Negativ-Standpunkte wegstellen kann. Wertungen behindern, denn Wertungen sind ja immer auf etwas bezogen. Sie schließen also aus, unter Umständen denjenigen, dessen Horoskop Sie untersuchen. Erst wenn Sie dieses Scheuklappensystem wegstellen, dann begreifen Sie den Mann in seinem Ausgeliefertsein an seine Anlagen. - Ist das verständlich ? Wenn Sie moralisch werten, oder werten wollen, können Sie dem nie gerecht werden. Ich meine, der Trieb ist natürlich verständlich, so jemanden, wie unseren fiktiven Fall aus der Gesellschaft auszuschließen, weil, Sie könnten ja der Nächste sein - mal unastrologisch betrachtet. In Wirklichkeit - und jetzt kommt etwas ganz Schlimmes - in Wirklichkeit ist das ein Saubermacher im Dienste des Schicksals. Das klingt hart, aber es ist so. Denn er hätte keine Chance, je einen umzubringen, wenn nicht irgendwo einer wäre, der die Bereitschaft dazu hätte. Sie müssen das einmal ganz ohne menschliche .. Sie müssen das einmal ganz ohne die Sicherheitsbegrenzung des Menschlichen sehen.

K: Das ist dann so, da ist jeder selber Schuld, wenn er dann umgebracht wird.

A: Genau so ist es, der Grund liegt in ihm, und es ist zwar zu bedauern ..

K: .. der, der den Anderen umgebracht hat.

K: Jetzt nur eine Frage: wer ist dann das Opfer ?

A: Beide. - Jetzt kommt natürlich ein Problem, ein sittliches oder ein religiöses - ich komm' heut' von der Bibel nicht weg. Ich glaube, wir haben das ganze Jahr noch nicht so viel über die Bibel geredet wie heute - bitte ?

K: Die Bibel ist doch ein Standartwerk.

A: Das schon, aber ich kenne sie gar nicht so gut. - In der Bibel steht: "wenn Dir einer eine Backe hinhält ..", nein ? ..

K: "Wenn Dir einer auf die Backe schlägt, halte ihm auch die andere hin".

A: Ja, so heißt es. Man könnte das auch umdrehen: wenn Dir einer eine Backe hinhält, dann schlag' nicht zu.

K: "Haut Dir einer auf die rechte Backe, mußt Du die linke hinhalten".

A: So heißt es, ja. Da könnte man sagen: das Negative sollst Du - jetzt sage ich es einmal prinzipiell fürs' Negative - sollst du ertragen und das Positive tun.

K: Da ist aber eine Wertung enthalten.

A: Das ist eine Wertung, aber ich sage es jetzt extra mal sittlich, da gibt es immer eine Wertung. - Das heißt mit anderen Worten - wenn Sie so eine Konstellation haben wie die hier, dann haben Sie den Drang, weil Sie die Spannung nicht aushalten, das zu aktivieren und nicht hinzunehmen. Und man könnte dann also weiter sagen: gut, wers' erleidet, hat diese Anlage erlöst, - es ist schon so, daß vieles, was hinzunehmen wäre um der eigenen Wirklichkeit willen, wird nach außen aktiviert.

K: Das ist nicht die Lösung, denn wenn er das Fegefeuer des Schicksals sein soll, dann darf er das nicht an sich erleiden.

A: Nicht das "Fegefeuer", sondern der "Erfüllungsgehilfe".

K: Sicher. Dann muß er doch seine Anlage verwirklichen, dann muß er das doch tun.

A: Er muß nicht. Es liegt nahe, daß er es tut, weil ein Mensch bei der Spannung immer lieber aktiv ist, als passiv, noch dazu, wenn die Spannung so extrem ist. Und die Spannung trägt ja Inhalte in sich, das ist ja das Entscheidende. Er hat ja im ersten Quadranten tierische Urrudimente, da liegt es schon nahe, diese aus Angst zu aktivieren, weil ja das Gesetz innewohnt, töten oder unterzugehen. Also bei einer solchen Konstellation, da müßte er schon ein Heiliger oder von sich aus ein Märtyrer sein, und das kann niemand erwarten. Und um sich schuldig zu machen, da kommt keiner von uns drum herum. Aber - wie gesagt - müssen tut er nicht. Schauen Sie, es muß ja nicht immer so extrem sein

- angenommen, es hat jemand Mars-Quadrat-Ascendent vom dritten Haus her, dann heißt das ja, er kriegt Streit mit dem Umkreis, Streit mit allen Personen, die möglicherweise den Mars am Ascendenten oder Sonne im Widder oder irgendwie marsisch aufgeladen sind, weil er will sich ja seinen Mars aus der Umwelt holen, er will ihn haben. Der mit dem Mars-Quadrat, mit dem starken Bedürfnis, der das noch gar nicht weiß, friedlich Radl fährt oder Auto oder so, die Sonne scheint schön, aber innen drinnen wartet schon was, - der saust also in der ganzen Umgebung herum und der findet nun effektiv keinen, der bereit ist, in sein Mars-Quadrat einzusteigen, weil möglicherweise lauter Astrologen drum herum wohnen, sein Horoskop kennen, und sagen "ich bin doch nicht blöd und steig' in den sein Bedürfnis mit ein, wer bin ich denn ?" Na, was macht der ?

K: Der fährt gegen einen Baum. Das wäre möglich.

A: Ja, man möchte es fast umdrehen: der Baum fährt auf ihn zu. - Das ist der berühmte Ziegelstein oder Hammer auf dem Fuß, oder so Zeugs, Vorschlaghammer fällt 'runter, verstehen Sie - aus dem Repertoire von unpersönlichen Schicksalsmöglichkeiten wird eins übernommen.

K: Und ist das nicht anders zu sättigen ?

K: Es ist auch gedanklich zu sättigen, wenn Sie es so wollen. Vom dritten Feld, das ist absolut gedanklich, er erregt sich über irgendetwas, was ihm einfällt, sehr stark.

K: Ich finde es furchtbar, vor welchem Hintergrund man lebt.

A: Schauen Sie, so können Sie gar nicht leben, daß Sie nicht einen Streit haben, und wer weiß, vielleicht ist man sogar biologisch abhängig davon, Blutkreislauf und so weiter.

K: Nein, das geht auf die Galle, das ist ja bekannt.

A: Nur dann, wenn man die Aggression nicht losläßt.

K: Ja, man soll es ja auch nicht 'reinfressen, das soll man ..

A: Man soll es anders lösen. Schauen Sie, mit all Ihren Trieben, urrudimentären und anderen, erben Sie auch die Schuld, das Unerlöste, weil Sie in den Mechanismen Ihrer Triebe überleben wollen. Und je stärker das Ego ist, desto mehr müssen Sie blind und verzaubert das Tierhafte leben, - erlöst dann nur über das Scheitern des Ego, das gegen die außersubjektiven Welt dessen, was wirklich ist, sowieso scheitern muß, auch, wenn es aufgeschoben wird bis zu dem Zeitpunkt, wo es nicht mehr aufzuschieben ist. Im Grunde ist das ein religiöses Thema - das geht im Leben unter, in die Verzauberung des Triebs, der schließlich auch einen Lustgewinn bringt. Was glauben Sie, wenn der sein Mars-Quadrat losbringt, wie glücklich der in der Geschlossenheit seiner Subjektivität ist. So glücklich kann ein anderer kaum sein.

K: Das kann ich mir in solchen Ereignissen gut vorstellen, aber ich meine, wenn jemand wirklich schwer betroffen ist ..

A: Dann haben Sie die Wahl ! Nehmen wir folgendes Beispiel: Nehmen wir einmal an, es hat einer Sonne-Uranus in unangenehmem Aspekt zusammenstehen, dann weist das meistens auf eine unechte, für die eigene Wirklichkeit fremde Lebenssituation hin. Wobei Sonne-Uranus nicht selbst das unechte, sondern die Befreiung aus dem Unechten ist, die abrupteste und deshalb bestmöglichste.

Woher das Unechte kommt, kann uns jetzt gleich sein.

Nehmen wir einmal an, die Sonne-Uranus-Konstellation hat er mit fünfundzwanzig Jahren. Das heißt nun nicht, daß er die unechte Lebenssituation erst und nur mit fünfundzwanzig Jahren hat, sondern vielmehr, daß die unechte Lebenssituation à se schon sehr viel länger besteht und mit fünfundzwanzig nun solche Ausmaße angenommen hat, daß - im Sinne der Eigenverwirklichung - eine Befreiung unumgänglich ist. Und die Problemsituation selbst, nehmen wir einmal an, er steht zwischen zwei Partnern, ist auch nichts anderes als zum Ereignis gewordener Inhalt seiner unechten Lebenshaltung. Da sind also zwei Anlagen, die ungeeignet zusammenstehen, in der gleichen Zeit stehen, - zum Beispiel Risikotrieb - Sicherungstrieb. Jeder für sich ist in Ordnung, aber zusammen stehen sie schlecht. Nun können Sie dem sagen: "da kommen Sie in eine unechte Lebenshaltung, stehen zwischen zwei Partnern und wissen nicht, zwischen welchen, wollen eigentlich .." und was weiß ich. - Und das können Sie ihm sagen und das wird auch stimmen. Das wird freilich stimmen, weil was soll denn der wissen über seine Anlagen, der geht weder in die katholische Kirche noch irgendwo sonst hin und auch zum Astrologen nicht. Er weiß also davon nichts und sagt "das ist zufällig, das ist bei ihm grad so blöd". Schauen Sie, bei mir war vor kurzem ein Klient, den habe ich beraten vor fünf Jahren, und da hat er mir damals zwei Horoskope gebracht, links ein Weib, rechts ein Weib. Jetzt, nach fünf Jahren kommt er wieder - was ist heut' ? - Mittwoch. - Gestern war er da, kommt 'rein, packt er wieder zwei Horoskope aus, - da hab' ich schon lachen müssen. Was wollen Sie jetzt da sagen ? Der weiß das doch nicht von sich aus. Der gesteht sich das doch nicht ein, da wäre er doch überfordert, wenn er im Leben steht. Gut, er bleibt also in seiner für seine Wirklichkeit ungeeigneten Situation. Jetzt kommt das regulierende Unbewußte und sagt: "Meine lieben Anlagen, ich sehe schon, da ist keine Chance im Oberbewußtsein bei dem, jetzt treten wir in Aktion, das kriegen wir schon hin", - der Sonne-Uranus ist zur Vorsorge ja schon da. Und dann wird das Oberbewußtsein auf die Seite geschoben und das Unterbewußtsein treibt in den "Unfall", bei Frauen führt es dann zu Erscheinungen, deren Endergebnis die "Totaloperation" ist, das eine als ungeordneter und das andere als geordneter Eingriff in den Organismus.

Es ist natürlich klar, wenn Sie auslösungsmäßig bereits hier bei Uranus-Sonne stehen, dann können Sie nichts mehr machen, dann ist es vorbei, die Weichen werden früher gestellt. Aber angenommen, Sie lösen die für Ihre Wirklichkeit ungeeignete Situation auf, womöglich mit Verzicht für Ihre Subjektivität oder Ihr Sicherheitsgefühl, dann hat die Sonne-Uranus-Konstellation mit fünfundzwanzig Jahren nichts zum Befreien, sie findet nichts vor, und ist somit Schachmatt gesetzt. Sie haben dann also keine Totaloperation. Verstehen Sie, - darin liegt die Verantwortlichkeit des Einzelnen für sein Schicksal, die will er natürlich nicht wahrhaben, - und er sagt "das ist ein Glück, das ist ein Pech, das ist zufällig, da hab' ich nichts damit zu tun, ausgerechnet mir muß das passieren". - Bitte ?

K: Und wenn er zu Ihnen geht, rechtzeitig ?

A: Dann sag' ichs' ihm. Und dann sage ich: "schauens', wenn Sie in vier Jahren total operiert werden, dann wissen Sie wenigstens, warum".

K: Kann man sich da nicht statt dessen den Blinddarm 'rausnehmen lassen ? Operation ist es ja, egal.

A: Nein. Wenn es um Partnerprobleme geht, ist die Gebärmutter geeigneter. Außerdem, Sie dürfen nicht an eine Beratung so herangehen, daß Sie sagen - nehmen Sie nur einmal an, Sie sind ein Krebs, ja, mit einem Krebsbedürfnis wird man ja auch bei Klienten viel Bedürfnisse los - dem will ich jetzt helfen, Gutes tun, oder irgendsowas - das kann Ihnen wurscht sein, da müssen Sie skorpionisch denken und zwar deshalb: wenn der kommt und fragt, dann sagen Sie ihm den Sachverhalt und zwar so, daß er ihn ins Bewußtsein kriegt, dann aber müssen Sie ihm jede Freiheit des Handelns lassen, jede.

K: Ist der so frei, daß er anders handeln kann ?

A: Das merken Sie ja bei der Beratung, ob ers' begreift.

K: Aber da stimmt doch dann sein Schicksal nicht.

K: Aber der Ereigniswunsch, was ist dann mit dem ?

A: Ach, Sie meinen, das Schicksal erfüllt sich nicht ?

K: Ja.

A: Das Schicksal erfüllt sich schon, denn wie wir vorhin gesagt haben, diese Stelle von Sonne-Uranus kann ja nur zuständig werden, wenn die unechte Lebenssituation anwächst. Wenn aber die unechte Situation von sich aus behoben wird, hat Sonne-Uranus nichts mehr zum anpacken. Denn der Betreffende setzt ja quasi Energie als Arbeit gegen Energie als Ereignis, - um es einmal so auszudrücken. Ist das klar ? - Und wenn Sie den Betreffenden beeinflussen und mehr tun, als nur den Sachverhalt erklären, wenn Sie ihn also zwingen, aus der unechten Situation auszusteigen, - das hilft dem nichts, denn er hat dann nicht aus Eigenständigkeit, aus sich heraus gehandelt. Die Lösung ist also an ihm nicht angewachsen, und ist so viel wie bedeutungslos.

K: Da sagen Sie, "Sie können das oder das machen" ?

A: Genau. Ich sage ihm die Situation und die Konsequenzen und den Zeitpunkt der Konsequenzen, - schauen Sie, da bin ich liberal: ich habe gestern einen Klienten gehabt, der ist auch zwischen zwei Frauen - gestern habe ich einen zwei-Frauen-Tag gehabt - der ist verheiratet, in der Jungfrau geboren - die pendeln sowieso immer - schon weiß Gott wie alt und ziemlich vorstands- - so ganz was Hohes da oben droben irgendwie, auch noch in Geldinstituten. Und der war also dreißig Jahre oder zwanzig gut verheiratet mit einem Stier, und jetzt hat er ein Skorpionweib kennengelernt. Und irgendwie wars' um ihn geschehen. Jetzt hat er aber zu der gesagt: "Gell, also mit dem Heiraten, wenn sich das ergibt, pensionsberechtigt wirst du nicht mehr", das hat er zu der zweiten gesagt, mit der er nicht verheiratet war. In Wirklichkeit ist sie nämlich dann auch pensionsberechtigt. Das hat er mir nämlich dann gesagt und hat gesagt: "aber das sag' ich ihr nicht", - wahrscheinlich, weil er als Jungfrau die prüfen wollte.

K: Das ist ja gemein.

A: Nun ist es so, diese zweite, die er kennengelernt hat, ist für ihn nichts anderes als ein seelischer Entwicklungshelfer, denn in der Stierehe ist er ein bißerl erstickt, - zugegebenermaßen - es ist ja auch kein Zufall, daß dann eine Skorpionfrau als zweite kommt. Aber ausgerechnet die ist ein bindungsloser Typus, die sich immer solche Begegnungsmöglichkeiten sucht, bei denen die Verpflichtung ausgespart bleibt. Das ist ihr aber nicht bewußt. Auf der Ebene des Bewußtseins will sie den heiraten und glücklich .. - was weiß ich - aber unbewußt hat sie sich den ja herausgesucht, weil er verheiratet ist und sie ihn nicht heiraten kann. Ich habe es Ihnen ja schon einmal gesagt, die Geschichte mit dem fünfzehnjährigen Mädchen, die unterbewußt genau weiß, daß sie eigentlich sich noch nicht festlegen kann, aber einen Begegnungstrieb hat sie trotzdem. Was tut sie ? Sie verliebt sich in einen - wie gesagt - der in Madrid wohnt, den sieht sie einmal im Jahr einen Nachmittag. Der Begegnungstrieb ist erfüllt, die schreiben jeden Tag sechs Seiten Briefe, aber es kann ja noch nichts passieren, sie braucht sich noch nicht festlegen, - oder sie verliebt sich in einen Verheirateten oder in einen Pfarrer oder in den Lehrer oder irgendeinen ..

K: Oder in einen Sechzigjährigen.

A: Auch, oder in irgendeinen, wo sie sich nicht festlegen braucht, und so ist es bei der. Dem habe ich also gesagt: "na gut, Sie können sich natürlich mit den und den Terminen scheiden lassen, da kriegen wir schon gute Termine her, da läuft das schön, kein Problem, und dann können Sie die Andere heiraten, aber - habe ich ihm gesagt - wenn Sie die Andere heiraten, das ist für Sie nur eine temporäre Entwicklungshilfe, aus der Bedingtheit Ihrer Ehe, die mit der Bedingtheit der neuen Ehe gleichzeitig hinwegfällt", - ich habe es ihm erklärt, die Bindungslosigkeit, wie das ist und habe dann zu ihm gesagt: "Sie müssen dann natürlich damit rechnen, daß in dem Augenblick, wo die bei Ihnen ist, sie rausmutiert, dann will sie schon wieder weg und sucht sich wiederum einen Freund, wiewohl sie mit Ihnen verheiratet ist, weil sie als Bindungslose ein Gegengewicht gegen die Ehe braucht." Dann habe ich zu ihm gesagt: "Sie können natürlich jetzt handeln, wie Sie wollen, - wollen Sie einen Termin für die Scheidung oder wollen Sie ihn nicht". Er hat gesagt, er will es sich bis nächsten Dienstag überlegen. - Verstehen Sie, ich kann doch dem Mann das Eigenhandeln, das ja ein Verdienst ist, nicht abnehmen. Denn sonst ist das, was er getan hat, nicht aus ihm selbst gekommen und quasi unerlebt.

K: Aber die Rechnung ist dann immer noch auf.

A: Die Rechnung ist offen hier. Er ist ein Krebs-Ascendent und kann es nicht aushalten, zwischen zwei zu leben, das schafft er nicht, weil er sich identifizieren möchte.

K: Er wird vorher weggehen.

A: Ja, ja. - Gut, dann machen wir eine Pause. - Wieviel Uhr ist es überhaupt ?

K: Fünf nach halb zehn.

A: Machen wir eine Pause, dringend.

P A U S E

A: Was sagen Sie dazu ?

K: Die Anlage und die Verwirklichung fallen praktisch in die gleiche Richtung, schlagen in die gleiche Kerbe.

A: Die Veranlagung und die Verwirklichung schlagen in die gleiche Kerbe. Okay, was ist das für eine Kerbe ?

K: Die Aufhebung der Polarität.

A: Aufhebung der Polarität, damit in der Folge von Unterschieden, denn die brechen dann zusammen.

K: Unterschieden, ja.

A: Das heißt ?

K: Auflösung der Beziehung zum Du im fünften, Liebe, Ehe und so weiter - in der Ehe kommt es nicht zu einem harmonischen Eheleben, das ist hier keineswegs der Fall.

A: Was ist denn das Problem, ich möchte ja nicht wissen, wozu es jetzt kommt oder nicht kommt. Ich möchte wissen ..

K: Um das Überpersönliche.

A: Das ist eine überpersönliche Kerbe, richtig. Das ist nämlich das Entscheidende. Wenn Sie nach den Formen gehen, nur nach den Formen und die dann anwenden - das ist also eine überpersönliche Kerbe, es geht um die Erfahrung dessen, was wirklich ist. Gut, was ist denn noch enthalten in dieser Aussage, was ist denn die Folge ?

K: Das Sicherungsprinzip mit dem Stier muß doch betroffen sein.

A: Aber in welcher Richtung sichern ? Was will er sich denn sichern, wo steht denn der Herrscher vom Stier ?

K: In zehn.

A: Also gut, was will er also sichern ?

K: Seine Idee.

A: Nein, seine Bedeutung. Es gibt Menschen, die sind fromm, aus reinem Erhaltungstrieb, weil sie nach dem Leben noch ein Leben oder noch ein Leben wollen oder so. Man weiß ja nie.

K: Er hat Schwierigkeiten zu handeln, durch dieses Entsubjektivieren bekommt er dann Schwierigkeiten mit dem Neptun in Haus fünf, Schwierigkeiten im Sichverausgaben.

A: Das möchte ich noch genauer wissen. Denn in der Formel haben Sie die Antwort.

K: Die Bedeutung liegt im Handeln, im zweiten Quadranten.

K: .. funktionell.

A: .. nicht im Funktionellen, nicht im Mechanischen, sondern im ausdrucksmäßigen Handeln. Also im Ausdruck.

K: In der seelischen Verausgabung.

A: Und wie liegt sie da ?

K: Sie liegt in ihm und nicht außerhalb von ihm.

A: Wie liegt sie da ?

K: Ja grad das Gegenteil, nämlich das Verflüchtigen.

A: Das Verflüchtigen wovon ?

K: Das Auflösen des Handelns.

A: Das Auflösen des Handelns, darin liegt die Bedeutung.

K: Kann man auch sagen: die Auflösung des Lebenstriebs ?

A: Ja, das ist in diesem Fall zusammengehörig. Ist das klar ? Das ist das Ergebnis der Verwirklichung aller Anlagen.

K: Und das ist auch die Bedeutung, gleichzeitig ?

A: Gleichzeitig die Bedeutung.

K: Weil der Herr von fünf in zehn steht ?

K: Das kann sogar logisch sein, denn im Moment, - sagen wir einmal - ein elftes Haus bezieht ja keine Stellung, sondern im Gegenteil, es entpolarisiert, es will Gegensätze aufheben. Und in dem Moment, wo es Gegensätze aufhebt, kanns' keine Stellung beziehen, die zweifelsohne für die Verwirklichung in fünf notwendig ist.

A: Sicher ist das logisch. Im übrigen ist der Herrscher von fünf in zehn nur eine Verstärkung eines Umstandes, der entscheidend ist: der Neptun als Herrscher von zehn in fünf. So, und jetzt kommen wir zu der nächsten Frage: was holt sich also das Schicksal ? - Nein, falsch gesagt: diese Anlagen, bei dem Buben, die wollen sich doch ..

K: .. verwirklichen.

A: Ja. Was holen sie sich also als Stoff, um sich verwirklichen zu können ?

K: Etwas, was polar ist.

K: Eine Erleidensform für das Subjektive.

A: Eine Erleidensform, welche ?

K: Daß er nicht mehr handeln kann.

A: Eine Erleidensform, daß er nicht mehr handeln kann. Ist das klar ? Der Bub ist so schwer herzkrank, daß er nicht handeln kann. Verstehen Sie, daß die Anlagen hier in Situationen getrieben haben, in Erleidensformen - wie Sie sagen - wo sie zu ihrer vollen Verwirklichung kommen. Das ist die Verzauberung, die er hat und über den Erleidensweg kommt er zu der Erlösung seiner Verzauberung. Und jetzt kommen wir nämlich zu dem Punkt, er hat ja was von dem Herzfehler, nämlich die Verwirklichung seiner Anlagen, das Erreichen seiner Wirklichkeit. Er hat möglicherweise nicht das, daß er bei einem hundert-Meter-Lauf der erste ist, und er hat auch nicht das, daß er Boß in der Schule oder in der Klasse ist, das hat er alles nicht, aber etwas anderes hat er, nämlich alles das, was man im vierten Quadranten hat: er kann trennen zwischen dem, was subjektiv und wirklich ist, er erfährt und lebt die Wahrheit des Himmels. So, und jetzt überlegen Sie sich einmal das nächste Problem: jetzt kommt ein Arzt, ein Naturwissenschaftler, der sagt "den heilen wir". Ist das klar, was das für eine Anmaßung von dem Arzt ist ?

K: Ja.

A: Dann brauchen wir da nicht mehr darüber weiterreden, dann zeichne ich die anderen Planeten 'rein .. - bitte ?

K: .. (unverständlich).

A: Das ist die Anmaßung des Fortschritts, die nicht überlegt und meint, die Objekte und die Dinge seien dazu da, daß man sie dem eigenen Fortschritt - oder Glaubensbedürfnis, oder der Eigenbestätigung zum Opfer wirft, zum Fraß wift, die sind nicht viel besser als die Götter früher, die irgendwelche Lebendigen gefressen haben, die heutigen Götter, vom heutigen Denksystem, die fressen auch lebendige Menschen, bloß die merken es noch nicht einmal.

K: Darf ich einmal was dazu sagen ?

A: Ja.

K: Wenn man also in einer solchen Situation zum Arzt geht und sagt: "Helfen Sie mir bitte, ich bin herzkrank, geben Sie mir Mittel", ..

A: Ich rede jetzt nicht davon, daß der zum Arzt geht und sagt: "Ich möchte jetzt Tröpferl haben". Ich rede jetzt von dem Arzt, der ihn operiert und der sagt: "den kriegen wir ganz gesund hin". Da ist doch die Frage, was der unter Gesundheit versteht. Ich habe es zwar drastisch formuliert, überdrastisch, das kennen Sie ja von mir. Aber das Problem ist doch das, - ich muß immer, bevor ich handle, erst prüfen: was will die Anlage. Ich habe es Ihnen schon einmal erzählt: heute ist die Medizin stolz darauf, daß die Sterblichkeitsziffer der Säuglinge so eminent herabgesetzt wurde, aber sie kümmern sich nicht darum, was mit denen schicksalsmäßig los ist, wenn sie erwachsen sind, da kümmert sich der, der den gerettet hat - in Anführungszeichen - nicht darum.

K: Wie ist das, finden Sie den anderen Weg besser ? - Nicht, daß ich das jetzt angreife, was Sie sagen, aber der andere Weg war, daß zwei Drittel aller Kinder im Kindbett schon starben, oder im ersten, zweiten Lebensjahr.

A: Jetzt sage ich Ihnen folgendes Beispiel: es ist dasselbe, wenn ich Obst spritze, damit die Insekten nicht hinkommen. Das sind Eingriffe in die Bewegung der Natur und diese Bewegungen sind sinnvoll und ich darf dann schon gar nicht eingreifen, wenn ich den Sinn nicht verstehe. Die Kinder unterliegen noch nicht der bewußten Führung oder Leitung seitens eines bewußten eigenständigen Wissens oder Bewußtseins, weil die Kinder noch zu klein sind. Die Kinder treten an mit Mars-Saturn am Ascendenten zum Beispiel. Sie würden unter normalen Umständen sterben. Und das Problem ist doch das, daß dieses Kind, das gerettet ist, das ganze Leben mit dem Mars-Saturn auskommen muß. Die Lebensunfähigkeit hat sich ja somatisch schon zu Beginn des Lebens ausgedrückt. Ich hab' eine Beratungspraxis, ich weiß, was es heißt, so eine Konstellation zu leben. Der Gerettete wird zum Unglück gezwungen. Ich will hier nicht sagen, das muß man so oder so machen, ich will nur darauf hinweisen, daß es so einfach, wie man es sich in der Medizin macht, es nicht ist.

K: Wahrscheinlich sollte man, wie so meistens, einen Kompromiß finden, eine Mitte. Die wird heute überzogen, die Mitte, und damals wurde sie unterzogen.

K: Damals hat man es unterlassen und heute übertreibt man.

K: Das geht sogar noch weiter, denn die Athener oder die Spartaner, die haben sogar die Kinder, die verkrüppelt waren, die Klippen heruntergeworfen.

A: Das ist etwas anderes. Da muß man sagen, daß die verkrüppelten Kinder ihnen unangenehm waren, weil sie sie auf eine Wirklichkeit hingewiesen haben, die sie nicht sehen wollten, und dann haben sie das, was sie nicht sehen wollten, einfach 'rausgeworfen. Das ist natürlich ..

K: Wer sagt denn auch, daß das Kind, das da so verkrüppelt ist, nicht als geistige Größe ..

A: Sie reden jetzt vom kranken Fuß. Ich habe nicht vom kranken Fuß geredet, sondern von der Gesamtkonstitution, von der Wirklichkeit eines Menschen und dem Sinn des Leidens.

K: Aber nur um auf die Krüppel einzugehen.

A: Schauen Sie, bei den Griechen bestand ja folgendes: das ist ja auch noch - da gibt es so einen russischen Schriftsteller Lesco, oder Chesco oder so ähnlich ..

K: Lesco, den anderen gibt es gar nicht.

A: Die sind beide russisch, ja, Tschechow heißt der. Das ist ja auch unwichtig. Wichtig ist nur, daß der beschrieben hat, daß da ein verkrüppeltes Kind, ein presthaftes, wie das so geheißen hat, geboren wurde und man hat in der ganzen Gegend schon gemunkelt, was wohl mit den Eltern alles nicht in Ordnung sei. Verstehen Sie, - deshalb haben sie es ausgesetzt, weil die Griechen auch der Meinung waren, daß von den Göttern eine Strafe ausgeschickt ist, und das will man nicht sehen.

K: Wenn ein Mensch mit so einer Konstellation zwanzig Jahre lebt und dann wird ihm vielleicht geholfen, aber diese zwanzig Jahre hat er ja anders gelebt als ein normaler Mensch.

A: Dann dürfte es bei der Operation alleine nicht bleiben, denn er hat dann zwanzig Jahre seines Lebens die entsprechenden Konstellationen durch die Krankheit abgedeckt, mit der Operation werden die Konstellationen frei und er kann mit den Inhalten dieser Konstellationen nicht umgehen. Die Gefahr ist also außergewöhnlich groß, daß er dann scheitert. - Ja gut, jetzt zeichnen wir die anderen Planeten 'rein, dann werden Sie sehen, wie sich das verdichtet.

K: Der Mars zeigt aber schon viel mehr an. Der dirigiert die Venus und steht jetzt Spitze zwölf, und jetzt wird das Schicksal viel klarer.

A: Bei uns dirigiert der Mars nicht die Venus, sondern die Venus wird bei uns vom Fisch beherrscht und das heißt, die Venus kann nur so, wie es der Neptun zuläßt. Das heißt, sie kann sich nur auswirken in der ideellen Seite ihrer Möglichkeiten.

K: Aber in einem marsischen Zeichen steht sie doch.

A: Sie ist vielleicht davon gefärbt, aber beherrscht wird sie vom Neptun.

Wenn Sie jetzt die Kleider an die Struktur hinhängen, jetzt passen sie. Wenn Sie vorhin schon alle Planeten im Geburtsbild gehabt hätten, dann würden Sie die Struktur nicht so klar erkannt haben, und dann würden Sie jetzt auch nicht sehen, wie schön der Mars paßt, weil Sie ja nicht gewußt hätten, in welcher Richtung es strukturell geht. Das macht dann Spaß, wenn man die anderen Planeten dann daran aufhängt. Weils' so deutlich wird.

Hier möchte ich noch eines dazusagen: hier liegt durch den Erleidensweg eine Erfüllung der Anlagen da. Diese Anlagen leben eben dort, wo sie im Leben vielleicht nicht so sichtbar sind, aber der Betreffende hat durch seine Erleidensform die Chance, vollständig zu werden in seiner Wirklichkeit und damit glücklich, viel glücklicher unter Umständen, als einer, der einen zehntausend-Meter-Lauf bei den Olympischen Spielen gewinnt, weil er da nicht behindert ist. Man kann da zwar keine Maßstäbe setzen, indem man sagt, das Schicksal meint es mit dem gut, oder meint es mit dem schlecht, - das ist dasselbe wie mit den hübschen und den häßlichen Mädchen. Die hübschen Mädchen, die gehen meistens völlig verkehrte Ehen ein. Die häßlichen Mädchen, die haben meistens glückliche Ehen, - das müssen Sie einmal richtig sehen.

K: Ich kenne überhaupt keine glückliche Ehe.

A: Oh ja, ich kenne zwei.

K: Das Ziel einer Begegnung ist an sich immer eine Opposition, das darf man nicht vergessen.

A: Wies' halt ist - machen wir für heute Schluß.

VIERUNDDREIßIGSTER ABEND

26. JULI 1972

A: Vorher sind zwei Punkte anzusprechen. Es ist gesagt worden, man solle sich abstimmen wegen des Urlaubs, man sollte vier Wochen Pause machen.

K: Ach wo, schon wieder, warum denn ?

A: Vielleicht sind wir dann frischer.

K: Wollen wir abstimmen ?

A: Abstimmen. - Es ist halt folgendes: ich persönlich will natürlich auch irgendwann einmal zehn, vierzehn Tage wegfahren.

K: Dann machen wir doch da eine Pause.

A: Ich weiß aber noch nicht, wann es mir möglich wird.

K: Aber wir haben doch alle Apparate, und dann können doch die, die in Urlaub waren, die Bänder abhören und überspielen, ..

A: Richtig, - das zweite ist folgendes: ich habe ja am Anfang vom Kurs schon gesagt, "also gut, wir können Tonbandapparate aufstellen, können hier alles vollstellen, so lange BBC nicht draufsteht". Nur eines hätte ich natürlich nicht gern, daß diese Bänder des Kurses anderen berufsmäßigen ..

K: Nein, natürlich nicht.

A: .. tätigen Astrologen zur Einsicht bzw. zum Überhören geliefert werden, denn .. ist schon klar ?

K: Das ist selbstverständlich.

K: Wir werden das als wahres Geheimnis wahren.

A: Weil ich möchte ja schließlich nicht ..

K: Wir lassen uns doch da nicht in die Karten sehen.

A: Gut, jetzt möchte ich fragen: wer war denn am letzten Abend nicht da ? Es waren doch mehrere ? - Jawohl. Dann würde ich doch folgendes vorschlagen: wir haben hier ein Geburtsbild, und um die Einzelaktivität ein bißchen zu fördern und auch mal die zu Wort kommen zu lassen, die normalerweise weniger sagen, die würde ich doch einmal fragen, "was würden Sie sagen zu dieser männlichen Geburt". Was ist bei diesem Geburtsbild prinzipiell.

K: Der Uranus.

A: Der Uranus am Ascendenten sticht Ihnen ins Auge, und was sagt der ? Na gut, wenn wir uns in der Populärastrologie bewegen würden, - was wir ja nicht tun - würden wir als erstes feststellen: das ist ein sehr unruhiger Mensch. Jeder Populärastrologe würde aufgrund dieses Uranus am Ascendenten sagen, daß das ein sehr unruhiger, wepsiger Mensch ist. - Stimmt das in diesem Falle ?

K: Nein.

A: Warum ist der nicht wepsig ?

K: Weil er keine organischen Bezugspunkte hat.

K: Könnten Sie da hinten nicht ruhig sein, bitte ..

A: Warum kann er organisch nicht ? Ich möchte es ja konstellationsmäßig begründet sehen.

K: Herr Döbereiner, darf ich jetzt doch auf Ihren Aufruf von vorhin eingehen, ich war das letzte Mal nicht da, ich habe mich nur vorhin ganz kurz informiert, was für ein Horoskop an der Tafel ist. Da wurde mir gesagt, "das ist ein herzkranker Mensch".

A: Ja.

K: Und dann war also meine Reaktion die, daß ich gesagt habe: "das weiß ich nicht, warum der herzkrank ist". - Der Löwe beherrscht das zweite Haus und der Herrscher vom Löwen, die Sonne, steht im Stier, und da habe ich nichts anfangen können damit. Ich könnte hier nicht herausfinden, warum ..

A: .. der Betreffende herzkrank ist. Nun muß ich sagen, daß der herzkrank ist, ist für den zwar wesentlich, aber doch nicht das Wesentlichste, sondern - wir wollen ja das Pferd nicht von hinten aufzäumen. Die Frage, welcher Funktionalität oder welcher Funktionsbehinderung sich die Anlage bedient, um zu ihrer Verwirklichung zu kommen, ob das nun ein Herz-, ein Leber-, ein Galle-, oder ein Fuß-, oder ein Kopfleiden ist, spielt primär für unsere Art der Deutung keine Rolle. Wir wollen hier nur wissen: was steht hinter der funktionellen Art der Behinderung für eine Verwirklichung, was für einen Grund hat das, daß der überhaupt darauf angewiesen ist, zu seiner Verwirklichung in irgendeiner Weise körperlich behindert sein zu müssen. Es geht hier um die Frage der Alternative. Ist der nicht krank, hat er möglicherweise nicht die Chance, seine Anlage so zu erfüllen, wie sie in ihm baukastenmäßig enthalten ist, - darum geht die Frage. Nun kann ich Sie aber beruhigen, denn die Antwort auf diese Frage zeigt uns auch die Art der Behinderung. Die Herzbetroffenheit geht immer, entweder vom Löwen bzw. der Sonne, oder aber vom Herrscher des fünften Hauses aus, hier als Mitherrscher des fünften Hauses der Skorpion. Nun haben Sie hier den Fall, daß dieser Mitherrscher des fünften Hauses, der Pluto, in drei steht und nun ausgerechnet ein Quadrat zur Sonne als Herrscher von zwei hat, sodaß in der Funktionalität durchaus ein Hinweis auf eine Herzerkrankung deutlich wird. Es gibt aber noch zwei weitere Hinweise: Saturn hat vom fünften Hause aus ein Quadrat zum Uranus am Ascendenten, also wiederum in den ersten Quadranten gehend. Bei Saturn-Uranus ergibt sich fast ausnahmslos ein sogenannter Septumsdefekt, also die Herzscheidewand hat sozusagen ein Loch, was sich in der Regel in den ersten Jahren des Lebens wieder von selbst behebt. Hier mag das nicht der Fall gewesen sein wegen der Schwere der Lage der Konstellation. Und dann gibt es sogar noch einen dritten Hinweis, das Neptun-Uranus-Quadrat wieder direkt auf den Ascendenten, das auf pectanginöse Beschwerden hinweist. Sie sehen also, wenn wir wollen, können wir schon.

K: Aber wenn jetzt der Neuling nach Ihrem Grobsystem vorginge - jetzt nicht, weil ich das nicht kenne - dann müßte ich sagen: Ascendent ist ein uranisches Gefühl ..

A: Und was ist ein uranisches Gefühl ?

K: Das verwirklicht sich im elften Haus im Rahmen des Stiers.

A: Ich muß schwere Rügen austeilen, und zwar aus folgendem Grund - nicht wegen - ich rüge niemals Irrtümer, weil Irrtümer gehören zum Leben, das wäre also töricht, sondern ich rüge immer Verfahrensfragen. Verfahrensfragen muß ich insofern rügen, als Sie etwas benennen und die Begründung in der Benennung suchen. Sie sagen also "er hat ein uranisches Lebensgefühl", anstatt daß Sie dieses Zeichen in die Sprache übersetzen, nennen Sie die Formel und gehen nun davon aus, daß sich jeder irgendetwas vage unter dem "uranischen Gefühl" vorstellen könnte. Sie sagen dazu, daß er das "im elften Haus tut", das "uranische Lebensgefühl umsetzen", - das ist astrologisches Rotwelsch. Daß das das elfte Haus ist, ist klar, aber diese Art von Geheimsprache macht nicht klar, was der im elften Haus tut. Wir wollen artikulieren, so, daß wir immer und jederzeit, ohne uns esoterisch untereinander verstehen zu müssen, verstanden werden können. Ich meine, Sie sind jetzt neu bei uns, und das merkt man.

K: Ja, und da ist bei mir eben Bahnhof, das gebe ich ehrlich zu.

A: Nächste Vorschläge, Korrekturvorschläge, Unterhaltung, Diskussion, - nichts, gar nichts ? (Ein Kursteilnehmer kommt verspätet) - Waren Sie letzten Abend da ?

K: Ja.

A: Wir sind grade vor dem Problem, daß ich keine Stimme zu diesem Horoskop höre. Wir haben vier Mitglieder des Kurses, die letzten Abend nicht da waren und ich will sozusagen in Gesamtheit revidieren. Und wir haben soeben gehört, daß man in der Vulgärastrologie oder sagen wir lieber einmal: der Populär-Astrologie sagen würde, mit dem Uranus am Ascendenten ist dieses ein unruhiger Mensch. Was würden Sie dazu sagen ? Was würden Sie zu dem sagen, was da so eben gebracht wurde, daß der also ein uranisches Gefühl im elften Haus auslebt ? Keine Reaktion, keine Antwort ? Nichts ? - Jawohl.

K: Herr Junghans hatte damals gesagt, und das ist gar nicht so schlecht, das wäre eigentlich ein Wassermann-Typ, weil er

eben den Uranus am Ascendenten hat und das erste Haus auch noch den Herrscher im elften Haus hat.

A: Er ist also, im Prinzip, obwohl er nichts im Zeichen Wasser-Mann hat, doch als Gesamttypus des Wassermann anzusehen, weil er den Planeten vom elften Zeichen am Ascendenten hat, den Uranus, der zum Wassermann gehört, zweitens, weil er in der elften Entwicklungsphase, nämlich im elften Haus, das ja auch die Wassermann-Phase ist, analog, die Sonne und auch noch den Herrscher von eins stehen hat. Wie ist er denn dann, wenn er als Gesamttypus ein Wassermann-Typus ist ?

K: Ich finde, das kann sich aber doch gar nicht so auswirken.

A: Wieso nicht ?

K: Durch den Krebs.

A: Durch den Krebs ?

K: Und den Mond.

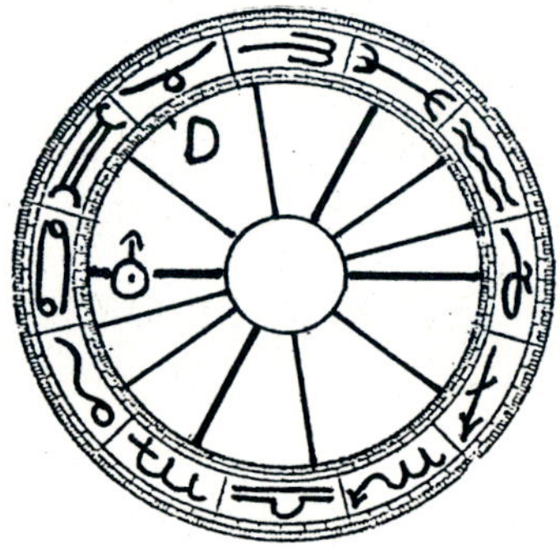

A: Den Mond ? - Also wir haben eine Gegenstimme. Die sagt, mit dem Wassermann wäre es nicht so toll, weil immerhin der Ascendent doch im Krebs ist und weil eben der Uranus nur so kann, wie es der Mond zuläßt.

K: Aber der steht ja im elften Haus.

K: Vielleicht ist das anders, weil die Sonne im elften Haus steht und die Verwirklicherin ist, die ist ja stärker als der Mond.

A: Woher wissen Sie das, daß die Sonne stärker ist als der Mond ?

K: Die verwirklicht ja das alles, und das ist auf einer überpersönlichen Ebene.

K: Die kann aber nur verwirklichen, was in der Anlage ist.

A: Das ist jetzt interessant - bitte ?

K: Der Ascendent ist aber wichtiger.

A: Für wen ? - Gut, machen wir eine Abstimmung: für wen ist der Ascendent wichtiger und für wen ist die Sonne wichtiger ?

K: Es sind beide wichtig.

K: Die Sonne kann nur so verwirklichen, wie es die Anlage zuläßt, also ist sie vom Mond abhängig.

A: Das ist an sich die richtige Antwort, - man könnte da sogar einen Test daraus machen, wem die Sonne und wem der Ascendent wichtiger ist. Da könnte man nämlich darauf schließen, bei wem die Anlage oder bei wem die Verwirklichung stärker ist. Es ist nämlich so: die Anlage ist genau so wichtig wie der Weg, den sie braucht.

K: Aber die Verwirklichung ist doch das Bewußte, und das andere das Unbewußte.

A: Nur am Anfang des Lebens. Die Verwirklichung ist der Versuch, möglichst in Totalität die Anlage ins Bewußtsein oder in die Erfahrung zu bekommen. Die Anlage ist also sozusagen in schlummerndem Zustand und wird auf diesem Weg der Verwirklichung sozusagen herausgetrieben. Und da brauchen Sie ja, wenn Sie etwas bewußt machen wollen, etwas, was unbewußt ist, sonst schaufeln Sie und schaufeln Sie und es kommt nichts. - Gut, was kriege ich noch für Stimmen dazu ? Ich möchte versuchen, eine kontinuierliche Deutung von Ihnen zu bekommen.

K: Nachdem der Herr von elf, der die Sonne und den Mond beherrscht, in zwölf steht, liegt die ganze Herausgehobenheit in der Zurückziehung oder Loslösung von der Abhängigkeit der Umwelt.

A: Das stimmt schon, aber wenn man nur das Grobsystem berücksichtigt, da ist ja der Mars gar nicht enthalten.

K: Wir haben es ja gerade gemacht wie die Venus, und zwar haben wir gesagt, ..

K: .. Neptun im fünften Haus.

K: Jawohl, Neptum im fünften Haus. Wir kommen nämlich über die Venus zum Neptun, indem wir sagen, die Venus, die mitbeherrscht das elfte Haus, steht im zehnten Haus. An der Spitze des zehnten Hauses steht der Fisch, und der Fisch wirkt allein schon wie ein zwölftes Haus, und der Fisch wiederum beherrscht mit dem Neptun, der an der Spitze des fünften Hauses steht, das fünfte Haus.

A: Jetzt haben Sie sich mit der Machete einen langen Weg gebahnt, den können Sie kürzer haben. Sie können nämlich schlicht und einfach sagen - wenn Sie sich nicht klar sind, wir haben ja hier drei gegebene Punkte: die Sache - die Durchführung der Sache - das Ergebnis. Und wenn Sie sich also über die Sache selber nicht klar sind, oder über die Durchführung der Sache nicht klar sind, oder über das Verhältnis der Sache im Verhältnis zur Durchführung, die Geeignetheit der Durchführung gegenüber der Sache, - wenn Sie sich darüber nicht im klaren sind, können Sie ja unter Umständen vom dritten Punkt aus anfangen, nämlich vom Ergebnis. Und dann können Sie sagen: Herrscher von zehn ist Fisch und der Neptun ist gleich Auflösung von Abhängigkeit, von Vordergründigen, der steht im fünften Haus, also Auflösung der Abhängigkeit von der Subjektivität. Das heißt, die subjektiven Grenzen werden aufgehoben zugunsten der Erfahrung einer außersubjektiven Wahrheit. Darin liegt zwar noch keine Krankheit, aber zumindest eines liegt darin: die Lösung von der Abhängigkeit des Trieblebens, damit natürlich auch die Hemmung des Lebenstriebes. Und wenn Sie dann noch sehen, daß dieser Neptun von Saturn und von Uranus beschattet ist, auf den Ascendenten hin, dann wissen Sie, daß die Hemmung sicher körperlicher oder organischer Mittel bedient.

K: Was würden Sie jetzt sagen, was der geistig - sagen wir einmal - verwirklicht, oder was der bringt, was her hervorbringt oder schreibt, - was tut der ? Wie sieht das in Wirklichkeit aus ?

A: Ja bitte schön, die Frage ist weitergegeben.

K: Was macht da der Saturn bei dem Neptun ?

K: Stabilisiert der nicht den Neptun ?

A: Der hilft dem Neptum beim Lösen von der Abhängigkeit der Subjektivität.

K: Und warum stabilisiert er den Neptun nicht ?

A: Das kann er nicht, weil der Neptun, der ist nie zu stabilisieren, der Neptun - schauen Sie, Sie können einer Flüssigkeit nicht dadurch gerecht werden, daß Sie sie in ein Gefäß tun. Wie soll ich das ausdrücken ? - Sie kommen dem Wesen der Flüssigkeit nicht dadurch näher, daß Sie es in ein Gefäß tun, wobei das Gefäß der Saturn sein soll. Sie können eine Sache, deren Wesen die Unbegrenztheit ist, nicht dadurch ..

K: .. verändern ..

A: .. oder auflösen, indem Sie sie einfach irgendwo begrenzen. Das ist undenkbar. Der Neptun läßt sich niemals begrenzen.

K: Aber im Gefäß läuft es nicht weg.

A: Wer ? - Das Wasser ? - Ach so, - im Gefäß ist es davon abgehalten, die volle Wirklichkeit des Wassers zu sein. Na ja, jeder Vergleich hinkt natürlich an einer Ecke. Wenn der Neptun auflöst, was tut er denn dann ? Denken Sie sich einmal den Neptun weg und nehmen Sie einmal an, Sie hätten nur den Saturn im fünften Haus, was würde denn da passieren ?

K: Da würde ich auch eine Begrenzung des Trieblebens sehen.

A: Sehen Sie, das genügt ja - denn der Saturn trennt zwischen subjektiv und wirklich, das heißt, er macht dem Subjektiven klar, daß es außer ihm auch noch was anderes gibt, und ich kann mir vorstellen, daß das Subjektive das nicht mag. Also die Begrenzung - dann haben wir eine auflösende Begrenzung, bzw. Behinderung, im fünften Haus, - das würde echt genügen.

K: Weist der Uranus am Ascendenten nicht auf plötzliche Veränderungen hin ?

A: Sie nennen also jetzt beim Uranus die plötzlichen Veränderungen ..

K: Wo kommt das her ?

A: Genau, wo kommts' her ?

K: Es kommt aus dem achten und neunten Haus.

K: Das ist die Einsichtsfähigkeit.

A: Was steht denn vor der plötzlichen Veränderung ? Vor der plötzlichen Veränderung - ob sie nun selber durchgeführt wird, oder ob sie an einem selber durchgeführt wird, steht ja die Bereitschaft zu einer plötzlichen Veränderung. Das heißt, sicher ist es so, daß der Betreffende aus der Gesamtsituation ständig ausbrechen möchte, wo immer er sich auch befindet. Daß der Betreffende aus diesem Grunde auch dazu neigt, jede sich bietende Gelegenheit zu nutzen, um aus der jeweiligen Begrenzungs- oder Abhängigkeitssituation auszusteigen. Wer die Wahrheit erfährt, der möchte 'raus aus dem I. Quadranten.

K: Anknüpfend an diesen Einwurf von Herrn Gärtl, daß es aus dem neunten Haus kommt, könnte man sich doch ganz gut vorstellen, eben weil er behindert ist, halt in philosophischen oder ähnlichen Gebieten dann versucht, auszubrechen ..

A: .. neue Ideen sucht.

K: Ja, und über die Anderen hinwegsehen kann.

A: Das ist richtig. Das "sich über Andere hinwegzuheben", das ist natürlich ein bißchen mit enthalten. Und zum zweiten kann man durchaus sagen, daß er diese Lösung von der Abhängigkeit des Subjektiven über das Denkerische erreichen wird, aber niemals über das Künstlerische oder Schöpferische im Sinne eines direkten Gestaltens. Sind wir uns so weit einig ?

K: Könnten wir den Ascendenten, die Anlage mal mit den Formeln deuten, das würde ich gern einmal hören.

A: Das ist schon schön: das haben wir letztens den ganzen Abend gemacht - wer kann es wiederholen ?

Ich sehe ein, man sollte nicht an einem Abend ein Geburtsbild aufwärmen, das man am Abend vorher gehabt hat, sondern man sollte da also etwas mehr Spielraum, etwas mehr Zeit dazwischen lassen.

Was macht denn der Pluto im dritten Haus ?

K: Das würde doch auch wieder auf einen Herzschaden hinweisen.

A: Gut, das würde auf einen Herzschaden hindeuten, aber worauf würde es denn in allererster Linie hindeuten ?

K: Das fünfte Haus mit dem dritten, das ist die Funktion und der Trieb - der Trieb äußert sich im Funktionalen.

A: Richtig, und in welchem Dienst steht das Funktionale ?

K: Der ist von der Sonne beherrscht, also im Dienste des elften Hauses, also entpolarisieren, mit Betonung auf ..

K: .. auf fünf.

A: Nein, - dort, wo er steht.

K: Ach so, als Herrscher von fünf in drei.

A: Was würden Sie schlußfolgern ?

K: Daß das sich vielleicht homosexuell auswirkt ..

A: Das ist ein bißchen arg weit hergeholt - nein, etwas ganz Entscheidendes.

K: Aufhebung der Dualität.

A: Gut, gehen wir ganz langsam vor: das dritte Haus ist was ? Die eigene Funktion nach außen. Wenn ein Planet im dritten Haus steht, dann heißt das ..

K: .. daß er die Funktion bestimmt.

A: Wir haben zwölf Entwicklungsphasen - jede der Entwicklungsphasen weist uns auf etwas anderes hin. Und wenn in einer Entwicklungsphase, wie z.B. der Funktion, ein Planet steht, was heißt das ? Daß diese Entwicklungsphase ..

K: .. derartig betont ist ..

A: .. betont ist, und zwar in der Art, wie der Planet es anzeigt. Infolgedessen legt er, obwohl triebmäßig behindert, Wert auf eine hervorgehobene eigene Funktion ins dritte Haus. Die Betonung der Funktion kann aber nur so, wie es der Herrscher zuläßt, was heißt das ?

K: Selbstdarstellung im Sinne der Herausgehobenheit - die geistige Bindung besteht darin, daß er glaubt, daß es für ihn das Beste ist, Polaritäten aufzulösen, sich nicht in den Kampf von Gegensätzen einzulassen, sondern die Erfahrung des Wirklichen darüber hinaus zu suchen.

A: Das ist jetzt sehr edel gedacht für den. Wenn die eigene Funktionalität - und da haben wir in der Tabelle etwas stehen - die Selbstdarstellung - betont ist, im Sinne einer Fixierung auf etwas, nämlich einer Fixierung auf Aufhebung von Unterschieden - des sich Heraushebens aus den Unterschieden, in dem Moment haben Sie doch den Schritt von passiv zu aktiv vollzogen, denn seine Funktion nach außen wird ja betont. Infolgedessen ist das Herausheben nicht im Sinne des Geistigen zunächst zu sehen, sondern durchaus im Rahmen des direkten dritten Hauses, als Kompensation, um irgendeine Macht oder irgend etwas zu zeigen im dritten Haus, daß er was Besonderes auf irgendeinem Gebiet ist - von mir aus: Bobby Fischer - so in dieser Richtung.

K: Das könnte hinhauen, ja.

A: Zumindest in der Richtung bestände eine Gefahr. Verstehen Sie den Unterschied. Ich meine, das mit den Formen ist alles schön und recht, das klingt dann zum Teil sehr edel und das stimmt auch als Hintergrund, aber wenn der Mensch sich selbst hervorheben will, dann muß er eben auf die Zusammenhänge edler Hintergründe zurückgreifen, und dann steht halt ein solcher edler Hintergrund im Dienste der eigenen funktionalen Selbstdarstellung, die dann ganz ohne Zweifel als Ableitung wie als Blitzableiter im Funktionellen in Erscheinung tritt.

K: Kommt das dadurch, daß er nichts im dritten Quadranten hat ?

A: Nein, es liegt nur daran, daß der Herrscher von fünf, der Pluto, direkt in drei steht. Und daß dieser Pluto den Auftrag seines Herrschers, Sonne in elf, dazu mißbraucht, daß er, anstatt entfernt zu sein, mitten in der Welt des Dualen hervorgehoben ist. Zumindest das liegt als Kompensation nahe.

Im Begegnungsquadranten braucht er dabei nichts zu haben, um verbindlich zu werden. Ich habe ja das letzte Mal das Beispiel gebracht von dem Massenmörder, der durchaus verbindlich wird über seine eigene subjektive Situation hinaus und zwar als eine Art - wie nenne ich das - wir haben das letzte Mal darüber gesprochen unter dem Beigeschmack des Makabren - aber man muß so etwas eben ganz abstrakt und hart angehen - wir haben also festgestellt - für diejenigen, die nicht da waren - daß in dem Augenblick, in dem einer die Möglichkeit hat, Mörder zu sein, muß es gleichzeitig jemanden geben, der ermordet werden kann.

Die Geschichte ist also die, daß wir das letzte Mal gesagt haben, daß manche Menschen eine Art Ereigniswunsch unterbewußt haben für irgendeine Richtung, und da ist er dann das Vollzugsorgan. Er ist also dann der Erfüllungsgehilfe des Schicksals eines Anderen - ...

K: Herr Döbereiner, ich habe es vielleicht ein bißchen verkehrt ausgedrückt, ich meine "bedeutend" mit dem "verbindlich werden", - bedeutend für eine breitere Allgemeinheit wird er nicht.

A: Nun mißverstehen Sie das Wort "bedeutend". Der hat eine Wirklichkeit des Menschlichen deutlich gemacht, auch wenn es eine grausige Wirklichkeit ist, die seelisch und geistig wirksam ist, - und dann dürfen Sie ja nicht vergessen, wenn da einer - nehmen wir einmal an - ein Massenmörder hundert oder achtzig Menschen umgebracht hat - so was gibt es ja - ich weiß nicht mehr, wie der geheißen hat ?

K: Hamann.

A: Hamann, ja - Sie dürfen nicht vergessen, er ist ja über seine subjektive Situation hinaus außergewöhnlich bedeutend und zuständig geworden, insgesamt für eine Wirklichkeit des Menschlichen, dann für alle diejenigen, die Angst hatten, für alle diejenigen, die Opferkonstellationen hatten, und auch für alle diejenigen, die sich einen Erlebnisersatz daraus geholt haben, - und selbst wenn Sie heute daran denken ..

K: Das stimmt für den Massenmörder, aber für den da ?

A: Jetzt sind wir wieder bei der Frage "bedeutend" und "berühmt". Nehmen wir einmal als vergleichendes Beispiel - ich weiß nicht, ob es für den zutrifft, aber es ist jetzt ein schönes Bild - nehmen wir einmal den Bobby Fischer als Beispiel für das Herausgehobensein im dritten Haus.

K: Wer ist denn das ?

A: Ach so, - der kämpft jetzt um die Weltmeisterschaft im Schachspielen mit einem Russen, und das wird werbemäßig sehr gut aufgezogen, zur Zeit, und man nennt ihn das Schachgenie, oder so etwas. Und der ist interessanterweise ein Fisch und hat bei der letzten Partie gesagt, er hätte wie ein Fisch gespielt - so hat er sich doch ausgedrückt ? - Bitte ?

K: Bei der ersten, die er verloren hat ..

A: .. hätte er wie ein Fisch gespielt. Versteht man schon, wenn man weiß, daß er ein Fisch ist.

K: Was ist mit diesem ?

A: Ja, wenn Sie also an diesen Bobby Fischer denken - von welcher Frage sind wir denn ausgegangen ?

K: Von der Darstellung nach außen.

A: Von der Darstellung nach außen. - Ob dieser Bobby Fischer nun bedeutend ist, kann ich nicht sagen, aber berühmt ist er sicher, und zwar vermutlich als Musterbeispiel eines demonstrativen Ehrgeizes, d.h., daß er als Leitbild für eine bestimmte Art von Kompensation maßstäblich wird. Ich schließe da nicht aus, daß damit verbunden eine Bedeutung sein kann, aber nicht muß - aber wenn darin auch eine Bedeutung läge, würde sich das darin ausdrücken, daß der Herrscher von zehn möglicherweise als Pluto im siebten Haus etwa stände. Das haben wir ja auch schon einmal gehabt.

K: Das Beispiel Fischer ist tatsächlich sehr schön, im Positiven durch seine Logik und sein faires Schachspiel und im Negativen durch seine Cassius Clay-Methoden.

A: Mhm - was ist Logik ?

K: In Haus sechs.

A: Haus sechs - habe ich gehört ? - Möchte ich nach einem halben Jahr Kurs nicht mehr hören, ins dritte Haus gehört das rein.

Gut - jetzt weiß ich den Jahrgang von dem Horoskop nicht mehr, ich glaube, der ist jetzt neunzehn Jahre, oder so was ? - Hat keiner Ephemeriden da ?

K: Das muß 1953 gewesen sein.

A: Dann ist er jetzt neunzehn Jahre alt - wann ist er denn operiert worden ? Ist das bekannt ?

K: Nein.

A: Ich glaube, der ist mit fünfzehn Jahren einer Herzoperation unterzogen worden.

K: Auslösung Venus.

K: Nein, das ist die Mars-Auslösung.

A: Auf was einigen wir uns ?

K: Die Gesamtzeit ab vierzehn untersteht der Marsherrschaft, und in dem Rahmen löst sich die Venus aus und die kann nur so, wie es der Mars zuläßt.

A: Und die Venus löst ja ihre gesamte Gruppe mit aus, nämlich Quadrat Uranus zum Ascendenten, also eine Änderung und zwar eine übergangslose Änderung im Organischen, zweitens selbstverständlich den dazugehörigen Saturn-Neptun, - und alles im Signum des Marses, also insgesamt in der Zeit ab vierzehn Mars-Uranus, und dann zum Zeitpunkt der Operation ab fünfzehn sozusagen die Venus als eine Mars-Venus, und Saturn-Neptun sozusagen als marsischer Saturn-Neptun.

K: Der Mars steht im zwölften.

A: Ist das klar, daß das Ganze unter der Herrschaft des Mars steht ?

K: In der Auslösung schon.

A: Und der Mars löst sich wann aus, genau ?

K: Mit vierzehn.

K: Oder mit einundzwanzig.

A: In diesem Fall mit beiden.

K: Mit beiden ?

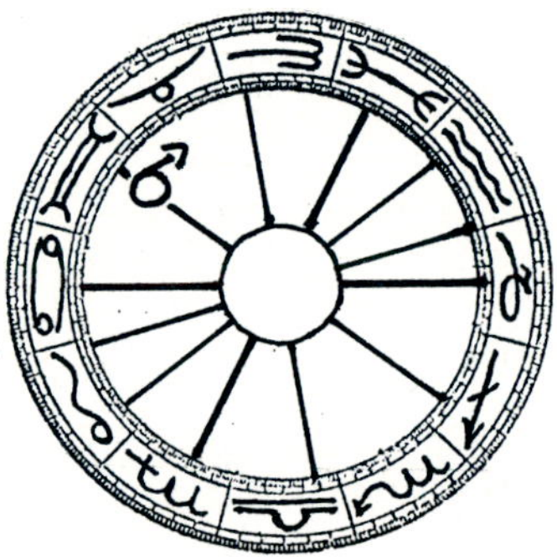

A: Wir haben doch gesagt: die Häuserspitze ist kein Strich, sondern die Häuserspitze ist ein Maximum, die Hausmitte ist ein Minimum, oder auch Schwingungsbauch, - wie Sie es nennen wollen. Das heißt, wenn Sie hier eine Häuserspitze haben und hier wieder eine und hier wieder eine, in Reihenfolge, und wenn hier oben ein Planet vor der Häuserspitze steht, dann ist er im Maximum, und wird mit dem Maximum, am Anfang und am Ende der Periode ausgelöst. Gut, ich würde sagen, es ist jetzt höchste Zeit, daß wir dieses Beispiel jetzt wegtun, denn es wird jetzt allmählich ..

K: .. allmählich interessant.

A: Ja ? - Ja, bitte schön.

K: Darf ich noch eine Frage stellen zu dem Pluto ? - Mit dieser sichtbaren Darstellung nach außen, kann er sich dadurch wichtig fühlen, oder die Krankheit benutzen, um sich - na ja, einmal ganz primitiv gesagt: wichtig zu machen oder Andere für sich einzuspannen ?

A: Dadurch, daß der Pluto aus dem fünften kommt, würde ich es annehmen. - Eine funktionelle Machtauswirkung sozusagen, die nicht im direkten Handeln begründet ist.

K: Sagen Sie es noch einmal ein bißchen - was war das: funktionelle Machtausübung zum Beispiel ?

A: Ja, wenn er so klug ist, daß er diktiert.

K: Aber er diktiert indirekt.

A: Das ist es ja, was ich meine, "ohne selber zu handeln".

K: Eine ganz späte Frage: ist das das Horoskop, was ich Ihnen gegeben habe ?

A: Genau das ist es.

K: Da schäme ich mich - ich dachte, das wäre ein Horoskop, das Sie mitgebracht haben - ich habe es nämlich selbst noch nicht angeschaut gehabt.

A: Ja.

K: Darf ich aber jetzt noch einmal eine spezielle Frage stellen weil das natürlich für mich jetzt eine ganz andere Richtung gibt: wie ist der Stand der Dinge und wohin führt das ? - Ist der immer noch in der Phase, in der er sich loslöst von der Abhängigkeit und Bestätigung der Umwelt ?

A: Genau.

K: Also sehr zurückgezogen und deshalb würde mich also etwas anderes noch interessieren: ob der Zeitpunkt mit fünfzehn Jahren wirklich der Richtige war zur Operation ?

A: Sie meinen also: nicht ?

K: Nein, es ist zu spät erkannt worden. - Diese Art von Operation wird heutzutage normalerweise bei Kindern von sieben bis acht Jahren durchgeführt - als optimaler Zeitpunkt.

A: Mhm, also in dem Augenblick der ersten Auslösung des Mars, quasi.

K: .. hätte es operiert werden müssen. Es ist aber zu spät erkannt worden und dann hat man natürlich den nächstmöglichen Zeitpunkt genommen.

A: Und das war ?

K: Vor vier Jahren.

A: Mit fünfzehn also.

K: Aber das war doch immer noch ein Zeitpunkt, in dem er sich praktisch zurückzieht ?

A: Ja, das war der Entwicklungszeitpunkt des sich Zurückziehens, - ab dem vierzehnten Lebensjahr beginnt der starke Drang, das Wirkliche dem Realen vorzuziehen und damit vom Realen frei zu werden. Das heißt also auf deutsch für einen Buben: nicht überall mitmachen, sich absetzen, - ob er nun krank ist oder nicht - der Drang, sich zu absentieren ist außergewöhnlich stark und will sich verwirklichen. Das ist jetzt ganz unabhängig, welche Funktionalität dahintersteht. Wichtig ist, daß er eine Anlage hat, sich von der Abhängigkeit und vom Allgemeinen zurückzuziehen. Daß er natürlich als Funktionsmittel eine Krankheit dafür hat, durch die er sich zwangsweise zurückzieht, weil er nicht mitschwimmen kann und weil er nicht mitspringen kann und weil er nicht mitraufen kann, weil er - was der Deibel alles - nicht mitmachen kann. Und da sind wir das letzte Mal an das Problem gekommen: was ist denn los, wenn jetzt also ein Arzt kommt und sagt: "das kann man schon so phantastisch operieren", - wenn der schon mit dem achten Lebensjahr oder dem siebten in optimaler Zeit operiert wird - "wir machen den Buben ganz gesund" - was ist denn dann hier los ?

K: Dann verwirklicht der sich nicht.

A: Eben, und dann .. bitte ?

K: Der kann nicht mehr so, wie er sonst könnte - der geht in die falsche Richtung.

A: Wissen Sie, man würde die Operation bezahlen - ich meine, das ist jetzt alles ganz abstrakt und ganz hart gesagt: man würde die Operation bezahlen, und diese Anlagen würden sich dann eine andere Funktionalität holen, um die Möglichkeit, sich zurückzuziehen, sich zu holen. Infolgedessen ist bei diesem Geburtsbild zunächst gar nicht so viel versäumt worden durch die Nicht-Operation. Ist das klar ? Und es ist das letzte Mal sehr richtig gesagt worden: wenn natürlich der Trend der Entwicklung der Anlagen durch die Entwicklungszeit schon so weit geraten ist, daß er automatisch durch den Erleidensweg, den er mitgemacht hat - denn das ist ja ein echter Erleidensweg - verstehen Sie, wir reden ja über eine sehr abstrakte Sache von einem Buben, der ja darunter leidet, ohne zu wissen, warum ? Der nimmt das jetzt als bitteres Geschick hin, das muß Ihnen ja klar sein. Es ist also folgendermaßen, daß er, wenn er später operiert würde, wäre ja der ganze Verhaltensweg an sich schon so eingewiesen, daß also die Funktionalität der Krankheit ohne weiteres wegfallen könnte. - Allerdings, ich hätte dann immer Angst, daß dann eine andere Funktionalität eintritt, nämlich die ständige Bereitschaft für das Unfallsgeschehen - denn der Uranus leitet ja nun die Spannung des Konstellationsdreiecks direkt auf den Ascendenten ab.

K: Ergänzend müßte man ja auch noch sagen, daß eine viertel Stunde früher sein Zwillingsbruder geboren worden ist ..

A: Da muß ein wesentliches Wort jetzt dazu gesagt werden, ein ganz entscheidendes Wort. Zunächst ist also sein Zwillingsbruder eine viertel Stunde früher geboren, nach Angaben. Das ist für uns natürlich eine Fremdangabe, das können zwanzig Minuten sein, es können zehn Minuten sein. Eine viertel Stunde klingt immer so schön abgerundet, aber nehmen wir einmal an, es ist so.

K: Die Mutter sagt deutlich: fünfzehn Minuten.

A: Ja, ich habe viele Mütter erlebt. Eine Mutter hat mir gesagt, sie wüßte es hundertprozentig, also ihr Bub ist beim Zwölfuhrläuten geboren, weil sie die Glocken noch im Ohr hat, und wer würde an einem Mutterwort zweifeln, wenn die die Glocken noch im Ohr hat, - trotzdem hat sich aber laut Standesamt herausgestellt, daß sie die Glocken im Ohr hatte, nachdem es schon eine Stunde später war, also da bin ich sehr vorsichtig, wenn ich Angaben bekomme, da ist eben immer das Beste, man korrigiert sozusagen überprüfend. - Gut, also eine viertel Stunde früher wurde der Zwillingsbruder geboren.

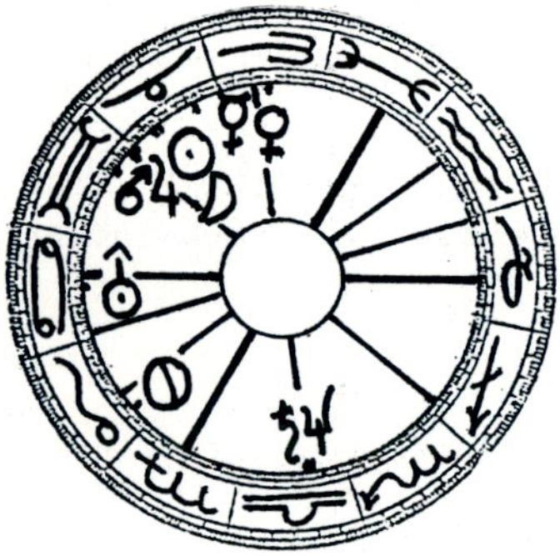

K: Dadurch kommt der Uranus ins erste Haus und nicht mehr direkt an den Ascendenten. Die Venus ist dann auch Spitze elf.

K: Der Jupiter kommt dann auch noch fast an die Spitze zwölf.

A: So, jetzt kommt das Wesentliche - wir sollten vielleicht das nächste oder übernächste Mal, mit einer kleinen Pause dazwischen, uns diese zwei Horoskope noch einmal nebeneinander betrachten, und dann ganz deutlich und ganz klar den Unterschied sehen. Und da möchte ich jetzt schon einiges feststellen: bei Zwillingen, bei eineiigen, ist es so, daß immer einer auf Kosten des Anderen lebt. Das heißt: Sie haben bei Zwillingen immer einen, der sämtliche Krankheiten, sämtliche Schwierigkeiten des Anderen auffängt. Das ist also geradezu erstaunlich, wenn einer mal angefangen hat, der Schwächere zu sein, dann wird er der Ablageplatz für sämtliche passive Erleidensformen, die der Andere dann nicht hat. Ich habe x Beispiele dafür, die in fast archaischer Weise hierfür deutlich sind. - Das hat doch irgendwie was sehr Grausames an sich, - sie haben nur ein Schicksal, nur ein Horoskop und sind zwei Personen.

K: Der Zwilling ist ganz gesund, der Andere ?

A: Der Andere ist ganz gesund, nicht ? - Ja, ja.

K: Und angenommen, man würde beide vom Elternhaus trennen und verschieden aufwachsen lassen ..

A: Dann würde der wahrscheinlich besser gedeihen, wenn er von seinem anderen Zwilling weg wäre.

K: Das hat auch die Mutter ausdrücklich gesagt, daß sie es im nachhinein außerordentlich bedauert, die beiden in einer Klasse ..

A: Wenn man den von zuhause von Anfang an weggetan hätte, wäre es also möglicherweise .. hätte er nicht so viel aufgeladen bekommen. Aber es ist natürlich ohne Zweifel schon vom Geburtsbild her, da ist er der Schwächere von beiden Zwillingen, da ist er derjenige, auf den der Andere - wie gesagt - in archaischer Weise ablädt. Ganz unbewußt geht das und der Andere nimmt schon immer bloß auf.

K: Eine Frage, die mich interessiert: vor drei Jahren wollten sich die Eltern scheiden lassen.

A: Da war er sechzehn.

K: Fünfzehn, sechzehn, so herum, glaube ich.

A: Das ist eigentlich über die Venus ausgelöst der klassische Saturn-Uranus, - an sich überhaupt der Ausgangspunkt für Doppelt- oder Mehrfachgeburten. Das ist eben die Unvereinbarkeit der Eltern, die sich im Kind ausdrückt.

K: Ja, und die Waage ist ja praktisch dann die Analogie zur Bindung.

A: Für jeden ist die Partnerschaft der Eltern im siebten Haus zu finden, zunächst, beim Aufwachsen.

K: Nicht im vierten ?

A: Nicht im vierten, nein, für das Kind sind die Eltern Partner, immer, infolgedessen ist die sinnbildliche Verlängerung von der Mutter die spätere seelische Gemeinschaft, und die sinnbildliche Verlängerung vom Vater die spätere Form der Bedingungen, die Einfügsamkeit in Formen, - das verhält sich also dann so wie Inhalt zu Form, oder wie Reichhaltigkeit zu Maß - ja, dann nehmen wir das Geburtsbild aber jetzt weg, ..

K: Ich habe noch eine Frage, gerade, was Sie jetzt gesagt haben: die Geborgenheit, die das Kind sucht bei der Mutter, die entspricht doch der seelischen Versammlung im vierten Haus, also, bildmäßig.

A: Schon, der Vater ist die Form und das entspricht dem zehnten Haus. Aber Sie müssen es von der Seite her sehen: sicherlich kommt das daher und bekommt da oben seine Form - aber entscheidend ist: was begegnet denn dem Kind ?

K: Sie meinen also, das neugeborene Wesen, das begegnet jetzt irgendjemanden ?

A: Wem begegnet das Kind ?

K: Wahrscheinlich den Eltern.

A: Doch nur den Eltern. Nur die Eltern sind Herausforderung für das Kind.

K: Natürlich, und daraus ergibt sich dann das vierte Haus.

A: Eben erst daraus.

K: Ja.

K: Wie lange ?

A: Wir haben doch in den ersten drei Kursabenden bereits erklärt, woraus das vierte Haus entsteht. Was ist primärer ? - Denken Sie einmal an die Entstehung der Welt, nehmen wir einmal an, die Welt würde nach unseren vier Quadranten entstehen. Welcher Quadrant käme denn bei der Erschaffung der Welt vorher dran ? Der dritte Quadrant oder der zweite Quadrant ?

K: Der dritte.

A: Der dritte, warum ?

K: Der zweite ist ja ohne den dritten unmöglich.

A: Ja eben, aber warum ?

K: Der dritte ist ja erst die Herausforderung zum zweiten.

A: Ja, also dadurch kann sich erst der Trieb zum Gestalthaften entwickeln, - aus der Herausforderung, aus der Sinngebung. Und infolgedessen ist es hier genau so, die mütterliche Geborgenheit hat sich erst daraus ergeben, daß eine Begegnungssituation da ist.

So, wir machen jetzt eine kleine Pause, ich zeichne inzwischen das von mir mitgebrachte Geburtsbild hin, das können Sie sich dann inzwischen schon anschauen.

P A U S E

A: Machen wir zuerst eine kleine Frageviertelstunde. - Wo bestehen Zweifel und worin liegen die ? Wer möchte worüber was wissen ? - Das Horoskop lassen wir zuerst einmal auf uns einwirken. - Ja ?

K: Wir haben eben die Frage gehabt: Opposition ! Was ist eine Opposition und wo ist keine Opposition ?

A: Sie haben natürlich folgendes: in dem Augenblick, in dem eine Entwicklungsstufe Stier "Sicherung des Individuums" von einer Anlage belegt ist, das heißt also, diese Sicherung verstärkt wird, und Sie haben gegenüber eine Anlage "zur Überwindung der Eigensicherung und der Eigenangst" im Skorpion, dann ist unabhängig davon, welche Gradzahl von diesen einzelnen Planeten belegt wird, eine Opposition, das heißt, eine Gegenüberstellung beider Anlagen als Konfrontation sowieso da, prinzipiell. An den Gradzahlen können Sie höchstens feststellen, wie intensiv die ist. Ob sie nun exakt ist von einundzwanzig zu einundzwanzig, ob sie weniger exakt ist von einundzwanzig zu fünfzehn, oder, ob sie nur allgemein besteht. Aber die Konfrontation dieser beiden Anlagebereiche ist prinzipiell - ist auch ganz logisch.

K: Aber nur dann, wenn Planeten drin stehen.

K: Und wenn die zwanzig Grad auseinanderstehen ?

A: Immer noch, dann ist es zwar keine Konfrontation der zwei Planeten selbst, aber es ist immer noch eine Konfrontation beider Anlagebereiche. Das heißt, praktisch würden wir die beiden Planeten dann nicht mehr als Opposition sehen, wir müßten aber feststellen, daß z.B. der Sicherungs- und der Risikotrieb beide dominant sind und damit insgesamt im Geburtsbild ein Ungleichgewicht erwirken. Das ist zwar jetzt kein Planeten-Aspekt als Opposition, aber es ist eine Opposition im Inhalt. Die Planeten-Opposition würde ich sowieso nur bis etwa sieben Grad Orbis gelten lassen.

K: Wie ist das nun, weil wir gerade bei den Aspekten sind, mit dem Trigon.

A: Ja mei, nehmen wir einmal ein typisches Trigon - was ist denn ein schönes Trigon ? - Sagen wir einmal Stier zu Jungfrau. Das sind Phasen, die sich gegenseitig entsprechen und die sich auch gegenseitig fördern und die sich nicht weh tun. Das ist etwa so wie Widder zu Löwe - ob das aber im Endeffekt gut ist für beide, wenn sie zwei Dominanzen in einem Geburtsbild haben, die beide in die gleiche Richtung schlagen, die beide unbegrenzt sind, die beide ihre Grenzen von sich aus nicht finden, ob das gut ist, ist wieder eine ganz andere Frage - aber die beiden Anlagen gegeneinander jedenfalls, die verstehen sich glänzend, bilden aber möglicherweise ein Extrem.

K: Trifft auch das Aspekttrigon auch zu für das Zeichentrigon oder Häusertrigon ?

A: Trifft genauso zu. Das trifft auch für das Häuserquadrat zu. Wenn Sie im elften Haus was stehen haben, und Sie haben im zweiten Haus was stehen, ganz gleich, ob das nun direkt ein Planeten-Quadrat ist oder nicht, dann haben Sie zwei Phasen, zwei Entwicklungsstufen, die konträr zueinander stehen: der eine will aufschieben, der andere will vergegenständlichen. Der eine will Wurzeln, die unterirdisch bis Australien gehen und der andere will so leicht wie ein Vogel fliegen. Beides in einem Organismus wird problematisch. Ich kann nicht Wurzeln haben und gleichzeitig wie ein Vogel leicht fliegen.

Jetzt müssen wir aufpassen, daß wir nicht Äpfel und Birnen vertauschen. Wir müssen ja zerst einmal den gleichen Nenner herstellen: Wie die Entwicklungsphasen zueinander stehen, gleichgültig, ob es sich jetzt um Tierkreiszeichen oder Häuser handelt, wird im Sinne der Betonung einzelner dieser Phasen durch Belegung mit Planeten deutlich. Das heißt, die einzelnen Phasenbereiche werden dadurch allein schon in ihrem Gegeneinander aufgeladen. Je schärfer die Planeten zueinander stehen, etwa ab einem Orbis von sieben Grad, - exakte Grenzen gibt es da nicht - desto schärfer wird die Gegenstellung, z.B. also im Falle eines Quadrats oder einer Opposition. Das ist dann die Frage von Ungleichgewichten der einzelnen Phasen zueinander innerhalb eines Organismus. Dazu kommt dann noch die Charakteristik der Planeten, die das Quadrat oder die Opposition belegen. Wenn Sie also z.B. im ersten Haus den Uranus und im vierten Haus den Saturn stehen haben, dann besteht ein Ungleichgewicht zwischen der Eigenständigkeit der Person und, sagen wir einmal der Mutterbindung. Wenn nun Uranus und Saturn auch noch so stehen, daß sie in den Orbis eines Quadrats kommen, dann heißt das in aller Deutlichkeit, daß beides zueinander unvereinbar ist, und eine Vereinbarung nicht möglich.

K: Da ist dann noch die Frage, ob sogar Trigone zwischen Saturn und Neptun und solche Scherze fördernd und im nächsten Moment auch verheerend wirken ..

A: Das ist ja der Grund, warum ich Ihnen im Kurs von Anfang an die Aspekte mit Müh' und Not ferngehalten habe, weil sie schlichtweg eine Funktionalität setzen, die insgesamt nicht stimmt, die eher die Übersicht über die Wirklichkeit, über die inhaltliche Wirklichkeit des Gesamtbildes verwischt. Wenn ich die Inhalte der einzelnen Anlagebereiche zueinander kenne, dann brauche ich doch nicht zu wissen: das ist ein Trigon, das ist ein Quadrat, das ist eine Opposition - sondern ich brauche dann nur zu wissen, daß die beiden Anlagebereiche sich ausschließen und ein Ungleichgewicht erzeugen. Erst auf diesem Hintergrund, auf diesem Terrain, kann ich dann sehen, wie sich das Ungleichgewicht artikuliert, d.h., welche Planetenaspekte spezielle Hinweise geben.

K: Jetzt ist aber die Frage: bei der Auslösung, da werden doch die Aspekte gefragt ? Wenn also bei der Auslösung diese Planetenknotenpunkte tangiert werden, hat da der Aspekt überhaupt noch etwas zu sagen ? Oder ist der Aspekt vollkommen wurscht, also die Frage, ob es ein Quadrat oder ein Trigon ist, und ist dann das Wichtigste, daß sie ausgelöst werden, und wie sie sich auslösen, das hängt dann von der individuellen Deutung ab - ist das richtig ?

A: Nein, das hängt nicht von der individuellen Deutung ab, sondern das hängt davon ab, in wieweit die Deutung zutreffend ist. Ich habe Ihnen natürlich die Auslösungsprinzipien zunächst einmal technisch vorgetragen. Wenn ich Ihnen bei der Stunde, die wir über die Auslösungen hatten, wenn ich da von inhaltlichen Dingen etwas gesprochen hätte, dann hätten Sie gesagt: "wir kommen überhaupt nicht mehr mit". Jetzt können wir ja darüber reden. Wenn Sie in dem Rahmen der Auslösung das elfte Haus durchlaufen, dann wird also der Befreiungstrieb gefördert, dann wird also damit begonnen, die Welt außerhalb von mir zu erfahren, das heißt: zu erleben, - was ist dann mit dem Sicherungstrieb, jetzt ganz unabhängig, ob er einen exakten Aspekt hat oder nicht ? - Da ist es doch ganz klar, daß der gefordert wird, ganz unabhängig davon, ob da Planeten drinstehen oder ob die ein Quadrat bilden, das spielt gar keine Rolle. Wenn das natürlich noch von Planeten bedeckt wird, dann wird diese Frage dominanter, und wenn dann noch diese Planeten im Orbis eines Aspektes zueinander stehen, dann wird es zur Problematik dieser Phase, wobei ich durch die jeweiligen Planeten, die dann dieses Quadrat bilden, noch die spezifische Charakteristik geliefert bekomme. Und beim Trigon ist es ganz das Gleiche, nur daß dann die betreffenden Phasen sich besonders unterstützen, - also etwa den vorigen Fall genommen, würde dann natürlich die Phase des siebten Hauses, nämlich die Bereitschaft, Bilder aufzunehmen, unterstützend wirken, was ja ganz logisch ist.

Das technische Verfahren allein ist natürlich schon gut, um eine schnelle Übersicht zu bekommen. Sie müssen aber immer daran denken, daß unsere technischen Verfahren ja nichts anderes sind als Hilfsmittel, um inhaltliche Dinge möglichst klar erfassen zu können. Sie sollen uns aber nicht ersparen, dahin zu schauen bzw. dahin zu blicken, was für Wirklichkeiten insgesamt angesprochen sind.

K: Jetzt komme ich auf diesen Punkt zurück. Nehmen wir an, eben wieder einmal das elfte Haus und das zweite. Im elften haben wir den Uranus und im zweiten haben wir noch dazu die Venus, und das paßt so schön. Jetzt haben die beiden ein Quadrat, ein exaktes Quadrat. Und in dem Moment, in dem der Uranus überlaufen wird, löst sich das Quadrat zur Venus aus.

So: Fall B - wir haben wieder den Uranus im elften Haus und die Venus im zweiten Haus, jedoch ohne Aspekt, wie ist das jetzt ? Jetzt wird der Uranus überlaufen, aber die Quadratstelle der Venus nicht mit ausgelöst ?

A: Nehmen wir gleich den Fall B: wenn die Venus mit dem Uranus nicht im Orbis eines Aspektes steht, aber im Häuserquadrat steht, wird sie zwar nicht ausgelöst, aber durch die aktualisierte Dominanz des Uranus in ihrem Prinzip - ihrer Stellung im zweiten Hause nach - in schwerster Weise beunruhigt.

K: Weil sie im Häuserquadrat steht ?

A: Weil sie im Häuserquadrat steht. - Nun wolen wir nicht verwirren: die Venus wirkt sich, wenn sie nur im Häuserquadrat steht, nicht im Sinne eines Ereignisses aus, sondern im Sinne einer Gesamtsituation dieser Person. Das heißt, der aktualisierte Uranus in elf führt zu einer Beunruhigung der Venus in Haus zwei automatisch, auch ohne jeden Aspekt. Rein aus dem Gewebszusammenhang des Ganzen. Es handelt sich hier aber nicht um ein Ereignis, sondern um eine Gesamthaltung.

Ich meine, wenn Sie solche Gedanken noch nicht automatisch mit einbeziehen können, dann lassen Sie sie vorläufig weg, um sich nicht zu verwirren.

K: Wie ist das mit dem eineinhalb Quadrat ?

A: Die eineinhalb Quadrate nicht, sonst kommen wir in den Wald hinein. Wissen Sie, das ganze Horoskop ist ja ein Gewebe, wo eins Beziehung zum anderen hat. Und wenn wir jede dieser Beziehungen im Sinne von Aspekten funktionalisieren, dann gehen die Inhalte völlig verloren. Wenn Sie sich schon um Details kümmern wollen innerhalb eines Geburtsbildes, dann nehmen Sie doch die Septare, wo Sie sozusagen alles wie unter dem Mikroskop haben.

K: Sie sagen eben: sieben Grad durchschnittlich - können wir nicht hier gleich die Tabellen vom Kündig verwerten ?

A: Na ja, der Mond soll etwas mehr Aspekt haben als der Saturn, die Sonne ebenso, - mein Gott, wissen Sie, das ist auch so eine gedachte Geschichte, daß der Mond jetzt auf einmal mehr Orbis haben soll. Er wirkt sich halt im Ereignis mondisch und damit stärker aus. Sicher gibt es dann auch noch andere Unterschiede: ist der Mond der schnellere Planet, steht er vor einer Opposition, läuft er in die Opposition erst rein, oder ist er schon am herauslaufen aus der Opposition. Das sind alles so Fragen, die in der bisherigen Astrologie so ungeheuer wichtig hochgespielt werden, und um es ganz klar zu sagen: die wissen zwar alle ganz genau: das ist der Mond, der läuft erst voll in die Opposition rein, - das wissen sie schon, aber wenn Sie sie fragen: "was tut der da drin ?" und so, dann wissen sie es nicht. Verstehen Sie, das sind alles bürokratische Funktionalitäten, die ich alle der Erfahrung des Einzelnen überlassen möchte, seiner Arbeitsweise, seinem Bezugssystem, verstehen Sie, ich möchte da kein Reglement machen.

K: Sie haben aber doch die Erfahrung, die uns fehlt, Sie können uns praktisch doch hier sagen, ob das richtig ist oder nicht.

A: Wissen Sie, Sie sollen sich ja nicht in allem nach mir richten, trotz meiner Erfahrung, denn ich bin auch wieder ein nachlässiger Mensch. Das heißt, ich sage mir ..

K: Das ist hart ausgedrückt.

A: Nein, nicht hart ..

K: Haben Sie nichts festgestellt auf diesem Gebiet ?

A: Wissen Sie, wenn ich den Inhalt habe, kommt die Funktionalität und das Maß ganz von alleine und ich will, daß Sie die Maße aus Ihrer Erfahrung haben. Na gut - schauen Sie, wenn ein Quadrat acht Grad Orbis hat, dann sage ich: "könnte man vielleicht noch nehmen", und bei einem Trigon schäme ich mich immer ein bißchen, wenn es über sechs Grad hinausgeht, daß ich es noch nehme, weil es ja günstig ist. Aber wenn Sie im Schnitt nehmen zwischen fünf und acht Grad, können Sie ein Quadrat und eine Opposition noch nehmen.

K: Jetzt habe ich noch eine Frage: wenn wir die Auslösung so machen, wie es also jetzt hier gezeigt wurde, dann brauchen wir ja die Transite überhaupt nicht, die kann man dann vergessen.

A: Wir können die Transite selbstverständlich vergessen, aber wir wollen sie einmal kurz herholen. Wenn Sie sich also ein Auslösungsbild vorstellen, dann wissen: in den sieben Jahren läuft der betreffende Mensch - nehmen wir einmal an - unter der Auslösung der Venus. Sein dominantes Anliegen der Verwirklichung ist also irgendeine Art von Venus. Ist das vorstellbar ?

K: Ja.

A: Gut. Nun hat der ja neben seiner Venus noch weitere neun oder zehn Planeten. Nun stellen Sie sich einmal vor, es kommt ein Transit von Saturn und der läuft dann innerhalb von ein paar Jahren, nehmen wir es an, über sämtliche Planeten. Wo spürt er den Saturn am stärksten ?

K: Ja, wenn das Ganze unter der Auslösung der Venus ist, dann spürt er ihn doch bei der Venus am stärksten.

A: Genau, und bei den anderen nicht.

K: Ehrlich ?

A: Ehrlich, ja. - Und wissen Sie, das ist nämlich das, warum die Transite manchmal, wenn es nur über den Merkur .. da läuft also ein Merkur-Transit über den Radix-Uranus und es brennt lichterloh - was weiß ich: in der Seele, oder im Geist oder sonstwo: und dann läuft der Saturn tatsächlich über den Merkur und er sagt: "ich weiß gar nicht, was das ist" ..

K: Rührt sich nichts.

A: Rührt sich nichts - verstehen Sie, das ist die qualitative Unterscheidung von Transiten, also insofern .. ja ?

K: Aber es ist doch wahrscheinlich so, wenn einer von beiden den Platz in den unteren Häusern hat, also Haus eins bis sechs, dann wird man es doch eher spüren ..

A: Die Frage: wo spürt man es ? - in der eigenen Sicherheit ? - da dürfen Sie nicht zu sehr von sich aus oder von einzelnen Individuen ausgehen, und zwar deshalb, weil es manch einem weher tut, wenn eine Vorstellung nicht erfüllt wird als wenn er ein paar tausend Mark verliert. Das ist immer ein Unterschied. Das ist .. mancher Menschen Vorstellungen sind teuer.

K: Darf ich das noch einmal rekapitulieren mit dem Transit ?

A: Ja.

K: Weil ich nicht weiß, ob ich es recht verstanden habe: an diesem Bild hier an der Tafel, bekommt dieser Mensch eine Auslösung, wenn er zweiundvierzig Jahre alt ist, - zwischen dem zweiundvierzigsten und neunundvierzigsten Lebensjahr eine Auslösung vom Merkur.

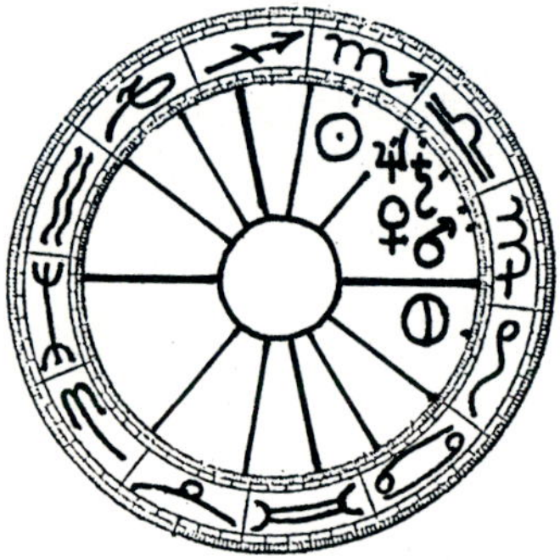

A: Machen wir es doch noch viel einfacher: dieser Mensch läuft zwischen fünfunddreißig und zweiundvierzig über den Neptun und über den Mars.

K: Ja.

A: In diesen sieben Jahren ist der Neptun und der Mars für ihn zuständig, hervorgehoben, verwirklichungsträchtig. - Nun ist also der Saturn, bis der zweiundvierzig oder vierzig Jahre alt geworden ist, ist der Saturn ja schon mehr als einmal 'rumgekrabbelt. Da ist ihm gar nichts passiert, wie der Saturn über den Mars gegangen ist. Und jetzt auf einmal passiert was, wenn jetzt, während der Auslösungszeit der Saturn erneut über den Mars geht, und zwar deshalb, weil jetzt der Mars an die Oberfläche des Lebens gehoben wurde, weil er akut ist. Denn wie soll der Saturn eine Anlage angreifen, die noch gar nicht verwirklicht ist ? Die noch gar nicht einverleibt ist, die also noch schlummert ? Kann er doch gar nicht, also kann der Transit noch gar nicht wirken, - ist ja nicht drin. Da könnte man so manchen Astrologen etwas erklären, was die gar nicht wissen.

K: Ganz klar ist mir das aber immer noch nicht.

A: Wir haben ja Zeit. - In dem Zeitraum, in dem der Mars in der Auslösung steht, ist er für Transite zehn Mal so anfällig, als wenn er nicht ausgelöst wird. Ich muß da aber jetzt noch etwas hinzufügen: der Transit-Mars wird auch wirksamer, weil ja sein Prinzip, der Marsstand im Radix, in der Auslösung steht. Also das Ganze noch einmal: ist der Mars im Radix-Horoskop ausgelöst, ist er in seinem Radix-Stand wenigstens zehn Mal anfälliger für Transite, - gleichzeitig ist sein Prinzip, der transitierende Mars, für seine übrigen Radixstände wirksamer.

K: Also in diesem Fall nach dem fünfunddreißigsten Lebensjahr.

A: Ja - Sie müssen sich das alles ja lebendig vorstellen: dieser Strich auf unserer Tafel, diese Schubladeneinteilung - "hier beginnt das neue Haus", ist in Wirklichkeit ein Schwingungsmaximum. Und zwischen diesen Schwingungsmaxima ist eine in sich abgeschlossene Entwicklung. Dies nicht deswegen, weil hier die Häuserspitze so oder so gelagert ist, sondern weil das schlichtweg ein Schwingungsbauch ist, in dem sich eine Entwicklung vollzieht, bis zum nächsten Schwingungsknoten, und da setzt die neue Entwicklung an.

K: Aber was tut denn hier der Pluto zwischen dem fünfunddreißigsten und zweiundvierzigsten Lebensjahr, der ist ja auch für die Entwicklung hier zuständig.

A: Ja klar, der Pluto gehört natürlich auch mit in die Auslösung und wenn dann über ihn ein Transit geht, dann ist der auch verstärkt. Ich habe es jetzt nur auf den Mars bezogen, um es an ihm allein zu erklären. Weil aber der Pluto den Mars und den Neptun beherrscht, weil er die gesamte Auslösungszeit beherrscht, aus diesem Grunde ist der Pluto noch mehr betroffen von Transiten und am meisten sensibel gegen Transite.

K: Ist also dann der ausgelöste Planet, also hier der Pluto, der Fürst vor Neptun und Mars ?

A: Der ausgelöste Planet ist der Fürst des Anlagebildes in dieser Zeit.

K: Also gehen wir einmal rein mechanisch vor: wir hätten also bei irgendwelchen Saturn-Transiten oder anderen Transiten auf den Pluto zu achten, wir müßten auf die Venus achten, weil die Waage auch mit im Spiel ist, auf den Neptun und auf den Mars.

A: So ist es.

K: Warum ist denn die Waage mit im Spiel ?

A: Wegen der Waage-Venus. Die Waage wird auch ausgelöst innerhalb der Entwicklungsmaxima.

K: Und jetzt soll vorausgesetzt sein, daß keine Quadrate oder Trigone zu den genannten Planeten bestehen ..

A: Die Quadratauslösungen sind weniger schmerzlich für Transite als die direkt Angetroffenen bzw. Ausgelösten.

K: Was ist "direkt" ? Warum sagen Sie "schmerzlicher" ?

A: "Direkt", wenn sie quasi "drüberlaufen".

K: Warum sagen Sie "schmerzlich" ?

A: Weil wir vom Saturn gesprochen haben. - Schmerzlich fürs' Subjektive.

K: Und die Transite gelten dann auch in der Opposition wie im Quadrat ?

A: Ja, auch Konjunktion. Schmerzlich natürlich dort, wo was nicht zusammenpaßt. Also Saturn und Venus paßt nicht zusammen, infolgedessen drückt der Saturn die Venus - schon klar. - Das gibt dann Krampfadern. Wenn sie im dritten Haus ist, gibts' Krampfadern.

K: Können wir das beziehen in diesem Fall auf den gesamten Zeitraum für das siebte Haus, also zwischen fünfunddreißig und zweiundvierzig ?

A: Ja.

K: Und nach dem zweiundvierzigsten Lebensjahr .. ?

A: Sie können es sich doch folgendermaßen vorstellen - jetzt einmal weniger funktionell als inhaltlich. Stellen Sie sich doch einmal vor, diese Person wird fünfunddreißig Jahre alt und kommt nun in eine wirklich orientierungslose, geistig oder seelisch orientierungslose Situation, warum auch immer, spielt jetzt keine Rolle, deuten wollen wir es ja noch nicht, das sollen ja Sie hernach machen. Wogegen ist diese Person denn jetzt ganz besonders empfindlich ? - Gegen Orientierungslosigkeit. Die kann nichts schwerer ertragen als zu schwimmen. Die weiß überhaupt nicht mehr, wo Land in Sicht ist, die hat überall Bodennebel, seelisch, geistig. Wenn jetzt da ein Planet drüber geht und den Nebel auch noch durcheinanderbringt, dann ist die ja fix und fertig. Verstehen Sie ? In anderen Bereichen tun die ihr ja gar nicht so weh, denn sie ist ja jetzt mitten in dem Problem Mars-Neptun.

Jetzt kommt folgendes: später, wenn sie zweiundvierzig Jahre überschritten hat, tut dann ein Transit auf dem Mars und auf dem Neptun immer noch sehr weh, wenn auch nicht so sehr wie im akuten Auslösungsfall. Und zwar deswegen, weil sie ja den Mars-Neptun bereits als Erfahrung aufgenommen hat und nun der Transit die Erinnerung wachruft, schmerzlich.

K: Die Beziehung zum siebten Haus haben Sie angesprochen, jetzt mit der Orientierung ?

A: Ja. Gut, was entstehen noch für Fragen ?

K: Was ist dominierender: Neptun oder Jupiter ?

A: Ja, in Bezug worauf ?

K: Wenn sie in Konjunktion stehen.

A: Wenn sie in Konjunktion stehen ? - Ja - beides geht ins Unbegrenzte. Anschauungsverwirrung oder unreligiöse Religion.

K: Können Sie das denn so ohne weiteres sagen, wenn Sie nur wissen, wie die beiden Planeten sind, die zueinander in Konjunktion stehen ? Müssen Sie denn jetzt nicht weiterfragen, in welchem Haus bzw. in welchem Feld steht denn das ?

A: Sie haben vollkommen recht, es ist ja die Frage, ob von beiden hierarchisch der Jupiter oder der Neptun dominant ist. Wenn ich nach den Planeten allein frage, dann passiert natürlich das, daß wir ein Kochbuch aufmachen. Da schlagen wir auf Seite fünfzehn nach: Jupiter-Konjunktion-Neptun und begreifen tun wir überhaupt nichts mehr. Das ist immer das Gefährliche dabei. Das ist halt die übliche Astrologie. Da schlagen Sie dann einfach nach und sagen: gut, der hat Jupiter - "ui, der hat Jupiter im zweiten Haus!" Und so, und dann lesen Sie nach: "Glück bei Erbschaft" - Bitte ? - Ich weiß nicht, was es sonst noch alles gibt. - Gut, gibt es noch Fragen ? - Nichts Direktes mehr - na gut, dann schauen wir uns dieses Geburtsbild an, was sagen Sie dazu ? - Es ist weiblich.

Sie haben das Bild ja im Rohbau zunächst einmal gesehen, - ja ? Das haben Sie jetzt so im Blick. Machen wir es doch folgendermassen: ich zeichne Ihnen jetzt die restlichen Planeten ein und dann setze ich mich fünf Minuten zurück und lasse Sie kontemplativ ..

K: .. schweigen.

A: Reden auch, reden kann sehr kontemplativ sein - das weiß ich aus Erfahrung. Eines muß ich allerdings noch sagen, das Geburtsbild wurde übernommen und ist nicht korrigiert und der Ascendent ist ein sehr schneller Ascendent.

K: Sind Ereignisse bekannt .. ?

A: Ereignisse sind keine bekannt, das ist das Handycap an der Geschichte, aber vielleicht können wir einmal welche erfahren.

So, jetzt schauen Sie es sich an, was Sie so meinen. Zuerst haben Sie das Grobsystem gesehen und jetzt haben Sie alles, was noch so an Planeten drinsteht.

S C H W E I G E N

Übrigens können Sie sich eines merken: Mädchen, die Skorpion-Sonne und speziell Skorpion-Ascendent haben, sind in der Pubertätszeit, mit vierzehn Jahren alle dick.

K: Alle ?

A: Ich habe es als Regel beobachten können.

K: Bitte ein bißchen lauter, das versteht man da vorne überhaupt nicht.

A: Ja gut, eigentlich wollte ich aus dem Hintergrund nichts sagen. - Mädchen, die Skorpion-Ascendent haben, sind in der Pubertätszeit sehr dick oder neigen dazu. Und die machen dann den Fehler, weil sie mit siebzehn immer noch dick sind, machen sie einen Fehler und nehmen Schlankheitsmittel und ohne Schlankheitsmittel werden sie sowieso schlank, mit neunzehn so was, aber wenn sie dann Schlankheitsmittel nehmen, dann brechen sie nämlich mit neunzehn zusammen, dann kommen nämlich zwei Entwicklungen zusammen: das natürliche Schlankwerden und das künstliche. So - was ist denn das Wesentliche hier ?

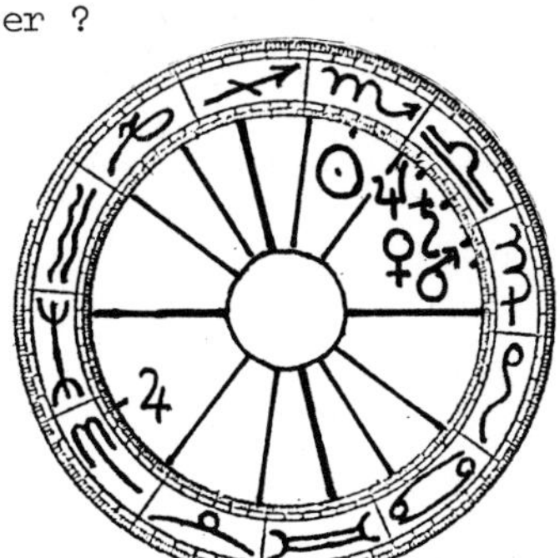

K: Das erste Haus und die Verwirklichung.

A: Das Wesentliche - gut, was ist da wesentlich dran ?

K: Der Fisch, der bringt das Unbewußte hervor, aber das Eigenartige ist, daß die Verwirklichung dann mit dem Skorpion zusammengefaßt ist.

A: Was ist wesentlich ?

K: Es wurde festgestellt: wesentlich ist das Verhältnis zwischen erstem Haus, also sprich: Anlage, und der Verwirklichung.

K: Daß das nicht harmonisch ist.

A: Das sagt mir noch zu wenig.

K: Daß die Anlage mit der Verwirklichung nicht übereinstimmt.

K: Daß die Verwirklichung nicht geeignet ist für die Anlage.

A: Ja, ich möchte jetzt wissen, warum ?

K: Fisch, das ist das Loslösen von jeder Bindung und der Skorpion ist gerade das Gegenteil.

A: Genau. Die Verwirklichung ist stärker als die Anlage.

K: Die Verwirklichung ist stärker ?

K: Ist das eine Hochstaplerin ?

A: Sie ist eine seelische Hochstaplerin.

K: Warum liegt deren Stärke in der Durchsetzung, in der Verwirklichung, das verstehe ich jetzt nicht.

K: Wieso der Fisch schwach ist, verstehe ich auch nicht.

A: Ich sage natürlich nicht, daß der Fisch schwach ist, sondern daß ein Fisch im ersten Haus schwach ist. Wenn Sie im ersten Haus als der im Raum durchzusetzenden Anlage den Fisch nehmen, der eben jene sichtbare Welt auflöst, und die Abhängigkeit davon auflösen will, dann können Sie doch nicht sagen in Bezug auf den ersten Quadranten, daß der Fisch stark ist. Wir reden ja hier über den Fisch als erstes Haus. Aber die Frage ist schon berechtigt, Fisch ist kein schwaches Zeichen, keines ist ein schwaches Zeichen, aber immer bezogen eben worauf.

Wir haben hier also eine relativ schwache Durchsetzung. Jetzt kommt noch hinzu, daß die ganzen Hausherren in sieben stehen, das kommt erschwerend hinzu. Das heißt also: diese Person kann sich überhaupt nur verwirklichen worüber ?

K: In der Begegnung und in der Bindung daran.

A: In der Begegnung, eine andere Chance ist überhaupt nicht da.

Das ist natürlich eine relativ große Gefahr.

K: Für einen Fisch schon.

A: Und jetzt kommt das zweite, die Verwirklichung.

K: Vorstellungsgebunden.

A: Ich würde fast sagen: vorstellungsbindend.

K: Aber vergessen wir nicht den Widder, sie hat doch den Widder im Hintergrund ?

A: Der ist zwar eingeschlossen, aber ein Folgezeichen ..

K: Das gehört doch mit zur Anlage.

A: Das gehört mit zur Anlage, aber im Rahmen des Fisch, und insofern wird dieses Fischgetriebensein nur noch marsisch unterbaut, denn Sie dürfen ja nicht vergessen: der Widder ist ja auch kein Basis- und kein statisches Zeichen, der Widder ist ja der Wind. Jetzt haben wir also hier: Nebel mit Wind.

K: Darf ich fragen, warum der Widder der Wind ist ?

A: Das ist ein Analogiebeispiel. Der Widder ist der Energiezustand, ..

K: Das siebte Haus, danach hatten Sie eben gefragt, das ist ziemlich widersprüchlich.

A: Lassen wir einmal die Venus und den Saturn weg. Tun wir einmal so, als hätten wir nur das Grobsystem jetzt, im Moment, da haben wir Mars und Neptun.

K: Sie verwirklicht sich, indem Sie sich an das, was ihr begegnet, verpflichtet.

A: Ja, nein, - ist gut, mit der Verwirklichung, okay, jetzt kommt eine andere Geschichte. Wenn sie also Begegnung auf die

Neptunart sucht, was heißt das ? Welche Art von Begegnung sucht sie ?

K: Scheinbegegnungen.

K: An Begegnungen, an die sie sich nicht verpflichten muß.

A: .. an die sie sich seelisch nicht ausliefern muß.

K: Warum die seelische Abhängigkeit ?

A: Der Neptun ist das Gegenzeichen von der Jungfrau, der Neptun möchte die Abhängigkeit vom Lebensausdruck aufheben, infolgedessen auch die Anpassung. Nun entsteht ja die Abhängigkeit nur durch die seelische Identifikation mit den Lebensgegebenheiten und Bedingungen. Ist das klar ? - Ist nicht klar ? - War zu abstrakt, - was löst denn der Neptun auf ? Wodurch kann man denn von den Lebensbedingungen abhängig sein ? Doch nur durch den Wunsch oder durch den Lebenstrieb. Anders kann ja keine Abhängigkeit zustande kommen. Wenn ich Geld haben will, muß ich Geld verdienen. Das ist klar. Ich brauche nur dann kein Geld verdienen, wenn ich kein Geld haben will.

K: Oder wenn ich es habe.

A: Ja klar.

K: Man kann es ja auch erben.

A: Wissen Sie, "erben" ist auch ein Verdienst. Erben ist eine Konstellation.

K: Oder wenn man wenig Wert darauf legt, ich lebe auch ganz bescheiden, mir ist es egal ..

A: Mir kommt es jetzt nicht aufs' Geld an, sondern mir kommt es nur darauf an, daß, wenn einer der erste beim Radrennen werden will, dann muß er Rad trainieren. Dann ist er abhängig von den Rad-Trainer-Bedingungen. - Gut. Vorhin ist es an sich schon sehr schön gesagt worden, was ich so herausgehört habe: "ätherische Freundschaft", das möchte die, - und was kommt auf diese sogenannten Scheinbindungen, was kommt da für eine Verwirklichung drauf ?

K: Skorpion in acht.

A: Also eine Verdoppelung.

K: Der Leitbildhaftigkeit.

K: Der Herr davon steht wieder in sechs.

K: Ja, das könnte vielleicht auch noch der Widerspruch sein.

A: Das ist kein Widerspruch. Haben Sie noch nie jemanden erlebt, der fixe Ideen hat und gleichzeitig von denen abhängig war ? - Und hier ist es ja so ein starkes Maß an Abhängigkeit, daß sich die Ableitung vom achten Haus sogar durch einen Planeten in sechs ausdrückt. Wodurch wird denn die Abhängigkeit so stark ? Die Abhängigkeit ist ja im Verhalten gegeben, nicht in der Anlage. Die Abhängigkeit ist deshalb so stark, weil die Anlage so sensibel ist. Das ist eine Wechselwirkung.

Die meisten Menschen organisieren sich einen Schutz. Wenn also jemand sehr ordentlich ist - das haben wir ja schon ein paar Mal gehabt - dann frag' ich mich: warum ist der darauf angewiesen, ordentlich zu sein. Wenn also jemand ein Zukunftsforscher ist, dann frage ich mich: wieso ist der darauf angewiesen, ein Zukunftsforscher zu sein. Und wenn jemand sehr entschieden und unmittelbar im Handeln ist, dann frage ich mich: wieso ist der angewiesen darauf, so entschieden und so resolut im Handeln zu sein. Verstehen Sie, wenn jemand vorstellungsgebunden ist und so fixiert ist auf bestimmte Vorstellungsinhalte oder die Bindung an Vorstellungsinhalte, dann frage ich mich, wieso ist der darauf angewiesen, so fixiert auf Vorstellungsinhalte zu sein. Das ist alles ein Schutz und Ausgleichsverhalten, das sich der Mensch organisiert. Insofern also verstärkt die Sensibilität des Neptun in sieben die Haltung der Sonne in acht. Die Frage ist nun: worauf ist die vorstellungsfixiert ?

K: Sich an eine ätherische Welt binden zu können.

A: Genau, an eine Scheinwelt - Frage: würden Sie als Astrologe - dieses Mädchen ist jetzt einundzwanzig Jahre alt, würden Sie die ohne weiteres verführen wollen ?

K: Ein gewisser Reiz steckt da natürlich drin.

A: Wie wahr, wie wahr. Jetzt frage ich aber: warum ? Warum steckt da ein Reiz drin ? Es steckt nämlich echt einer drin.

K: Sie ist ja praktisch von Kopf bis Fuß aufs' Lieben eingestellt.

A: Das reizt aber nicht. Es gibt viele Mädchen, die sind von Kopf bis Fuß auf Liebe eingestellt ..

K: Weil die Sonne sagt: sie darf nicht.

A: Die sagt, sie darf nicht so ohne weiteres: denn die Skorpion-Sonne, die verlangt sieben heilige Stufen und ein paar Schleier und so Zeugs und vielleicht noch irgendso ein Ritual .. verstehen Sie ? - Und da sind dann die Männer so dumm, wo ein Widerstand ist, da ist was Wertvolles. Aber das ist eigentlich gar nicht der Reiz, den ich meinte. Der Reiz liegt im Fisch-Ascendenten und dem Neptun in sieben: das Unbewußte, also eigentlich anonym Weibliche tritt viel stärker hervor als die Personalität. Sie ist also Jungfrau und Mutter in einem.

Gehen wir einen Schritt weiter. Wenn wir sagen, ein gewisser Reiz läge da, würden Sie dem Reiz nachgeben oder nicht ?

K: Wenn ich das schon weiß, dann natürlich nicht.

K: Das ist dann vielleicht etwas verantwortungslos.

A: Wo man es weiß - sagen Sie - wäre das verantwortungslos, - stimme ich überein. Und warum ist das verantwortungslos ?

K: Weil sie sich durch die Art ihrer Sonne so an diese Begegnung bindet, daß sie nicht mehr so ohne weiteres loskommt.

A: Genau das ist es: erstens, und zweitens, weil dann nämlich dieses Schutzverhalten, das sie aufgebaut hat ..

K: .. durchbrochen wird.

A: Wenn man also nichts Echtes mit ihr vorhat, dann sollte man sie auch nicht versuchen zu verführen. Das dürfte im übrigen auch gar nicht so einfach sein. Wenn Sie dem Vorstellungsbild, das die Anlage mit dem Neptun in Haus sieben zeichnet, wenn Sie dem Vorstellungsbild nicht entsprechen, haben Sie sowieso keine Chance bei der. Ich kenne ein Skorpion-Mädchen, das hat sich einen jungen Mann so eingebildet - da war sie achtzehn - und wie sie dreißig war, da hat der Mann zwei Jahre vorher schon jemanden anderen geheiratet, da hat die immer noch keinen anderen angeschaut. Die hat zwölf Jahre lang nur in Gedanken und Vorstellungen an einen Mann hingesponnen und hat mit dem nicht mehr Kontakt gehabt als auf dem Sollner Bahnhof immer nach München 'reinfahren - was weiß ich - "grüß' dich, Alfred, wie geht es dir ?" - Ende. Um Ihnen einmal zu zeigen, auf was unter Umständen eine Vorstellungsfixierung von einem Mädchen, das Skorpion ist, hinauslaufen kann. Das ist geradezu irrsinnig.

In einem anderen Fall, fast gleiches Bild, hat ein Mädchen einen Hochstapler geheiratet, und als ihr Besitz dahin gegangen war - er war auch Spieler - war sie ihm immer noch fast archaisch treu. - So eine Gefahr wäre hier auch.

K: Wie ist denn die Beziehung zwischen Gefühl und Intellekt bei ihr ? Die müßte doch im Grunde einen recht guten Intellekt haben, der aber durch das Gefühl stört.

A: Nein, der Intellekt ist nicht weiter hervorgehoben. Die interessiert sich für alle möglichen weltanschaulichen Dinge, der Intellekt spielt weder eine maßgebende noch eine unmaßgebende Rolle, der ist also ganz gesund und normal. Paßt wunderbar, die Funktion nach außen ist also auch ganz normal bis halt auf die Zwanghaftigkeitsgeschichte und die Vorstellungsgebundenheit. Das heißt: sie stellt eben ganz eindeutig - wie das übrigens jeder Skorpion tut - die Funktion unter das Leitbild, und sie wird also funktionell nichts tun, was ihrem Leitbild nicht entspricht.

K: Jetzt ist der Uranus im fünften Haus - das soll doch das Ventil sein, von dieser Spannung, da werden doch sämtliche Vernünfte und sämtliche Barrieren über den Haufen geworfen. Stimmt das ? Das ist doch eine schwache Stelle, würde ich sagen.

A: Der Uranus ?

K: Ja.

A: Der Uranus ist im fünften kein Ventil, sondern eher eine Abwehr, eine Aufhebung. Außerdem - in Bezug auf Verführbarkeit - müßte er dann schon eher in Haus drei sein. Jemand mit Geltungsbedürfnis ist viel leichter verführbar als jemand, der fünf Planeten im fünften Haus hat. Rein hypothetisch.

K: Wie kommt es, daß Sie sagen: nicht verführbar ?

A: Der Uranus in fünf sagt aus, daß die Ebene des fünften Hauses, also die Emotionalität, herabgesetzt werden muß, um keine Zerreißspannung durch die Dominanz des achten Hauses entstehen zu lassen. Das heißt, der Uranus entschärft die sonst explosive Spannung zwischen Haus fünf und Haus acht. Und diese inhaltliche Ausgleichsbewegung innerhalb des Gesamtbildes zeigt sich dann ja auch im Aspekt, nämlich im Trigon des Uranus zur Sonne. Etwas anderes wäre es, wenn der Mond, weil er der Herrscher dieses Bereichs ist und in zwölf steht, - wenn der in eins stände. Dann gibt es eine geringfügige Veränderung.

K: Nämlich dann ist die Anlage triebhafter.

K: Dann würde ich sagen, daß die Verführbarkeit doch noch sehr schwierig ist, denn unter "Verführbarkeit" versteht man halt einen Vorgang, der sich des öfteren wiederholen läßt.

A: In dem Moment, in dem der Mond am Ascendenten steht, haben wir einen echten van Gogh, und zwar insofern: da haben wir Getreidefeld, gelbes, dickes Getreidefeld und die Linie des Bewußtseins ist ganz nach oben geschoben, und zwei Jahre später ist die Linie des Bewußtseins noch weiter nach oben geschoben - die Silhouette ist immer die Linie des Bewußtseins im Bild. Und eines Tages zerbricht die und der ganze unverarbeitete Triebraum bricht hervor, zerreißt die Linie, und das heißt: die bewußte Steuerung wird auf die Seite geschoben - und das müßte im Aussehen des Mädchens auch schon zu sehen sein - wie mir vorhin bestätigt wurde, nämlich die Unterpartie des Gesichtes müßte bereits so stark sein im Gegensatz zur Oberpartie, daß man befürchten muß, daß eines Tages das alles von unten nach oben drängt und die Steuerung auf die Seite drängt. Die ist also echt in Gefahr. Ich persönlich würde mich da nie einlassen, weil so oder so - soll das Problem ein anderer lösen - würde ich sagen.

K: Jetzt muß ich meine Frage von vorhin noch ein bißchen korrigieren: ich habe nach dem Verhältnis zwischen Gefühl und Intellekt gefragt, ich hätte zwischen Gefühl und Bewußtsein ..

A: Das ist etwas anderes, das ist das sechste Haus.

K: .. das meinte ich eigentlich.

A: Bewußtsein als Steuerung - ist schon beantwortet.

K: Und daß das Gefühl eines Tages dann das Bewußtsein ..

A: .. auf die Seite drängt.

K: .. total überschwemmt.

A: Ja. - Ich würde sagen, für heute haben wir es dann wieder. Und heute war es zwar ein bißchen langweilig, weil ich nicht so ganz in guter Verfassung war. Bitte dieses zu entschuldigen.

FÜNFUNDDREIßIGSTER ABEND

2. AUGUST 1972

A: Wir wollen heute einmal etwas anders vorgehen als sonst, nämlich: ein Klient wollte ein besonders gutes Gründungshoroskop, so für die nächsten Monate, und das soll dauerhaft sein, hat es geheißen. Das heißt also, für die zu gründende Gesellschaft geht es nicht um ein schnelles Geschäft, - es ist ja oft so, da wird dann eine Firma gegründet schon mit dem Ziel, sie wieder aufzulösen. Das heißt, das will ich alles nicht erzählen, weil wir wollen es ja umgekehrt machen, wir wollen diesmal also nicht aus einem Horoskop .. ach so, ja, wir machen es ja eigentlich nicht umgekehrt, wir stellen fest: um was für eine Gründung könnte es sich handeln, und was sind die Gefahren von so einer Gründung ? Jetzt ist die Frage: soll ich die Planeten einzeichnen oder soll ich sie der Reihe nach einzeichnen ?

K: Der Reihe nach.

A: Gut, das wäre also der 14. August 1972.

K: Können wir nicht tatsächlich echt umgekehrt vorgehen, daß wir jetzt einmal das gedanklich entwickeln, nach welchen Gesichtspunkten man da vorgeht. Man kann ja auch einmal vor dem Problem stehen.

A: Ja eben, drum bringe ich es.

K: Aber wenn wir die Planeten dann eingezeichnet haben, wissen wir ja nur wieder, daß es gut ist.

A: Sie können es ja am Aufbau feststellen, weil Sie wissen, das ist noch nicht faktisch geworden, das ist ja der 14. August, das ist in etwa zwölf Tagen. Das ist noch nicht faktisch, wir können es jetzt durchgehen und dann gehen wir wieder zurück, - verstehen Sie, was ich meine ? Dann ist es vielleicht doppelt, von zwei Seiten, und Sie können dann berücksichtigen, was ist da Besonderes dran, daß man es aussuchen könnte. Was würden Sie zunächst fragen ?

K: Wo steht der Pluto.

A: Der Pluto steht kardinal, mitten im zehnten Haus.

K: Haben Sie denn die Uhrzeit auch genau ausgerechnet ?

A: Ja, das ist eine genaue Uhrzeit, ich weiß es nicht mehr auswendig, aber das müßte etwa um 13 Uhr 45 herum sein.

K: Warum haben Sie denn den MC nicht bis zu dem Pluto vorgeschoben ?

K: Weil der Ascendent nicht mehr im Skorpion ist.

A: Genau - und dann ist er nicht mehr der Herrscher von eins, der in zehn steht. Wenn ich will, daß die Sache bedeutend ist, dann muß ich den Herrscher von eins in das zehnte hineinbringen.

K: Aber dann dürfte man doch die Frage stellen: warum AC Skorpion ?

A: Gehen wir zunächst einmal technisch vor: wenn ich will, daß die Sache Bedeutung oder Wirkung hat, dann möchte ich den Herrscher von eins in zehn haben. Die Fragen können ja ganz verschieden lauten, die Fragen können ja auch lauten: will ich ein gutes Großhandelsgeschäft ?, dann würde ich natürlich schauen, daß das dritte Haus bestens belegt ist. Wenn ich also will, daß der Herrscher von eins in zehn steht, da habe ich ja in der jeweiligen Zeit nicht viel Auswahl. Der Pluto ist insofern günstig zur Zeit, als er, langsam laufend, von sich aus in dem Zeichen liegt, daß das zehnte Haus - auf unsere Breiten bezogen - vom Skorpion aus ist. Also kommt der Skorpion-Ascendent mir da schon einmal entgegen. Schauen Sie, Sie können machen, was Sie wollen, wenn Sie Skorpion-Ascendent nehmen, dann haben Sie immer den Pluto in Haus zehn, für die nächsten Jahre.

Ich könnte dasselbe machen und könnte einen Ascendenten von Schütze nehmen, aber dann müßte ich so lange warten, bis der Jupiter auch vom Schützen aus in seinem zehnten Haus steht.

K: In neun Jahren vielleicht.

A: In neun Jahren - jetzt, im Moment, wenn ich einen Schütze-Ascendenten habe, steht der Jupiter vorne drin im ersten Haus. Das heißt also mit anderen Worten: die Sache selber ist expansiv. Aber gehen wir zurück zum Pluto, wenn der also in zehn steht, was können Sie da noch schlußfolgern ?

K: Daß sich der in siebzehn Jahren auslöst.

A: Ja, nein, das tut er auch. Ich meine etwas ganz anderes. - Wenn der Pluto in "seinem zehnten Feld" vom Skorpion aus läuft. Was heißt das, wenn er das jahrelang tut ?

K: Die Anlage ist jahrelang bedeutend.

A: Die Anlage ist jahrelang bedeutend - da hab' ich nichts dagegen. Ich meine jetzt über dieses Bild hinaus, mundan, allgemein, nicht individuell bezogen, auf die Zeit bezogen ?

K: Daß Skorpionangelegenheiten, sei es nun, was es will, momentan eine Bedeutungsphase durchlaufen.

A: Genau. Jetzt haben wir eine Zeit, in der die geistige Welt, die Gegenwelt zur Wissenschaft, dominant wird. Und die zu dieser Zeit Geborenen werden diese Welle erst richtig hochtragen. Eine Ideologisierung ist da natürlich drin.

Das sind Konstellationen, mundane, die den Zeitgeist deutlich machen. Was ist denn z.B. passiert, als vor nicht allzu langer Zeit der Uranus da oben an diesem Skorpionplatz gelaufen ist ?

Da war der Uranus als langsam laufender Planet im zehnten Bereich des Skorpions. Was heißt das ? - Daß soundso viele Vorstellungswelten und Prinzipien vom Uranus durchbrochen worden sind.

K: Dann kann man ja praktisch das Horoskop von einem Tierkreiszeichen machen, mit mundaner Bedeutung ?

A: Man kann das Horoskop des Zeitgeistes machen. Das ist natürlich hauptsächlich das des Skorpions. Aber Sie können mit anderen Zeichen ebenso verfahren, nehmen Sie den Stier für Wirtschaft und Finanzen, mundan, und so weiter.

Das wollte ich eigentlich nur so nebenbei einwerfen, für eigene Gedankengänge und Versuche.

K: Warum nehmen Sie jetzt als Zeitgeist Skorpion ? Warum nicht Wassermann ?

A: Der Wassermann ist nicht der Zeitgeist, der Wassermann ist die Religiosität. Angenommen - ich nehme jetzt einen Ascendenten Wassermann, da habe ich ein zehntes Feld - bei unseren Breiten - von Schütze. Ja, was habe ich denn da drin ?

K: Da ist der Uranus in acht.

A: Da habe ich den Neptun im zehnten Haus. Da wird die Gewißheit mit der Erfahrung verwechselt.

K: Ich verstehe das nicht.

K: Sie suchen sich also ein entsprechendes Zeichen - meinetwegen den Löwen - und sagen: das zehnte Feld vom Löwen aus ist ..

A: .. der Übergang von Widder zu Stier, da läuft jetzt der oder der langsame Planet drin und beeinflußt die Gestalthaftigkeit der Zeit entsprechend.

K: Sie haben also in unserem Fall primär nach einem Zeichen gesucht, das seinen Herrscher im zehnten Haus hat und haben gesagt: jetzt, um sechs Uhr früh muß der Vertrag geschlossen werden, damit es ..

A: Genau - das ist übrigens mittags, aber das spielt ja keine Rolle, - der Vertrag muß genau da geschlossen werden, wo der Skorpion-Ascendent ist, weil ich dann den Herrscher von eins in zehn habe.

K: Das heißt also, selbst wenn ich mit einer mickrigen Sache anfange, kriegt die Sache so viel Zuwachs, daß sie zu einer Entscheidenden wird.

A: Das, was ich durch dieses Horoskop in die Sache miteinbeziehe, sind die Möglichkeiten, die die Sache vollständig machen.

K: Kann man das für jedes wichtige Unternehmen machen ?

A: Ja, das können Sie hernehmen, wenn Sie den Termin wahrnehmen können. Es ist halt immer so, oft sucht man für einen Klienten ein gutes Datum heraus und es steht dem Inhalt der Sache einfach nicht zu, und Sie können es also drehen und wenden, wie Sie es wollen, dann ist irgendetwas, wodurch es nicht möglich wird - entweder hat der Notar einen Schnupfen oder - oft sind es ja nur angebliche Kleinigkeiten, wo man dann sagt: der Teufel schläft nie. Aber solche Fälle sind dann Indikatoren dafür, daß die Sache, um die es geht, nicht so gut ist, wie man ihr zutraut, oder aber, daß sie möglicherweise zwar gut, aber in dieser Form nicht durchführbar ist.

K: Sie hatten den Kardinalpunkt besonders erwähnt.

A: Ja, die null Grad Waage, das ist doch was.

K: Sollte man nicht immer - das hieß es nach der alten Astrologie - daß man das mit dem persönlichen Horoskop in Verbindung bringen muß.

A: Nein - können Sie mir sagen, warum das unwichtig ist ? - Nein ? - Angenommen, Sie bekommen einen Hund und der Hund hat mit Ihrem Geburtsdatum ein persönlich gutes Verhältnis, konstellationsmäßig, aber der Hund ist krank, verstehen Sie ? Es ist durchaus möglich, daß Sie einen Hund haben, der krank ist, mit dem Sie aber persönlich ein gutes Verhältnis haben. Dann sind Ihre Konstellationen mit den Konstellationen des Hundes gut, aber der Hund ist krank. Das müssen Sie sachlich trennen.

K: Der Hund darf krank sein, wenn er zum eigenen Horoskop gut steht, eventuell ..

A: Ich kann es Ihnen ja auch anders erklären: Sie können das beste Geschäft Ihres Lebens machen, während Sie Bauchweh haben. Sie müssen ein Geschäft so gründen, daß es in sich ..

K: .. als Sache für sich dasteht.

A: Das ist dasselbe, wie wenn Sie geschäftliche Verhandlungen führen. Da passiert ja meistens, wenn Sie das also - ich konnte das also im Laufe der Zeit immer wieder beobachten, da wird um ein Produkt, um ein Objekt oder um sonst irgendetwas, oder um eine Idee, oder um eine Sache wird also irgendeine Verhandlung geführt zwischen zwei Partnern. Die streiten sich da herum um ein zehntel Zollgebühr, oder sonst irgend etwas ecetera, führen irrsinnig lange Verhandlungen und versuchen, einer dem anderen sich so anzunähern, bis es zum Remis kommt. Und dann entsteht der Vertrag. Was die aber nicht bedenken in ihrer eben nicht lieberalen Einstellung ist das, daß das Objekt selber ja seinen eigenen Raum braucht, um sich verwirklichen zu können. Das heißt, die beziehen nicht mit ein, daß es ja nicht zwei Partner sind, sondern daß es drei sind, nämlich das Objekt auch. Und der Erfolg ist ja meistens der, daß dann irgendetwas schiefgeht, oder irgendeine Möglichkeit nicht wahrgenommen werden kann, die in der Entwicklung eigentlich enthalten wäre.

K: Geht so eine Berechnung auch für eine Unterschrift unter einen Vertrag ?

A: Ja.

K: Ich meine jetzt: ohne Notar. Also angenommen, Sie haben einen Vertrag zu Hause, der liegt nun einmal da, und Sie sollen unterschreiben und wieder zurückschicken. Ist das dann ausschlaggebend, zu welchem Zeitpunkt man den Vertrag da unterschreibt ?

A: Ja - das heißt, nur dann, wenn die Unterschrift die Gültigkeit des Vertrages feststellt.

K: Das heißt: der andere Vertragspartner muß ..

A: .. schon unterschrieben haben.

K: Und wie wirkt dem sein Unterschriftsdatum auf das Meinige ? Ist dann das Letzte entscheidend ?

A: Das Letzte ist entscheidend, weil es ja dann erst formell verbindlich ist durch beide Partner.

K: Wie ist das jetzt, daß man sagt: "den Vertrag, den machen wir halt einmal, aber sind Sie damit einverstanden ?" Und dann sagt der: "Ja". Und in dem Moment, wo man "ja" gesagt hat, ist man gebunden.

A: Die Sache mit der Rechtssprechung ist so, daß Sie es zum Teil recht schwer haben, selbst schriftliche Verträge aufrecht zu erhalten, oft nur, wenn sie bestimmte Klauseln enthalten. Und formal verbindlich ist es - natürlich, wenn Sie "ja" sagen, das ist natürlich auch eine Art Start. Abgesehen vom Rechtlichen hängt ein solches "ja" natürlich sehr damit zusammen, ob Sie das "ja" wirklich als "ja" gemeint haben, oder ob Sie sich nur Möglichkeiten offen halten wollen. Solche eigentlich mehr oder weniger unverbindliche Zusagen, möglicherweise auch die Verbindlichen, sind natürlich auch schwer nachzuvollziehen. Schauen Sie zum Beispiel: es gibt soundso viele Firmen, die fangen praktisch irgendwann zu arbeiten an, und erst anschliessend kommt es erst zu den Unterschriften oder zum Gesellschaftsvertrag, oder sie fangen praktisch zu arbeiten an und melden dann erst an, - und der Eintrag ins Handelsregister, der kommt dann viel, viel später oft erst. Welchen von diesen drei Terminen sollen Sie jetzt nehmen ? Den des praktischen Anfangs, der im nachhinein oft kaum mehr feststellbar ist, den der schriftlichen Anmeldung oder des Vertrags, oder den Eintrag ins Handelsregister ? Und wenn es dann heißt: wir haben am ersten Mai angefangen, ja, - da lachen die Hühner, denn die haben bestimmt nicht am ersten Mai angefangen, sondern die haben später eben einfach - weil es ein glattes Datum ist - auf den ersten Mai geschoben. In Wirklichkeit haben sie am 28. April oder am 5. Mai angefangen zu arbeiten, weil es vielleicht gerade ein Feiertag war. Das weiß man also alles nicht mehr.

Nun können Sie ja davon ausgehen, daß ein Datum mit dem anderen in Verbindung steht. Das heißt, eine Zeitqualität bestimmter Art steht mit der anderen Zeitqualität gleicher Art in Verbindung. Wenn Sie z.B. in der Gründung einen Knotenpunkt haben, und Sie wissen, die Eintragung ins Handelsregister als nächstes, dann gibt das eine ganz bestimmte Schwingungslänge. Und dann können Sie unter Umständen praktisch den Anfang schlußfolgern. Das heißt, Sie haben immer mehrere Schwingungsknotenpunkte. Und das heißt weiter: Sie können eines dieser drei Daten nehmen, auch den Eintrag ins Handelsregister, weil dieser die Inhalte des Vorhergehenden enthält. Und der Eintrag ins Handelsregister, der ist immer einzusehen, der steht fest und ist eindeutig. Er wird zugeteilt, - und dies meistens am Tage. Also haben Sie den Zeitpunkt schon wieder um einen halben Tag eingeengt.

Ich kann Ihnen ein Beispiel nennen: da haben sich vier Leute zusammengesetzt und vor einem Notar Unterschrift geleistet um eines Unternehmens willen, das sie aufziehen wollten. Das ist also eine reine Willenserklärung, bei der man sich also gleichzeitig vertraglich bindet, um etwas durchzuführen, oder sich verpflichtet, etwas zu tun oder zu unterlassen. Der eine der Vertragspartner hatte nicht nur den Tag der notariellen Unterschrift, sondern auch noch den minutengenauen Zeitpunkt zur Verfügung. Aufgrund dieses Zeitpunkts konnte ich dem Mann, der als Geschäftsführer der Gesellschaft das Unternehmen allein leitete und zu Erfolg gebracht hatte, sagen, daß sich die Gesellschaft innerhalb der nächsten fünf Monate, - so Ende April hin war das damals - in ihrer bisherigen Form auflösen würde, und zwar unter Ausschluß seiner Person. Nachforschungen hatten dann ergeben, für den bis dato ahnungslosen Mann, daß die Strategie für seinen Ausschluß bereits lief. Der hat dann - aktiv oder passiv - seine Anteile an einen so übermächtigen Partner verkauft, unter der Bedingung, selbst geschäftsführender Direktor bleiben zu können, daß die anderen drei aufgeben mußten. Das heißt also, diese Aussage war möglich aufgrund einer Unterschrift an irgendeinem - es war sogar der 1. Mai, um 16 Uhr 10. In diesem Augenblick der Unterschrift spiegelt sich also die gesamte Gesellschaft, auch in ihren einzelnen Verläufen.

Gut, gehen wir zurück - was interessiert uns denn als nächstes ?

K: Was im ersten Haus steht.

A: Im ersten Haus steht der Neptun.

K: Um welche Gründung geht es ?

A: Da sollen ja Sie draufkommen.

K: Die Sonne, wo kommt die rein ?

A: Die Sonne steht natürlich auf zweiundzwanzig Grad Löwe. Und der Merkur als Herrscher von zehn steht auf elf Grad. So, was würden Sie da sagen ?

K: Die Sache hat ja die Auflösung in sich, wegen des Neptun.

A: Was heißt das ? Was wird denn aufgelöst ?

K: Die Sache selbst.

K: Die Erscheinung der Sache.

A: Die Erscheinung der Sache wird aufgelöst. Was ist das also für eine Sache ? - Wissen Sie, warum die Sache an sich nicht aufgelöst wird, sondern die Erscheinung der Sache ? Weil der Neptun nur so kann, wie der Pluto es zuläßt. Das heißt, der Neptun kann nur im Rahmen des Pluto wirken, nur was der zuläßt, ist dem Neptun möglich: Eigentümer und Pächter. Der Neptun hat nur einen Mietvertrag, - der Pluto ist zwar an gesetzliche Vorschriften gebunden, aber er kann ihn doch kündigen, wenn es darauf ankommt. Verstehen Sie also: so wacklig ist die Stellung vom Neptun, nur um Ihnen das zu demonstrieren.

Der Pluto ist der Herrscher von eins und der Neptun kann nur so, wie es der da zuläßt, und der läßt nicht zu, daß man ihn auflöst, so wie der da steht. Also was wird denn dann aufgelöst ? Nicht die Sache selber, sondern die Erscheinungsform der Sache wird aufgelöst. Was heißt das praktisch, ganz praktisch ?

K: Wenn eine AG in eine KG umgewandelt wird.

A: Ja, das kann es auch sein - aber so viele Gesellschaftsformen gibt es gar nicht, um den Neptun dauernd befriedigen zu können.

Was will denn der Neptun ?

K: Mir ist noch nicht ganz klar, warum die Erscheinungsform ?

K: Er löst das Vordergründige der Erscheinungswelt auf.

K: Warum "Erscheinung", das ist doch das vierte Haus, und nicht das dritte.

A: Der Neptun ist Herrscher von vier und steht in eins. Wir können also sagen: es entspricht dem Wesen der Sache, die Erscheinung der Sache aufzulösen.

K: Das wäre also dann eine Sache, die im Hintergrund arbeitet, die nach vorne überhaupt nicht zu sehen ist, aber die nur an der Wirkung zu erkennen ist.

A: Ganz genau. Das ist dieses Vernebeln, diese Geheimbündelei, oder wie man das nennt. - So ähnlich jedenfalls. Die ist im Wesen der Sache begründet, weil der Neptun aus dem vierten kommt.

K: Aus dem Ursprung kommt.

A: Und der Neptun, der darf ja vernebeln.

K: Ach, der darf vernebeln ?

A: Wir erlauben es ihm. Er kann aber nur in dem ihm gesteckten Rahmen vernebeln. Das heißt, kontrollieren, durch den Pluto da oben.

K: Mit dem Jupiter in zwei haben die gute, reale, wirtschaftliche Füße, sozusagen.

A: Wie ist das mit der Verwirklichung ? Was ist denn jetzt stärker ? Die Sache an sich oder die Verwirklichung ? Oder passen die zusammen ? Oder wie ist das ?

K: Die tun sich schon weh.

A: Das finde ich also schon. In der Verwirklichung geht es ja eigentlich um Verausgabung und die Anlage ist ja vorstellungsgebunden - so konform würde ich das nicht bezeichnen.

K: Es kommt darauf an, wo verausgabt wird, in diesem Fall wird ja im neunten Haus verausgabt.

K: Das wäre also dann Anschauung.

A: Es ist durchaus richtig: die Sonne im Löwen ist verausgabend, der Skorpion ist an sich haltend, das ist eine Welt für sich, systemgebunden und daher abgrenzend. Das besagt, daß die Sonne eigentlich das, was der Skorpion insgesamt beinhaltet, gar nicht ausschöpfen kann. Die Sache ist also hier stärker als die Durchführung.

K: Sollte man da nicht vielleicht eine Woche warten ?

A: Bis die Sonne in der Jungfrau ist ?

K: Wenn die Sonne null Grad Jungfrau ist ?

A: Nein, null Grad nützt nichts, dann müßte sie schon siebzehn Grad sein, dann wäre sie in zehn, dann wäre sie ebenfalls eminent stark. Oder man müßte warten, bis die Sonne auf null Grad Waage ist, dann ist sie in Konjunktion mit dem Herrscher von eins, der Sache selber, ebenso stark herausgehoben und dies dann im Sinne der Jungfrau - was ist das dann ? Im Sinne der Jungfrau ?

K: Ausschöpfung der Gegebenheit.

A: Genau. Ausschöpfung der Gegebenheiten - wovon ? Vom neunten Haus, das heißt, Ausschöpfung der Funktion des Begegnenden. Das haben wir schon einmal gesagt, wenn das siebte Haus das Begegnende ist, dann ist das dritte Haus vom siebten, also das neunte: die Funktion des Begegnenden.

Ich habe schon überlegt, ob man nicht warten solle, bis die Sonne in der Jungfrau dort oben am MC ist. Das ist eine Frage, die eigentlich noch ungeklärt ist.

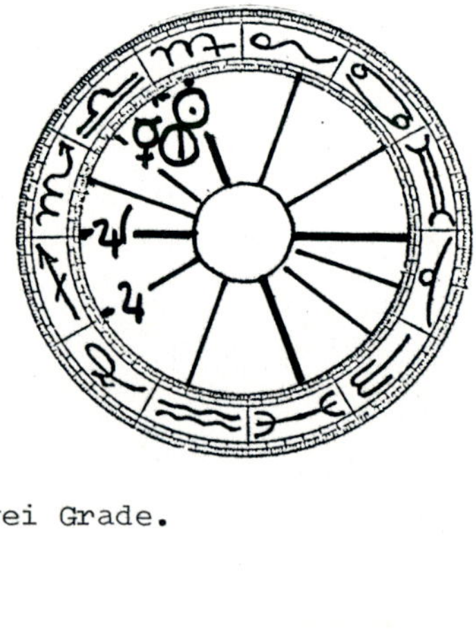

K: Wo wird der Pluto sein ?

A: Der würde immer noch da oben stehen, der steht noch ein, zwei Jahre da oben.

K: Und der Jupiter ? Der ist ja unter Umständen grade noch Herrscher von eins.

A: Der Jupiter, der würde dann mehr in das zweite Haus hineingehen, aber auch nicht viel. Ein, zwei Grade.

K: Aber das würde auch nichts machen.

A: Nein, der Jupiter würde sich nicht viel verändern, wenn er noch Herrscher von eins ist, in zwei stehend, eine sehr gute wirtschaftliche Grundlage. Der Neptun würde sich nicht verändern, der Pluto würde an derselben Stelle stehen, die Sonne würde nunmehr im zehnten sein und der Merkur - der Merkur würde ja dann auch im zehnten sein.

Es ist also gesagt worden, sehr richtig gesagt worden, daß im Verhältnis zwischen Anlage und Verwirklichung Schwierigkeiten stecken. Die Verwirklichung will sich verausgaben, die Anlage

will nichts hergeben, sie vernebelt sich sogar noch. Was wird da vermutlich passieren ? - Was wird denn von den Planeten, die ich noch einzuzeichnen habe, was wird denn da angegriffen ? Konsequenterweise, logischerweise ? - Sagen wir einmal so: welcher Planet könnte angegriffen sein ?

K: Neptun.

A: Warum Neptun ? - Ich hätte anders fragen sollen: werden Planeten der Anlage oder werden Planeten der Durchführung angegriffen ?

K: Der Anlage.

A: Der Anlage, ist das klar, warum ?

K: Nein.

A: Nicht ? - Wenn die Durchführung eine Verausgabung ist - an sich sehr legitim als Löwe da oben in neun - so konträr der Anlage gegenüber, aber die Durchführung nun einmal das Aktivum ist ?

K: Dann muß die Anlage angegriffen sein.

A: Dann wird an der Anlage genau das angegriffen, was von der Verwirklichung her entgegensteht.

K: Das ist mir nicht klar, weil ich könnte genau anders herum formulieren: nachdem die Anlage schon einmal da ist, wird die

Durchführung angegriffen.

A: Das könnte sie schon, nur ist ein Makel dabei, bei dieser Formulierung. Es ist doch die Anlage, das Verwunschensein, das Vorhandensein von Rudimenten, von Triebrudimenten, die sich erlösen wollen. Es ist doch die Verwirklichung, der Aufgaben-Verhaltensweg, der diese Urrudimente auflöst, infolgedessen wird im Sinne des Verwirklichens immer die Anlage herausgereizt werden.

K: Grundsätzlich ?

A: Grundsätzlich. Man könnte sogar untersuchen bei Geburtsbildern von Personen, bei denen Anlage und Verhalten nicht sonderlich übereinstimmen, ob nicht alle Expansivplaneten für einander Partei ergreifen gegen die an-sich-haltenden Planeten: ob nicht der Mars für die Sonne, für den Uranus Partei ergreift und alle in die gleiche Richtung ziehen. Das nur einmal als Hypothese. Oder ob die Herrscher des zweiten Quadranten für die Sonne Partei ergreifen.

Wir zeichnen also die restlichen Planeten ein - Moment noch - welcher Planet könnte den Neptun angreifen ?

K: Der Saturn.

A: Warum der Saturn ?

K: Weil er bremsen muß.

A: Was muß er bremsen ?

K: Die Anlage.

K: Nein, die Auflösung der Anlage muß er bremsen.

A: Mhm - was kriege ich noch für Meinungen ? Und Begründungen ?

K: Der Saturn würde die Anlage nicht angreifen, sondern stärken. Der würde das Zurückhalten stärken.

A: Richtig, und das liegt nicht im Sinne der Verwirklichung. - Also welcher muß es sein ?

K: Der Mars. Der Mars muß die Anlage herausreizen.

A: Sie meinen, wenn die Sonne schon alles ans Licht bringen will, dann muß ja Energie entstehen, die den Nebel auflöst. Sie haben recht, der Mars greift den Neptun an, im Quadrat. - Jetzt zeichnen wir einmal alle restlichen Planeten ein.

K: Bei einer Verschiebung des Termins, da wäre ja dann auch der Mars in zehn oder in elf, und die Venus vermutlich in neun.

A: Genau, wenn man es verschieben würde. Wenn man sagen würde: "gut, wir wollen eine bedeutende Durchführung haben, wir wollen die Sonne in der Jungfrau haben, in zehn", aber wo liegt denn da wieder der Unterschied ? - Die schnellen Planeten, die jetzt noch in neun sind, wären dann einschließlich der Sonne in zehn, und die Sache würde zwar dann in einer bedeutenden Weise durchgeführt, aber ebenso abgeschlossen und weltfern. Das mag für manche Dinge gut sein, die die Berührung mit dem Alltag oder vielmehr mit der Aktualität nicht vertragen, aber das gilt nicht für jedes Vorhaben.

Nun, was glauben Sie, um welches Vorhaben könnte es sich handeln ?

K: Ich könnte mir vorstellen, daß es eine Taufe ist.

A: Eine Taufe ? - Und Begründung ? - Jetzt müßte ich fragen: katholisch oder evangelisch ?

K: Ich schätze: evangelisch.

A: Evangelisch, ich bin einverstanden, evangelisch bei einer katholischen Verwandtschaft. Saturn steht in sieben.

K: Woher das Evangelische und die katholische Verwandtschaft ?

A: Die Evangelischen sind immer die Zeichen, die expansiv und die etwas weniger Zurückhaltenden, also Zwilling zum Beispiel, das ist ein typisch evangelisches Zeichen. Während alles, was Steinbock und Saturn ist, das ist katholisch.

K: Wenn also Saturn im Zwilling steht .. ?

A: Dann herrscht meist der Zwilling vor .. - ich wollte mit dem Abstecher nur auflockern - gut, Begründung, warum Taufe von einem Kind ?

K: Ich meine "Taufe", aber "kein Kind".

A: Jetzt komme ich von einem Erstaunen ins andere.

K: Ich sage ja nicht "Taufe von einem Kind", auch nicht "von einem Schiff", sondern eine Art Einweihung.

A: Eine Weihehandlung.

K: Ja.

K: Ein Institut für Umweltschutz.

A: .. Umweltschutz - Begründung ?

K: Dritter und vierter Quadrant sehr stark, vor allem durch die Anlage in vier.

A: Der vierte Quadrant wehrt sich nicht, schützt sich nicht, - das ist das Wirkliche, das sich entzieht, bis es keine Wirklichkeit mehr gibt, bis die Gestalten zugrunde gegangen sind. Der Umweltschutz ist nicht vierter Quadrant, er ist dual, das ist, wie mir scheint, von der Motivation her die Stallhaltung der Beute. Weil man die Natur vor dem eigenen Verhalten schützen muß, um das eigene Verhalten nicht ändern zu müssen.

K: Kann das nicht Ihr Buch sein, das jetzt herauskommt ?

A: So einfach ist das nicht - wiewohl es um die Zeit herauskommen soll.

K: Die Sonne in neun: das Bild der Religiosität ?

A: Nein, - das ist falsch artikuliert. Die Religiosität gibt kein Bild ab - das neunte Haus "denkt den Himmel, erlebt und erfährt ihn nicht", dann müßten Sie schon sagen: "das Bild der Religion".

K: Was ist jetzt mit dem Mars-Neptun ?

A: Ja, das ist Energie plus Auflösung - das stimmt schon etwas bedenklich, weil das Auflösen sich ja auf die reale Erscheinung bezieht.

Wir tun uns vielleicht leichter, wenn wir noch einmal auf den Pluto in zehn zurückgehen.

K: Leitbilder.

A: Was sind Leitbilder ?

K: Da wird nicht das Materielle gesichert, sondern Vorstellungen.

A: Vorstellungsinhalte, ja. Wie wird denn ein Vorstellungsinhalt gesichert ? - Na, durch das Ritual, ..

K: Das wird dann in den Dienst der Öffentlichkeit gestellt.

A: Das ist etwas vage. Leitbilder bezogen auf den ersten Quadranten verführen zum Nachmachen, - zum Identischwerden mit dem Leitbild. Die Aufgabe des Ego zugunsten eines Gruppenego, das zum Beispiel eine Ideologie repräsentiert. Darin liegt im Grunde nicht der Sinn eines Leitbilds - weil ja der dritte Quadrant erst als Folge des ersten zu gelten hat, und das Empfinden zu orientieren hat - also eigentlich den zweiten Quadranten zur Folge hat.

Das ist eben dann der Unterschied, ob sich sein Empfinden an der Wirklichkeit der Umwelt orientiert, oder ob - wenn man es sich nicht empfinden traut - das Ego an etwas glaubt, an die Vorstellungen des dritten Quadranten. Wenn man glaubt, ein Vorstellungsinhalt würde die Interessen des Ego sichern. In Wirklichkeit ist es ein Moloch für alle Egos. Das ist dann das Paradoxe, man gibt das Ego auf, um es zu erhalten, um es sogar zu verewigen.

K: Könnte man davon sprechen: einem Leitbild geweiht ?

K: Priesterweihe.

A: Priesterweihe ? - Der wird dann einmal Kardinal. Wer da zum

Priester geweiht wird, der bringts' zu was, das ist einmal sicher.

K: Der wird Kardinal.

A: Der wirds'. Müßten wir fast jemandem sagen. Na freilich, zum Schluß versäumt einer den Termin.

Nun ja, ich habe ja gesagt, es ist eine Gesellschaft. Eine Gesellschaft mit beschränkter Haftung - trotz Jupiter in zwei. Was kann nun eine Gesellschaft mit einem Leitbild zu tun haben ?

K: Das kann theoretisch auch eine Eheschließung sein, in der Kirche.

A: Ja, mindestens von der Maria Schell. Ja, eine Ehe ist keine Gesellschaft mit beschränkter Haft.

K: Eine Gesellschaft, die ideelle Ziele verfolgt.

A: Was wird denn in dieser Gesellschaft präsentiert ? Es wird im Sinne des Ausgangspunktes, des Herrschers von eins, Skorpion,

ein Leitbild oder - sagen wir jetzt einmal lieber - ein Vorstellungsbild präsentiert. Das ist das Material der Gesellschaft, damit wird sozusagen gearbeitet. Wie ist denn ein Vorstellungsbild in sich ?

K: Es ist strukturiert.

A: Es ist strukturiert, und es ist abstrakt. Warum ist es abstrakt ? - Weil der Pluto als Herrscher von eins im vierten Quadranten steht, im vierten Quadranten ist nichts mehr gegenständlich, auch nicht das Vorstellungsbild.

K: Dann wäre das Material ein System, eine astrologische Gesellschaft ?

A: Ja, so etwas ist es. Das heißt, es ist keine astrologische Gesellschaft, sondern es ist eine Gesellschaft, die gegründet wird, um zum Beweis der Astrologie anzutreten gegen die Wissenschaft, und dies ganz massiv, indem sie genau das tut, was die

Wissenschaft nicht kann, nämlich das Wetter genau vorhersagen.

So, und jetzt können wir es also wieder nachvollziehen und fragen: ist das in diesem Bild überhaupt enthalten ? Denn, schauen Sie, die Gesellschaft ist ja noch nicht gegründet. Es ist ja noch gar nicht sicher, ob dieser Termin nun möglich wird, und ich kann mich auch irren. Vor allen Dingen, nachdem es ja um meine eigenen Gedankengänge geht, kann ich mich ja eminent irren, kann ich mich täuschen. Ich hätte mir das halt herausgesucht.

K: Und wo sitzt da Ihre Sonne ? Die müßte doch auch im Hause der Sache selbst stehen.

A: Ja, meine Sonne, die sitzt an sich nicht toll, die sitzt auf acht Grad Fische, also da sitzt nicht viel.

K: Im dritten - wieso eigentlich nicht ?

K: Das paßt doch.

K: Der Neptun, der gefällt mir nicht, der ist zu ..

A: Der Neptun, der gefällt Ihnen nicht, weil er vom Mars angegriffen wird ?

K: Ja, das ist doch eine Auflösung der realen Grundlagen.

K: Darf ich jetzt die Sache interpretieren, ob ich sie falsch sehe: ich könnte mir vorstellen, daß der Neptun die Sache so weit zurückdrängt ins Unbeachtete, daß tatsächlich davon nicht mehr viel zu spüren ist und der gute Pluto nichts anderes besagt, daß die Struktur zwar stimmt und für sich erfolgreich läuft, und das würde für die Idee bedeuten: das Wetter wird schon richtig berechnet, nur, die Welt weiß nichts davon - so ungefähr würde ich das interpretieren. Ist das so ? - Das Einzige, was mich an meiner Interpretation stört, das ist der Jupiter, und da fragt es sich, wo soll das Finanzielle herkommen, wenn die Welt keine Notiz nimmt. Trotzdem, wenn man mal den Jupiter nicht betrachtet, und sagen wir:

wir hätten die Planeten noch nicht eingezeichnet und hätten nur das Grobsystem, käme ich persönlich zu der Interpretation, daß man sagt: in sich funktioniert die Sache schon, sie ist auch sehr bedeutend, daß Sie also astrologisch das Wetter berechnen können, meine ich damit, aber daß die Sache nach außen hin vollkommen unbedeutend wird.

K: .. vernebelt ..

A: Sie meinen also, daß ich damit unbewußt eine Prognose gemacht hätte ? - Ich darf Ihnen da folgendes verdeutlichen: wir haben ja gesagt, der Neptun kann nur so, wie es der Pluto zuläßt. Der Neptun muß also innerhalb des Rahmens des Pluto wirken. Wenn diese Wettergesellschaft Wettergesetze verarbeiten möchte, und zwar als Infragestellung der Wissenschaft, dann liegt es doch im Wesen der Sache, daß die Gesellschaft nicht mit einem großen Plakat durch die Straßen läuft und auf dem Plakat steht: "alpha plus beta durch zwei ist gleich Wurzel aus sowieso ist gleich Wetter". Das heißt, es versteht sich aus dem Wesen der Sache selber, daß sie ihre Verfahrensfragen dem Neptun anheimstellen, das heißt, daß die Verfahrensfragen nicht einmal den Gesellschaftern zugänglich werden.

K: Und was macht das Quadrat vom Jupiter zum Pluto ?

A: Das würde ich eher in Bedenken ziehen. An sich passen beide nicht so unbedingt zueinander, denn der eine ist expansiv und der andere will zusammenhalten. Aber es geht bei beiden um die gleichen Grundinhalte. Und was die beiden da zum Quadrat stimmt ist das, daß der eine seine geistige Bindung durchaus außerpersönlich motiviert, der Pluto nämlich, indem er da oben steht, und der Jupiter, seine Erweiterung durchaus in der persönlichen Sicherung motiviert, indem er im zweiten Haus steht. Da sagt dann der Pluto zum Jupiter quasi - wenn man sich das so vorstellt: "Du bist pover", - so in etwa, die reine Idee also verzichtet auf äußeres Gut. Ich meine, wenn

Sie einmal so einen richtigen Skorpion erlebt haben, dann können Sie sich vorstellen, daß er das sagt, wenn er schon einmal da droben steht. Und das ist das ganze Quadrat.

K: Also der Pluto fände es schicklicher, wenn sich Jupiter nicht im zweiten Haus ..

A: .. befände, ja, - würde er also sehr viel stilechter empfinden.

K: In der klassischen Astrologie .. zu dem Neptun gehört doch auch alles Magische, Irrationale, sagen wir einmal - Astrologie im weitesten Sinne, würde eigentlich unter die Herrschaft doch vom Neptun fallen.

A: Mit der Analogie-Kette vom Neptun ist ja folgendes: es ist ein Fehler, der meistens gemacht wird. - Es wird einmal irgendwann festgestellt - Sie werden also in der Vulgärastrologie überall, wenn Sie fragen "was ist Rußland ?", heißts' "Rußland ist Wassermann!" Verstehen Sie, das hat sicher einmal eine Zeitlang zugetroffen, daß Rußland dem Uranus unterstand, aber das hat spätestens fünf Jahre nach der Oktoberrevolution aufgehört. Heute heißt es immer noch "Rußland ist Uranus", das ist passé, Rußland ist heute alles andere, aber bloß kein Wassermann mehr, im Gegenteil, also im schlimmen Gegenteil, kann ich nur sagen. Und dasselbe ist auch mit der Astrologie: wenn die Astrologie soundso lange zum Beispiel von der offiziellen Liste gestrichen ist, also aus dem Zeitbewußtsein eliminiert wird, und damit ins zwölfte Haus verdrängt ist, dann wird natürlich die Astrologie, so lange diese Entwicklung anhält, unter dem Symbol des Neptun stehen. In dem Augenblick aber, in dem die Astrologie etwas heraustritt, Anschauung wird, dann wird es nicht mehr der Neptun sein, denn dann ist es etwas anderes. Ein klassisches Beispiel: die Juden. Die Juden sollen dem Neptun unterstehen. Das stimmt nur insofern, als die Juden innerhalb einer anderen Gemeinschaft leben, die aus irgendwelchen urrudimentären Gründen diese abstößt und somit in das zwölfte Haus drängt. Dann unterstehen sie dem Neptun. Aber in dem Augenblick, in dem sie einen eigenen Staat gründen, unterstehen sie etwas ganz anderem, aber in keinem Fall mehr dem Neptun. Also da muß man vorsichtig sein, wenn man Analogien und Symbolketten bildet, daß man dann sich jeweils überlegt: trifft die Analogiekette die Sache selbst oder ihren Zustand. Da gibt es große Unterschiede. Und ich bezweifle, daß die Astrologie heute noch unter dem Neptunstadium steht. Außerdem gehört es ja zur Artikulation der Verdrängung in die Bereiche des Neptun hinein, wenn dann im wertenden Sinne noch von Irrationalität gesprochen wird.

K: Das wollte ich Sie gerade fragen: wie ist jetzt der Fortgang der Astrologie ?

A: Da heißts' zum Beispiel, wer Neptun-Uranus-Verbindung sehr stark hat, der soll ein sehr guter Astrologe sein, heißts'. Ich zweifle das sehr an, weil ich mir das nicht vorstellen kann, daß der Uranus-Neptun das ausmacht. Ich habe zwar Uranus-Neptun-Symbol im zehnten Haus, und da hat dann der Grimm, den man den Altmeister der Astrologie nannte, der hat also gesagt, "das wäre der Astrologe". Außerdem wäre Uranus-Neptun sowieso nur eine Formel für einen ansonsten zu suchenden Inhalt. Ich meine, Astrologie ist im Sinne dessen, daß sie systematisch ist, das heißt, daß ihr ein System zugrunde liegt, dem dritten Quadranten zugehörig. Sie ist ein Mittel der Anschauung, was ich eben auch wiederum für gefährlich halte, da man dadurch allzu leicht verführt wird, Wirklichkeiten sich vorzustellen statt sie zu erleben. Das ist ja das, was ich am Anfang vom Kurs immer gesagt habe: "das Wichtigste ist nicht nur alleine, daß Sie innerhalb von kürzester Zeit Astrologie lernen, sondern daß Sie auch alles das, was Sie benennen, auch durchaus begreifen können".

Hier ist halt die Frage, ob die Neptun-Situation aufrecht erhalten werden kann und - das scheint mir problematisch.

K: Durch das Mars-Quadrat ?

A: Ja.

K: Und wie sieht dann die Gefahr praktisch aus ? - Die Sie durch den Mars sehen ? - Ist das die Anfeindung dann von aussen ?

A: Ja - der Mars steht ja nicht

ganz zu Unrecht da, denn - nun bin ich also - weiß Gott - alles andere als sozialistisch, - aber hier ist doch ein Problem da, hier wird doch ein Wissen versteckt.

K: Ja.

A: Hier wird ein Wissen ganz echt versteckt. Mit welcher Begründung ? Der Herrscher von vier geht nicht aufs' siebte Haus, sondern der Herrscher von vier versteckt sich bei sich selber. Und noch dazu als Neptun. Also hier wird ganz offensichtlich ein Wissen verschleiert, nennen wir es einmal "versteckt". Ist das in Ordnung oder ist das nicht in Ordnung ?

K: In dem Fall denkbar notwendig.

K: Das ist astrologisch im Grunde nicht in Ordnung.

K: Objektiv nicht, aber subjektiv.

A: Subjektiv ist viel in Ordnung ..

K: .. aber Astrologie war doch immer Geheimwissenschaft, war doch immer auserwähltes Wissen.

A: Ja, immer für den, der sich interessiert hat und sich so weit als auserwählt fühlten konnte. Wissen Sie, das ist auch ..

K: Es kommt dabei auf seine Qualitäten an.

A: Das mit dem Gedanken, daß es nur für bestimmte Personen ist, stimmt insofern nicht ganz, - an sich wird das ja gesagt, und das steht auch in Büchern und so, aber das stimmt nur deshalb nicht ganz: Sie müssen ja wissen - da kommen wir noch einmal auf das Wesen der Astrologie von einer ganz anderen Seite her, nämlich vom skorpionischen. Derjenige, der früher Priester war, war Medizinmann und Astrologe, oder was weiß ich. Das heißt, es steckt in der Astrologie folgendes ganz entscheidend drin: nämlich die Vermittlung zwischen dem Einzelnen und seinem Schicksal. Das heißt, eine Vermittlungstätigkeit zwischen den Ereignissen des Einzelnen und seinem Verhältnis dazu. Und das ist im Grunde genommen eine priesterliche Tätigkeit früherer Zeiten und früher haben halt die Priester oder die Priesterkaste, die haben halt dann unter anderem auch Astrologie gemacht, wie auch die Heilkunst dazu - denn das Wort "Heil" kommt aus "Heiligung", und es wird nur jemand gesund, wenn er in Übereinstimmung mit seinem

Schicksal, das heißt also, mit seiner Wirklichkeit lebt. Aber wir waren ganz woanders stehengeblieben, das weiß ich nicht mehr.

K: Daß der Mars zurecht da steht, weil das Wissen versteckt wird.

A: Gut, weil das Wissen versteckt wird, - die einzige Begründung, die man dafür geben könnte, und die ist wirklich schwerwiegend, wäre das, daß wir in einer Zeit von Reproduzenten und Opportunisten leben, die sich am Objekt klassifizieren wollen und am Objekt sättigen wollen und denen das Objekt selbst wurscht ist, die darüber Macht haben wollen - die vom Objekt leben und es zerstören. Und man kann davon ausgehen, daß das Objekt nur durch solche durchführbar ist, die das Objekt sozusagen auf die Beine gebracht haben. Das heißt also: wenn ein Apfelbaum Äpfel wirft, muß er vorher eine ganz schöne Zeit lang Apfelbaum gewesen sein, und er muß vor allen Dingen den Erlebnisweg, den Erfahrungsweg mit allen Risiken des Apfelbaumes auf sich genommen haben. Jetzt kommt ja auch noch der ideologische Mißbrauch dazu, und all diejenigen, die sich dem verderblichen Wissenschaftsdenken anpassen wollen, und dafür ist ihnen dann als Morgengabe für die Etablierten das Übernommene grad recht.

K: Wie ist das eigentlich .. es ist doch so, daß der Mars noch Herr von fünf ist. Das ist zwar Ausdruck, aber muß das jetzt unbedingt den Ausdruck dessen betreffen, was geheim gehalten werden soll ?

A: Deswegen, weil er .. wenn der Mars so gerade heraus, wie der Mars ist, so direkt, so ohne Umwege, ins neunte Haus marschiert und nach außen wirklich tätig werden will, so wie der das will, dann bleibt dem gar nichts übrig als daß er gegen die ganze Geheimniskrämerei von dem Neptun wirksam wird, also der muß im Quadrat sein.

K: Wie sieht das in der Realität aus ?

A: Realität - darf ich einmal eine kleine Voraussetzung machen ? Wenn ich hier ein Geburtsbild mache, daß ich beabsichtige, in die Welt zu setzen als Gesellschaft oder was weiß ich, oder als Gefäß oder als Gesellschaftsform oder Gefäß für einen Inhalt oder für eine Idee, und ich schaue nach: was kann ich für Daten - welche Konstellationen kann ich nützen - dann genügt es nicht nur, daß ich jetzt 'rumschiebe und sage: "gut, jetzt schauen wir halt, daß wir den Mars 'rausbringen" - oder dieses oder jenes - ..

K: Es ist auch ein bestimmter Grund da, daß ..

A: .. sondern es muß ein ganz bestimmter Grund sein, wieso das Mars-Quadrat ist. Dann muß ich mir zuerst einmal überlegen: "was ist denn an der Sache so oder so geartet, oder soundso falsch". Verstehen Sie, ich muß vorher sehen: "gut, wenn ich also bis zum September keine Möglichkeit habe, anständig zu gründen, dann muß doch bis zum September immer noch eine Meinung in mir sein, oder in den Beteiligten, die es unmöglich macht, inhaltlich unbeschadet zu gründen". Das heißt, ich kann also erst gründen, wenn ich einen bestimmten Gedankenwerdegang oder neue Eindrücke hinter mich gebracht habe. Es ist also zu überlegen: wenn ich da nicht gründen kann wegen des Mars-Quadrat-Neptun, so ist es sinnlos zu suchen: wo ist der Bursch - das ist sinnlos, weil, es ist ja wurscht, wer er ist, das ist ja ein Erfüllungsgehilfe der inhaltlichen Konstellation. Also muß ich doch überlegen: "was denke ich falsch", bevor ich dann weiterschiebe und sage: "ja gut, dann gründen wir im September". Ich kann natürlich sagen: "gründen wir also die ganze Geschichte im September, dann haben wir noch zwei Monate Zeit, und in diesen zwei Monaten werde ich mich möglicherweise in meiner Anschauung ändern". Und es kann ja auch sein, daß sich die Umstände ändern.

K: Darf ich aber trotzdem noch die Frage stellen nach der Realität ? Wenn ich Überlegungen anstelle, muß ich ja auch wissen, was hinter den Symbolen steht. Und mir ist also nicht ganz klar, was will der Mars jetzt - inhaltlich ist es mir klar - in der Realität bedeutet, wie er sich auswirkt, im sichtbaren Bereich. Kommt das von außen, sind das ein paar Behörden, die die Sache anfeinden, sind es die offiziellen Wissenschaften, ist das irgend jemand ? - Immerhin im neunten Haus stelle ich mir die Sache gar nicht so gegenständlich vor.

Deswegen frage ich: "wie schaut das aus, diese Anfeindung vom Mars" ?

A: Zunächst haben Sie einmal zwei Planetenprinzipien, die schon einmal überhaupt nicht zueinander passen. Das eine - wissen Sie, haben wir in der Formel drinstehen: als Auflösung, das andere als Energie. Wenn Sie Energie plus Auflösung nehmen, dann haben Sie es schon: Energie plus Auflösung. Wenn Sie es im organischen Bereich nehmen, haben Sie die Säure, also das ist ein durchaus - ein Auflösungsprozess. Und dieser Auflösungsprozess wird also fällig - von mir aus - in dem Zeitabschnitt, ganz gleich, wie ich hinkomme, ob mit sieben Jahren oder sowas.

K: Da haben Sie aber trotzdem das erreicht, was Sie erreichen wollten. Sie wollten ja letzten Endes .. Sie müssen ja die Auflösung betreiben, um im Endeffekt nachher zu beweisen, daß es möglich ist, mit Ihren Mitteln also das Wetter vorauszusagen, und zwar besser vorauszusagen, als es die Wissenschaftler können. Denn sonst dichtet man Ihnen hellseherische Fähigkeiten an, und wenn Sie beweisen können, wie Sie das gemacht haben ..

A: Nein, wenn ich das über den Computer mache, dann ist das mit dem Hellsehen schon weg, dann ist keine Gefahr mehr, daß man mich für einen Hellseher hält. Das ist dann schon vorbei, das ist schon ausgeschaltet. Das ist auch der Grund, warum es zu der Gesellschaftsgründung kommen soll. Dann das zweite .. das Problem ist doch das, daß die Wissenschaft heute strampelt, und am Leben bleiben möchte, das heißt, sie möchte ihr Selbstverständnis erhalten. Das heißt, sie möchte immer noch in dem Slogan leben: "alles, was ich erkenne, ist nützlich". Und die Folge ist, daß wenn das Wissen frei würde, dann würden die das doch vermarkten wie nichts, und dann würden sie es doch viel besser durchführen als ich, - denn die haben doch wesentlich mehr Geld, wesentlich mehr Mittel.

K: Aber Sie haben Urheberrechte.

A: Als Astrologe ist man Outlaw, und als Outlaw hat man keine Rechte.

K: Die müssen doch erst einmal ein bißchen hinterherzuckeln. Da hat das Ganze ja schon einen Namen.

A: Nein, da unterschätzen Sie die eingefahrene Institution, die unterschätzen Sie ganz gewaltig. Denn heute ist die Naturwissenschaft bzw. überhaupt die Wissenschaft immer noch gesellschaftsfähig, aus welchen kranken und gesunden Gründen auch immer, das spielt keine Rolle. Und dann denken Sie nur einmal an all diejenigen, die sich über die Wissenschaft klassifizieren wollen, und heute einen Denkberechtigungsschein und einen Berechtigungsschein für ihre Existenz daraus entnehmen, daß sie - von mir aus - sich innerhalb des Denksystems klassifiziert haben als "Herr Ingenieur" oder "Herr sowieso", wobei ich also nichts gegen Ingenieur oder sonstige Bestätigungsnormen sagen möchte, - die werden das natürlich alle ignorieren, das ist keine Frage, denn es geht ja hier nicht darum, was richtig ist und was nicht richtig ist, sondern es geht darum, ob die Klassifizierung dabei flöten geht oder nicht. Und dann verlangen ja die Erkenntnisse der Astrologie, und deswegen hat man ja so Angst, sie zu bemerken, eine Stellungnahme, eine Auseinandersetzung. Wissen Sie, was man direkt sehen kann, also jedes physikalische Gesetz, - daß wenn was vom Trum herunterfällt und es fliegt herunter und schlägt auf, - das ist ja unverbindlich. Es ist ja schon viel unangenehmer, wenn ich sagen kann, "warum das herunterfällt und wann", dann wird es nämlich verbindlich. Also das sind alles Widerstände. Und dann müssen Sie bedenken die Widerstände all der Menschen - die nun - und die berechtigten Widerstände, das müssen Sie ja verstehen - stellen Sie sich einmal vor, es geht einer - ja, bis zum Abitur gehen viele in die Schule, aber nach dem Abitur überlegt er es sich noch lange hin und her, "was soll ich werden ?", dann wird er also Meterologe, und dann studiert er das - ich weiß nicht, wie lange ? - aber acht Jahre oder sechs, oder wie ?

K: Also fünf Jahre einmal sicher.

A: Fünf Jahre studiert er und ein Semester verbummelt er und noch eins, und dann studiert er sechs Jahre, einmal fällt er durch, also so sechs Jahre etwa, und dann hat er noch Praktikantenzeit, da verdient er noch nicht viel und läßt in Riem einen Ballon 'rauf und so weiter. Und das macht er nun so und so lange, und ist nun zwanzig Jahre Meterologe. Jetzt kommt einer und rechnet das astrologisch aus, der muß doch böse werden. Da haben Sie jetzt aber nicht einen, sondern da haben Sie ein Heer, ein Heer von Leuten, das ist eine gesamte Gesellschaftsschicht. Und die sind alle dagegen.

K: Dann sollen sie doch böse werden.

K: Das sind dann die marsischen Einflüsse ? Das wollte ich nur wissen.

A: Ja.

K: Wie weit geht denn der Mars in sechs Tagen ? Dann gäbe es ein Sonnen-Quadrat zum Neptun, dann wäre doch eventuell der Mars draußen. Dann haben Sie ja immer noch die Sonne im Löwen.

A: Dann läuft der Löwe auf das Neptun-Quadrat zu, dann wird die ganze Sonne schwach.

K: Ich wollte noch fragen: warum auch grad den vierzehnten August ?

A: Das kann ich Ihnen schon sagen, weil der Merkur da nicht mehr rückläufig ist, und bei einem rückläufigen Merkur soll man nichts gründen.

K: Was heißt eigentlich "nicht mehr rückläufig" ? Der läuft doch - am sechzehnten bleibt er doch stehen.

A: Aber da ist er schon im Maximum.

K: Wie ist das jetzt gemeint ?

A: Der Merkur ist am zehnten Juli auf elf Grad Löwe gewesen.

K: Wann ? Am zehnten ?

A: Am zehnten Juli. Dann steigt er im Tierkreis aufwärts und da ist er ungefähr am fünfundzwanzigsten Juli auf zweiundzwanzig Grad Löwe. Dann geht er wieder zurück bis auf elf Grad, - und von dort aus steigt er im Tierkreis wieder hoch und ist dann irgendwann wieder auf zweiundzwanzig Grad. Und in dem Abschnitt, wo der Merkur hier zurückgeht auf die elf Grad Löwe, da soll man nicht gründen, das steht aber schon bei Brandler-Bracht, das ist schon ein paar hundert Jahre alt.

K: Richtig stehenbleiben tut der Merkur aber erst am achtzehnten. Wäre das der günstigste Tag ? Nach dieser Merkurrechnung jetzt einmal ?

A: Der achtzehnte wäre vier Tage später, da haben wir sechsundzwanzig Grad Löwe-Sonne, da haben wir nur noch sechs Grad bis zum Neptun, das würde mir nicht gefallen.

K: Verstehe ich - würden Sie als erstes jetzt einmal auf den Merkur schauen, denn der schränkt ja als erstes einmal ein.

A: Ja.

K: Würden Sie da jetzt als erstes einmal bei dem achtzehnten suche, wie es Ihnen rein vom Merkur her am liebsten ist ?

A: Ja, rein vom Merkur her würde ich um den achtzehnten schon suchen, weil mir ja vom Löwen schon gar nicht mehr viel bleibt. Im übrigen, das fällt mir jetzt gerade so ein, wenn man im September gründen würde, auf siebzehn Grad, wie wir gesagt haben, da hätte die Sonne also ein sauberes Quadrat zum Saturn.

K: Ach ja, da wollte ich noch fragen: überhaupt der MC, das Quadrat zum Saturn, ist das nicht auch hemmend ?

A: Wissen Sie, das ist im Selbstgefühl depressiv, wegen der Widerstände im siebten Haus. Dem wird von der Öffentlichkeit her keine Bedeutung zugesprochen - ein Mensch, der den Saturn von der Westhälfte des Horoskopes her im Quadrat zum

MC hat, der ist antilegendär, so einer kann die tollsten Dinge vollbracht haben, er wird in der Öffentlichkeit nicht anerkannt. Dabei kann er eine riesen Bedeutung haben, aber er kommt nicht an. Aber wenn einer das Gleiche mit dem Jupiter hat, der braucht gar nichts tun, da ranken sich die Legenden schon drum herum, bevor der überhaupt einmal geschnauft hat. Das heißt also, wenn hier in einer Institution der Saturn im siebten Haus steht im Quadrat zum MC, so heißt das, diese Institution ist antilegendär, das heißt mit andern Worten, "man hat sie nicht gern".

K: Ist das identisch, "antilegendär" und "man hats' nicht gern" ?

A: Doch, das ist identisch, denn die Leute ranken nur dann ihre Phantasie um eine Person, deren Denkvorgänge und Denkprozesse für sie in irgendeiner Weise befriedigend sind. Aber diese Denkvorgänge, die hier als Herausforderung ins siebte Haus gehen, sind für die Leute alles andere als befriedigend, sie sind eher regelnd bis maßregelnd, verpflichtend bis bindend, das Subjektive bloßlegend, und das mögen sie nicht. Darum ist es antilegendär. Verstehen Sie, die Leute mögen nur dann diesen Saturn-MC-Quadrat aus sieben, wenn der Betreffende anständigerweise dann auch wenigstens im Kloster ist, dann wollen sie wenigstens ein Opfer sehen. Wenn sie kein Opfer sehen, oder der nicht im Kloster ist - also er muß wenigstens in einem Ausnahmezustand sein, der für sie nicht zuständig ist, das ist dasselbe wie mit dem Geniebegriff, wenn Sie sich erinnern. Wenn jemand etwas tut, was eigentlich anständigerweise jeder tun müßte, das haben die Leute nicht gerne, weil sie sich sagen, "wenn wir es selber nicht tun und der tuts'," dann könnten sie eigentlich den nicht gut loben, weil, in dem Moment, in dem sie den loben, tadeln sie sich selber. Was machen sie also ? Sie machen ihn zum Genie. Insofern ist er dann außerhalb jeder Bewertung und Beurteilung, und sie sind dabei nicht getadelt, wenn sie sagen: "das ist ein Genie". Dann ist das ganz etwas anderes, das ist ja ein Genie. Künstler geht dann auch, - wie halt Künstler so sind, der darf dann alles, der ist auf einem anderen Tableau, der ist dann in der Genie-Ecke. Astrologen, im übrigen, die sind zur Zeit in der Zirkusecke.

K: Warum ?

A: Zirkusecke, da brauchen Sie bloß in jede Zeitung 'reinschauen.

K: Das ist das Horoskop, die Zirkusecke ?

A: Na schauen Sie, die haben sich in der "AZ" nicht getraut - in der "AZ" haben sie eine Titelseite gebracht, und zwar am Samstag, - ich kann mir das gut vorstellen, da ist die Redaktion beieinander gesessen und hat gesagt: "jetzt ist da nichts passiert und da nichts passiert und politisch nichts und mit dem Barzel nichts und mit dem Schröder nichts, und da ist auch nichts, und da haben wir nichts, was haben wir denn jetzt für die Überschrift ?" - "Wetter, Wetter - jesses, der Döbereiner in Steinebach". - Jetzt haben sie um elf Uhr angerufen und haben gesagt: "Wie wird denn das Wetter im Herbst ?" Dann hab' ich gesagt: "Kühl" - verstehen Sie, und jetzt haben sie sich aber nicht getraut, hinzuschreiben, "der Astrologe sowieso hat also für das Wetter das und das gesagt", oder irgend so was, wie sie es bei den Meterologen gemacht hätten, oder sonstwie bei jedem anständigen Menschen. Jetzt haben sie überlegt - das kann ich mir gut vorstellen, wie da in der Redaktion - ich bin ja einfühlend - wie sie da in der Redaktion hin und her überlegt haben: "ja, wie bringen wir das, unter wem oder unter welchem Namen ?" und so. Einfache Lösung: "der Wetterprofessor", machen wir ein Original aus dem, der "Wetterprofessor", was meinen Sie, wenn ich mit einer komischen Hose oder mit einem komischen Hut daherkomme, ich würde denen die größte Freude machen, weil, dann ist es unverbindlich, der "Wetterprofessor" hat das gesagt, stellen Sie sich vor. Das ist die Zirkusecke.

K: Aber hinten wieder so schön verwissenschaftlicht, das war ja auch wieder schön.

A: Ja, ja. - Dann lassen wir das Horoskop jetzt, da haben wir jetzt genügend hingedacht.

K: Nur mit dem Merkur habe ich noch eine Frage. Ist der denn so wichtig, daß man auf die Rückläufigkeit Rücksicht nehmen muß. Der liegt doch nicht irgendwie bedeutend.

A: Der Merkur ist der Herrscher vom zehnten, immerhin. Und dem mundanen Symbol nach der Zwilling, der Herrscher von drei, also die Entfaltung nach außen, mundan gesehen. Der Merkur soll schon einigermaßen okay sein und er soll nicht zu nahe an der Sonne stehen und er soll nicht zu weit von der Sonne stehen, also hier hat er elf Grad, das ist also recht anständig. Ich würde sagen, alles übrige wäre hier in Ordnung. Das einzige Problem, auf das hier hingewiesen wird, durch die Konstellation, ist Mars-Neptun, das heißt, die Verschleierung, wovon, - die

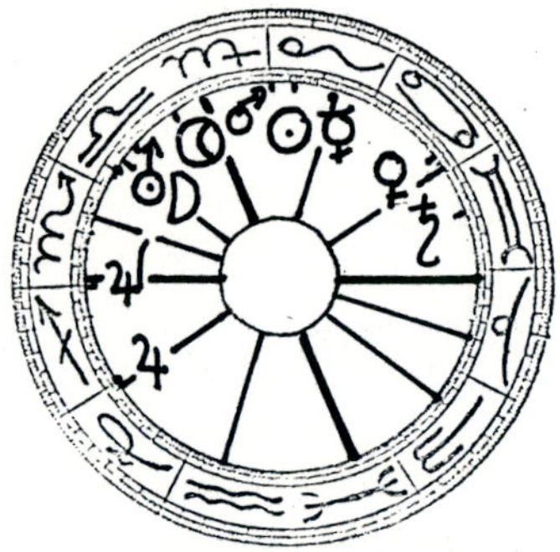

Verschleierung des Pluto, also der Kenntnis über die Struktur. Das heißt, es liegt die Verschleierung eines Wissens vor, das eigentlich allgemein zugänglich sein sollte, wie es üblich ist, einem Outlaw aber nicht möglich. - Wieviel Uhr haben wir eigentlich ?

K: Zehn Minuten vor zehn ist es.

A: Dann machen wir es so: ein Horoskop durchzusprechen rentiert sich dann nicht mehr, dann machen wir es folgendermaßen: wir gehen einzelne Punkte durch über Geburtsbilder, über Deutung, oder über Symbole, die Ihnen nicht klar sind.

K: Wie wäre es mit dem neunten Haus ? Das habe ich vorhin angeschnitten und ..

A: Gut.

K: Und den Jupiter.

A: Machen wir das neunte Haus. Was haben wir beim neunten Haus gesagt ? Wer erinnert sich noch, was wir beim neunten Haus in den Anfangsabenden gesagt haben ?

K: Weltanschauung, Einsicht.

K: Begegnung mit Religionen.

K: Funktion aus der Bindung an Begegnung.

A: Funktion aus der Bindung an die Begegnung - das stimmt an sich aufs' Wort, aber wer kann sich jetzt was vorstellen ?

K: Ja, Einsicht, Weite.

A: Einsicht - Einsicht wohin bezogen, worin ?

K: Auf die Begegnung.

A: Also, wir haben folgende Dreiteilung gemacht - des Überblicks halber. Im dritten Haus ist der Intellekt, im sechsten ist die Vernunft, im neunten Haus ist der Verstand. Das, was man auf bayrisch einen "gscheiten Menschen" nennt. "A gscheiter Mensch" ist ja auf bayrisch kein "Intellektueller". Bitte ?

K: Also ein Bauer kann "gscheit" sein ?

A: Der kann sehr gscheit sein, ja. - Was meinen wir also, wenn wir "Verstand" sagen ?

K: Einsicht.

A: Er bezieht die Einsicht mit ein, in Bezug worauf ?

K: In Bezug auf ein Wissen um irgendeine Sache.

A: Genau. Das heißt mit anderen Worten: der Intellekt beschäftigt sich mit sich selber, nämlich mit dem Zurechtfinden im Lebensraum, Zurechtfinden von sich selber. Die Vernunft beschäftigt sich mit sich selber, nämlich insofern, als es ihr darum geht, sich an die Lebensbedingungen und Umstände anzupassen bzw. seine eigenen seelischen Bedürfnisse gegenüber den Bedingungen, so wie sie vorhanden sind, auszusteuern. Das ist klar, da beschäftige ich mich auch mit mir, quasi. Und der Verstand ist also sozusagen dasjenige, was sich nicht nur mit sich selbst beschäftigt, sondern Einsichtsfähigkeiten auch in Vorgänge hat, die die Interessen des nicht-Ich, also die Interessen des Fremden miteinbezieht. Es besteht im Gegenteil ein großes Interesse an Fremdem, um die Einsichtsfähigkeit loszuwerden und sich damit zu motivieren. Insofern ist also das neunte Haus das dritte Haus des "Du". Das heißt, Einsicht in die Funktionen der Begegnung, oder dessen, was einen herausfordert. Wer könnte also z.B. die Sonne in Haus neun haben ? - Ein "gscheiter" Psychologe, ein "gscheiter" Psychotherapeut, oder ..

K: Ich kenne einen Schauspieler, der im neunten Haus sehr stark besetzt ist.

A: Der Schauspieler, da gibt es ja viele Motivationen, - von der Identitätsübernahme bis zur Imitation - aber der Schauspieler fühlt sich im dritten Haus im Sinne der Selbstdarstellung recht wohl. Der saust im dritten Haus herum, und wenn er das neunte Haus sehr stark besetzt hat, aber die Sonne nicht im neunten, dann ist das für ihn eine Zierde - wie soll ich sagen ? - Das Hauptmoment seiner Verwirklichung liegt nicht darin, sich in der Funktion anderer auszukennen. Das ist dann sozusagen eine Zierde, die die Eigendarstellung zu etwas Besonderem macht. Wobei man die Eigendarstellung jetzt gar nicht einmal als Negativ ansehen muß - es gibt ja Menschen, die müssen sich in den Spiegel schauen, um sich zu erkennen. - Wie soll ich sagen ? - Das dritte Haus ist sowas wie .. in dem Augenblick, in dem sie handeln, erkennen sie sich. Das Handeln selbst bringt Orientierung. Es gibt andere Menschen, bei denen das ganz anders ist. Die erlangen also Bewußtheit dadurch, daß sie nicht handeln. Wenn nun zwei zusammenkommen, der eine erlangt Bewußtheit darüber, daß er nicht handelt, und der andere, mit dem er zusammenkommt, der erlangt Bewußtheit darüber, daß er handelt - stellen Sie sich einmal die zwei in einem Zimmer vor, da macht der eine den anderen wahnsinnig. Das nur einmal in Bezug auf zwischenmenschliche Situationen - das können wir das nächste Mal im Kurs machen, daß wir Horoskop-Vergleiche anstellen - da bin ich jetzt schon ein paar Mal angesprochen worden - nur, da ist folgendes: wenn Sie z.B. wissen, daß sich zwei Menschen innerhalb eines Zimmers nicht verstehen können, dann sollten Sie das nicht deshalb wissen, weil der Mars des einen beim Saturn des anderen steht, oder ein Quadrat wirft, - da können Sie sich nämlich sehr täuschen. Es gibt nämlich Leute, deren Mars beim Saturn vom anderen steht, und die verstehen sich glänzend. Maßstab ist alleine das, worin der Einzelne seine Verwirklichung findet. Schließt sich die gegenseitig aus oder nicht ? Und in dem Moment, wo man jedes Horoskop für sich erkennen kann, durch die Deutung, dann brauchen wir diese Planeten-Vergleiche gar nicht mehr. Außerdem werden die Planeten dann untereinander sozusagen platzmäßig verglichen, als ob es keine Hierarchie im Horoskop gäbe, als ob die einzelnen Planeten nicht in irgendeiner Form hierarchisch gebunden wären, Bedeutungsträger sind und so weiter. Das Entscheidende innerhalb eines Zusammenlebens sind doch die Verhalteneigenschaften, die Verhaltensart. Da geht man sich auf die Nerven.

K: Daß sich also Sonne-Löwe und Sonne-Stier nicht verstehen ?

A: Nein, die verstehen sich nur unter der Voraussetzung einer kurzen Frist von Jahren, unter der Voraussetzung des Kampfes von Urrudimenten gegeneinander, die sich dann im Kampf Mann gegen Frau wiederspiegeln. Da ist es also durchaus so, wenn z.B. eine Frau ein Skorpion ist, und es läuft ihr ein Löwe über den Weg, dann sagt die: "da ist was, das lebt! Und was lebt, das ist was für mich", - und dann möchte sie es wissen. Und irgendwo kann halt der Löwe - dem gefällt das, daß sie so beherrscht ist, ohne zu bedenken, daß die ja leicht beherrscht sein kann, wenn sie von vorne herein so vorstellungsgebunden ist, daß jede seelische Erlebnismöglichkeit dem untergeordnet ist. Das ist ja kein Kunststück. Wenn mir z.B. an materiellen Dingen nichts liegt, dann kann ich ja leicht großzügig sein, das ist ja kein Verdienst. Drum sag' ich ja immer: positiv und negativ gibt es nicht, es ist geeignet oder ungeeignet - jedenfalls sind die beiden sich so lange eine Herausforderung, vielleicht fünf Jahre lang als Verheiratete, und wenn sie Pech haben, dann haben sie zwei oder drei Kinder in der Zeit, und dann geht die Sache nämlich schief. Wenn Sie eine astrologische Praxis haben, dann können Sie das sehr schön verfolgen. Immer wieder, immer wieder Skorpion und Löwe. Und wie die kämpfen, das ist sagenhaft, mit allen Mitteln. Wenn es nämlich nicht mehr geht, dann greift natürlich jedes Zeichen zu seinen Waffen, und das kann dann schon sehr grausig werden, - wenn sich der Mann dann scheiden lassen will und sie spielt die Verrückte, daheim inzwischen, aber gekonnt, da gibt es Beispiele en masse. Das gibt es natürlich zwischen anderen Zeichen auch, aber nehmen wir einmal an ..

K: Widder und Siter.

A: Widder und Stier, - da gehts' halt um die Frage von Revierübergriffen, aber vom Grundgefühl her sind sie sich nicht fremd, sie sind verwandt.

K: Fische und Widder ?

K: Stier und Skorpion ?

A: Das ist auch so eine Art Pubertätsspannung genau wie Fische und Jungfrau. In der Pubertät kommen solche gegensätzlichen Sonnen sehr oft aufeinander zu, und sind sich sozusagen gegenseitig Entwicklungshelfer, nur, dauerhaft ist es nicht, denn die Herausforderung müßte ja nicht das verschiedenartige Verhalten sein, durch die Sonne dargestellt, wenn sie im gegenüberliegenden Zeichen steht, sondern Herausforderung müßte die verschiedene Anlage sein, die zu verwirklichen ist. Ich habe Ihnen schon einmal gesagt: jeder hat einen Descendent und einen Ascendent. Am Ascendenten sind die Anlagen, die er bei sich verwirklichen kann, und am Descendenten sind die Anlagen, die er in der Umwelt suchen muß, um sich in der Umwelt zu finden und zu vervollständigen. Diese Anlagen muß er beim anderen verwirklichen. Infolgedessen muß die Herausforderung darin liegen, daß er seine Anlagen wo anders findet. Natürlich bei entsprechenden Verhaltenseigenschaften des anderen. Das heißt also, die Verhaltenseigenschaften selber sagen gar nichts darüber aus, ob eine Herausforderung besteht, und selbst, wenn sie sich gegenüberstehen, sind sie keine Herausforderung gegeneinander - denn es sind ja nur Verhaltenseigenschaften, es sind ja nur konträre Wege, und konträre Wege können sich nicht ergänzen. Was anderes ist, wenn die Anlagen, die der eine im ersten Quadranten hat, der andere im dritten hat, - ich habe es ja schon einmal gesagt: wenn einer Mars am Ascendenten hat, wird er immer wieder Personen anziehen und gefühlsmäßige Affinität erreichen bis zu Heftigkeit des Gefühls, wenn jemand über den Weg läuft, der Mars im siebten Haus hat. Nur weiß der das gar nicht, daß der andere Mars im siebten Haus hat.

K: Gilt das auch für alles andere, was nicht Mars ist ?

A: Gilt auch für alles andere, ich denke nur deshalb daran, weil ich den Mars im siebten Haus habe, und ich muß sagen, die Affinität ist im marsischen Sinne geradezu unglaublich. Und erst im nachhinein, quasi, im Horoskop gesehen. Das ist schlicht und einfach so: man sucht die Personifizierung seiner Anlagen, die man latent, also genotypisch hat, phänotypisch in der Aussenwelt, um sie sich heranzuholen, um zur Totalität im Sinne des Adam-und-Eva-Prinzips zu kommen.

K: Und wie geht das für beide Teile aus ? Ist das dann für beide Teile befriedigend oder nur für einen ?

A: Es ist ja nicht immer gesagt, daß wenn der eine viel Latenz vom anderen darstellt, daß das umgekehrt genauso ist, also da gibt es schon ein Gefälle. Da gibt es überhaupt viele Varianten. Man kann sich z.B. auch seine Anlagen von der Sonne des anderen verwirklichen lassen, - was besonders günstig dann ist, wenn die eigene Sonne nicht hinreicht.

Wenn z.B. jemand Saturn in sieben hat und die Sonne irgendwo in der unteren Hälfte, dann kann er ja den Saturn dem Partner überlassen, nämlich jemandem mit der Sonne im Steinbock. Das heißt dann, daß der Partner genau so leben würde, wie man mit einem Saturn in sieben denkt. Aber das sind dann alles Dinge, auf die können wir dann das nächste Mal eingehen. Dann hätten wir es.

Anmerkung: Die Gesellschaft wurde wegen Uneinigkeit der vorgesehenen Gesellschafter nicht gegründet.

SECHSUNDDREIẞIGSTER ABEND

9. AUGUST 1972

A: Wir haben heute ein männliches Geburtsbild, was macht das für einen Eindruck ? So als Häuserbild, es kommt ja x Mal vor ..

K: Nach den Häusern könnte man sagen: na ja, das ist halt in erster Linie eine Anlage, die auf Sicherung zielt, um eine gewisse Konsolidierung zu erreichen, im Steinbock, und wenn man einerseits den Stier sieht, sichernd - und wenn man das fünfte Haus im Löwen sieht, dann könnte man schon meinen, daß das das Schema sein könnte von einem, der mit Grundstücken maklert.

A: Stier vorne und Steinbock oben - das sind zwei Erdzeichen, was heißt das ?

K: Solid.

A: Was bezeichnet man als solid ?

K: Bodenständig.

A: Bodenständig, solid, - was ist das ? - Ja gut, woran leiden die soliden, bodenständigen Leute ?

K: Sind materiell.

A: Sind materiell, ja, ist mir zu allgemein, wissen Sie, "materiell" ..

K: Konservativ.

A: Die haben kleine Poren, die verausgaben sich nicht, die haben alle Verhaltenskrankheiten. Da stimmts' dann meistens mit der Ausscheidung nicht. Das sind dann auch meistens die Fiebertypen, die brauchen vierzig Fieber, bis überhaupt aus dem Körper was 'rausgeht. So in etwa, als Grundmotiv, viel kann man ja noch nicht sehen. Und wenn jemand so verhalten ist, daß er MC im Erdzeichen, Ascendent im Erdzeichen hat, was haben wir dann im zwölften Haus ?

K: Widder.

A: Die ganze Energie ist im zwölften Haus. Wofür spricht das ? Na, wenn alles, was im Vordergrund steht, ordentlich ist und solid - wie Sie es genannt haben ..

K: Eine Drosselung.

A: Eine Drosselung, richtig, es ist eine Drosselung. Aber es ist noch etwas anderes, denn Energie hat er ja. Es ist ja nur die Frage: wo hat er sie ?

K: Im Unterbewußten.

A: Ja, im Unterbewußtsein, freilich, wenn man es nicht herausläßt, hat man es natürlich im Unterbewußtsein. Welche Richtung nimmt die ? Na, wie es bei allen Bürgern ist ? Bitte ?

K: Sich von den Abhängigkeiten frei machen.

A: Ja, ja, aber auf welche Art ? Nun müßten wir natürlich erst sehen, was für ein Verhalten er hat, aber in gewisser Weise, ein bißerl verdächtig ist mir schon, daß der Widder da hinten im zwölften Haus steht. Weil die Energie, oder die Aggression, die kann er ja aus Sicherheitsangst fürs' Leben nicht brauchen, denn er hat ja Angst vor denen, die aggressiv Revierübergriffe machen, also möchte er das Problem auch bei sich im Bewußtsein erst gar nicht vorfinden. Jetzt hat er also dann die Energie bzw. Aggression irgendwo im Hintergrund, im Unbewußten. Und die Energie, die gehört ja eigentlich nicht in den Hintergrund, sondern die müßte ja raubtiermäßig vorauslaufen.

Gut, das ist so ein allgemeiner erster Eindruck, denn jetzt müssen wir ja erst die einzelnen Planeten in der Reihenfolge unseres Schemas einzeichnen.

Gut, jetzt wollen wir uns noch einmal in Erinnerung rufen - so zwischendrin, wie wir es ja immer gesagt haben, vom Anfang des Kurses ab, immer wieder ein paar Brocken dazwischen werfen als ständige Wiederholung - was ist denn eigentlich ein Geburtsbild ? Na, da haben wir x Mal gesprochen darüber.

K: Das ist der Geburtsvorgang.

A: Das ist einmal der Geburtsvorgang.

K: Das ist der Kontostand, mit dem jemand auf die Welt kommt, von den Anlagen, die er mitbringt, und von denen, die er sich erwerben muß.

A: Wie ist der Kontostand aufgeschlüsselt ?

K: Nach dem Ererbten und nach der Situation, in die er geboren worden ist.

K: Welche Entwicklungsstufe er halt hinter sich hat und welche er noch durchleben muß.

A: Ja. Ich will ja jetzt kein Lehrer sein, aber ich habe Ihnen ja schon oft gesagt: in der Vielfalt der Möglichkeiten und der Begriffe, die man hat, ist es überhaupt schon sehr schwer, jeden Begriff zu begreifen, und zweitens ist die Anwendung der Begriffe - man kann sich aus der Flut dadurch retten, daß man auf das Prinzipielle und auf das Allereinfachste zurückgeht. Deshalb versuche ich immer wieder, Sie auf das Einfachste zurückzuführen. Punkt Nummer eins ist: das Geburtsbild ist nichts anderes als eine Darstellung der Anlagen. Wie werden die dargestellt ?

K: Könnte man sagen, praktisch, das Haben ist die untere Hälfte, und das Soll ist die obere ?

K: Das ist ein bißchen zu einfach ..

A: Das kann man eigentlich schon, ja, die untere Hälfte ist "Haben" - na ja, wissen Sie, "Haben" stimmt nicht ganz, hinkt ein bißerl, und zwar deswegen, weil wenn Sie jetzt fünf Jahre alt sind, dann haben Sie die untere Hälfte noch lange nicht. Dann müssen Sie sich zuerst auswachsen und bis Sie dann zu einem Lebensausdruck kommen, zum zweiten Quadranten kommen, das dauert lang.

K: Das ist überhaupt ein Problem, wo ich kürzlich darüber gestolpert bin mit dieser Auslösung und - wenn wir uns z.B. jetzt ein Horoskop anschauen von einem Menschen, dann betrachten wir als ersten Punkt: was steht in Haus eins ? Wir nehmen also das Ganze, so wie es ist, und andererseits sagen wir: eigentlich verleibt sich der Mensch diese Anlagen erst dann ein, wenn er drüber geht, und viele Planeten kommen ja erst im ersten Quadranten dran.

A: Die Geschichte ist die: es ist verfahrenstechnisch einfacher, wenn ich hier vom Häuserbild, das ich habe, ausgehe, und dann die Auslösungssituation entlanggehe. In Wirklichkeit ist es so, daß das Häuserbild stehenbleibt, und die Planetenstände mit den Tierkreisbildern über den Ascendenten marschieren, - die Anlagen also gegen den Uhrzeigersinn in den ersten Quadranten marschieren, - sie wandern durch das Tor des Ascendenten in die Realität. Verstehen Sie, was ich also verändere ist das: statt daß der Ascendent stehen bleibt, und die anderen Punkte auf ihn zuwandern, bleiben die Punkte stehen und der Ascendent wandert auf sie, - das gibt keinen Unterschied, es kommt zum gleichen Ergebnis, und ist nur technisch einfacher zu handhaben.

K: Trotzdem bleibt, sagen wir einmal, es bleiben dann immer noch dreihundertsechzig Grad rund, und es bleiben zwölf Häuser und es bleiben immer vierundachtzig Jahre. Und sagen wir einmal, es ist egal, ob jetzt etwas im ersten oder im zwölften Haus steht, denn wenn wir ein Horoskop betrachten, betrachten wir ja alles. Und trotzdem ist doch anzunehmen, daß ein Mensch immer sehr lange braucht, bis er einige Konstellationen, wenn die dementsprechend stehen, überhaupt jemals ausgelöst bekommt, und das ist für mich das Problem. Wenn jetzt z.B. ein Planet an irgendeinem Platz steht, der sowieso erst mit sechzig Jahren ausgelöst wird, was tut denn der Planet bis dahin ? - Und trotzdem betrachten wir alles erst einmal so, wie es dasteht.

A: Als latente Gegebenheit, die sich in einem bestimmten Zeitplan verwirklicht.

K: Natürlich ist die Anlage da, wenn er auf die Welt kommt, auch wenn es sich später auslöst.

A: Schauen Sie, - da muß ich doch genau werden.

K: Das empfiehlt sich immer.

A: Ich habe Ihnen gesagt, in jeder Anlage tickt eine Uhr, das heißt, jede Anlage hat ihre bestimmte Zeit, in der sie sich verwirklichen will, und sie zwingt die betreffende Person in die entsprechende Problemstellung, um sich zu verwirklichen. Nun gibt es innerhalb der Anlagen eine Hierarchie, die sich in unterschiedlichen Zeitverhältnissen äußert. Das heißt: jede Anlage hat ihren Rhythmus. Wenn Sie also die Rhythmen aller Anlagen zugrunde legen, dann verwirklichen Sie die Konstellationen Ihres Geburtsbilds je nach dem Zeitverhältnis Ihrer Anlage x Mal. Das heißt, wenn wir im Siebener-Rhythmus, im Rhythmus des "Insich-findens" die einzelnen Konstellationen aus uns herausgebären, dann sind sie in anderen Rhythmen schon x Mal durchlebt, und zwar möglicherweise auf der Ebene des Begegnens, auf der Ebene der Aggression und so weiter.

Jetzt kommt noch ein weiteres hinzu: wenn Sie sämtliche Konstellationen verwirklicht haben, und zwar - nehmen wir einmal an - in allen Anlagebereichen, dann heißt das, daß der Erlösungweg sozusagen beendet ist, und die Form hat sich durch diesen Weg so weit verändert, daß sie am Ende zerbricht.

K: Was machen denn die Leute, die ihre Planeten - meinetwegen zehn Stück - im ersten Haus haben ? - Denn wenn man jetzt absieht von den kleinen Rhythmen, dann kommen die ja schier nie hin.

A: Sie vergessen die zweite Frage, die unmittelbar dazugehört, neben der funktionellen: was ist denn mit einem, der zehn Planeten im ersten Haus hat ?

K: Da nehmen fast alle Häuser dann Bezug aufs' erste Haus und die lösen dann sämtliche Planeten aus.

A: Genau so ist es.

K: Das habe ich schon in Rechnung gezogen, aber wir haben in unserer bisherigen Arbeit den wesentlichen Moment doch darin gesehen ..

A: .. daß sie drüberlaufen ?

K: Ja.

A: Wurde nie gesagt. - Wir haben für jedes Symbol zwei Prinzipien. Nämlich das Tierkreiszeichen als das, wo die Anlage herkommt, und der Planet als Bewegungsprinzip, um zu sehen, wo die Anlage hinzielt. Wenn ich also eine Anlage habe, und ich möchte wissen, wo kommt sie her, dann muß ich das Tierkreiszeichen anschauen und umgekehrt, wenn ich wissen will, wo zielt die Anlage hin, dann schaue ich nach dem Planeten und dem Haus. Das heißt, wenn ich zehn Planeten im ersten Haus habe, dann ist das nicht nur ein Standort, sondern das ist deren Zielort. Der Herkunftsort ist das Tierkreiszeichen. Wenn ich also eine Anlage als Gesamtes sehen will, dann muß ich Herkunft und Ziel ins Auge fassen als etwas Einheitliches. Das heißt, Sie haben die Auslösungen in jedem Fall. Und wenn Sie bedenken, daß jemand zehn Planeten im ersten Haus hat, da lösen sich die Anlagen des ersten Hauses ununterbrochen aus, das ist dann fast ein Trommelfeuer.

Schauen Sie, ich habe den Pluto z.B. ein Grad über dem Ascendenten, der würde ja nie drankommen, bis ich vierundachtzig Jahre alt bin, und nachdem er der Herrscher von fünf ist, würde ich sagen, "es ist eigentlich schade, daß er so spät kommt". Aber ich finde es sehr beruhigend, daß der sich durch den Skorpion vorher auslöst.

Im übrigen - der Herrscher des ersten Hauses, der Eigentümer, der löst sich ja schon innerhalb der ersten sieben Jahre aus. Das heißt, das Tierkreiszeichen, das das erste Haus beherrscht, ist ja gleichzeitig der Periodenherrscher der ersten sieben Jahre. Sie haben ihn also sofort, und zwar mit alledem, was er sozusagen als Planet des ersten Hauses im "Rucksack" hat.

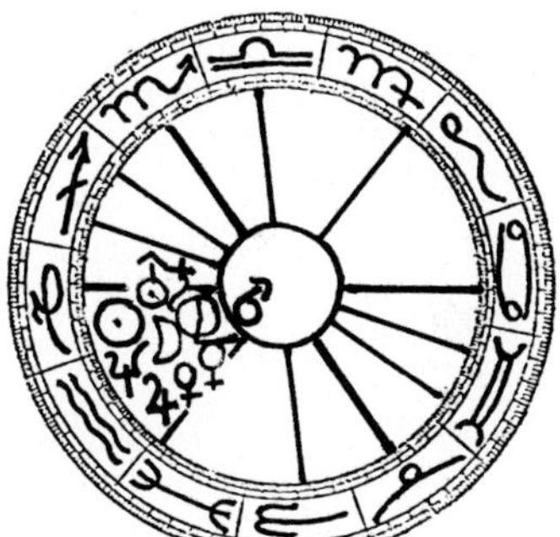

K: Könnten wir nicht noch einmal auf die Zusammenhänge kommen bei den Auslösungen, haben da die Häuser nichts zu sagen ?

A: Es haben nur die Häuser was zu sagen, die durch ein Bewegungsprinzip, also einen Planeten, der sein Zeichen auslöst, mit diesem Zeichen betroffen sind.

K: Aber wird das Haus ausgelöst ?

A: Ich habe Ihnen irgendwann einmal einmal eine Primitiv-Formel gesagt: nehmen wir einmal an, da ist die Sonne im Steinbock, die wird hier angetroffen, und die Sonne löst nun ihr Zeichen aus, den Löwen. Der Löwe aber ist Herrscher von fünf, und als sol-

cher löst er vier aus. So heißt das in der Primitiv-Formel: "Kind fällt ins Haus". So merkt man es sich zunächst am allereinfachsten.

K: Das ist mir noch nicht klar. Noch mal ein bißchen nachfragen: geht man jetzt von der Grundeinteilung aus, also fünftes Haus, weil das ..

A: Herrscher von fünf - Grundeinteilung - löst vier aus - Richtungseinteilung.

K: Ach so.

K: Aber daß das der Herrscher von fünf ist, braucht uns doch weiters nicht zu stören ?

A: Doch, weil er kann ja nur das vermitteln ins vierte Haus, wo er herkommt ..

K: Also der Herrscher von fünf löst vier aus.

A: Gut, gehen wir einmal davon aus: was beherrscht denn hier der Löwe ?

K: Haus fünf.

A: Was beherrscht er damit ?

K: In der Auslösung beherrscht er Haus vier.

A: Nein, wir reden schon so astrologisch, das ist furchtbar. Nein, wenn der Löwe Haus fünf beherrscht, was heißt das ?

K: Er beherrscht die Verausgabung.

A: Die Verausgabung, genau das. Und was für eine Gestaltung ?

K: Eine im Sinne des vierten Hauses.

A: Nein, ich bin jetzt erst beim Löwen.

K: Eine starke.

A: Nein, die Form der Gestaltung. Und zwar die eigenständige Form der Gestaltung. Das heißt also, wenn er hier auf die Sonne kommt, kommt er erst zu einer eigenständigen Form der Gestaltung. Ist das klar ? Durch die eigenständige Form der Gestaltung - Herrscher von fünf löst vier aus - wird er eigenständig im Wesen. Die Eigenständigkeit des Wesens wird damit deutlich. Und die Eigenständigkeit kann erst weitergegeben werden, wenn sie vorher da ist.

Sie könnten es auch noch anders ausdrücken: die Gestaltung sucht sich die entsprechenden Eindrücke - aber das ist vielleicht wieder zu hoch.

K: Ich wollte noch fragen: der Löwe ist doch Mitherrscher vom vierten ?

A: Nein, der ist kein Mitherrscher.

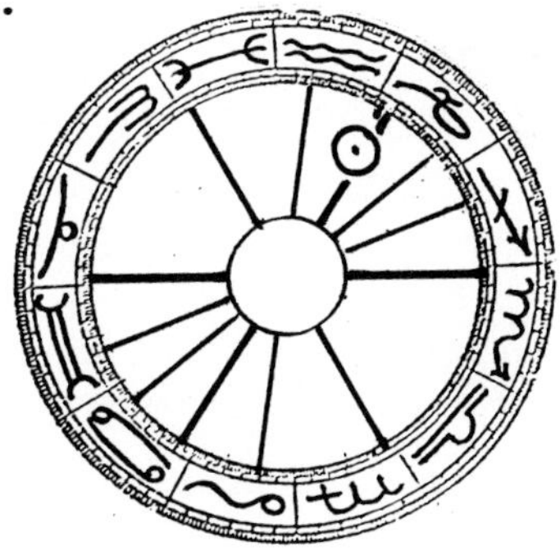

K: Nein ?

A: Nein.

K: Aber in der Auslösung ist vier mit drin.

A: Ja, in der Auslösung schon, davon reden wir ja die ganze Zeit.

K: Ja, das meine ich ja.

A: Dann müssen Sie sich deutlicher ausdrücken.

K: Aber es ist doch ein Teil des Löwen.

A: Der Teil nützt nichts, der Löwe gilt erst ab dem Punkt, wo die Häuserspitze drinsteht. - Wir machen später noch Auslösungen, vielleicht auch hier.

Gut, also wir wissen, das Geburtsbild ist eine symbolische Darstellung der Anlagen. Wir haben es schon gesagt, ähnlich wie im Chromosomensatz, hierarchisch so geordnet, erstens nach Zuständigkeit und zweitens nach Zeitplan. - Was für eine Haupthierarchie der Anlagen gibt es ? - Die Anlagen selbst, und die Verhaltenseigenschaften. - Das müßte ja eigentlich alles im Unterbewußtsein, im Schlaf müßte das ja gehen. Weiter - was für Probleme kann es geben bei der Beurteilung ?

K: Daß die beiden nicht zusammenpassen.

A: Daß die Anlage, das heißt, das Verzaubertsein und der Lösungsweg, also die Verhaltenseigenschaften, nicht sonderlich geeignet sind füreinander. Irgendwie geht es ja immer, aber eben dann unter so und so viel Verlustanzeigen. - Woran merkt man, daß Anlage und Verhalten nicht zusammenpassen, jetzt einmal funktionell ? - Daran, daß sich an dritten Punkten Quadrate und Oppositionen ergeben.

K: Ich habe noch eine Frage: vorhin hieß es, wenn man viele Planeten im ersten Haus hat, ist man sich unter Umständen selbst genug. Es kann aber auch so sein, daß man dann gegen sich selbst wütet.

A: Sicher, die ganzen Auseinandersetzungen und Schlachtfelder vollziehen sich ja dann nur in sich.

K: Das Problem ist dann nur der Anlagekomplex ?

A: Die Mischung ist es, und wie gesagt, es gibt ja da keine Wertung. Warum soll jemand einen Begegnungstrieb haben, warum soll jemand nicht egoistisch sein. Das ist wirklich nicht einzusehen. Ich finde das intolerant. Wie kann mich das stören, wenn ich meinen Egoismus nicht dagegensetze.

K: Ich glaube, "Egoismus" ist ein sehr verschlissenes Wort.

A: Heutzutage besteht ja ein Nötigungszwang, dem anderen zu helfen, gerade heute in der sozialen .. das ist dann ein Umkehr-Egoismus. Das führt dann dazu, daß sich alle in eine hilfsbedürftige Situation versetzen, weil ihnen ja geholfen werden muß. Drum nehmen die ja alle schon die Ausdrucksformen von Kindern an, da kann man sie dann strampeln sehen.

"Hilfe" schließt "Freiwilligkeit" ein, sonst ist es keine. Aber heute, wo alles sozial getrimmt ist, da wird ja jeder gezwungen, sozial zu sein, ohne Rücksicht darauf, was für eine Verhaltens- oder Verwirklichungsmentalität einer hat. Der eine verwirklicht sich halt gern in Gemeinschaften, der braucht die Gruppe, was nicht unbedingt - wenn wir schon einmal bewerten wollen - was Gscheits' ist, und der andere verwirklicht sich in der Vereinzelung, und es ist intolerant, dem einen das Eine und dem anderen das Andere durch Bewertungsmaßstäbe zu vermiesen. Der eine soll ruhig egoistisch sein, und der andere soll ruhig asozial sein, - unter "a-sozial" meine ich nicht "asozial" - und das ist dann richtig schön und gsund zum zuschauen, wenn man sieht, wie jemand so richtig satt egoistisch ist, da hat man das Gefühl, "das ist was".

K: Noch eine Frage: kann es vorkommen, daß die Anlage und die Verwirklichung übereinstimmen, aber das Ergebnis nicht entspricht ?

A: Wenn das Ergebnis nicht entspricht, dann ist das eine Scheinübereinstimmung und dann müssen wir das Geburtsbild untersuchen. Warum, und wo die Schwierigkeiten sind. Es kann ja folgendes sein: Sie haben z.B. eine Übereinstimmung dann, wenn Sie den Herrscher von eins in eins haben, Selbstdurchsetzung. Jetzt haben Sie aber die Verwirklichung, das heißt, das Verhalten in sehr geeigneter Weise mit der Sonne auch im ersten Haus - Selbstdurchsetzung, da haben Sie doch eine sehr gute Übereinstimmung, - ist Ihnen wohl dabei ?

K: Je nachdem, was beim zehnten 'rauskommt.

A: Es kommt ja beim zehnten immer das 'raus, was dem Weg entspricht.

K: Es ist immer die Frage, was das zehnte Haus in einem solchen Fall bedeutet.

A: Das ist das Erwirkte, das aus der Gestaltung kommt. Wenn die Gestaltung des Ausdrucks gegenüber der Durchsetzung von sich selbst als Person zu kurz kommt, ist es in jedem Falle eine Minderung des Erwirkten.

Ja gut, darüber wollten wir ja eigentlich nicht reden, ich wollte ja in Erinnerung rufen, daß wir hier eine Anlagehierarchie haben, bei der jede Anlage für sich gesehen weder positiv noch negativ, jede Anlage für sich gesehen geeignet ist, für sich gesehen, weil sie aus der Entwicklungsgeschichte kommt, in dem diese oder jene Anlagen aus verschiedenen Stationen des Kulturkreises herausgeholt sind. Ich habe schon einmal gesagt: alle Stier-Dominanzen hat man aus der Zeit, aus der sich der Mensch zusammengeschlossen hat in Herden, um sich in Gruppen abzusichern, und diese typische Absicherung eines Beutetiers, das in der Vereinzelung Panik kriegt .. das ist also durchaus ein geeigneter Trieb. Aber genau so ist der Risiko-Trieb ein geeigneter Trieb, weil er neue Weideflächen erobert oder was weiß ich - wenn Sie im Bild bleiben. Aber beide zusammen in Dominanz, das gibt Schwierigkeiten, da ist die Hierarchie gestört.

Das heißt, wir können niemals werten, wir können nur sagen: hier treten Schwierigkeiten auf, weil zwei aufeinander bezogene Verhaltens- oder Anlagebilder sich gegenseitig ausschliessen.

Also, was fragen wir hier ?

K: Wo steht die Venus ?

A: Auf neunundzwanzig Grad.

K: Und die Sonne ? Ebenfalls in sechs ?

A: Ja, wenn Sie so schnell sein wollen.

K: Was steht noch im ersten Haus ?

A: Warum soll denn die Sonne in sechs stehen ?

K: Ich weiß nicht, es reizt praktisch dazu, alles in sechs und zwölf zu tun, in dem Fall.

A: Tatsächlich ?

K: Weil die Häuser so groß wirken.

A: Na, wollen wir mal abwarten. Jetzt zeichnen wir einmal ein, was im ersten Haus oder am Ascendenten steht. Das ist so Spanne siebenundzwanzig, Mars-Pluto.

K: Da stehen beide ?

A: Beide. Der eine ist sechsundzwanzig und der andere ist siebenundzwanzig.

K: Die Venus allein, die war ja noch recht schön für den.

A: Täuschen Sie sich nicht, Herrscher von eins in sechs ist immer - da ist man so leicht abhängig, der Gegenwärtigkeit ausgeliefert.

K: Ich dachte: Venus - Stier.

A: Schauen Sie, "genußabhängig sein" ist auch was Blödes, Selbstsättigung mit dem Sicherungstrieb, wenn man also aus Angst ißt.

K: Wo ist der Merkur ?

A: Jetzt bekommen Sie nichts mehr an Planeten.

K: Das könnte fast in Schizophrenie ausarten.

A: Wir haben hier ein Anlagebild. Das ist die Anlage, wie sie aus der Entwicklung der Familie, der Sippe, des Kulturkreises, und aus weit zurückliegenden Urrudimenten vererbt wurde. Und wir haben gesagt - es spricht vieles dafür, ich kann es Ihnen nicht hundertprozentig sagen - daß die Situation um die Zeugungs- und Geburtszeit für die Auswahl spezifischer Anlagen zuständig ist. Drastisch gesagt heißt das, daß wenn die Eltern während der Geburtszeit ein Haus gebaut haben, dann hat das Kind einen Bautrieb par excellence - das ist also jetzt übertrieben.

Wir haben nunmehr diese Anlage, die zu erlösen ist, die Verzauberung, die Behaftung - und wir wollen das einmal so aufzeichnen - die Venus ist der - was ?

K: Der Herrscher.

A: Das A und O. Und im Rahmen der Venus kann sich nur bewegen Mars und Pluto. Sie können sich nur im Rahmen des Pachtvertra-

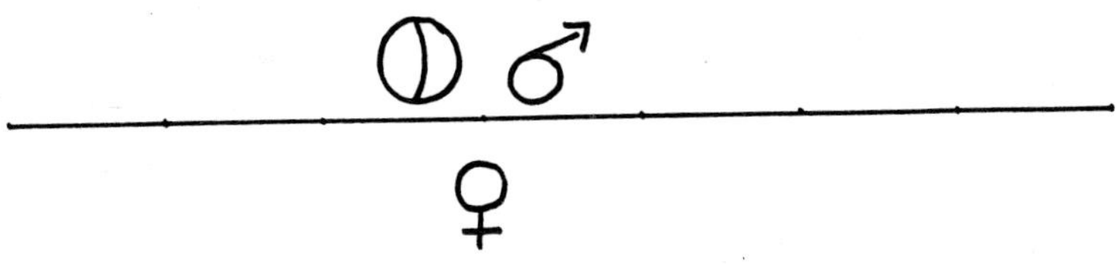

ges bewegen, den sie mit der Venus abgeschlossen haben. Also Pluto-Mars, von der Venus in Haus sechs beherrscht, das ist jetzt unser Bild.

K: Eigentlich umgekehrt: zeichnet man jetzt die Venus oben drauf ?

A: Nein, die Venus ist der Nenner.

K: Kann man sagen, daß die Anpassung an die Lebensbedingungen durch das Mars-Pluto-Prinzip energisch und praktisch über Leichen geht ?

K: Das ist die Aussteuerung des Lebenstriebs gegenüber den Bedingungen.

A: Schon richtig, aber das sagt noch nicht viel. Jeder Lebenstrieb, der sich gegenüber den Bedingungen aussteuert, möchte ja aus den Bedingungen etwas anderes herausholen. Der Zwilling will etwas anderes herausholen wie der Steinbock, etwas anderes wie der Krebs oder wie der Stier. Der Stier will ja aus den Bedingungen etwas ganz Spezifisches herausholen.

K: Sicherung.

K: Verwurzelung.

A: Und was ? - Was ist das für ein Vorgang, wenn ich mich verwurzele ?

K: Seßhaft werden.

A: Das ist eine Folge. - Der Vorgang der Absicherung ist das Anreichern, also das Hereinholen. Wenn ich mich vergegenständliche und verwurzle in Haus zwei, also im Stier, wenn ich abgrenzbare Erscheinung bin, brauche ich die Selbstsättigung und die Abwehr, und wenn ich das nicht habe, kommt die Angst - die Angst ist seelisch, im zweiten Quadranten, im sechsten Haus, die Angst um die Erhaltung. Das ist die Trigon-Verbindung zwischen Stier und Jungfrau, zwischen dem zweiten und sechsten Haus. Gut, - warum übrigens "über Leichen gehen" ?

K: Weil er den Herrscher von sieben in eins hat.

K: Ja, und die Konjunktion mit dem Mars.

A: Weil der Herrscher von sieben in eins ist ? - Das ist gar nicht schlecht, da bin ich nicht draufgekommen, das stimmt, ja, und dann, warum noch ?

K: Weil der Pluto an und für sich als Leitbild ..

A: Weil der Pluto unbedingt und prinzipiell Individuelles überwinden will, noch dazu mit einem Schuß von Mars-Aggression, von Durchsetzung. Gut ..

K: Was heißt "Herrscher von sieben in eins": warum geht der über Leichen ? Also so ganz klar ist mir das nicht.

K: Weils' der Pluto ist.

A: Weil er die Begegnung in seine eigenen Bedürfnisse miteinbezieht. Das ist ein ganz wesentlicher Punkt, den hätte ich glatt vergessen.

Jetzt schauen wir einmal nach der Sonne. Die haben wir auf ein Grad Skorpion. Sie haben also die Sonne im sechsten Haus. - Wie schaut das aus ?

K: Eine Frage habe ich noch zum Herrscher von eins. Die Venus richtet praktisch den Pluto ?

A: Genau.

K: Der Pluto will praktisch die Menschen zusammenschlagen, aber er tut so, als ob er da von der Idee getragen wäre, sich an die Welt anzupassen, obwohl das nicht seine eigene Idee ist, sondern von der Venus aufoktruiert. Ist das richtig ?

A: Genau so ist es. Was wird nun aus der Anpassung ? - Der Pluto kann doch nur so, wie es die Venus zuläßt. Wie wirkt sich das aus ?

K: Er kann sich von den Möglichkeiten der geistigen Bindung nur die aussuchen, die mit Sicherheit etwas zu tun hat.

A: Ja, das klingt alles furchtbar kompliziert, das ist klar, das kommt von den Formeln. In dem Augenblick, wo der Pluto - das können wir uns prinzipiell merken - in der unteren Hälfte disponiert ist, wird das, was wir geistige Bindung nennen, "Zwangsvorstellung", - sagen wir einmal nicht "Zwangsvorstellung", aber "Vorstellungsgetriebenheit" oder "Vorstellungsleben".

K: Ist das nicht immer, auch in anderen Fällen so ?

A: Vorstellungen hat jeder, es kommt nur darauf an, in welchem Bereich sie zuständig werden. Das Zwanghafte der Vorstellung ist mehr im ersten Quadranten, die Getriebenheit mehr im zweiten Quadranten. - Es kommt natürlich aufs' einzelne Bild und auf die Konstellation an. Wenn Sie irgendwo sagen, weil der Pluto stark im ersten Quadranten steht: "der ist ein Prinzipienreiter", oder "der ist ein Ideologe", dann versteht man das besser, als wenn Sie sagen: "der hat eine geistige Bindung", das versteht man dann nicht. Erzählen Sie das mal jemandem. Sie sitzen einem gegenüber und sagen: "Sie haben da eine geistige Bindung", - da schaut der. Also da ist dann für Pluto in der unteren Hälfte das Wort "vorstellungsbesessen" schon besser.

Ich zeichne Ihnen jetzt noch den Herrscher von zehn hinein und überlasse Sie dann so fünf oder acht Minuten sich selbst - der Herrscher von zehn, wo könnte denn der stehen, so ungefähr ?

K: Im dritten Quadranten.

K: Im neunten Haus.

K: Im zwölften Haus.

A: Sie haben hier, Herr Dostal, Sie haben hier genau das, was Sie vorhin genannt haben: Sie haben gesagt: "wie ist es denn, wenn die Anlage und die Verhaltenseigenschaften ..".

K: Ja, genau, ".. so übereinstimmen".

A: ".. sich entsprechen". Da haben wir doch gesagt, daß einem da nicht immer wohl ist, und daß sich dann das im zehnten Haus auswirken müsse. Na ja, - es ist folgendes: der Herrscher von zehn gleicht nämlich dann aus, weil die Natur - wie gesagt - kann sich keine Extreme erlauben. Wo gleicht er denn hier aus ?

K: In zwölf.

A: In zwölf ?

K: Ja, in zwölf wäre nicht schlecht.

K: Auf jeden Fall im vierten Quadranten.

A: Da haben Sie recht, da steht er drin, in zwölf. Bei so viel Abhängigkeit schreit es nach Lösung. - Jetzt schauen Sie sich das einmal in Ruhe an.

K: Etwas müßte man noch wissen, wo der Merkur steht.

A: Den zeichne ich Ihnen auch noch ein, der steht nämlich auch in sechs.

K: Im zwölften Haus steht nichts mehr ?

A: Nein, - so, und jetzt können Sie ruhig in eine gegenseitige eifrige Diskussion mit Mitteilnehmern oder mit sich selber kommen.

K: Der Neptun fehlt noch.

A: .. ja, ich gebe ihn Ihnen. Da habe ich mich vorhin getäuscht, der steht nämlich auch in zwölf, und zwar auf elf Grad.

K: Dadurch, daß der Neptun jetzt auch in zwölf ist, kann der Saturn nicht mehr so eine harte Wirkung in zwölf ausüben, denn er wird ja praktisch jetzt zum Fließen gebracht durch den Neptun.

K: Vor allen Dingen auch durch die Spitze des zwölften Hauses im Fisch.

A: Schon alles richtig, aber - was sagt das aus ? - Fangen wir noch einmal von vorne an: was kann die Sonne nur verwirklichen ?

K: Die Anlage.

A: Die kann nur das verwirklichen, was als Anlage da ist, was anderes hat sie nicht.

K: Aber da ist als Anlage allerhand da.

A: Darüber kann kein Zweifel bestehen. Jetzt überlegen Sie sich einmal, wie verwirklicht man eine solche Anlage im Sinne der Anpassung an die Bedingungen ? Ist das noch Vernunft im üblichen Sinne ? - Sie dürfen sich jetzt das Wort "Anpassung" nicht immer nur vorstellen, als wären das "angelegte Ohren". Das, was wir hier im sechsten Hause als "Anpassung" oder "Aussteuerung des Seelischen gegenüber den Bedingungen" nennen, ist "die Wahrnehmung der Umstände und der Bedingungen zum Schutz des Subjektiven zur Selbsterhaltung". Und dies zu tun ist vernünftig. Die Vernunft begründet sich also immer in der Subjektivität selbst, wenngleich auch in ihrem Verhältnis zu den Außenbedingungen.

Was ist jetzt für dessen Subjektivität vernünftig ? Was für eine Vernunft hat er denn, wenn sie sich aus der Sicherung und Abwehr speißt und wenn sie im Rucksack den Mars-Pluto hat ?

K: Eine rabiate Vernunft.

A: Eine schreckliche Vernunft - das haben wir ja von Anfang an gesagt. Vernunft ist immer etwas ganz Zweideutiges.

K: Wir vergessen bei der ganzen Betrachtung immer das zehnte Haus und den Saturn, der in zwölf steht.

A: Na gut, wenn sich Anlage und Verhalten zu einem Extrem verstärken, dann gleicht das zehnte aus. Sie können doch jetzt rückschließen, wo Sie wissen, wo das zehnte Haus den Ausgleich herschafft, und wenn Sie wissen, was das für ein Ausgleich ist, den das zehnte Haus schafft, dann wissen Sie doch auch - wie in

einer Dreisatzrechnung - wissen Sie doch auch, was es dann ist, was auszugleichen ist. Na, nehmen Sie - ganz plausibel - der Mann erscheint vor Ihnen mit dem Geburtsbild.

K: Einsperren.

A: Da werden Sie ihm aber nicht gerecht.

K: Nein, natürlich nicht.

K: Vom Herrscher von zehn in zwölf, von daher schon.

A: Sie meinen, Sie tun ihm einen Gefallen, wenn Sie ihn einsperren, Sie helfen ihm zu seiner ..

K: .. Verwirklichung. - Ja.

A: Na ja - ..

K: Im Endergebnis halt - und vorher, da ist doch dieser Konflikt mit der Umwelt, - der Mensch lebt nun einmal in einer Umwelt - und da wird halt dieser Konflikt mit der Umwelt hervorbrechen.

K: Also ich kann mir vorstellen, daß der auf Kosten der Anderen handelt, und daß sich dann die Gesellschaft dementsprechend gegen den wehrt und den in sein zwölftes Haus steckt.

A: Als Ergebnis ?

K: Als Ergebnis, ja, genau.

K: Freiwillig glaube ich nicht, daß er 'reingeht.

K: Es kann ja auch geistig sein, also ..

A: Das zehnte Haus kann nur Bedeutung für die Bereiche haben, die in der Anlage gegeben sind. Nachdem die Anlage durchaus gegenwärtig ist, kann das zwölfte Haus auch mit dem Saturn im zwölften - und in seiner geistigen Wirkung - nur gegenwärtig, also real und auch seelisch wirksam sein, geistig nicht. Der tut alles mögliche, um ins zwölfte Haus zu kommen - so können Sie es auch sehen.

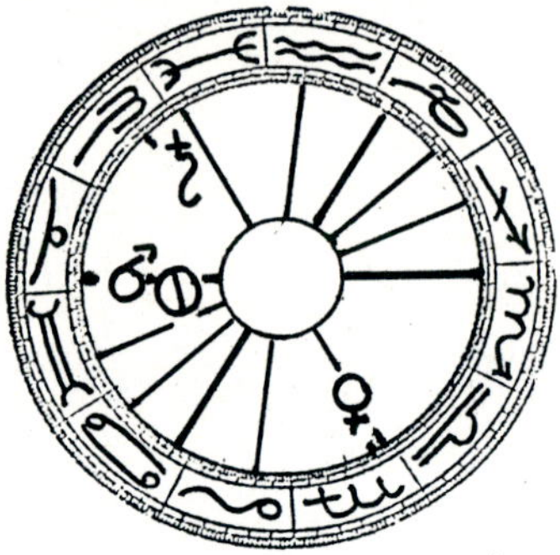

K: Das weiß er aber nicht.

K: Das weiß wahrscheinlich keiner, oder ?

K: Das will er gar nicht wissen, weil das zwölfte Haus in diesem Falle ja der Verzicht auf Sicherheit wäre.

A: Der Ausgleich ist Verzicht auf ein Extrem.

K: Der Ausgleich ? - Ja gut, aber da Anlage und Verwirklichung im anderen Extrem liegen, wird ihn dieser Ausgleich nicht genehm sein.

A: Schon, aber wenn Sie jetzt auf die Urformel zurückgehen, die wir in der zweiten Stunde durchgenommen haben, oder in der dritten ..

K: Die haben wir leider nicht.

A: Die haben Sie nicht mehr - auf den Tonbändern haben Sie sie noch. - Was war denn da das zwölfte Haus ?

K: Auflösung, Loslösung.

A: Die Loslösung wovon ?

K: Von der Abhängigkeit, vom sechsten Haus muß man sich wieder loslösen.

A: Schauen Sie, in seiner ganzen Disposition auf das sechste Haus mit diesen massiven Ausgangspunkten des ersten Hauses, das ist doch eine Abhängigkeit, eine, wie wir gesagt haben: schreckliche Vernunft, da werden doch die Stimmen des zwölften Hauses immer lauter, die Stimmen nach Erlösung, Loslösung von dieser Abhängigkeit. Es kommt eben darauf an, welchem Teil von ihm der Ausgleich genehm ist und welchem

Teil nicht. Das zwölfte Haus jedenfalls, eine Anlage, die zu seiner Wirklichkeit gehört, die will aus dieser Abhängigkeit heraus.

L: Er ist abhängig von dieser Stieranlage.

A: Von der massiven Selbstbefriedigung, - der Stier, das Befriedigungsmoment richtet sich ja auf das Seelische. Und der wird die Befriedigung verwirklichen, weil die Anlage drängt ihn ja dazu, er kann nicht anders.

K: Aber der wird das wieder aufgeben müssen.

K: Was heißt "müssen", wenn er nicht anders kann ? Da helfen ihm seine anderen Planeten auch nichts.

A: Sie wissen aber eines - und das haben wir auch schon sehr frühzeitig durchgenommen - daß, wenn ein Mensch seine Anlagen, die außerhalb seiner eigenen Zweckdienlichkeit liegen, nicht verwirklicht, diese Anlagen auf eigene Faust, das heißt, unabhängig von der bewußten Steuerung des Verhaltens zum Ereignis werden.

K: Genau, ja.

A: Na bitte schön - während er innerhalb seiner Bewußtheit, die ja außergewöhnlich stark ausgeprägt ist mit dem starken sechsten Haus, seine Abhängigkeit lebt, wird er unterbewußt alles tun, um diesen Saturn in zwölf, die Erlösung von seiner Abhängigkeit von dem Trieb zu erreichen.

Ja gut, was macht der Mann ? - Weiß man noch nicht. Ich zeichne die übrigen Planeten ein.

K: Keinen guten Eindruck.

A: Keinen guten Eindruck - den mögen Sie alle nicht, oder wie ? Mögen Sie den nicht ?

K: Nein, - der ist an und für sich zu bedauern, weil er eine so starke Anlage hat, und das Extrem der Abhängigkeit leben muß, das ihn ins zwölfte Haus zwingt.

A: Was heißt "mit der Anlage bedauern" ? - Ich habe es ja schon einmal gesagt, "der Tiger ist an seinen Zahn ausgeliefert", nämlich an die Verwirklichung seines Reißzahns, also seiner Begabung. Insofern haben Sie schon recht, insofern ist also schon jemand zu bedauern, wenn er so direkt einem unmittelbaren Trieb ausgeliefert ist.

K: Es ist halt eine enorme Polarisierung durch die starke Besetzung von fünf und elf und sechs und zwölf. Und im ersten Quadranten hat er eigentlich nichts, und die Verwirklichung auch nicht.

K: Im "ersten nichts" ist ja auch ein bißchen übertrieben, wenn er schon ..

A: Ja, Mars-Pluto ist immerhin eine ganze Masse. Das könnte übrigens in der Zeugung durchaus eine Vergewaltigungsszene sein. - Doch, in echt.

K: Wie würden Sie sich den Geburtsvorgang bei so einem Mars-Pluto, wie würden Sie sich den vorstellen ?

A: Geburtsvorgang ? - Ich würde hier schon an Sexualbefriedigung mit Gewalt denken.

K: Die Frage lief nicht auf den Zeugungsvorgang, sondern auf den Geburtsvorgang hinaus.

K: Genau, ich habe mich versprochen, wahrscheinlich habe ich "Zeugungsvorgang" gesagt, das meinte ich nämlich nicht ..

A: Sie haben schon "Geburtsvorgang" gesagt .. die Mutter muß ziemlich Wehen gehabt haben, da kann man sich sicher sein.

K: Und mehr nicht ? - Also sagen wir einmal: das ist doch eine ganz handfeste Konstellation am Ascendenten.

A: Das ist halt ein Brocken von einem Säugling. Zum Beispiel Stier-Pluto am Ascendenten hatte der - wie hieß der, den sie vergiftet haben und dann erschossen und dann ist er immer noch knapp gestorben ? - Der Rasputin, ja. Die halten schon was aus, an denen ist schon was dran. Das ist die Generation dieser Unverwüstlichen, und dann ist der Pluto in den Zwilling gegangen, das war dann die Generation, die die Zwangsvorstellung mit der Wissenschaft hatten, verstehen Sie, denen verdanken wir den ganzen Salat. - Fürchten tue ich mich erst wieder vor der Generation, die den Pluto in der Jungfrau hat.

K: Wann ist denn das ? Die sind doch schon da.

A: Die sind schon da, die sind fünfzehn Jahre alt, - am Drükker sind sie noch nicht. Das wäre dann die ideologische Verfunft - allerdings, den Neptun haben die im Skorpion, da sind sie auch ein bißerl mystisch veranlagt.

Das haben wir noch gar nicht so genau untersucht: was ist denn das für ein Saturn in zwölf ? Unter welcher Herrschaft steht denn der ?

K: Der steht unter der Herrschaft von Neptun und Mars.

A: Und wenn der Mars dabei im ersten Haus steht, was heißt das ?

K: Eine disziplinierte Auflösung.

A: Und mit dem Mars in eins ? - Das könnte eine Symbolformel für Salzsäure sein.

K: Warum ziehen wir den Saturn nicht in Betracht ? Haben wir nicht einmal den Saturn als Filter-Symbol aufgefaßt ?

A: Der Saturn trennt das Wirkliche vom Subjektiven - und das tut er auch im Konkreten, im Realen: er ist das Aussortierende, das Filternde. Hier ist er aber untergeordnet und zwar sowohl dem Neptun als auch dem Mars. Der Saturn kann ja nichts verfestigen, weil er in der Herrschaft des Neptun steht. Wenn er grundsätzlich sein will, dann nur in Richtung des Auslösens. Das ist dasselbe wie mit dem Mars im Steinbock, da hat der Mars seine Energie im Rahmen des Steinbocks, die einengend ist, also das Zertrümmern, das Demolieren.

Ich habe Ihnen das Horoskop gezeigt, weil hier die Sicherheit des Stiers, die sich im Sinne der Erhaltungsangst in Haus sechs zeigt, also im Sinne des Seelischen.

K: Das "Seelische" auf einmal ?

A: Nicht "auf einmal", davon haben wir von Anfang an geredet. Wir haben die Venus des Stier-Ascendenten in Haus sechs, also im zweiten Quadranten. Es geht also um die Sicherung und Sicherheitsbefriedigung auf dem ..

K: .. seelischen Bereich.

A: Weil die Venus im sechsten Haus steht. So, und jetzt haben wir eine Verwirklichung, bei der die Sonne ebenfalls in Haus sechs ist. Da haben Sie doch Verhaltenseigenschaften, die diesem Trieb voll und ganz gerecht werden und ihm freie Bahn lassen. Wir haben doch Verhaltenseigenschaften, die dieser Anlage aber nicht den geringsten Sperriegel vorlegen, nicht die geringste Einengung, nicht die geringste Behinderung.

K: Ja, und dann kommt die Vernunft.

A: Die Vernunft ? Die ist doch schon drin. Die Verwirklichung ist ja gegenüber der Anlage vernünftig, die läßt sie ja. Und die Vernunft ist ja in jedem Falle unter dem Horizont, einmal durch das stark besetzte sechste Haus, dann durch das Zeichen Jungfrau, und schließlich durch den Merkur in sechs. Die Vernunft dient hier ausschließlich der Eigenbegrenztheit und ist da völlig intakt, - auch die Anpassung geschieht im Sinne der Subjektivität und ihrer Triebe, möglicherweise gegenüber den Bedingungen sehr geschickt, um den subjektiven Trieben die Möglichkeit zu geben, bei jeweiligen Bedingungen gewährleistet zu sein. - Da versteht man schon, warum die Vernunft so wichtig wird bei den Leuten, warum sie so hoch gelobt wird.

Also Ausgleich für diese Anlage und ihrer Verwirklichung haben wir den Herrscher von zehn in zwölf, den unterbewußten Drang zur Auflösung der Abhängigkeit, was so viel heißt wie letztlich "der Subjektivität". Das ist das Entscheidende hier, daß "Abhängigkeit" und "Subjektivität" identisch sind, daß also die Abhängigkeit erhalten werden muß, um sich selbst zu erhalten. - Dann kann ich Ihnen auch sagen, wer das ist: es ist ein Massenmörder, der ungefähr dreißig bis vierzig Leute umgebracht hat.

K: Da hab' ich also recht gehabt.

A: Und der, als er verhaftet wurde, sagte: "Gott sei Dank" - der hat sich danach gesehnt, erwischt zu werden.

Dabei hat er sich bewußt, im Sinne der Anpassung, so geschickt verhalten, daß er so lange nicht erwischt worden ist. Der Biedermann, beim Stier ganz klar verständlich. Ich sag' Ihnen ja: Stiere beziehen ihre Anlagen aus der Zeit, wo sich der Mensch in Herden versammelt hat, - und was macht z.B. irgendeine Herde, eine Antilopenherde ? Die legt sich instinktiv schon nicht auf einen gefährlichen Platz, sondern die schaut immer, daß ein tarnender Hintergrund da ist. Schauen Sie doch den - wie heißt er denn ? - Wirtschaftsminister Schiller, der sieht heute noch wie ein Spätgymnasist aus, Tarnung, reine Tarnung. Die schauen alle so harmlos aus, gerade die Ende April gebornen Stiere. Ich kann Ihnen da eine ganze Menge nennen: Walter Schmieding, die Haare wie ein Bubi in die Stirn hinein, hatte ein kleines sportliches Hütchen, alles harmlos, alles arglos, - so richtig herdengerecht, den erwischt man so schnell nicht.

K: Ist er ein Frauenmörder ?

A: Nein, kein Frauenmörder, - oder Frauenmörder ? - Das weiß ich nicht.

K: Wie heißt er denn ?

A: Harmann - glaube ich.

K: In Düsseldorf da oben war er, Kinder hat er umgebracht.

K: Der hat alle umgebracht, dann hat er sie zersägt und dann aufgelöst.

A: Aufgelöst ?

K: Ja, mit Säure, mit Salzsäure.

K: Da haben wir es ja schon, die Säure.

A: Ich habe einundzwanzig Sonnenstände recherchiert, von den Ermordeten. Ich habe dann aufgehört, weil es mir zu viel geworden sind. Ich habe das jetzt nicht gemacht oder gezeigt aus irgendwelchen schicksalslüsternen - wie es bei Astrologen oft vorkommt - Ambitionen, sondern weil ich wissen wollte, ob sich schon innerhalb der Sonnenstände bestimmte Gruppierungen ergeben, bezogen auf Sonnenstände ist das im üblichen Sinne nicht der Fall. Das einzig Auffallende ist, daß die Sonnenstände bestimmter Gruppenschicksalspunkte bzw. Gruppenschicksalstage häufiger auftreten als andere. Ich wollte Ihnen auch zeigen, in welcher Weise die Ausgeliefertheit an Anlagen bestehen kann - wie soll ich sagen ? - als Tragik eigentlich, als echte Tragik, denn was wollen Sie hier denn anderes machen ? Was wollen Sie hier denn anderes machen, der kann doch nur darauf warten, - Sie können von dem nicht verlangen, daß er die Planeten oben, den Saturn, daß er ihn selber verwirklicht. Bei dieser Verwirklichung und bei dieser Grundanlage, kann der nur darauf warten, daß er in die Situation kommt, daß von außen her, eben dieser Saturn in zwölf zur Verwirklichung kommt. Er kann nicht anders. Das ist ein fast blindes, tierisches Ausgeliefertsein und warum ? Weil die Begegnungssituation nicht da ist, weil keine Wirklichkeit, auch nicht die eigene, erfaßt wird. Das ist eine ganz tragische Geschichte, und das hat gar nichts mit Schuld oder Unschuld oder mit Sühne zu tun. Ich habe Ihnen ja schon einmal gesagt: erwischen kann er ja sowieso nur solche, die eine Bereitschaft oder Vorbedingung dafür haben, andere kann er ja gar nicht umbringen.

K: Das Horoskop bezieht sich immer auf Anpassung, wo hat er sich denn angepaßt ? Er hat sich ja nur seinem Trieb ..

A: Die Verhaltenseigenschaften haben sich seinem Trieb angepaßt, die Sonne steht ja in sechs, die ist ja geeignet. Drum habe ich ja immer gesagt: wem paßt sich das Verhalten an ?

K: Aha, dann lag also praktisch da die Fehlfährte, die wir gehabt haben.

A: Ganz genau.

K: Und deswegen würde es mich interessieren, weil wir eben ..

A: Weil Sie gedacht haben, daß man eine Anpassung immer nur an die Umwelt bekommt. Mit der Sonne in sechs ist die Anpassung sehr bewußt - die Fähigkeit, den Trieb gut und für sich ungefährlich anzubringen, ..

K: Genau, deswegen würde mich jetzt interessieren, gilt die Unterscheidung: müßte z.B. etwas im dritten Quadranten sein, um die Umwelt mit in sich aufzunehmen ?

A: Das Stichwort hat Herr Junghans gegeben, indem er sagte: "der Herrscher von sieben ist ja der, der zwanghaft macht, und im ersten steht". Er nimmt die Wirklichkeit seiner Umwelt, auch die eigene, nicht wahr. Die Umwelt, das sind im Sinne der Venus und der Sonne Bedingungen, Umstände, - und die Bewußtheit dient nur dem Schutz des Subjektiven, steht im Dienste der subjektiven Aussteuerung und macht nur Bedingungen und Umstände bewußt. Insofern vergewaltigt er die Wirklichkeit der Umwelt, ohne sie als solche wahrzunehmen, und das mit der zusätzlichen Aggession des Mars - der Satz ist ja sowieso am Anfang gefallen: "der geht über Leichen". Und Mars-Pluto ist ja das Urrudiment der aggressiven Überwindung des Individuellen, im sechsten Haus gelebt, den Bedingungen gemäß, die im Sinne der Logik des Geburtsbildes statt seiner andere überwindet.

Das ist die Alternative hier: die Überwindung seiner selbst oder die der anderen. Und die massive Angst um die Selbsterhaltung gebietet ihm, das auf andere zu verlagern. Aber er leidet darunter. Das weiß ich nämlich bei diesem Fall genau, der hat nämlich schwer darunter gelietten. Als der Kriminalbeamte kam, der ihn verhaftet hat, da hat er gesagt: "Endlich seid Ihr da, ich muß es immer wieder tun". - Schauen Sie sich doch das Bild an.

K: Wäre es dann nicht möglich gewesen, daß er sich dann gleich gemeldet hätte ?

A: Was soll man jetzt darauf antworten ?

K: Das tut er nicht.

A: Schauen Sie, wir sind alle unseren Trieben so weit ausgeliefert, da geht es vielleicht noch, vielleicht läßt sich das auch noch einigermaßen gesellschaftlich etikettieren, - aber bei ihm ist es etwas anderes: bei ihm ist der Verzicht auf seine Triebe der Verzicht auf das Leben. Das ist die Alternative.

K: Und deshalb muß das von außen kommen.

A: Das wäre jedenfalls ein Beispiel dafür, das mal in aller Deutlichkeit .. - schauen Sie, es ist so: wenn Sie einen Hund haben, der wildert, dann sagen Sie auch "ja mei", der hat unter Umständen mehr Recht zum wildern als der Jäger, weil er ja mehr Trieb hat, ja doch, er hat mehr Recht. Das hab' ich kürzlich einem Jäger gesagt, der hat das nicht verstanden.

K: Der war ein Saturn oder so was ?

A: Die Jungfrauen jagen gern - also die Sonne-Jungfrauen, und zwar die zwischen dem 1. und 8. September, die jagen irrsinnig gern, da leiten die irgendwas ab, ich weiß nicht was.

K: Liegt das nicht an der Akkumulierung von Angst ?

A: Nein, da muß was 'raus, da herrscht eine Spannungslage, das sind so Saturn-Uranus-Tage, da knallt was 'raus - natürlich kommt da noch die Jungfrau dazu, das Beobachten, die Sehschlitze, - die wollen was ableiten.

K: Ich kenne einen sehr leidenschaftlichen Jäger, und der ist ganz genau Anfang Stier.

A: Ja ?

K: Der schreibt sogar darüber, viele Bände, das ist ein ganz Passionierter.

A: Das sind halt auch Beutetiere, die drehen den Spieß gern um. Und der Grizmek ist auch .. - nein, der ist ja kein Jäger, der ist ja ein Erhalter. Der kommt ja auch immer so arglos im Fernsehen, das ist auch so ein April-Stier, der kommt und sagt auch immer "liebe Freunde", wenn Sie sich da erinnern.

K: Den mag er auch nicht.

K: Mich hat folgendes irregeführt: ..

K: Woraus ist das ersichtlich, daß es hier ums' Töten ging ?

K: Ich glaube, daß das der Pluto ist in sieben ..

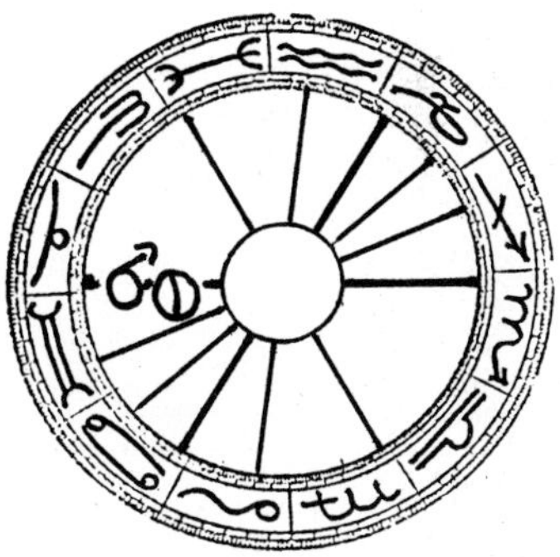

K: Der Pluto-Mars.

K: Im Stier.

A: Sie meinen, das ist der Wolf, der die Schafe reißt ? Mars-Pluto in eins und dann im sechsten Haus triebhaft gelebt, das ist ein Bild.

K: Das ist überhaupt die Frage: wo liegt das Töten an und für sich, oder wo soll das liegen ? Erstens einmal ist das ein Drang, zweitens muß noch etwas Funktionelles hinzukommen.

A: Also gut, - wir können natürlich das Geburtsbild weiter noch durchgehen, obwohl - ich möchte solche Bilder nicht allzu sehr ausweiten, sondern etwas liegen lassen und lieber später dieses Bild oder ähnliche wieder vornehmen. Wir behandeln das jetzt mit Formeln, und gehen das sozusagen nur technisch an und müssen das Begreifen erst allmählich anwachsen lassen. Wir unterhalten uns ja über jemand, der das durchgelitten hat von A bis Z. Wir wollen ja nicht nur Bescheid wissen, sondern begreifen, das Tatsächliche in einer solchen Erlebnissituation. Sie können auch immer damit rechnen, daß irgendwelche Menschen Ihnen gegenüber auftauchen, und dann werden Sie denen technisch überhaupt nicht gerecht, - also das möchte ich noch einmal sagen. Es kann dann an einem Detail sein, wenn Sie zu werten anfangen, denn wenn Sie nur Bescheid wissen und nicht begreifen, dann kommen Sie automatisch in die Wertung hinein. Das sieht man allein schon an sich selbst, wenn man sagt: "ich bin großzügig". Das ist schon eine Wertung. - Verstehen Sie, was ich meine ? Was spielt das für eine Rolle, ob Sie großzügig sind oder nicht ? Aber Sie bewerten, wenn Sie sagen: "ich bin großzügig". Dann sind Sie nämlich nicht wirklich großzügig, aus sich, sondern die Reaktion des Großzügigseins wurde von Ihnen durch einen äußeren Bewertungsmaßstab gefordert.

Sie können das Ergebnis natürlich jetzt rein schulmäßig formelhaft ablesen: die Abhängigkeit, durch die das von ihm Unerfüllte zum Schicksal wird, der Saturn als Herrscher von zehn in zwölf als Erwirktes. Die Dramatik eines Lebens, die über das Subjektive hinaus für andere verbindlich ist.

K: Das war ein psychisches Töten, sonst hätte er es nicht gemacht.

A: Freilich war es ein psychisches Töten, es kam ihm darauf an, die seelische Abhängigkeit dort überall zu töten, wo auch immer sie auftritt.

K: Also was ich unter "seelischem Töten" verstehe ist: ich kenne eine alte Ehe, vierzig oder fünfzig Jahre alt, die Frau tötet ihren Mann in regelmäßigen Abständen, sie macht ihn so zur Schnecke, und wenn er geht, und dann wieder 'raufkommt, dann fängt sie wieder an. Sie macht sogar Verhöre in der Nacht, und morgens kommt er aschgrau an den Frühstückstisch. Und das, obwohl er sein Leben lang schwer gearbeitet hat, er geht morgens um sieben weg und kommt abends um sechs wieder, er hat einen verantwortlichen Posten und diese Frau hat ihn seelisch die ganze Zeit getötet - ich habe das selber mit angesehen.

A: Das passiert öfters, als Sie glauben, und Frauen haben es dann heraus, immer genau in der schwachen Minute so eine Verhörszene aufzuziehen, und dann heißts' immer, "man würde ausweichen", ..

K: Ich muß noch hinzufügen: sie wußte ganz genau, daß er z.B. Schlafmittel nahm, um überhaupt, übererregbar, in den Schlaf zu fallen.

A: Dadurch wird es für sie ja erst zum Genuß.

K: Eben, genau.

A: Das ist klar, das ist eine gewisse Delikatesse dazu. Wann ist er denn geboren ?

K: Er ist geboren am 22. Februar.

A: Das habe ich mir doch gedacht, das muß doch mindestens ein Fisch sein. So viel Opferbedürfnis, da wird er was los. Verstehen Sie, der braucht das aber dann.

K: Da greift doch einer zum Messer.

A: Ein Fisch nie.

K: Entledigt sich der dieser Xantippe ?

A: Ja, aber ganz raffiniert.

K: Und wie macht er das ?

A: Der läßt sie so ins Extrem laufen, daß sie sich selber eher umbringt, - ein Fisch ist ein guter Kathlysator.

K: Der läßt sie auflaufen.

A: Ja, bis zur Selbstzerstörung. Der läßt die so ins Extrem laufen, daß sie an dem Extrem zerbricht. Er bietet ihr eben keinen Widerstand und sie sagt sich natürlich: "ja, wann denn endlich bietet der Widerstand. Was muß ich denn noch alles machen ?" Das ist eben das Problem von Ehen, wo der eine keine Bremse setzt und der andere eine braucht. Haben die Kinder ?

K: Ja.

A: Wie alt sind die ?

K: Die sind alle erwachsen, das ist schon eine ganz alte Ehe.

A: Ja, dann können sie frei spielen - ich meine, die Eltern.

K: Das haben die früher auch schon gemacht.

A: Auch schon ? Und wann sind die Kinder geboren ?

K: Also die ersten, die müssen so um 1930 geboren sein, aber ..

A: Den Tag wissen Sie nicht ?

K: Doch, den zweiten weiß ich.

K: Es gibt eine Generation, die ist so um 1930, und die nächsten sind 1939 und 1941, und zwar 26. Juni 1939 und die letzte Tochter ist am 13. Februar 1941 geboren.

A: Die vom Februar, die kann sich wehren, die vom Juni nicht.

K: Die habe ich auch schon halb zerstört erlebt, als sie aus der Klinik kam nach einem Baby, da hat ihr die Mutter eine unmögliche Szene gemacht, "wie es denn bei ihr im Kopf aussähe". Und da ist sie dann zu Freunden gekommen, wo ich gerade war und da haben wir sie getröstet und gesagt: "das machst Du jetzt so und so", und wir mußten sie richtig mit Energie aufladen, - die war zehn Tage aus der Klinik, also im empfindlichsten Stadium und die Mutter hat wieder mit ihren Krallen zugepackt.

A: An so etwas müssen Sie sich gewöhnen. Schauen Sie, die Wüste lebt, und .. doch, die Wüste lebt wirklich. Im Durchschnitt geht es um das Ausleben seiner Triebe auf Kosten anderer, aber wenn mans' begreift, dann kann man nur mitfühlend sein für das Ausgeliefertsein eben daran. Schauen Sie, ich meine, bei der Frau - die ist Skorpion ? - das haben Sie ja alle gelernt, das typische Skorpion-Prinzip, daß die seelische Entwicklung aufgrund von starkem Vorstellungsdenken behindert ist, und wenn das eben auf Dauer passiert, müssen die natürlich für das, was sie nicht haben, sich ein Opfer suchen. Das ist sozusagen der Beutedrang. Der Skorpion hat einen seelischen Beutedrang. Er will jemanden finden, der seine Vorstellungen erfüllt. Und das Tollste, was ich je gesehen habe: - das ist schon etwas länger her, da war der Schuttberg, der ist damals gerade installiert worden, das muß also vor zehn oder zwölf Jahren gewesen sein, da in Schwabing, und da gehe ich so friedlich und da kommt - das ist aber nun nicht auf Skorpione gemünzt, es gibt ja sogenannte Supersymbole, sozusagen, und wenn sie einem charakteristisch entgegentreten, ist das halt sehr schön - da kommt also ein - man möchte eigentlich fast sagen - eine Art asketischer Mephisto kommt mit hinkendem Bein und schwarzem Anzug an dem schönen Frühlingsmorgen daher, wo die Büsche so schön grün .. und an seiner Seite turtelt, aber nur sie, - also das muß ein Jungfrau-Ascendent wie Honig und Milch gewesen sein, so was von Leben, wie der blühende Apfelbaum, - unmittelbar daneben. Und das war ein Kontrast, der so sagenhaft war, da hab' ich nur noch hinschauen können und der hat das gemerkt, was ich da so begriffen habe und hat mich dann so angeschaut, - er in der begriffenen Situation hat mir herausgewinkt. Das muß ein Skorpion gewesen sein. Das gibts' gar nicht anders.

K: Was ist günstiger und wie wirkt sich das aus, wenn man einem Skorpion Widerstand entgegensetzt, wie reagiert er dann ? Oder wie ist das für einen selber ? Ist das gut, ihn laufen zu lassen, immer weiter zurückzuweichen ?

A: Nein, zunächst muß man davon ausgehen: wie arbeitet der Skorpion ? Der Skorpion arbeitet - ich meine, wenn ich also reagieren will, geht es ja nicht darum, was er will, sondern darum, wie er es bewerkstelligt. Ich beobachte zur Zeit bei einer Klientin ganz deutlich, wie sie - und Skorpione haben Zeit, irrsinnig viel Zeit - wie eben ein Krebs-Mädchen in die Fänge geht. Das zieht sich jetzt schon ein dreiviertel Jahr hin, aber mit einer Sicherheit, die kommt nicht mehr los. Die arbeiten nämlich mit Sog. Die lassen so etwas wie einen seelischen Sog entstehen, dem können sich dann die Betroffenen auf die Dauer nicht mehr entziehen. Und zwar geht das so weit, daß die Opfer am Schluß das Bedürfnis haben, von ihm gestraft und gelobt zu werden. Und warum ? Weil sie bereits in seiner Vorstellung leben, in seiner Vorstellungswelt. Und da ist er der Schöpfer dafür. Das ist der Sog, mit dem er arbeitet, und zwar deshalb, weil er unabhängig ist von seinen eigenen Emotionen, weil er beherrscht ist. Und damit strahlt er Sicherheit und Macht aus. Und wenn man diese Sicherheit will, muß man sich seiner Macht unterwerfen.

K: Weiß er das ?

A: Die meisten Skorpione wissen es. Die Skorpione sind eines der bewußtesten Zeichen im Tierkreis überhaupt. Die begreifen irrsinnig schnell, weil sie ja nicht durch die Scheuklappen eigener Emotionen hindurch müssen. Sie können deshalb auch objektiver sein. Schauen Sie, so und so viel Dinge sieht ein Mensch nicht ein, weil er sie seelisch nicht verarbeiten kann, weil er zu subjektiv ist. Also soll man es ihm erst gar nicht erklären, das wäre eine unverschämte Nötigung, wenn man ihm nicht gleich die seelische Verarbeitung mitliefert. Ich habe Ihnen ja schon einmal gesagt: "Dummheit ist ein Schutz gegen alle Eindrücke, die man seelisch nicht verarbeiten kann". Wir haben es doch schon einmal gesagt: "sechs Ampere Dummheit", wenn es drüber geht, kracht die Sicherung. Man soll also niemandem die Dummheit nehmen, das wäre eine Anmaßung. Dieser Schutz der Dummheit entsteht nur daraus, weil Subjektivismen da sind, - der Skorpion ist dadurch weniger gefährdet. Und darum kann er sich auch der Dinge bewußt werden, die seine Subjektivität stören. Wenn Sie heute aus dem gleichen Milieu sämtliche Tierkreiszeichen zusammen nehmen, da haben Sie immer das Gefühl, derjenige, der Skorpion ist, steht im Niveau etwas heraus. Ich habe das nie anders beobachtet.

K: Das ist aber - damit das jetzt nicht mißverstanden wird - unter Umständen auch negativ.

A: Lassen wir einmal die Bewertungsskala - da müßten wir erst einmal fragen: was "Niveau" ist. Ich meine, Niveau ist, wenn einer nicht mehr zu klassifizieren ist, wenn Sie ihm nicht mehr ansehen, ob er Arbeiter oder Bankdirektor, - oder wenn Sie ihm nicht mehr ansehen, welches Tierkreiszeichen er hat.

K: Meinen Sie jetzt den Skorpion in der Sonne oder in der Anlage ?

A: Ich meine beide, sowohl im Verhalten - natürlich in der Anlage noch stärker. Ich habe jetzt gerade ein Buch geschrieben, und da habe ich unter jeder Diagnose für die einzelnen Geburtstagsgruppen Kennzeichen hingeschrieben. Zum Beispiel bei den Stieren um den 15. Mai steht "bürgerliche Geomethrie", das ist also der Fritz Haber und diese ganzen Wissenschaftler da, die aus bestimmten Gründen Naturwissenschaft betreiben, um sich in der Gruppe zu sichern. Aber viele dieser Kennzeichen werden gar nicht verstanden, etwa wenn Sie sagen, daß zum Beispiel "Geiz" eine Symbol-Analogie hat zu "Glas". Das verstehen viele Menschen nicht, aber jeder Skorpion. Und wenn Sie ihn aus der KFZ-Werkstatt herausholen. Ausprobiert. Wenn Sie bei ganz bestimmten Geburtstagsgruppen, - ich habe ein Kennzeichen genommen, zum Beispiel "Milchglas" für die letzten Maitage - Oswald Spenger und so weiter. Das verstehen viele nicht, - die dort geboren sind schon - aber die Skorpione, die verstehen das auch. Die begreifen bewußt, und das ist ihr Sog.

K: Aber sie sind auch überbewußt. Die Mutter, von der ich gesprochen habe, sie intellektualisiert viele Sachen, sie versteht alles, es gibt nichts ..

A: Da gibt es dann noch einen Unterschied zwischen Männern und Frauen. Frauen sind natürlich um so mehr auf Beute angewiesen als Männer, das kommt auch vom Gesellschaftssystem her.

K: Die Skorpione sind also dann eher die Zwanghaften, wenn man das einmal psychologisch einteilen würde.

A: Es gibt vom Riemann so eine Niederschrift "die vier Grundformen der Angst", da könnten Sie die Zwanghaften als dritten Quadranten nehmen, zum Beispiel.

K: Die sind wahrscheinlich vierter.

A: Oder erster. Da mischt sich bei ihm in der Beschreibung eine Menge - die haben eine Menge beschreibender Namen für alles das, was sie inhaltlich nicht nachvollziehen können und aus diesem Grunde nicht begreifen. Sie fassen es an der äußeren Beschreibung. Wissen Sie, das Problem für die Astrologie ist das: benützt sie nun die Schema der bisherigen Psychologie und Psychoanalyse - und was weiß ich alles ? - mit ihren Begriffsbestimmungen, die also rein aus der Beschreibung, also von außen herkommen - oder geht sie einen eigenen Weg, der vom Strukturellen und dann Inhaltlichen aus das Beschreibbare folgern kann - das ist der Unterschied von Methode und System, und beide können Sie nicht vermengen. Die Methodiker suchen, die Systematiker schlußfolgern. Insofern haben Sie mehr Möglichkeit, der Wirklichkeit nahe zu kommen. Man darf da, schon um der Eigenständigkeit willen, von vornherein keine Vergleichsfragen eingehen, und ich habe mich strikt geweigert, in meinem ganzen Werdegang, auch nur die geringste Beziehung zu den gegebenen Wissenschaften herzustellen. Ich werde mich doch nicht an einen schlechten Baum aufpfropfen lassen, wenn ich doch gsund bin. Die werden sich eines Tages nach uns richten müssen, trotz der Überläufer.

K: Es gibt natürlich auch eine Menge von Symbol-Ketten, die - ohne mich festzulegen - zu einer Übereinstimmung kommen.

A: Der Maßstab ist der, daß ich von einer inhaltlichen Situation, von einem Gesamtbild aus auf das Beschreibbare komme, und nicht umgekehrt durch das Beschreiben ein Bild finden möchte. Dieser andere Weg ist in der Wissenschaft schon gescheitert. Die wissen es nur noch nicht.

K: Aber wenn man eine Krankheit sucht, dann tut man sich vielleicht mit der Wissenschaft am Anfang leichter.

A: Das ist genau das richtige Beispiel: wenn die Krankheit einen lateinischen Namen hat, und ich die beschreibbaren Symptome kenne, ist die Krankheit noch lange nicht begriffen, und noch weniger geheilt. Es wird zwar immer von einem Krankheitsbild gesprochen, aber das ist nur die Summe von Symptomen, aber kein Bild. Zum Bild gehört die Aussage.

Ich habe verschiedene Tests mit Ärzten gemacht, und habe dabei Krankheiten, deren lateinische Namen ich weder wußte noch daß ich die Krankheiten selbst kannte, die habe ich in ihrem Auftreten und in ihrer Funktionalität beschrieben. Eindeutig beschrieben, und dann die dahinter stehende Wirklichkeit als Bild gehabt. Was die Krankheit dann für einen Namen hat, ist mir doch dann wurscht, denn der ist in der anderen Weise sowieso nichtssagend oder unzutreffend, und hat mit der Krankheit gar nichts zu tun.

Ich hab' das auch einmal mit einem Volontär-Arzt gemacht, um den Weg einer unheilbaren Krankheit nachzugehen. Aber daraus ist dann nichts geworden, denn den hat das Unglück in der Form erwischt, daß er eine sehr reiche Frau geheiratet hat, die hatten so eine Art Kaufhaus in erster Generation, und die ließ ihn nicht mehr. Er mußte sich also rangmäßig gegenüber den Wertgefügen der Gesellschaft etablieren, und da hben natürlich sol-

che Ideen keinen Platz mehr. War vielleicht auch recht gut.
Gut, damit sind wir für heute am Ende.

SIEBENUNDDREIßIGSTER ABEND

16. AUGUST 1972

K: Können wir den weiter durchnehmen oder nicht ?

A: Den lassen wir jetzt einmal weg und dann nehmen wir ihn wieder einmal vor - in einem viertel Jahr ..

K: Weil ich etwas gefunden habe ..

A: Ja ? - Bitte ?

K: Also das, was Sie bisher sagen, aber Sie werden wahrscheinlich den Klöckner besser kennen als ich, jedenfalls habe ich ..

A: Nein, ich kenne überhaupt keinen, das ist ja mein Vorteil.

K: Aber Klöckner und Hans Beer, die habe ich zufällig bekommen, und der Herr Klöckner hat den Harmann ziemlich gut abgehandelt, sehr lang abgehandelt, der Beer sehr kurz und beide haben sie einen anderen Ascendenten.

A: Das habe ich mir gedacht, ja.

K: Und zwar haben sie beide Zwillings-Ascendenten, der eine zwei und der andere fünf.

A: Ja, das weiß ich.

K: Und dadurch ist etwas sehr Interessantes: im Ergebnis wird sich vielleicht nicht so viel ändern, aber der Marsch, die Strasse, der Weg ist anders. Also der Klöckner sagt: "zu erwarten ist bei einem Lustmörder eine starke Venus- und Neptun-Komponente". Und die Venus kommt, wenn der Ascendent Zwilling ist, dann in das fünfte Feld. Und so geht er jetzt von dem fünften Haus aus und sagt: also hier ist das fünfte Haus, und da geht es also los, und die Venus ist noch dazu mit dem Uranus nebeneinander und er spricht auch von der Neptun-Opposition, aber dieses grosse Trigon zwischen den Erdzeichen, das fällt hier aus. Und er begründet dann die Verborgenheit, also das Günstige, daß man ihm nicht draufgekommen ist, mit dem - ich glaube - Trigon Sonne-Jupiter alleine. - Das wäre ähnlich.

A: Wissen Sie, da ist gar nichts ähnlich: ich fange jetzt mal gleich von hinten an. Wenn ich sage, der hat ein schönes Trigon von Jupiter, deswegen ist er nicht erwischt worden, dann kann man zwar feststellen, daß Sonne-Trigon-Jupiter schon eine schöne Konstellation ist, aber man muß auch fragen: in Bezug worauf ? Wie steht das in der Hierarchie eines Horoskops ? Welchen Stellenwert hat das in dem einen oder in dem anderen Horoskop ? – Sonne-Jupiter alleine, das ist oberflächlich, das ist die Astrologie vor meiner Zeit. Im übrigen, es ist ja ganz interessant, bei Jupiter wird man immer erwischt ! Es ist also nicht so, daß wenn Sie heute irgendwas anstellen und Sie wollen sich den Jupiter zu Hilfe nehmen und sagen: "halt, jetzt hol' ich mir schnell einen guten Jupiter, damit ich nicht erwischt werde". Bei Jupiter werden Sie erwischt. Ich kann Ihnen auch sagen, warum. Der Jupiter gibt Ihnen zwar Ihr Recht, aber nicht Ihr Unrecht. Der läßt Abweichungen gar nicht zu, das ist nämlich Ihr Jupiter. Und der Jupiter würde Sie ja betrügen, wenn er Sie im Unrecht ließe, und es Ihnen gestatten würde, die böse Tat in das Unterbewußtsein hinabzudrängen oder hinauf, das ist egal, anstatt auszugleichen und .. das ist strukturell der Schütze als Funktionsfolge der Waage, der harmonisch durchgeführte Ausgleich.

K: Das ist aber nur zeitlich, es ist ja in beiden Fällen so, daß er eben doch erwischt wird, das meinen wir eben.

A: Aber was ist dann wieder mit dem Jupiter-Trigon-Sonne vom Klöcknerschen Sinne ? Der darf einmal dies und einmal jenes sein ?

K: Das muß ihm nicht unbedingt überall nutzen.

A: Darf ich fragen, ob man das immer weiß vorher, wo er nützt und wo er nicht überall nützt ? – Nein, um den Harmann haben sich eine Unmenge von Astrologen gekümmert. Es gibt eine Geburtsbildsammlung, und das ist der dritte – mir fällt der Name nicht ein, aber mit "F" geht er an – Fankhauser heißt er. Dessen Geburtsbilder sind sehr zuverlässig, – der hat auch ein Buch geschrieben, ein dickes Buch, was in Deutschland auch gut gegangen ist. Und das Geburtsbild, das er verwendet hat, habe ich durchgetestet. Wir können natürlich eine Stunde darauf verwenden und sagen: wieso kann der nicht Zwilling haben ? Sie müssen nämlich davon ausgehen, daß die Deutung - also gut, ich muß das vielleicht noch schärfer formulieren, um das ganz klar zu machen. Wenn Sie heute zu irgendeinem Astrologen gehen, ob er in England der Mister Carter ist, ein berühmter und ein guter Mann, ob das in Frankreich der Monsieur Barboult ist. Der ist in Frankreich auch so was, wie bei uns der Genuit. Ob Sie zum Francesco Walder nach Rom gehen, Sie können also hingehen, wo Sie - ist auch ein berühmter Mann - bitte ? - Sie können also hingehen, wo Sie wollen und sie beobachten, wie sie Horoskope deuten, und zwar, sagen wir einmal, fünf Horoskope nacheinander. Dann machen die jedes Horoskop nach einem anderen System, das heißt, nach gar keinem System, sondern die schauen das Horoskop an und sagen: "aha, der hat den Jupiter in zwei, da gehts' ihm eigentlich wirtschaftlich nie schlecht, und da hat er Trigon Sonne, und da ist er dann zum Haus sechs" - und was weiß ich - und dann irren sie sich halt ab und zu, denn mit dem Jupiter in Haus zwei kann es einem verdammt schlecht gehen. Die haben kein System, keine Struktur, keine Definition, keinen Hintergrund - die haben kein Mark.

K: Der Klöckner ist nicht so primitiv.

A: Bitte ?

K: Der Klöckner macht das aber nicht so.

A: Dann haben Sie unser System hier noch nicht begriffen. Schauen Sie, ob ich nun das wenige, was ich weiß, sehr stilistisch einwandfrei literarisiere und darstelle, oder ob ich primitiv wie der Brandler-Pracht einfach das Kind beim Namen nenne, dann ist mir nämlich der Brandler-Pracht schon lieber, der stellt schlicht und einfach fest: Neptun - ich habe es auch gesagt - Haus drei: hat eine amoralische Schwester. Das hat wenigstens Hand und Fuß. Aber wenn ich über eine Konstellation drei Seiten nichts sage, als was es sein könnte, weil denen die Hierarchie der Deutung fehlt, dann verzichte ich darauf. Und wenn der sagt: "das Sonne-Jupiter-Trigon ist beim Harmann dafür verantwortlich, daß er nicht erwischt worden ist", - und wenn das auch noch Beifall findet, - er hat ja dasselbe beim Hitler, er hat dasselbe - was weiß ich - beim Einstein, diese Sonne.

Dann kommt noch die Frage der Vordergründigkeit der Fragestellung überhaupt und so weiter und so weiter. Ja gut, stellen wir einmal die Frage: wer ist für Zwillings-Ascendent ? - Also haben Sie das Geburtsbild noch einigermaßen im Kopf ? - Wer ist für Stier-Ascendent ?

K: Ich bin für Stier.

A: Ja, und warum ? Ich will ja hier kein Abstimmungsergebnis, ich möchte ja wissen, warum.

K: Weil er ein Sexualmörder ist ?

K: Er war kein Sexualmörder.

K: Doch, in einer gewissen Hinsicht schon.

K: Ein Lustmörder.

K: Der ist ein Lustmörder. Und dann muß er die Venus doch in fünf haben.

A: Wissen Sie, das ist Primitiv-Astrologie. Mars-Venus oder Neptun-Venus haben ja auch kein Monopol auf die Lust. Da sind schon viele 'reingefallen, vom astrologischen her, die ich kenne - da soll man schon alles mögliche erlebt haben. Außerdem kann ich Ihnen versichern: wenn es überhaupt irgendeinen Planeten gibt, der Mord verhindert, dann ist es Neptun. Aber der Neptun ist den Bürgern schon immer nicht koscher, in dessen Bereich kann man alles hineinverstecken und hineinverdrängen. Das ist das Wasser, das deckt alles schön zu. Leichen wirft man ja auch hinab.

Gut, warum - wenn Zwilling - Zwilling, und warum - wenn Stier - dann Stier ? Bitte schön, das ist wichtig. Es geht hier nämlich um einen ganz grundsätzlichen Punkt.

K: Beim Zwilling geht es um andere Dinge als beim Stier - der Zwilling bekommt sein Sicherheitsgefühl aus Orientierung und Kenntnis.

K: Es gibt noch einen anderen Mörder, der hat auch den Ascendenten Zwilling, den führt der Klöckner auch auf.

A: Was wurde jetzt für ein Fehler gemacht ?

K: Vergleiche gezogen.

A: Genau. Die Struktur muß das aus sich klären - die Struktur, auch im Sinne des Werdegangs: Sache - Durchführung - Ergebnis. Und dann sind wir nämlich mit dem Zwillings-Ascendenten an dem wunden Punkt. Da steht dann nichts mehr. Da brauchen wir gar nicht mehr darüber reden - schon allein der Herrscher von zehn, - das wäre dann bei einem Zwillings-Ascendenten Jupiter-Uranus. Also, der kann nicht Zwilling sein, das ist so ausgeschlossen wie nur was. Und da brauchen Sie nur auf den Ascendenten Direktionen machen, also sogar in der früheren Manier - oder Sie brauchen Auslösungen machen, dann haben Sie ihn - dann haben Sie ihn eben schlicht und einfach im Stier. Außerdem war er kein sehr feingliedriger Mann, im Aussehen, ich habe ihn im Bild gesehen.

Ich bin dafür, so wie beim Klavierspielen, ein Stück nicht zu Tode zu üben, sondern einmal auf die Seite zu legen, und dann irgendwann einmal etwas anderes zu spielen, dazwischen, und dann wieder das erste herauszuholen, dann hat man nämlich wesentlich mehr. Vor allen Dingen kriegt man das Stück nicht satt. Wir wollen also locker anfangen, und zwar mit irgendeinem Seitenthema, das wir eigentlich nur ganz am Anfang kurz gestreift haben, - da haben wir einmal gesagt: wenn Sie also - bei den Männern merkt man das ja leider nicht so schnell - aber bei der Weiblichkeit, die schmückt ihr Haupt doch etwas variabler, und infolgedessen kann man etwas mehr ersehen. Da wird dann übertragen, quasi transponiert, das Geburtsbild, das man dann nach außen zur Schau trägt. Und wir haben auch einmal kurz darauf hingewiesen, daß es durchaus so sein könnte, also eine gutgehende Hypothese ist, daß das, was der Iris-Diagnostiker, also der Augendiagnostiker macht, im Grunde genommen nichts anderes ist, als daß er das Geburtsbild im Auge quasi unter anderen Kennzeichen wiederentdeckt. Ist das einigermaßen verständlich ?

K: Das ist sogar sehr glaubhaft.

A: Ich sage ja: eine gutgehende Hypothese, läßt sich auch gut verkaufen. Was wir auch schon einmal angedeutet haben: Sie können den Ablauf des Geburtsbilds oder das Signum des Geburtsbilds - im Grunde genommen also das Signum der Anlagen, oder der Anlagehierarchie an allen Einzelteilen des Körpers nachvollziehen. Sie können also feststellen, diese oder jene Ohren sind so oder so geartet, - es gibt sogenannte Eselsohren, die haben unten gar nichts, und oben gehen sie in die Höh'. Da können Sie dann schon feststellen, "na gut, der Betreffende hat also" - von mir aus - "den Mars am MC und den Uranus dazu, und alles droben, in der oberen Hälfte". Sie können auch feststellen, der hat im Ablauf der Ohrrundung eine Dulle, oder einen Knoten, - da brauchen Sie dann nur ungefähr zu überlegen: wenn das Ohr das Geburtsbild ist, und man läuft die Ohrrundung im Sinne unserer Auslösung durch, und wenn man dann ungefähr dort, wo das achte Haus ist, einen Knoten hat, - na, dann können Sie schon feststellen, in dem Bereich muß eine Disharmonie sein, und Sie können dann sagen: zwischen achtundzwanzig und fünfunddreißig, und unter Umständen können Sie das noch detailieren, müßte sich dann diese Disharmonie auslösen. Auf diese Weise können Sie aus dem Ohr diagnostizieren und prognostizieren - mindestens so wie beim Handlesen, es ist nur noch keiner da gewesen, der das gemacht hat. Na gut, das Ohr hat zwar nicht so viel Falten, das ist natürlich ein Nachteil. Und sicher kann man das auch bei den Beinen, also bei den Füßen machen.

K: Das habe ich auch schon gehört.

K: Nicht an den Füßen, sondern an den Zehen.

K: Aber da möchte ich fragen: warum so umständlich ?

A: Es ist immer für den umständlich, der keinen Zugang hat. Möglicherweise hat jemand zu den Füßen mehr Zugang als zu Händen, oder zum Anschaulichen überhaupt, und weniger zum Abstrakten. Und eines zum anderen läßt sich übersetzen. Es gibt z.B. Handleserinnen, zu denen gehen Sie hin und dann zeigen Sie da Ihre Hand mit leichtem Lächeln, weil man immer ein bißerl verlegen ist, mimt man Heiterkeit und dann läßt man in die Hand 'reinschauen und dann sagt die: "Sie haben aber den Mars im ersten Haus und Sie selber sind ein Fisch und vierzig Jahre alt" - so ungefähr - "da haben Sie aber jetzt den Uranus " - ..

K: Das kann z.B. die Frau von Mangold.

A: Die kanns' auch. Die ist sowieso für mich die Beste, die herumläuft. Und hat auch noch Stil.

K: Und da habe ich Vergleich gezogen zur Astrologie und doch festgestellt, daß das auf astrologischem Wege - nennen wir es jetzt nicht abstrakt - eben doch wesentlich differenzierter lehrbar und lernbarer ..

A: Es ist übertragbarer und es ist lehrbarer - das kommt daher, weil die Erscheinungs- oder Ausdrucksmerkmale, mit denen man umgeht, leichter zu bezeichnen und damit leichter zu erfassen sind. Dann kommt die Definition der Raumsymbolik hinzu, ihre Ableitungen - ich weiß nicht, welche Auskunft ich vorziehen würde, ob die Auskunft eines bisher klassischen Astrologen oder einer Handleserin. Sie dürfen ja dieses System, das ich Ihnen hier lehre, nicht verwechseln mit der Astrologie, wie sie bis dato bestand. Das ist nicht mein Verdienst, sondern das ist mein Vorteil, daß ich in einer Disziplin frei arbeiten konnte, die der bürgerlichen Ehrenrechte entkleidet war und dadurch der soziale Klassifizierungsandrang wegfiel - als Outlaw, unabhängig von allen Zugehörigkeiten und Bestätigungen von Interessengruppen, überhaupt Denkhaltung welcher Art auch immer.

Ich wüßte also nicht, wenn ich an die Astrologie vor meiner Zeit denke, ob ich da einen Astrologen vorziehen oder ob ich zu der Handleserin Frau von Mangold gehen würde, die doch sehr präzise ist und anschaulich zugleich.

K: Ich kenne ihre Bücher, ich habe sie auch.

A: Ja, das ist das einzige, was man in diesem Bereich lesen kann. Man muß da nur unterscheiden zwischen den früheren und den späteren Büchern.

K: Ich habe die späteren.

A: Da muß man sicher dann etwas abziehen, nämlich das, was vom Buddhismus hereinkommt. In den späteren Büchern fängt sie dann damit an, da war so ein Pater Schmidt oder wie der geheißen hat ..

K: Oder der Graf Türckheim.

A: Der außerdem, da wirds' dann etwas okkult. Ich habe ja nichts gegen das Okkulte, aber ich habe etwas dagegen, wenn es gelehrt wird, Buddhismus kann man nicht lehren, vor allen Dingen, weil die meisten damit feilschen und ihre Subjektivismen mit hineintragen. Und da wird es ein bißchen gefährlich. Sie hat ja auch heute schon Abstand davon, von dieser - wie sies' nennt - "Bereicherungszeit".

K: Das ist mir persönlich nicht differenziert genug. Ich habe ja auch sehr viele Hände daraufhin durchgesehen und das Ganze ist nicht so differenzierbar wie ein Horoskop.

A: Das mag sein. Mir liegt das auch mehr. Aber - wie gesagt - ich war früher auch am Anfang gegen Astrologie und bin also deshalb jetzt meiner Skepsis gegenüber skeptisch.

K: Sie persönlich ist ja auch nicht gegen Astrologie. Im Gegenteil.

A: Ja, sie möchte es eben auch genau wissen, sie ist Skorpion-Ascendent, die wollen ja alles ganz genau wissen.

K: Ich würde das bei Frau von Mangold auch sehen, diese Zeit, wo sie "Bereicherung" durch den Buddhismus hatte und dann ..

A: Da müßte ich jetzt das Horoskop parat haben, und ich habe es nicht parat.

K: Nur so aus Ihren Erfahrungen, was ist da welcher Planet, welches Haus, welche Konstellation ?

A: Das ist Neptun, der die Verwirrung bringt.

K: Das ist Neptun ? Und der kann dann auch wieder seinen Einfluß verlieren ?

A: Ja.

K: Und wenn er kommt, dann ist er zwingend ?

A: Ja, man braucht ihn meistens, die Verwirrung, die er bringt, die braucht man, weil man wahrscheinlich irgendwo sonst zu festgefahren ist und dann ist das eine Art von Schicksalstherapie. Also eine Therapie, die einem das Schicksal verschrieben hat, sozusagen.

K: Der Neptun ist im Augenblick ja eine interessante Frage.

A: Ja ? - Der Rudolf Steiner, der hat geschrieben - der unterscheidet zwischen Erdflucht und Erdsucht und ..

K: Wer ist das ? Das habe ich jetzt nicht verstanden ?

A: Der Rudolf Steiner.

K: Der unterscheidet zwischen ?

A: "Erdsucht" und "Erdflucht". Und die Erdflucht, das wäre das Luziferische, dieses sogenannte "höher-Entwickeln des Menschen und das Vergeistigen bis ins letzte", was deshalb nicht ginge, weil der Mensch ja durchaus auch Anlagen habe, die der Erde zugehörig seien. Dann gibt es bei ihm die Erdsucht, das wäre also im Gegensatz zum Luziferischen, das ahrimanische Wesen, und damit würde der Mensch das Außermenschliche wieder ausschließen. Und er sagt, der Mensch müsse also die Mitte finden zwischen der Erdflucht und der Erdsucht, und ein luziferisches Erdflucht-Prinzip als Verführer wäre z.B. der Buddha. - Das ist jetzt aber nicht von mir, das ist von Rudolf Steiner, mir kommt das wegen dem "Vergeistigen" sehr entgegen, - das sind ja meist Menschen - die so in die edle demonstrative Geistigkeit einsteigen - die übermäßig in die Körperlichkeit des ersten Quadranten hineinragen, sich dabei aber dann ungemein geziert bewegen, in Bayern nennt man das eine "Schraube", - wegen des sich Höherwindens.

Also, das nur am Rande, wir sind davon ausgegangen, daß sich die Anlagen, oder die Hierarchie der Anlagen in allen möglichen Anschauungsbereichen wiederspiegeln könne, auf welche Art auch wieder.

K: Darf ich noch etwas ganz Kleines fragen ? - Die Handlinien, kennzeichnen die nicht die momentane Situation, ändert sich die Hand nicht ?

A: Die Hand ändert sich schon, aber ein guter Handleser kann in etwa feststellen, wenn zwei Kräfte miteinander kämpfen, - sagen wir einmal - die Herzlinie mit der Kopflinie, beide sind dominant stark ausgeprägt, in einem bestimmten Alter, dann kann also - dann entsteht eine gewisse innere Dramatik und dann kann ein guter Handleser, der kann also schon sagen: "die Entwicklung wird so und so laufen".

Die Spiegelung der Anlagen, davon abgesehen, geht ja nicht nur zurück auf die eigenen Erscheinungsformen, - denn logischerweise müssen sich ja - etwa die Anlagen des dritten Quadranten - an den Erscheinungsformen meiner Umwelt ablesen lassen. Der Agrippa von Nettesheim, - oder wie er heißt - der hat in seiner mittelalterlichen und angeblich abergläubischen Art und Weise den damaligen Zeitgenossen des Ungeists so einige Hinweise gegeben, die durchaus - die natürlich von der Aufklärung furchtbar verschrien wurden - die aber eben ein schönes Bild des Zusammenhangs bringen. Er sagt: "wenn Du irgendwo hingehst und einen Kontakt suchst, oder etwas abschließen möchtest, oder einen Besuch machen möchtest, und es begegnet Dir ein einzelner Rabe, dann sollst Du sofort wieder umkehren". Der Goethe hat sich im übrigen danach gerichtet, der mußte ihn gekannt haben, den Nettesheim, seine Ausführungen vielmehr. Was würde das - astrologisch gesehen - bedeuten ?

K: Der Rabe ?

A: Ja, der einzelne Rabe.

K: Weil der Rabe, glaube ich, nur in der Gruppe vorkommt ..

A: Genau.

K: .. in der Herde, oder wie man sagt: in einem Schwarm.

A: Genau. Und wenn einer in einer Gruppe normalerweise vorkommt, aber einzeln angetroffen wird, dann ist das das Bild der Trennung. Wenn ich also in einer solchen Situation stehe und Saturn-Uranus habe, dann werden mir solche Erscheinungsformen entgegenkommen.

K: Das Deckwort hieße ja dann, daß es keinen Zufall gibt.

A: Den gibt es sowieso nicht. "Zufall" wäre ja "etwas dem Menschen Fremdes", aber der Mensch lebt ja eingebettet in einer Ordnung, in dem nichts dem anderen fremd ist. Die Bilder der Umwelt sind ein Spiegel meiner Situation. So ähnlich hat sich ja auch der Thomas von Aquin schon einmal ausgedrückt.

Schauen Sie, da ist ein Haus gebaut worden, in Bayrischzell, und das Datum des Hausbaus war bekannt, und da war es also so, daß der Neptun am IC stand. - Was würden Sie da schlußfolgern ?

K: Daß das Wasser unten 'reingekommen ist.

K: Für den Hausbau ist das nicht gut.

A: Das ist an einem Hang und da hat man dann festgestellt, daß der vom Wasser unterhöhlt ist und daß der Berg wandert und daß das Feste auf dem Weichen liegt. Das Haus neigt sich also einmal rechts, dann muß man es wieder unterbuttern mit Zement, dann neigt es sich wieder links, und jetzt will man den ganzen Hang mit Zement stützen, - also 'reinbohren und auffüllen, damit der Hang stehenbleibt. Und jetzt kommt das Komische. Die Hausbewohner, die entsprechen genau diesem äußeren Bild, sie sind erdige Neptun-Menschen. Die wohnen in einer permanenten Unordnung, in der permanenten geistigen Unordnung. Ich meine, die legen zwar, wenn ein Besuch kommt, ihre Teppiche auf, und wenn er weg ist, tun sie sie wieder weg, - die sind schon äusserlich sehr ordentlich, aber das ist ja meist schon verdächtig. Und die versuchen nun, in der Entsprechung des äußeren Bildes, Entschiedenheit auf der Basis der Unklarheit.

K: Was haben die für einen Ascendenten ?

A: Das kommt gar nicht darauf an. - Das heißt also, der Zusammenhang ist immer gegeben, den Zufall können Sie vergessen. Erscheinungsformen haben immer eine Aussagekraft, die haben immer einen Zusammenhang. Ich wohne z.B. auf einem Grundstück, und auf dem Grundstück ist ein Häuschen, und das Grundstück ist etwa tausendfünfhundert Quadratmeter groß und ich habe es gemietet. Ich habe mich auch genau erkundigt: wann haben die Besitzer dieses Grundstück gekauft, und habe dann festgestellt, daß es eine sehr üble Konstellation hat, spezifiziert auf siebzehn Grad Waage. Die haben also einen Grundbucheintrag gemacht genau auf siebzehn Grad Waage. Die siebzehn Grad Waage sind so eine Art Saturn-Uranus-Grad und bedeutet "Zerteilung einer Einheit". Jetzt wenn Sie ein bißchen in die Ephemeriden hineinschauen, dann können Sie sich vorstellen, daß auf der siebzehn-Grad-Waage-Achse jetzt der Uranus erscheint. Nun ist das also eine ganz böse Konstellation auf den siebzehn Waage, wenn der Uranus über die siebzehn Waage marschiert. Was soll ich Ihnen sagen ? Der Uranus wird im September exakt. Und es fängt schon an: das Grundstück ist geteilt worden und die eine Hälfte verkauft. Jetzt wohne ich also in dem Häuschen auf nur noch siebenhundert Quadratmetern. Und dieses abgetrennte Nebengrundstück wird ausgehoben, es wird Erde aufgeschüttet, das ist schon eine Beunruhigung für das Grundstück und die, die drin wohnen. Dann wird zusätzlich im September "zufällig" auch noch der Kanal gegraben, für die Kanalisation. Dann fällt plötzlich - jetzt fängts' schon an, mit dem Uranus, unvermittelt - der Putz von der Decke, das ist kein altes Haus, da bräuchen Sie sich nichts denken: dann sagt der Kaminkehrer, auf dem Kamin: "den kehr' ich das nächste Mal nicht mehr, da braucht nur ein bißerl Wind kommen, dann stürzt der ein". Das heißt also mit anderen Worten, der Uranus, der kommt gut zurecht, der weiß, wann er kommen muß. Und jetzt kommt das andere: die persönliche Situation stimmt damit überein.

K: Sie haben neulich ja gesagt, man könne sogar ein Horoskop für einen Stuhl machen.

A: Ganz genau, Sie können ein Horoskop für einen Stuhl machen, kein Zweifel.

K: Also umso mehr für ein Haus.

K: Und das war auf Grund des Datums des Grundbucheintrages ?

A: Ja, das Datum des Grundbucheintrages.

K: Da weiß man aber doch nicht genau die Stunde.

A: Ja, ich habe das auf meine spezial-Sonnen-Tour gemacht, aber Sie können die Stunde schon herausbekommen, wenn Sie beobachten, was auf der gleichen Wellenlinie der Ereignisse liegt: wie z.B. den Verkaufs- oder Kaufvertrag, der erste Kontakt - an den Tierkreisgraden, die da belegt sind, von Sonne oder von Mond, von daher können Sie schon auf den Ascendenten des Hauses bzw. des Grundstückeintrags schlußfolgern und ihn testen. Dann können Sie ganz genau sagen: in dem Haus, da wird also in vier Jahren das und das passieren.

K: Ist das jetzt bedingt auf den Grundstückskauf oder auf den Hausbau ?

A: Grundstückskauf, nicht Hausbau. Der Grundstückskauf ist wichtig, was hernach drauf passiert, ist Sache des Grundstücks.

K: Aber z.B. ein großes Haus mit vielen Eigentumswohnungen, jeder kauft doch zu einer anderen Zeit.

A: Ja, gut, der Kauf der Eigentumswohnung ist schon wichtig, nur heißt das dann, daß diese Eigentumswohnung in ihren Möglichkeiten und Auswirkungen der Konstellation des Grundstückskauf unterworfen ist. Man könnte sogar - wenn man wüßte, wann das Gesetz über Eigentumswohnungen herausgekommen ist, dann könnte man die Grundkonstellation für Eigentumswohnung als Gesamtes wissen. Dann wüßte man, wie die Zukunft ausschaut mit Eigentumswohnungen, ob man draufzahlt, oder ob sie Sicherheit bieten - obwohl man bei Eigentumswohnungen gar keine Astrologie braucht, denn da zahlen Sie immer drauf.

K: Es gibt ein Gesetz darüber.

A: Und wann ist das 'rausgekommen ?

K: Weiß ich nicht.

A: Dann kann man gleich sagen, wann die alle ihr Geld verlieren. - Bitte ?

K: Da hat man ja keinen Ascendenten, sondern nur den Tag.

A: Das genügt aber schon - was zu mir Klienten kommen und fragen: "soll ich mir eine Eigentumswohnung dort kaufen oder eine Eigentumswohnung da ?" Da zahlen die bis zu zweihunderttausend Mark für eine Eigentumswohnung, jetzt überlegen Sie sich doch einmal, wann sich das amortisiert. Das ist ja fast Wahnsinn für eine Drei-Zimmer-Wohnung, oder für eine Zwei-Zimmer zahlen Sie ja schon hundertvierzig bis hundertfünfzigtausend Mark.

K: Es gibt ein Gesetz. Die Veröffentlichung im Bundesgesetzblatt müßte doch die Rechtskraft dokumentieren - wäre das der richtige Augenblick ?

A: Das wäre der richtige Augenblick.

Wir kommen heute tatsächlich vom ..

K: .. hundertsten zum tausendsten.

A: .. ja, vom Ohrläppchen zur Eigentumswohnung.

K: Könnten wir nicht einmal den Neptun näher beäugen ?

A: Können wir schon - mir ist es jetzt nur darum gegangen, in wiefern die Spiegelung des eigenen Geburtsbilds sprich der eigenen Anlage sich in der Umwelt trifft, unter anderem auch in allen Einzelteilen, die man selbst am Körper hat. Und Sie können auch davon ausgehen, daß das Gesicht, daß das Auge, eine Darstellung des Geburtsbildes ist.

K: Dazu eben die Frage: ist es egal, ob man im Profil oder von vorne das Gesicht hineinprojiziert ?

A: Das ist nicht egal. Profil ist das, was Sie von den Vorfahren haben, also die Herkunft, Gesicht ist Gegenwart, Sie selbst. - Wenn Sie hier das Geburtsbild haben, da haben Sie den Ascendenten - hier haben Sie den Ascendenten, dann haben Sie das Gesicht hier in etwa so drin, da sind dann irgendwo die Ohren und da hinten im zwölften Haus, da hat ers' dann dick hinter den Ohren. Verstehen Sie, Sie können alles wortwörtlich übersetzen. Und da wäre dann der MC und wenn er da z.B. den Saturn hat, dann hat er nicht lange volle Haare.

K: Oder Saturn-Quadrat zum MC, haben Sie einmal gesagt.

A: Das habe ich selbst, zum Beispiel. Wenn jemand Neptun am MC hat, - Sie können das Gesicht auch von vorne nehmen, Profil und Gesicht entsprechen sich in den Leitlinien - ..

K: Das meinte ich ja.

A: Das ist also relativ das selbe: und da haben wir auch die Vergrößerungen, Augen - Gesicht - Gesamtkörper. Sie haben also sofort Analogien. Ich habe Ihnen einmal das Beispiel erzählt: ich traf einen Bekannten, den ich länger nicht gesehen hatte, das heißt, das war eigentlich mein Vetter, aber die Familienbande waren nicht so sehr, daß man sich dauernd sieht. Und er hatte hier, neben den Mundwinkeln, eine scharfe Rißwunde von oben nach unten, und da sagte ich dann: "mußt aber aufpassen wegen Nierenriß, das ist nämlich die Nierengegend". Und der hatte einen Nierenriß ungefähr ein dreiviertel Jahr vorher. Was ich weder ahnte noch .. ich habs' so nebenbei als Gaudi eigentlich gesagt, weil ich damals grad so an den Dingen herumgedacht habe. Und dann liegt einem so was auf der Zunge. Ich persönlich habe hier mal einen riesigen Abszess gehabt, an dieser Stelle im Gesicht, - ein halbes Jahr später habe ich eine schwere rechtsseitige Nierenentzündung gehabt. Normalerweise bringt man das gar nicht in Verbindung miteinander, weil man von den Vorgängen und Geschehnissen selbst am eigenen Organismus entfremdet ist.

K: Sie hatten gerade vorhin angeschnitten: der Neptun am Zenit ?

A: Gut, was macht denn die Frisur, wenn der Neptun am Zenit ist ?

K: Färben.

A: Tönen. Färben ist für den Neptun zuviel - der ist ja sensibel. Gut, was macht der noch ?

K: Locken.

A: Simpelfransen.

K: Das ist der Schleier.

A: Richtig. Und was macht der Uranus da oben ?

K: Der macht es kurz, wahrscheinlich.

A: Einerseits kurz, aber was noch ? Worin liegt denn der Grund des Kurzmachens der Haare beim Uranus am MC ? - Ich sage Ihnen ein Beispiel: in der Französischen Revolution hat die Zeit einen Uranus am MC gehabt, was haben da die Frauen getragen ? - Na, die waren - ich habe mir sagen lassen - bis zu einem Meter fünfzig hohe Hochfrisuren.

K: Vorher.

A: Vorher, na logisch, danach haben sie ja den Uranus nicht mehr gebraucht, da war er ja schon realisiert.

K: Das kann ich mir nicht vorstellen.

A: Doch, ein-Meter-fünfzig, doch, doch, ich habe es einmal gelesen, konnte es auch kaum glauben. Die müssen ganz schöne Türme am Kopf gehabt haben.

K: Und wer trägt die Haare nach Yul Brunner ?

A: Also gar nichts ?

K: Abrasieren.

A: Also wenn sie abrasiert sind, dann ist das der Mars. Ich bin einmal unter Mars-Konjunktion - der laufende Mars Konjunktion zu meinem MC, ohne nachzuschauen und ohne nachzudenken zum Friseur gegangen und habe gesagt: "übergehend schneiden", und bis ich wieder in den Spiegel geschaut habe, habe ich wirklich nichts mehr draufgehabt auf dem Kopf. Ich habe mich so geärgert und dann konnte ich mich nicht ärgern, weil ich gesehen habe, ich habe Mars-Quadrat-MC. Da hat der alles 'runtergeputzt. Das ist die sogenannte Zündholzlänge, der militärische Haarschnitt, Mars, die Mars-MC-Leute, die haben also so die ganz kurzen Haare.

K: Ich kenne eigentlich andere auch.

A: Da gibt es Spielarten des gleichen Grundmotivs. Es sind ja vor allem die ordentlichen mit den kurzen Haaren, und die sind ja meist intolerant.

K: Darf ich noch einmal zurückkommen auf den Uranus ? Heute hat man ja diese Hochfrisuren nicht mehr, wie wirkt sich ein Uranus heute am MC aus ? Hochgesteckte Haare ?

A: Hochgesteckte Haare, möglicherweise toupiert, - und hohe Hüte - nein, der Uranus mag keine Hüte.

K: Die hohen Hüte ?

A: Die tragen meist die Demonstrierer, ich würde schätzen: Pluto am MC. Das ist so das Priesterliche, die Priester auf alten Darstellungen, die haben ja so hohe Rundhüte. Das demonstriert Macht.

K: Bei uns läuft so eine 'rum, die ist so.

K: Ich habe festgestellt, daß die gern rote Haare haben.

A: Das kommt nun wiederum ein bißchen auf das Zeichen an. Skorpion, der trägt gern rote Haare und die Jungfrau auch ein bisserl, vor allen Dingen dann, wenn der Mars drin ist, das gibt gern rote Haare. Und dann gehts' weiter: die rothaarigen, die tragen dann gern grün, so nilgrün.

K: Auf dieser Zeichnung ist zu beobachten, daß die Achsen senkrecht zueinander stehen, also im rechten Winkel. Können Sie ein Beispiel geben, einen Fall, wo die recht stark verzogen sind ?

A: Nehmen wir einmal das Gesicht von vorne, - das ist also wirklich erwiesen, da habe ich an jedem Klienten nachvollzogen und erprobt. Wenn jemand Mars und Uranus in Opposition hat, von elf zu fünf, dann haben Sie eine schiefe Nase. Und zwar nach der Richtung der Konstellation. Dabei ist die linke Seite die Ost-Seite des Horoskops, die rechte Seite sozusagen die West-Seite des Gesichts.

K: Und in der anderen Richtung, von zwei zu acht, geht es da nicht so gut ?

A: Da habe ich es eigentlich nie beobachtet. Sie haben auch Spitze acht und Spitze zwölf die Augen, das habe ich auch mal durchgetestet, und wenn Sie dann die Mitte zwischen Spitze Haus acht und Spitze Haus zwölf haben, dann haben Sie die Augenachse. Der Punkt reagiert auf Augensituationen. Wenn der Mars dort ist, oder der Uranus, dann gibt es Kurzsichtigkeit, - und bei stationärem Mars habe ich da vier- bis fünfmal beobachtet, daß - etwa beim Fräsen oder so etwas - Splitter in die Augen kamen.

Was würden Sie sagen, wenn z.B. das Geburtsbild - auf das Gesicht übertragen - wenn jemand den Mond oder den Neptun am IC hat ?

K: Weiches Kinn, wahrscheinlich, ein rundes.

A: Ja, ein Kinn, das in der Mitte noch einmal so zusammengefaltet ist, - so ..

K: Grübchenkinn.

K: Ja, das stimmt.

A: Oder was ist los, wenn der Saturn ein Quadrat auf den MC hat, hier im sechsten oder siebten Haus stehend ?

K: Dann wird der Mann klein.

A: Dürr.

K: Ach, der Saturn, haben Sie gesagt.

A: Ja, - dürr wird er. Klein wird er, wenn das Quadrat von unten auf die Horizontale geht. Und wenns' der Saturn ist, dann hat er dazu auch noch O-Füße, automatisch. Ich habe ein paar Geburtsbilder, wo beides der Fall ist, einerseits Saturn-Quadrat der Vertikalen und andererseits Jupiter-Quadrat von unten, der Horizontalen. Und das war also ganz interessant, im Rhythmus, wie sich das auslöst, ist er einmal dünn, einmal dick gewesen, in den entsprechenden Lebensperioden. Das ist wirklich schön gewesen. Denn der Jupiter, wenn er von unten auf die Horizontale drückt, geht er seinem Prinzip nach - die Ausdehnung - auch schön in die Breite. Im übrigen sind dann solche Leute, bei denen beides der Fall ist, das sind dann die sogenannten Sitzriesen, die untere Hälfte ist etwas zu kurz gera-

ten, die obere Hälfte ist lang.

K: Macht der Transit das Gleiche ?

A: Als Transit magert er ab, natürlich relativ zu seinem Volumen, also zu seiner Gesamtsituation. Wers' im Radix hat, die schauen dürr aus, und haben wenig Haare. Und der Jupiter auf der Seite zur Vertikalen, der treibt den Betreffenden in die Länge. Das gibt dann Übergrößen. Was weiß ich - zwei-Meter-vierzig.

K: Und wenn der Jupiter am MC steht, wie ist es dann mit den Haaren ?

A: Das weiß ich leider nicht. - Das müßte eigentlich normal sein. - Das ist schwer zu sagen. Aber was ist, wenn der Mond oben ist, oder die Sonne, oder das Zeichen Löwe am MC ?

K: Locken ?

A: Phantastisches Haar hat der, - ..

K: Mond auch ?

A: Mond auch. Frauen tragen dann das Haar gern lang, so über die Stirn bis auf die Schulter. Und wer Fische am MC hat, der hat ganz feines Haar. Und wer Stier am MC hat, der hat so halbe - na gut, was heißt "halbe" - "viertel Borsten". Da ist also das Haar ganz kräftig ..

K: Bei Skorpion-Ascendenten sieht man häufig auch so starkes Haar.

A: Skorpion-Ascendenten haben einen MC von Löwen, meistens.

K: Wie ist das, wenn jemand ein ganz stark vorstehendes Kinn hat, wenn das direkt nach vorn steht ?

A: Da gibts' natürlich verschiedene Spielarten: wenn es spitz nach vorn steht, dann wird es wohl der Mars sein. Und ansonsten die langen Kinns - das darf man dann nicht verwechseln, - denn bei den Stieren ist ja der Streckenunterschied zwischen Kinn und Nasenspitze sehr groß, die Nase selber aber sehr kurz, - das darf man aber nicht für ein langes Kinn halten. Wenn das nun nicht der Fall ist und das Kinn sehr lang ist, dann entspricht das einem Saturn am IC, das ist der Ernst. Interessanterweise sieht man das irrsinnig häufig bei den sogenannten Gammlern oder Beatles und so weiter. Kaum ist einer mit der Gitarre unterwegs, hat er ein langes Kinn. Möglicherweise kommt das durch die Frisur stärker heraus, durch die langen Haare, das glaube ich aber wieder nicht. Die wirken auch alle so .. das können Sie sich ja vorstellen, daß ein langes Kinn nicht lustig in der Gegend herumspringt. Ich will ja nicht sagen, daß die Keller-Kinder sind, aber den Saturn müssen sie am IC haben.

K: Sie haben einmal von den gebogenen und geraden Linien gesprochen, läßt sich das übertragen auf die Jugendstil-Epoche ?

A: Die Jugenstil-Epoche, da kommt noch etwas Schwülstiges hinzu, obwohl, "schwülstig" eigentlich nicht, eher "mager schwülstig" - also ich würde sagen "gebogen" und - sagen wir lieber einmal - "gespreizt", da würde ich sagen, das ist Uranus-Venus, da hat was von der Waage. Das war vielleicht ein kurzzeitiges Waage-Jahrzehnt. Wissen Sie, so harmonisch das Wilde gebracht, also Stühle mit Ohren, oder Fische mit Wülsten, oder was es da so alles gibt.

Und man kann auch deutlich unterscheiden zwischen Mond und Saturn, also zwischen den Malerischen und den Konturierten. Der Saturn zeichnet den Umriß, der Saturn benützt den Stift, der Mond geht gleich mit dem Pinsel hin, der konturiert nicht. Der Pluto, der gibt Plastik, also plastische Unterschiede. Nehmen wir einmal folgendes Beispiel: den Rubens kennt ja jeder, der kommt vom Mond her, - dagegen der Michelangelo, das war ein Haptiker - der hat die Kontur einer Figur gezeichnet, und zwar vorher, und dann erst innen ausgemalt. Der war in Wirklichkeit ja Bildhauer. Das hat er dann aufs' Malen übertragen.

K: Und was ist für den Mund zuständig ?

A: Der Mund ? - Eigentlich die Linie von Spitze drei zu Spitze fünf. Es gibt ja Menschen, die haben die untere Gesichtshälfte total ungeordnet und die obere Gesichtshälfte ist unter Umständen ganz eng, dann können Sie natürlich schon sehen, daß die oberen Quadranten überhaupt keine Chance haben, die unteren Quadranten in irgendeiner Weise zu ..

K: .. disziplinieren.

A: Das geht natürlich auch umgekehrt. Ich habe es Ihnen schon einmal gesagt: es gibt bestimmte Mädchen, schmaler Mund, große Augen, und bescheiden - die sind am gefährlichsten. Die verarbeiten nicht viel, brauchen also viel, das heißt, sie müssen immer motiviert werden, und haben ein großes Wunschleben, und dafür brauchen sie dann eben andere, auf die sie zurückgreifen können, um ihr Wunschleben zu befriedigen.

Das sind jetzt einmal nur Gedankenanregungen, ganz sporadisch, um aufzulockern, damit Sie auch Astrologie in ein etwas lebendiges Verhältnis bekommen, damit Sie mehr beobachten, - wir müßten eigentlich so eine Art Bildwerfer haben ..

K: Der ist noch nicht da.

K: Sie gehen da weniger vom Sonnenstand aus, sondern vom Ascendenten ?

A: Ja, vom Ascendenten, weil der ja die Erscheinungsform ist, die Sonne ist ja nur das Verhalten. Was für ein Geburtstag jemand ist, das heißt, was für einen Sonnenstand einer hat, kann ich ja nur aus dem Verhalten oder aus der Art und Weise, wie er sich bewegt, wie er mit den Händen umgeht, wie er den Kopf 'rumdreht, ob er äugt, ohne den Kopf 'rumzudrehen, wie es die Wassermänner tun, - das kann ich daraus entnehmen. Die Wassermänner, also die mit Sonne-Wassermann, die äugen richtiggehend, denen entgeht nichts. Die sehen auch manchmal so ein bißchen wie Marabus aus und haben so eine leichte x-Lage in den Füßen. Uranus unten gibt x-Füße im übrigen, so ungefähr wie die Vogel, die größeren, wenn sie vor dem Abheben noch laufen. Bei Frauen sieht man das stärker, weil sie weniger verkleidet sind.

K: Sie meinen also dann den Uranus höchstens IC, Haus drei, oder Haus vier, weiter nicht mehr ?

A: Da ließe sich noch viel sagen: die Linie Ascendent-Descendent entspricht etwa der Nasenwurzelgegend, und auch dem Ohrenschnitt. Wer dominant im sechsten oder zweiten Haus besetzt ist, das heißt, daß auch die Herrscher dieser Häuser unter dem Horizont stehen, da ist die untere Hälfte der Ohren stärker ausgeprägt und meist länger, als im Durchschnitt. Was man halt so alles beobachten kann, ohne daß Sie es jetzt statistisch nun unbedingt erfassen oder eine Untersuchung oder eine Doktor-Arbeit drüber machen. Und wenn man über alles, was ich Ihnen im Kurs erzähle, eine Doktor-Arbeit machen würde, dann würde man in ungefähr sechshundert Jahren fertigwerden. Ja gut .. - Bitte ?

K: Und wenn die Ohren angewachsen sind ?

A: Schwieriger Fall.

K: Die kein Ohrläppchen haben ..

A: Da kann man sich täuschen, das ist oft geliftet.

K: Was heißt denn das ?

A: Ja, schauen Sie, wenn man Falten im Gesicht hat und ..

K: Ach so, nach einer Operation.

A: Klar, dann wird da irgendwas 'reingeschoben und dann wird das Ohr angenäht.

Also die mit den angewachsenen Ohrläppchen, die sind manchmal an Situationen ausgeliefert, sagen wir einmal so: sie sind manchmal an subjektive Bedürfnisse ausgeliefert.

Ja gut, dann lassen wir das Horoskop mit den Ohren und machen eine Pause und dann üben wir Auslösungen, - also wieder was Konkretes. Das sollte ja nur ein bißchen Luft bringen.

K: Wo ist denn das Kreuz, Herr Döbereiner ? Das täte mich auch interessieren, weil ich immer Schmerzen habe.

A: Das Kreuz liegt auf sechzehn Grad Widder.

K: Und die Ohren ?

A: Die Ohren liegen auf zweiundzwanzig Fisch.

K: Und was sind die Bandscheibenschäden ?

A: Ja wissen Sie, ..

P A U S E

Machen wir einmal folgendes: wir wiederholen jetzt kurz - heut' ist es doch irgendwie gemischt zugegangen, so ohne Leitfaden - wiederholen wir ein Geburtsbild, das wir einmal hatten, zur Übung und zum Aufbau der Deutung und zwar - da ists' - haben wir einen Ascendenten von Zwilling. Ich verfolge dabei auch einen ganz bestimmten Plan. Was sagen Sie dazu ? Was kann man mit so einer Häusereinteilung schon anfangen ? - Das Ganze ist eine Institution. Mit Löwe im vierten Haus ?

K: Das ist vielleicht ein Lotto-Betrieb.

A: Lotto-Betrieb, warum ? Einfach so ?

K: Wegen dem Risiko.

A: Ein Lotto-Betrieb ist alles andere als riskant. Außerdem will der Löwe das Risiko nur im Leitbild, er selber nicht. Freilich hat er einen Descendenten Wassermann, das Leitbild des Risikos, der Unabhängigkeit, des Zufalls. Drum sind die Löwen ja geistig so unverbindlich. Ich meine, Sie wissen, ich habe nichts gegen Löwen. - Nein, es würde auf eine gewisse Eigenständigkeit der Institution hinweisen.

K: Und liberal ?

A: Liberal ? Der Löwe ? Der Löwe ist nur großzügig, um selber unantastbar zu bleiben, das ist nicht liberal. Er ist großzügig - wie soll man sagen - "Großzügigkeit" ersetzt "Einfügung" nicht. Im übrigen ist der eher seelisch gewalttätig, der macht Sie sehr schnell zum Teil seiner Subjektivität und verfügt dann über Sie.

Ich zeichne zunächst einmal ein, was Sie als allererstes brauchen. Die Anlage - Punkt eins, - da haben wir den Mars auf zweiundzwanzig Zwilling und den Merkur auf dreizehn Grad Wassermann.

K: Eine eingeschobene Frage: Sie korrigierten einmal ein Ge-

burtsbild mit dem Hinweis, daß natürlich, wenn ein Planet neben der Achse oder dicht neben der Achse steht, natürlich die Wahrscheinlichkeit, daß er direkt drauf ist, größer ist.

A: Ja.

K: Jetzt steht der so dicht - wann macht mans', wann macht man es nicht ? Wissen Sie es hier genau, oder wie ?

A: Bei Institutionen habe ich da eigentlich weniger drauf geachtet als bei menschlichen Geburten. Und zwar z.B. wegen den Schmerzen, also wenn der Ascendent über den Mars geht, dann ist das ein gewisser Höhepunkt der Wehen und es ist also zu vermuten, daß die Wehen nicht nachher den Höhepunkt haben, sondern eher vorher oder während der Zeit, in der der Mars am Ascendenten ist. Das sind diese Dinge, die einen dann bewegen zu sagen, "ja, es ist schon wahrscheinlich", oder "es geht die Achse über den Mondknoten, über den Mond, die Aktualität, daß die Wehen da eingeleitet werden, - das Mutter-Werden". Also in solchen Fällen ist es schon sehr naheliegend. Man kann natürlich keine Norm draus machen. Wenn natürlich eine Mutter sagt und drauf besteht: "ich weiß hundertprozentig", dann müssen Sie halt anders korrigieren. Aber vom Verdacht können Sie schon ausgehen.

K: Aber ich meine, man geht nicht davon aus, daß ein Ereignis oder irgend etwas ..

A: .. unbedingt identisch sein muß mit einem Planeten, mit dem Übergang über einen Planeten ? - Das muß nicht sein, denn da gibt es noch andere Faktoren.

Ja, was ist das ?

K: Das ist etwas Vermittelndes.

A: Etwas Vermittelndes, ja, - wie vermittelt es und was ? - Ich muß dabei gleich noch beschränken: wir haben ja die Verwirklichung noch nicht. Wir wissen also nicht, was es sein könnte, und das wollen wir auch nicht wissen. Wir wollen hier wissen, was überhaupt für eine Anlage gegeben ist, und wenn gesagt wurde, das sei etwas Vermittelndes, so müssen wir verbessern und sagen: "das ist eine Anlage mit dem Drang zu vermitteln".

K: Die bedeutend wird.

K: Und dann in Richtung Wassermann - elftes Haus geht, weil der Mars aus dem elften kommt und der MC im Wassermann steht.

A: Den MC haben wir noch gar nicht - ich sehe schon, ich muß immer disziplinieren, ich muß immer beschränken. Wissen Sie, den Astrologen wird immer vorgeworfen, sie wären zu spekulativ. Das stimmt gar nicht, sie sind ja nicht spekulativ, sondern sie haben mit einer solchen Unsumme von Inhalten umzugehen und müssen vorher überhaupt erst lernen, diese Inhalte bezeichenbar und begreifbar zu machen. Und dabei muß wiederum niemand präziser sein, als der Astrologe, weil er nicht die Funktion der Erscheinung, sondern die Erscheinungen selbst nennbar machen muß. Und deshalb bin ich hier immer gleich der Hüter der Beschränkung.

K: Wenn wir vom Zwillings-Ascendenten ausgehen, dann würde das ins Sichtbare kommen. Sie sagten, der Löwe da unten wäre etwas Eigenständiges, also eine selbständige Institution, die sich damit verwirklicht.

A: Ich weiß schon, die in Erscheinung tritt, direkt, meinen Sie.

K: Ja, genau.

A: Aber Sie sagen schon wieder, daß - was es ist und was es sein kann - das interessiert nicht. - Gut, wir setzen einmal voraus, das ist eine Institution, die kann sein xy, und dieser Institution steht welche Anlage zur

Verfügung ?

K: Eine Zwillings-Anlage.

A: Ich will ja wissen, was das ist ? Daß es eine Zwillings-Anlage ist, ist völlig klar, aber was ist das ?

K: Es handelt sich um intellektuelle Grundanlagen als Gegenpol zum Emotionalen.

A: Genau. Also mehr in das darstellende Prinzip als in das Emotionale.

K: Jetzt käme es darauf an, wo die Verwirklichung liegt, - die Anlage - in jedem Fall - liegt im geistigen Bereich.

A: Jawohl - also im Funktionsbereich des Geistigen. Und jetzt kommt erst der Punkt, in welcher Weise kann die Anlage das tun ? Was hat der Merkur im Rucksack ? - Was tut der Mars ?

K: Energisch.

A: Energisch, wie noch ?

K: Ein bißerl aggressiv.

A: Aggressiv im Reden. Oder im Vorgehen, oder im Zielhaften, kämpferisch oder was der Deibel.

Wir haben also zuerst in der Anlage des Zwillings-Ascendenten das darstellende Vermittelnde, oder das aufweisende Bezeichnen. Und wenn der Merkur in neun steht, dann richtet sich dieses in intellektueller Weise in den Funktionsbereich geistiger Erscheinungsformen. Und wenn der Merkur den Mars sozusagen "im Rucksack" hat, dann geschieht dieses aggressiv und kämpferisch. Dies alles ist die Anlage, um die es geht und von der wir noch nicht wissen, in welcher Ebene, in welchem Bereich sie durchgeführt wird. Aber über die Anlage wissen wir komplet Bescheid durch Beschränkung auf das Notwendigste der Aussagen.

Deshalb lege ich ja immer wieder so großen Wert darauf, nicht alle Planeten gleich zu verwenden, sondern immer nur den angesprochenen Teil, und sich auf den ausschließlich zu beschränken, bis er geklärt ist. Da muß wie am Schnürl gehen, das muß im Unterbewußtsein sitzen: Anlage - und die Anlage ist noch nicht, was es sein könnte oder würde oder sollte oder was der

Deibel, und ist auch noch kein Ergebnis, es ist nur die Anlage, die hier zur Verfügung steht. Und in welcher Form auch immer ist in der Frage noch völlig uninteressant. Da geht gleich das Licht aus bei der Institution. - Gut. Verwirklichen tun wir mal - bitte ?

K: Das ist doch nicht das Elektrizitätswerk ?

A: Warum ist es kein Elektrizitätswerk ? - Nur mal, weils' grad aus Spaß mal 'reingeworfen wurde, - aber warum ist es kein Elektrizitätswerk ?

K: Dritter Quadrant.

A: Der dritte Quadrant legt das eindeutig fest. Und selbst, wenn die Sonne jetzt noch unten wäre, die Anlage steht oben, dann wäre es ein Wanderprediger ..

K: Aber immer noch kein Elektrizitätswerk.

A: Aber ein Elektrizitätswerk wäre es noch nicht, - aber vielleicht ist es so was für den geistigen Bereich, im Sinne des "Erleuchtens".

Gut, wir zeichnen die Sonne ein. Sie steht im zehnten Haus, jetzt wird die Geschichte schon interessant. - Bitte ?

K: Die Verwirklichung ist bedeutend.

A: Ich gebe noch keinen Kommentar ab. Ich lasse mal alles schön kommen.

K: Die Durchführung führt direkt zur Bedeutung, der Herrscher von eins ist geistig aktiv, - da wird nicht mehr viel im gegenständlich-materiell-sichtbaren Bereich sein.

A: Nein, braucht man überhaupt nicht mehr suchen. Sondern - was für eine Institution ?

K: Kirche, geistig.

A: Das ist keine Bank, das ist kein Elektrizitätswerk, es ist keine Innung à la Müller oder Bäcker ..

K: Das kann eine Partei sein.

K: Kirche kann es sein, eine kirchliche Institution.

A: Warum ist das eine Partei und warum ist das keine Partei ? Wer ist für ? Wer ist gegen ? Und warum ?

K: Der Vatikan ist es.

K: Wegen dem Fisch da oben.

K: Wegen dem Steinbock in acht.

K: Ist keine Partei.

A: Da haben Sie recht, das stimmt. Das Horoskop kann sich nämlich eine Partei gar nicht leisten.

K: Eine christlich-soziale auch nicht ?

A: Auch nicht, schon gar nicht.

K: Jetzt haben wir geantwortet, warum wir das nicht für eine Partei halten, aber jetzt müssen Sie beantworten, warum sich dieses Horoskop eine Partei nicht leisten kann.

A: Eine Partei kann sich einen Steinbock in Haus acht deswegen nicht leisten, weil sie nämlich sonst auf eine Anschauung festgefahren ist, und auf eine geistige Bindung, und das kann sie sich nicht leisten.

K: Wir haben solche Parteien.

A: Die festgefahren sind ? - Ja, vielleicht die, die festgefahren sind, aber nicht in geistigen Bereichen.

K: Schauen Sie den Kommunismus an.

A: Da ist der Wassermann nicht im vierten, sondern im ersten Quadranten - das ist ein mißverstandenes religiöses Motiv, eine mißbrauchte Sehnsucht, nicht gefesselt zu sein durch die Welt der Dualität und sich doch durch deren Mechanismen immer wieder fesseln zu müssen, weil die Erscheinungswelt und unser Anteil an ihr dual sein müssen. Ausgeliefert an diesen Teil der Anlage versuchen sie zu entkommen, zu feige, ihn zu leben - selber nicht hinnahme- oder durchhaltefähig, kann man Unterschiede nicht hinnehmen, Unglück wird verdrängt bis zu dessen Anonymität, weil man es nicht ertragen kann, und dann sagen sie: "Krise gibt es beim Menschen nicht" und darum wollen sie ein Paradies. Und dann neutralisieren sie die Unterschiede und sich selbst, und machen aus der eigenen Unfähigkeit, etwas hinzunehmen, eine Weltanschauung. Aber ich meine, wir kriegen ihn ja sowieso, ob ich jetzt schimpfe oder nicht, ich muß halt rechtzeitig verschwinden, sonst .. gut.

Wir haben also hier die Verwirklichung sowohl verbindlich wie eigenständig. Denn die Wurzel, von der diese Verwirklichung kommt, ist ja der Löwe in Haus vier.

K: Gibt der Zwilling so viel her, daß der dem neunten Haus da oben gerecht wird ?

A: Ja, das Vermittelnde ist ja immer das, was zwischen zwei Dingen in Bewegung ist. Infolgedessen braucht das Vermittelnde ja nie stabil sein. In dem Moment .. wir haben bei Mars vorhin eines vergessen, in aller Eile: der Mars ist natürlich Herrscher von elf und was tut er ? - Als Sendbote des elften Hauses in eins lädt er den Merkur in Haus neun auf, von einer Welt ohne Unterschiede zu erzählen. Insofern also ist das Grundthema das Gleiche wie beim Kommunismus oder Sozialismus, die Durchführung ist allerdings in zehn, im vierten Quadranten: es wird also erzählt von einer anderen Welt, in der Unterschiede und Abhängigkeiten aufgehoben sind, nicht von dieser.

K: Warum Abhängigkeiten ?

A: Schauen Sie, je subjektiver Sie im fünften Haus sind, desto abhängiger sind Sie im sechsten. Und wenn jemand stark im elften Haus disponiert ist, dann entspricht das einer Aufhebung des Subjektivismus, bzw. der Subjektivität und in der Folge eine Aufhebung der Abhängigkeit von der Subjektivität. Ich kann es noch langsamer sagen: der subjektive Triebwunsch macht abhängig von den Bedingungen des Lebens, von den Bedingungen des Wunsches. Wenn die Tochter sagt: "Papa, ich möchte nach Amerika !", dann macht das abhängig von allen möglichen Dingen: vom Geld, vom 'Rüberfahren, von der Zeit, - das kann man alles gar nicht sagen, von was das alles im Detail abhängt. In dem Augenblick aber, in dem der subjektive Triebwunsch aufgehoben wird, werden ja gleichzeitig die Abhängigkeiten aufgehoben. Ist das nicht klar ?

Dann schauen wir einmal, wo diese Welt ist, wo Unterschiede und Abhängigkeiten aufgehoben sind, zeichnen wir also den Herrscher von zehn ein, das wäre dann der Uranus auf fünf Grad hier im Widder. Wenn also die Anlage den Verwirklichungsweg geht, dann ergibt sich als Bedeutung, daß das Subjektive zugunsten der Erfahrung außersubjektiver Welten aufgehoben wird.

K: Aber Sie sagten: wenn es so verwirklicht wird - wenn nicht, was dann ? Was könnte denn da anderes geschehen ?

A: Ich habe das "wenn" anders gemeint. Wenn ich sage: "die Bedeutung ist das" oder "das Ergebnis ist das", dann sollen Sie im Bewußtsein haben, daß das ja ein erwirktes Ergebnis ist aus der Kombination von Anlage und Verwirklichung. Siehe Märchen, verzaubert, verwunschen, dann der Erlösungs-Verwirklichungsweg, Ergebnis ist der Prinz, aber der Prinz ist ja nicht etwas, was selber getan wird. Der Prinz ist ja das Ergebnis einer anders gearteten Tätigkeit. Die erwirkte Bedeutung, die können Sie ja nicht wollen, das heißt, sie ist unabhängig von Ihrem Wollen. Sie läßt sich also nicht beabsichtigen. Das heißt, Sie können damit schlußfolgern, daß das Erwirkte nicht kalkulierbar ist, - mitten in subjektiver Begrenztheit das Große, das Bedeutende sein kann.

K: Hier die Auflösung von Unterschieden.

A: Nein, der Anlage nach wird es erzählt, verkündigt, nicht durchgeführt. Das ist schon ähnlich wie der Kommunismus, nur die erzählen es nicht nur, und haben dann die Durchführung in der unteren Hälfte. Na ja, Sie wissen ja sicher, wer es in Erinnerung hat, das ist die Gründung der Vatikanstadt.

K: Haben die nicht Saturn in acht gehabt ?

A: Da kommen wir jetzt gleich drauf, natürlich sind sie dogmatisch, Steinbock Haus acht. Zeichnen wir einmal die restlichen Planeten ein - nehmen wir einmal den Neptun da unten im vierten. Null Grad ist der.

K: Erinnert eigentlich - wenigstens mich - ziemlich schnell ans' Fisch-Symbol.

A: Wenn man vom Bürokratismus absieht, eine Fisch-Religion. Denn die lehren ja, "wenn Dir einer eine Ohrfeige gibt, dann halte ihm die andere Backe auch noch hin". Und solche Dinge. Die lehren auch, "warte ab, wie die Dinge sich entwickeln und zwing' sie nicht", die lehren also alles das, was ein Fische-Geborener genau so machen würde, wenn er nicht grad den Mars am Ascendenten hat.

Was sagt der Neptun ? Das ist natürlich die Auflösung. Wovon ? - Im zweiten Quadranten ? - Nämlich genau dort, wo sie zwangsläufig hingehören. Nämlich in der Auflösung der Subjektivität, des Emotionalen, dem Anteil an Welt, - vielleicht liegt in diesem Neptun der Zölibatsgrund: keine Familie. Und dann - oh welch ein Symbol - kann ich da nur ausrufen. Der Papst wird dadurch gewählt, daß der Rauch aus dem Schornstein geht, der Neptun. Weil die Sonne in zehn, die kommt ja aus vier und hat sozusagen im Gepäck den Neptun. Ohne den Weg über den Neptun kommt also keiner auf die Sonne da oben.

K: Sollten wir nicht die Machtverhältnisse etwas ansprechen ?

A: Gehen wir einmal gleich dorthin, wo die Macht sitzt. Die Macht ist genau hier drin, auf sechzehn Grad Krebs im zweiten Haus. Und da ist jetzt gerade der laufende Uranus im Quadrat zu diesem Pluto, der wird also jetzt etwas angegriffen.

K: Wann war die Gründung ?

A: Am 11. Februar 1929 in Rom, da sind die Verträge unterschrieben worden, die zur Eigenständigkeit der Vatikanstadt geführt haben. Die Ausführung des Vertrags war dann erst im Juni 1929.

Der Pluto, was macht der ?

K: Eine gewisse Abhängigkeit vom Geld.

A: Und was ist noch interessant ? Wer hat denn die ganze Finanzverwaltung in der Kirche ? Welcher Orden ? Ein Skorpion-Orden, ein reiner Skorpion-Orden, die Jesuiten. Also wenn sie die Jesuiten einmal verbieten von der Kirche aus, dann haben sie kein Geld mehr, das ist ganz logisch, weil sie damit das ganze Symbol 'rausschmeißen.

Gut, jetzt nehmen wir einmal den Saturn, nämlich die "geistige Bindung" oder wie man das nennt, die Vorstellungsgebundenheit, die ist also saturnin, also steinböckisch, das heißt, sie ist regelnd. Sie wollen also regeln, was wollen sie regeln ? - Der Saturn steht im siebten Haus auf achtundzwanzig Grad, also ein disziplinierendes Element, und als Herrscher von acht auch noch dogmatisch. Na gut, wenn nun das siebte oder das achte Haus die Bereiche sind, in die das Begegnende einsteigt, wer steigt denn da ein ? - Natürlich wieder Saturnine. Und weil der Saturn Herrscher von acht ist, wirkt

das Ganze nach außen doch recht priesterlich. Von den wesentlichen Dingen, der Sonne im Wassermann in zehn, dem Herrscher von zehn in elf, sieht man im dritten Quadranten nichts.

Jetzt kommt allerdings das Schönste - worauf bezieht sich denn die Begegnung ? Wir wollen doch wissen, auf welcher Ebene überhaupt diese Dogmatisierung vor sich geht, und was der Sinn oder was die Vorstellungswelt oder das Leitbild ist. Was ist denn das Leitbild hier ? - Das Leitbild zielt dorthin, wo der Herrscher vom Schützen steht, und jetzt kommt natürlich das Schönste vom Schönen: der Jupiter steht im Stier, im zwölften - "Auflösung von den Abhängigkeiten des Lebens" - heißt das, - das können Sie in der Bibel nachlesen, oder in jedem Pfarramt. Dann haben Sie die Venus noch auf neun Grad und den Mond auf dreizehn Grad, - halt, der gehört noch ins zehnte, eigentlich, hinein, da haben Sie .. bitte ?

K: Ist das nicht ein bißchen komisch ?

A: Sie meinen, daß hier ein bißchen Homo und so, - na ja, die Konstellation wärs', aber die Verwirklichung wärs' nicht.

K: Welche Konstellation wäre dafür da ?

A: Venus-Uranus - gemeint ist die Venus vom Stier, zweites Haus, da wird die Vergegenständlichung aufgehoben, das Pubertieren. Es ist also das Entpolarisieren im echtesten Sinne des Wortes unter den Geschlechtern.

K: Die Sache stimmt auf einer anderen Ebene, und zwar die Dreieinigkeit, überhaupt das dreier und das vierer Problem durch die Zufügung der Jungfrau Maria - da haben die ja ewig daran 'rumgedoktert an dem Polaritäts-Problem ..

K: Die haben erst das Erdprinzip und dann brauchen sie noch das mütterliche Prinzip, da haben sie also dann die Gottes-Mutter gehabt, dann haben sie die wieder ausgeschieden und dann haben sie den Heiligen Geist genommen und den Sohn genommen - und das mit dem Heiligen Geist entspricht doch dem Symbol der Sonne, wie sie hier ist.

A: Wie sie da oben ist ? - Vielleicht, ich würde da eher den Uranus dafür sehen. -

Nun ist ja das Geburtsbild von 1929, wir haben ja alle möglichen Auslösungen, Sie brauchen also sich das Geburtsbild nur mit nach Hause nehmen und die Kirchengeschichte, - nicht nur der jüngsten Zeit, nachvollziehen und beobachten - Sie wissen ja, daß Sie mit diesem Bild, das ja jetzt erst dreiundvierzig Jahre alt ist, alle Schwingungen der Vorvergangenheit wiederfinden.

K: Wann ist Papst Pius XII. gestorben ?

A: Das weiß ich nicht. Ich weiß nur, im November ist einer gestorben, einer der Päpste.

K: Wann ?

A: Neunundfünfzig. Da war das Horoskop also dreißig Jahre alt, - da löst sich der Saturn aus, im siebten Haus stehend, mit der Opposition zum Mars.

K: Das war ja auch ein Gestrenger.

A: Der Pius XII., das war ein Fisch vom - das genaue Datum weiß ich nicht. Verhältnismäßig viele Päpste sind zwischen dem 28. Februar und dem 4. März geboren, wirklich überdurchschnittlich viele. Und Bischöfe im übrigen auch. Der vierte bis fünfte März, das scheint sowieso ein katholischer Tag zu sein, da ist im übrigen auch der Faulhaber und auch der Rahner geboren.

K: Die haben ja auch das Fische-Zeichen.

A: Ja, ja, das haben sie. - Gut, wenn die also jetzt dreiundvierzig Jahre alt sind, dann waren sie 1971 zweiundvierzig Jahre alt, was haben die von 1964 bis 1971 für eine Zeit durchgemacht ?

K: Eine Steinbock-Zeit.

A: Wann ist denn der Johannes XXIII. gestorben ? Ist der 1966 gestorben ?

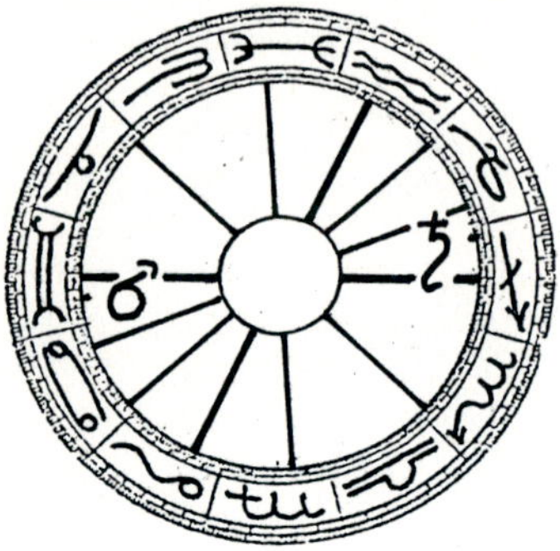

K: Nein.

A: Früher ?

K: Früher. Er ist 1962/63 gestorben. Er hat sehr kurz regiert.

A: Wir wissen also zu wenig. Wie sollen wir da Auslösungen machen ? - Spekulieren dürfen wir natürlich auch nicht.

K: So um 1962 bis 63 war es bestimmt.

K: Können wir vielleicht noch, bevor wir weitere Auslösungen machen, ein paar Aspekte anschauen ?

A: Wir können nach Aspekten suchen und schauen. Es ist ja schon bemerkenswert, daß wir also an glatten Aspekten eigentlich nur einen haben.

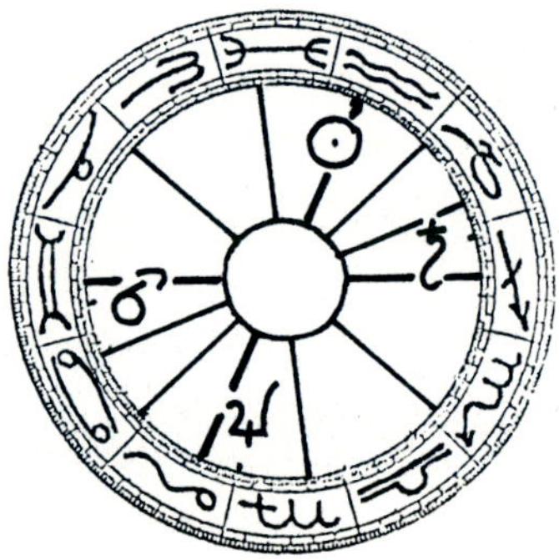

K: Saturn-Mars, ja.

A: Saturn-Mars, vielleicht Sonne-Mars, ja gut.

K: Das ist ja eigentlich auch der Konflikt der Kirche, streitbar zu sein ..

A: Genau, - und gleichzeitig ..

K: .. zu lehren.

A: Und vor allen Dingen, es muß ja entgegenstehen: der Punkt, in dem man sich selber hervorhebt, mit dem Punkt, in dem man begegnet sein will, - wenn beide Entwicklungsphasen dominant sind, dann müssen die einander entgegenstehen, ganz gleich, welche Planeten es auch immer sind.

K: Zwischen dem Saturn und dem Neptun ist ein reines Trigon.

A: Das ist ein Trigon. Aber Sie wissen, auf Trigone achte ich nicht so sonderlich, die entsprechen sich zwar in etwa - nehmen Sie mal irgendeinen Ururuadel, irgendwelche Standesherren oder was weiß ich, bei denen es immer mehr dazu übergeht, daß eine gewissen Form erhalten wird, das heißt, daß die Übereinstimmung mit der Umwelt stärker bewertet wird, als die Auslegung eigener subjektiver Bedürfnisse. Und wenn das in einer Tradition schon soundso lange drin ist, dann ist der dritte Quadrant vorherrschend und der zweite weniger entscheidend. Das heißt also hier, daß die Dominanz des dritten Quadranten mit der Auflösung des zweiten Quadranten übereinstimmt, das stört sich nicht, sondern ist fast wunderbar. Auch dann, wenn sich die beiden Planeten dem Grundprinzip nach nicht mögen.

K: Ab vorigem Jahr müßte sich der Jupiter ausgelöst haben.

A: Richtig.

K: Was könnte das bedeuten ?

A: Der Jupiter leitet ja jetzt die ganzen Jahre ein, was haben wir denn vorhin gesagt ? Was war denn der Jupiter in der Deutung ? -

K: Frei von Abhängigkeit.

A: Die Dominanz des vierten Quadranten gegenüber dem dritten wird deutlich - das Seelsorgerische wird gegenüber dem Priesterlichen betont. Außerdem wird in der kommenden Phase das Dogmatische zurücktreten und der Hang zum Vereinheitlichen im Sinne des Schützen wird deutlicher werden.

Wann hat sich denn die Sonne ausgelöst ?

K: Mit zwanzig.

K: Ungefähr achtundvierzig, so was.

K: Nein, 1949 bis 50, weil die Sonne fast am MC steht.

K: Da sind die Konkordate gemacht worden.

A: Es ist eben das: wir müßten jetzt eine Dokumentation über die entsprechenden Gegebenheiten haben und sie dann am Horoskop nachvollziehen, das müßten wir. - Wann hat sich denn der Merkur ausgelöst ? Wann waren denn die großen Wanderprediger da ? Da gab es einmal den Pater Leppich, - oder so ähnlich.

Bitte ? - Und so ein Amerikaner - den Namen weiß ich auch nicht.

K: Das war 1955.

A: Tatsächlich auf dem Merkur etwa, na ja.

K: Was ist denn mit dem Konzil ?

A: Ja, wann war denn das Konzil überhaupt ? - Ich sehe, es sind alle schlecht informiert.

K: Der eucharestische Kongreß war 1958.

A: Das interessiert mich nicht, mich interessiert das Konzil, wo beschlossen wurde, daß anstatt lateinisch deutsch ..

K: Die Messe in der Landessprache zelebriert wird.

K: Das hat der Johannes noch angeregt, also nach dem Tod vom Pacelle ist das Konzil erst gewesen.

K: Hat er nicht damit angefangen ?

K: Er hat es nicht fertiggemacht.

K: Fertig nicht, aber er hat damit angefangen. Es geht doch ums' Anfangen hier ?

K: 1963 ?

K: Das war 1965.

A: 1965, so spät ?

K: So spät. - Damals hat es angefangen, sämtliche Altäre umzudrehen in der Mitte der Kirche.

K: Das Konzil war aber lang vorher, das hat länger als ein Jahr gedauert.

A: Vertagen wir das, das hat keinen Zweck. - Wann ist denn die Welle angegangen, daß alle Priester heiraten wollten ? Also "alle" nicht, aber ..

K: Das ist so vier Jahre her.

K: Ja, die ersten haben in Holland angefangen.

K: Jetzt habe ich aber noch eine Frage: Päpste hat es ja vorher, vor der Gründung der Vatikanstadt schon gegeben, und die Tradition der Päpste und das heilige Rom, das ist doch schon wesentlich älter.

A: Ja, davon haben wir ja schon geredet - das ist ein Punkt, an dem die Entwicklung anhält, wo sich die Schwingungen und Bewegungen des Vergangenen bündeln - ich habe Ihnen doch schon einmal gesagt, anhand eines Unfallhoroskops, daß darin alle Unfälle vor- und nachher enthalten sein müssen. Und hier können Sie in den großen Rhythmen zurückgehen - beispielsweise im Rhythmus von 120 Jahren ein Haus, dann müssen Sie hier die Inquisition und alles über die Inquisition finden. Sie können dann auch die sogenannten vorgeburtlichen Septare machen, also das Septar-Horoskop, das so weit vor der Gründung der Vatikanstadt liegt, daß es die Zeit der Inquisition erfaßt. Das können wir alles einmal ausprobieren - aber wir müßten dafür natürlich geschichtlich mehr wissen. Wer kann denn was mitbringen oder was aufschreiben oder herausschreiben über die Entwicklung der Kirchengeschichte ? - Bitte ? - Dann kann man nämlich einmal vergleichen, dann kann man auch objektivieren - Sie können das bei Ihrem Geburtsbild genau so machen, - Sie finden in Ihrem Geburtsbild Ihre ganze Vorfamilie, den Werdegang und die Entwicklung der Familie, aber Sie kriegen dabei nur die Ereignisse, die sich anlagemäßig bei Ihnen summiert haben. Das können wir schon einmal durchexerzieren an einem Fall, wo mans' weiß.

K: Das habe ich gemacht.

A: Das haben Sie gemacht, und was ist 'rausgekommen ?

K: Ich habe viel gemeinsam mit meiner Großmutter - wir haben den gleichen Ascendenten, sie ist gestorben an meinem Geburtstag und sie hat den Mond an meiner Geburtssonne.

A: Nehmen Sie einmal an, Sie gehen in Ihrem Geburtsbild zurück und wissen aus der Geschichte Ihrer Familie irgendein Ereignis oder haben Kenntnis über irgendeine Person der Vorfamilie, vielleicht die Großmutter, Urgroßmutter - dann gehen Sie den Rhythmus zurück bis zum Geburtsjahr Ihrer Urgroßmutter und dann machen Sie kurz halt und überlegen: "Moment, was löst sich da aus ?" - Und das, was sich da auslöst, das haben Sie von Ihrer Urgroßmutter und der Situation dieser Zeit. Dabei sind anlagemäßig auch Ereignisse enthalten, denn wir wissen ja, daß bei unserem System die Identität zwischen Ereignis und Anlage deutlich wird. Nehmen Sie einmal an, Sie haben Vorfahren und die haben einen Bauernhof und da kommt ein Zigeuner und der will ein Stückerl Brot und die Bäuerin haut ihn hinaus und sagt: "was willst jetzt Du ?" - Der Zigeuner schwört und sagt: "ich verwünsche Dich und Dein Hof soll abbrennen !", und zwei Tage später brennt der Hof ab, verstehen Sie, dann haben Sie möglicherweise also diese Konstellation, wenn sie inhaltlich übermittelt und vererbt wurde, als Ereignis, das haben Sie dann abgewandelt und rhythmisch verkleinert wieder. Ist in meinem Fall passiert. Ich habe genau die Konstellation für einen Brand von einem Hof mit allem drum und dran. Und das ist nämlich passiert, wo ich jetzt in der Nähe wohne, in der Nähe von Herrsching, bei Ramsee, da ist der Hof abgebrannt.

K: Im Siebener-Rhythmus zurück ?

A: Nein, Neunundvierziger, also neunundvierzig Jahre ein Haus.

K: Wahnsinn.

A: Steht ja schon in der Bibel, das hat nur der Luther verkehrt übersetzt, er hat gesagt: "jede Tat wird sich siebenfach ..".

K: .. "sieben mal sieben" ..

A: .. "siebenfach" - hat er gesagt - und daraus hat der Luther, der vielleicht grad das Zehner-System - oder dem klare Verhältnisse lieb waren, der hat dann gesagt: "das sind halt dann sieben mal zehn Jahre", und dann sind eben die siebzig Jahre draus geworden, die in der übersetzten Bibel drinstehen. In Wirklichkeit ist das ..

K: .. neunundvierzig.

A: Ja, und der Neunundvierziger-Rhythmus, also wenn Sie wirklich - natürlich Eltern und Großeltern erzählen eine ganze Menge, aber da, wo man sich auf Fakten stützen kann, da kann man dann nachforschen. Und dann lernen Sie die Geschichte Ihrer einzelnen Konstellationen kennen. An sich ist das überhaupt erstaunlich, wie das möglich ist, aber wenns' im Chromosomensatz möglich ist, daß sich das so niederschlägt, muß es ja auch hier der Fall sein.

K: Eine Kleinigkeit zu diesem Horoskop könnte ich da noch beitragen. Ich habe vor knapp einer Woche eine Sendung gesehen im Fernsehn über den Priester-Nachwuchs der katholischen Kirche, und da wurden die Motive beleuchtet von den jungen Leuten, die jetzt studieren und - weil Sie vorhin nach dem Zöllibat fragten, also das war bei all denen, die da gefragt worden sind, kein Problem, aber innerhalb von zehn Jahren - es wurde das Jahr 1971 und 1963 genannt, - daß allein in der Bundesrepublik damals fünfhundert Priester geweiht worden sind, im Jahr 1963, und im Jahr 1971 nur zweihundert.

A: Das finde ich sehr gesund. Die jammern zwar, daß da weniger Priester kommen, aber wenn ich der Papst wäre, dann würde ich ungefähr achtzig Prozent aller Priester 'rausschmeißen, würde also ruhig achtzig Prozent aller Kirchen schließen und dann würde ich wieder einen echten Sog machen, sodaß die sich freuen, wenn sie irgendwann wieder in die Kirche 'reindürfen. Dann darf einer schon froh sein, wenn er einmal eine Kirche von außen sehen darf, und wenn sie einmal am Tag läutet, dann muß er sofort vor Glücksgefühl überströmen, - aber es ist falsch zu sagen: "wir bauen noch tausend Kirchen, damit die Leut' ja die Kirchen jeden Tag vor Augen sehen", und Priester, die keine sind - ich würde jeden Priester zum Astrologen ausbilden, das würde eine Kirche werden, - na, lassen wir es für heute.

ACHTUNDDREIßIGSTER ABEND

23. AUGUST 1972

A: Wir machen heute eine Wiederholung, nicht ohne Nebengrund, - hinzu kommt, daß die Häusereinteilung in etwa die von München ist, das ist Münchens' MC, das ist Münchens' Ascendent.

K: Darf ich wissen, woher Sie das Datum von München haben - ist das nachträglich gefolgert ?

A: Das geht nicht auf ein Datum zurück. Ich habe die Achse von acht-Fisch-Jungfrau übernommen, und habe dann versucht, jeden dieser beiden Punkte als MC zu nehmen. Im einen Fall wäre das ein Ascendent von Krebs, im anderen Fall von Skorpion. Nach etlichen Nachprüfungen, unter anderem durch die Bombenangriffe und - was der Deibel - noch alles, bin ich dann beim Skorpion-Ascendent geblieben. Ich habe dabei auch versucht, die einzelnen Stadtteile in die einzelnen Tierkreiszeichen hineinzuanalogisieren. Da wäre der Münchner Osten Skorpion und Schütze, und Laim hier als Westen wäre Stier. Das kommt mir schon entgegen.

K: Dann wäre der Norden da unten, - der Norden wäre dann Fische.

A: Spiegelverkehrt, ja sozusagen. Eigentlich paßt mir das nicht, denn das Schwabinger Krankenhaus würde ich schon gern in die Jungfrau 'reintun. Aber - wie gesagt - das sind so Spiele, die man machen kann, und so nebenbei beobachten. Eines würde ja dafür sprechen, daß der Norden hier tatsächlich Norden ist, - da war eine ganze Menge von Planeten im Löwen - Mars-Konjunktion-Uranus-Konjunktion-Mond - in dem Zeitabschnitt, sogar der Tages-Ascendent während der Unruhe, damals waren es die Schwabinger Unruhen, wo der Bürgermeister Vogel auch noch so 'rumgesaust ist. Da war also hier im Löwen eine Kulmination, - jetzt kanns' natürlich sein, daß das die Opposition ins dritte Haus hinein ist. Und der Vogel, der hat ja hier im Wassermann seine Sonne, der hat nämlich dann auch noch ganz schön - der war ganz schön belagert, drum hat er so eine hohe Stimme gekriegt - angegriffener Wassermann entpolarisiert die Stimme.

K: Das habe ich aber noch nicht festgestellt.

A: Doch, bei Erregung kriegen die eine sehr hohe Stimme, so wie die Eunuchen.

K: Aber wenn das auf die Mitte der Stadt ..

A: Auch das habe ich mir überlegt, richtig. Es müßte halt dann irgendwie sternförmig zusammengehen, ich weiß es nicht, das müßte also dann keilartig sein, wie sich die einzelnen Abschnitte in der Mitte treffen. Das wäre so, wenn man es schematisch sehen würde. Wahrscheinlich ist jeder Stadtteil ein organisches Gebilde für sich, mit eigener Vergangenheit und Tradition, sodaß sich diese Gebilde sozusagen um einen Kern strukturieren, so wie bei einem Gewebe.

Nun gibts' natürlich auch sehr schöne Ausdrucksmerkmale, Kennzeichen: ganz typisch ist das Wagnerianische in Nymphenburg, das blüht ja über vor komischen Formen, so geschwellt, - wie hat der Hölderlin gesagt: "dichterisch wohne der Mensch". Nun ist ja München durch die Salzstraße entstanden. In Haus drei haben wir hier Saturn-Uranus in der Form von Steinbock-Wassermann, - wir wissen natürlich keine Planeten. Wir wissen natürlich keine Planeten. Wir wissen nur, daß die Sonne irgendwann im Zwilling ist, es soll ja Juni gewesen sein, aber das ist auch alles ganz unsicher. Aber eines wissen wir: die Kristalisation ist die Kombination von Saturn-Uranus, das heißt also, wenn Sie ..

K: Die Gründung wäre vom Juni 911.

A: Das weiß ich nicht. Da muß es aber später noch ein entscheidenderes Datum gegeben haben, wegen der achthundert-Jahr-Feier in München. Na ja, wir haben wenigstens die Häusereinteilung und die, muß ich sagen, trifft wirklich sehr schön. Der Ascendent reagiert schön, der MC reagiert schön, - dann noch dieser Saturn-Uranus, also übersetzt von Steinbock-Wassermann, in der

Funktionalität des dritten Hauses. Da ist also die Salzstraße durchgegangen, und Saturn-Uranus ist ja die Kristalisation bzw. der Kristalisationsprozess. Das haben Sie z.B. schon bei Hagel. Hagel haben Sie immer bei Saturn-Uranus. Wenn es nur ein normaler Uranus ist, dann haben Sie Gewitter. - Bitte ?

K: Das war letzten Dienstag, nicht ?

A: Ja, genau.

K: Das kommt aber als Konstellation nicht so häufig vor wie Gewitter.

A: Sie dürfen jetzt nicht allein danach gehen, wie der Saturn-Uranus unbehandelt in der Ephemeride läuft, sondern es gibt natürlich Verfahrensweisen, um Details herauszuholen aus dem Geschehen, - eine sogenannte Mikro-Astrologie und da kommt der Saturn öfters vor, - schon allein von den siebzehn Waage her, die ich Ihnen als Saturn-Uranus-Grad genannt habe. Wenn Sie natürlich auch in den Ephemeriden Uranus-Opposition oder -Quadrat oder -Konjunktion zu Saturn haben, dann haben Sie natürlich Jahre, in denen der Hagel - also das müßte die Versicherung dann schon wissen - öfter vorkommt. Nehmen wir einmal an, es entsteht eine Zeit, die in der Astrologie so selbstverständlich ist, wie irgendetwas anderes halt - und da ist eine Versicherung über Wetterschäden, und die sagen dann: "ja, wir werden für das Jahr 76 die Prämien erhöhen, da haben wir nämlich Saturn-Uranus". Das würde dann gang und gäbe sein.

Aber warum ich das jetzt zunächst einmal mit der Stadt München überhaupt erwähne ist, weil das noch einen ganz anderen Grund hat - wie geübt sind Sie denn im Transit-Lesen ?

K: Gar nicht.

K: Aus den Ephemeriden ?

A: Aus den Ephemeriden von 1972. Machen Sie das nie ?

K: Das ist einfach.

K: Können Sie das präzisieren ? Was ist ein Transit ? - Der Übergang von einem Planeten über was ?

A: Der Transit ist ein Übergang eines laufenden Planeten über

Radixstände, - ob das der Ascendent, der MC oder sonstige Planeten sind. Es muß auch nicht der Übergang sein, es kann auch der Übergang über die Quadrat- oder Oppositionstelle sein.

Das, was mir hier wieder einmal lustig erscheint ist das, daß am Samstag in München die Olympischen Spiele beginnen.

K: Da wollte ich schon fragen, ob das nicht irgendeinen Zusammenhang hat ?

A: Schauen Sie doch einmal, was für ein Planet müßte denn wo stehen, welcher Planet müßte denn stark sein, wenn da eine Sportolympiade beginnt.

K: Der Mars müßte stark sein.

K: Und der Jupiter.

A: Und der Jupiter ? - Schauen Sie halt einmal: wo sind Sie ? - Warum eigentlich der Jupiter ? Wegen der Fülle ? Oder wegen der Erhobenheit ? Das weiß man noch nicht, ob die Stadt München so erhoben ist. - Bitte ?

K: Oder der Pluto.

K: Der Sonnenstand wäre dann ungefähr auf dem MC.

A: Der Sonnenstand wäre zu Beginn auf dem MC. Das ist schon einmal richtig. Und was ist noch ?

K: Das beginnt nachmittags um fünfzehn Uhr.

A: Das brauchen wir so genau gar nicht. Und was wäre noch ?

K: Der Saturn steht in sieben.

A: Der laufende Saturn steht im siebten Haus. Ja, der steht schon Spitze acht, also mit der "geistigen Bindung" in München ist es zur Zeit nicht weit her, der hat auch mit den Olympischen Spielen nichts zu tun - na ja, Herrscher von drei.

Mir brauchen Sie die Transite nicht zu sagen, ich weiß alle auswendig.

K: Alle auswendig ?

A: Ja, ja.

K: Der Mars wird im zehnten Haus sein.

K: Der ist Anfang Jungfrau.

A: Auf den kommts' mir an, der steht nämlich am MC, der Mars.

K: Der steht da am 26., und es beginnt am 25.

A: Das ist doch gleich - das heißt, die beginnen am Samstag und das ist der 26.

Das einzige, was ist nicht weiß, ist der Mond ?

K: Am fünfundzwanzigsten steht der Mond auf elf Grad Fische, 11°52' Fische.

A: Dann steht er am sechsundzwanzigsten so etwa auf zweiundzwanzig Grad Fische, da steht der Mond im vierten Haus, da schau her. Was versammelt sich da im vierten Haus neptunisch ? - Neptun hat München zur Zeit sowieso am Ascendenten, also im ersten Haus, das ist auch verständlich ..

K: Der ist auf 2°31' Schütze.

A: Ja, ja - 2,5 hat er dann. Mir kam es ja nur auf den Mars an. Das ist doch sehr schön, nicht ?

K: Der ist auch noch Herr des fünften Hauses.

A: "Herr des fünften Hauses" ist "Spieltrieb", ja. Aber wieviel Spieltrieb bei den Olympischen Spielen noch drin ist, ist ja auch eine Frage.

Und da haben Sie jetzt natürlich auch folgendes gehabt: Sie haben nämlich den Neptun-Quadrat-Mars gehabt - Energie plus Auflösung. "Mars" ist "Energie", "Neptun" ist "Auflösung". Da haben sie sich also 'rumgestritten.

K: Wann war das ?

A: Die Tage jetzt vorher. - Der Uranus steht im elften, international, der Pluto steht im zehnten. Seit der Pluto ins zehnte lief, ab acht Grad Jungfrau, - wann war denn das ungefähr ? - 1956 war der Pluto auf null Grad Jungfrau, dann wird es ungefähr 1959, 1960 gewesen sein, daß er ins zehnte Haus hineingezogen ist. Seitdem haben sie den Slogan mit der "heimlichen Hauptstadt", oder so ähnliches, wegen München als Zuzugsgebiet.

K: Und "Millionendorf".

A: "Millionendorf" und lauter so Zeugs.

K: Kann man in die Häusereinteilung nicht die Planeten von der Gründung Münchens einzeichnen ?

A: Sie können natürlich jetzt versuchen, die Planetenstände von elfhundertsoundsoviel 'reinzuzeichnen, aber Sie wissen ja, wie es mit Geschichtsdaten ist. Sie sind ja nicht immer zuverlässig, vor allem in Bezug darauf, was die effektive Gründung ist. Da wird dann irgendein Datum überliefert und ein anderes total vergessen, - möglicherweise. Wer war denn damals der Gründer ? - Der Tassilo oder irgendein Agileufinger, der hat da vorher schon mit einem anderen einen Vertrag gemacht, oder eine Absprache, das wissen wir ja alles nicht. Also das ist dann immer gefährlich. Aber versuchen kann mans'. Nur ist es so schwer, die Planetenstände von damals sich zu holen - oder sagen wir lieber "beschwerlich".

Worauf es mir jetzt ankam, das war der Mars am MC.

K: Wann war der das letzte Mal am MC ?

A: Der Mars ?

K: Ja, mit welcher Häufigkeit der da drüber geht.

A: Er geht natürlich alle eineinhalb Jahre etwa da drüber, da haben Sie schon recht, nur, daß er genau an der Stelle ist, zusammen mit der Sonne, das gibt eine gewisse Heraushebung. Wir wissen natürlich auch nicht, unter welcher Auslösung München jetzt steht, dann könnten wir detaillieren, welcher Mars-Übergang über den MC der Entscheidende ist. Der Pluto, der geht alle zweihundertfünfzig Jahre drüber. Also müßte München vor zweihundertfünfzig Jahren - 1700 - wer war denn da dran ?

K: Da war auch Quadrat Neptun.

A: Die haben doch in München irgendwann einmal ein riesen Hoforchester gehabt ..

K: 1748.

A: .. in Europa waren sie da führend. Ein gewisser Gabrieli der Ältere war Hofkomponist in der Zeit.

K: Der bayrische Fürst war damals deutscher Kaiser.

A: Ja ?

K: Von 1730 bis 1738.

A: Na, ist das nichts ? Das ist doch für den Pluto was.

K: Aber München stand immer im Schatten von Augsburg. Es ist eigentlich bloß groß geworden letzten Endes durch die Wittelsbacher und die Eisenbahn. Ich versuche nur einmal, zwei markante Dinge herauszugreifen. Also vor zweihundert, dreihundert Jahren, da war praktisch München im Schatten von ..

A: Wir wollen uns da nicht verlieren, das habe ich jetzt nur ..

K: München war immer Kunststadt.

A: Ja, immer - zu Zeiten Orlando Dilassos' hat das Münchner Hoforchester - sage und schreibe - hundert Musiker gehabt, "hundert" !

K: Die haben ja in der Zeit nichts gekostet.

A: Aber die haben ein - ich sage nur - .. warum haben die nichts gekostet ?

K: Es haben viele Leute für einen Apfel und ein Ei gespielt. Man brauchte damals die Leute nur ernähren und das, was sie als Lohn bekamen, das ist gar nichts zu dem, was man heute ..

A: "Man braucht die Leute nur ernähren" - das langt ja schon. Schauen Sie uns an, wie wir strampeln.

K: Wie geht das jetzt hinaus mit den Olympischen Spielen ?

A: Ach so, wie das 'rausgeht ? Ja, ..

K: Mögen sie uns dann oder mögen sie uns dann nicht mehr ?

A: Wer ?

K: Die Leute.

K: Gewinnt man dabei oder verliert man dabei ?

A: Ja wissen Sie - etwas ist sehr interessant: der Neptun in München ist der Herrscher vom vierten Haus. Wofür spricht denn das ? - München hat ja mal als Slogan schon den Namen gehabt, der dafür paßt, wobei ich wiederum nichts gegen Fische habe ..

K: Tatsächlich ?

A: Nein, München hatte den Namen "die Stadt der gschlamperten Verhältnisse" zu sein. München hatte die höchste Zahl - aber mit Abständen - von unehelichen Geburten und "unordentlichen" - also im Sinne des Bürgerlichen Gesetzbuches - "unordentlichen" Verhältnissen.

K: Bratkartoffelverhältnis.

A: Ja, und in München ist man auch nicht sehr moralisch, verstehen Sie, Sie müssen ja immer unterscheiden ..

K: München ist streng bürgerlich.

A: Bitte ? - In München ist man moralisch in den Ansichten, verstehen Sie, aber nicht im Handeln. Das ist ein ganz großer Unterschied. Ich will jetzt zu keinem Glaubenskrieg aufrufen, aber - ich habe es ja schon einmal gesagt: man unterscheidet ja zwischen Ascendent und Descendent. Wenn einer dogmatische Ansichten hat, dann hat er die doch zum Schutz für seine eigene Schlampigkeit. Er kann es sich eben nicht leisten, undogmatische Ansichten zu haben, weil er das als Denkstütze für seine Labilität braucht. Umgekehrt ist es natürlich so, wenn jemand z.B. - wie die evangelische Glaubenslehre - sehr tolerant in den Ansichten daherkommt, "kommts' alle 'rein in einen Hafen und Euch ist auf einen Schuß vergeben", da sagt einer vorne etwas, und schon ist alles erledigt - da werde ich sehr skeptisch, weil ich mir dann sag', wenn die es sich leisten können, im Denken oder in ihren Ansichten tolerant zu sein, wie scharf sind die im Handeln ? Das hat sich ja auch herausgestellt, - ich habe das ja schon ein paar Mal gesagt, das gehört zu meinen Standardsätzen, weil ich da gegen ein Klischee anrenne. Die Protestanten haben doppelt so viele Hexen verbrannt und verfolgt als die Katholiken, einschließlich Inquisition, und das will was heißen. Komisch ist dabei nur, daß die Katholiken den Ruf haben, entgegen der Tatsache, - bitte ? - Also gut, ich bin ja so katholisch auch nicht, mir geht es jetzt nur ums' Prinzip - weil dann heißts' ..

K: Sie vergessen die Bartholomäusnacht und die Hugenotten, die haben dreißigtausend Hugenotten in Frankreich ..

A: Das können Sie jetzt auch nicht allein der Katholischen Kirche zuschreiben, sondern das waren politische Gründe. Ich gehe nämlich jetzt davon aus: ist ein Mädchen ein bißchen hübsch gewesen, dann war sie in katholischen Landen besser aufgehoben als in evangelischen, damals.

K: Da haben Sie schon recht.

A: Wir sind ja eigentlich - das war eine unterhaltende Abschweifung - wir sind eigentlich ganz wo anders.

Wir haben, glaube ich, soundso viele, die an manchen Abenden krank waren oder nicht da waren. Ich zeichne einmal den Herrscher von eins ein, und den Herren von eins. Wer kennt dieses Geburtsbild nicht ?

K: Ich.

A: Das sind eine ganze Menge.

K: Das muß ja von 18 ..

A: Der Jahrgang soll uns nicht stören. Das ist ein guter Jahrgang.

K: Nicht mehr "München" ?

A: Nein, jetzt ist "München" weg, das war ein Abschweifer, nur zufällig, weil die Häusereinteilung von dem betreffenden Mann, es ist ein männliches - zufällig die gleiche Häusereinteilung ist wie die von München. Und da habe ich mir gedacht, eine Abirrung wäre irgendwie ganz nett.

K: Haben wir doch schon gehabt ?

A: Haben wir schon gehabt, - wer kennts' nicht, noch einmal nach gutem Überlegen ? - Na sehen Sie, da haben damals viele gefehlt. Ich rufe also hauptsächlich diejenigen auf zur aktiven Mitarbeit, die es nicht kennen.

K: Sie haben da unterschieden zwischen "Herrscher von eins" und "Herren von eins" ?

A: Also der "Eigentümer" und der "Pächter". Der Pluto ist der Eigentümer und der Neptun ist der Pächter, der kann nur im Rahmen des Pluto tun und lassen, was er will.

K: Also darunter versteht man allgemein, "was noch im ersten Haus steht" ?

A: Genau. Gut, was sagt das als Anlage für einen Menschen ? Für einen männlichen Menschen ?

K: Ich würde sagen: das sind starke seelische Kräfte.

K: Die geistige Bindung wirkt in die seelische Versammlung.

A: Was ich vergessen hatte zu sagen: der Neptun kann ja im ersten Haus nur so, wie es der Pluto zuläßt - und der Pluto im vierten Haus kann wiederum nur so, wie es der Neptun zuläßt. Die reichen sich also insofern die Hände. Das ist eine ganz gspaßige Geschichte hier. Und ist nicht einfach zu begreifen. Es geht ja nicht nur darum, daß Sie nun jetzt da erzählen: das ist so und das ist jenes, sondern daß Sie versuchen, die Erlebnisform zu begreifen, daß Sie also den Zustand begreifen, und daß Sie sich hineinfühlen können in einen Zustand. Wie gesagt, - ich habe es schon einmal gesagt - man müßte sich in andere Tierkreiszeichen hineinversetzen können, man sollte deren Lebensgefühl nachvollziehen können, man sollte das sogar üben. Es gibt Dinge, die die eine Mentalität gegenüber der anderen nicht versteht. Ich habe Ihnen schon einmal erzählt: ich kenne eine Schauspielerin, eine Bühnenschauspielerin, die ist wirklich ausgezeichnet, nur - sie ist auch überzeugend in der Gestik, nur eines kann sie nicht: wenn sie auf der Bühne eine wegwerfende Handbewegung machen soll, das gelingt ihr nie, weil es einem Stier einfach nicht liegt, etwas wegzuwerfen. Das geht nicht, da ist ein Schwellenwert. Das ist nicht drin. Und wenn Sie das begreifen, wie tiefsitzend das ist, oder die Existenzangst von einem Stier zum Beispiel, - nein, da verlieren wir uns. - Gut, was würden Sie sagen nach der Vorrede ? Nach der bisherigen ?

K: Mystisch-magisch.

A: Ja, das sagt noch nicht viel. Machen wir es einmal nicht theoretisch, sondern machen wir es èinmal praktisch. Vor Ihnen sitzt ein Knabe mit zehn Jahren mit diesem Horoskop und die Mutter steht dabei und .. oder der Knabe ist achtzehn, ist auch gleich, was sagen Sie dem ?

K: Das kommt darauf an, was er wissen will.

A: Da kommen Sie auf einen wesentlichen Punkt. Da kommen wir auf einen ganz wesentlichen Punkt. Was erzählen Sie jemandem, wenn er zu Ihnen kommt ?

K: Nichts.

A: Nichts ?

K: Sie haben gesagt: nur immer das, was Sie gefragt werden.

A: Nur, was gefragt ist, ja. Man soll überhaupt nur etwas sagen, wenn eine Frage formuliert oder artikuliert wird, weil in der Artikulation der Frage die Berechtigung liegt, ihm etwas zu sagen. Alles übrige wäre Einmischung, Wichtigtuerei, auf Kosten der Umwelt leben wollen und so weiter, Selbstbefriedigung über das Schicksal anderer und so weiter. Die Gefahr ist irrsinnig groß in der Astrologie, ich habe es schon x Mal gesagt.

K: Trotzdem, Herr Döbereiner, wenn die Leute zu Ihnen kommen: sagen Sie nicht sehr viel ?

A: Schauen Sie, wenn mich heute einer fragt: "mein Chef ist" - so in etwa - "der ist ausgewechselt worden und mit dem Neuen vertrage ich mich nicht. Soll ich in der Firma bleiben oder nicht ?" Wenn jemand so etwas frägt, frägt er ja bereits nach mehr. Frägt er ja in seiner Unsicherheit schon nach dem Verhältnis zum Schicksal. Denn er will ja das schon erklärt haben, was er selbst damit zu tun hat. Infolgedessen kommt es auf die Detailfrage nie an - Auskünfte oder Prognosen ohne den Hintergrund oder die inhaltliche Situation zu erklären, sodaß der Betreffende in eine Beziehung zu diesem Vorgang kommt, - wenn das fehlt, dann halte ich das nicht für erlaubt.

Ich sehe, ich muß wiederholen: erster Punkt eines Astrologen, eines angehenden: niemals sein Horoskop als erstes machen, sondern immer nach einer gewissen Zeit erst, wenn man schon soundso viel an Erfahrung hat. Weil Sie nämlich so subjektiv werden im Beurteilen von Geburtsbildern und so weiter und so weiter.

K: Bloß ist es meistens schon zu spät, wenn man da draufkommt.

A: Das zweite ist: nie jemandem etwas sagen, wenn nicht danach gefragt ist. - Das haben wir also gerade gesagt. Dabei ist das Kommen selbst schon eine Frage, wenn er von sich aus, freiwillig kommt - nehmen wir einmal an, es kommt einer, setzt sich hin und sagt nichts, - das ist schon eine Frage. Und das dritte ist: Sie dürfen niemandem etwas sagen, was für den Betreffenden in seiner Situation nicht begreifbar ist.

Also ich sage es noch einmal deutlicher. Wenn Sie jemandem sagen: "da ist jetzt der Saturn und der ist drei Monate da, und da dürfen Sie nicht aus dem Haus gehen", oder "Sie dürfen" - was weiß ich - "da müssen Sie in der Firma den kleinen Mann spielen, nicht aufmucken, aber in drei Monaten, da haben Sie den Jupiter, da können Sie mit der Faust auf den Tisch hinaufhauen". Verstehen Sie, wenn Sie jemandem so etwas sagen, dann stehlen Sie ihm die Entwicklung. Sie stehlen ihm die Krise. Sie stehlen sie effektiv, weil Sie dem Betreffenden helfen durch Ihre Krücken, die Krise nicht wahrzunehmen, zu der Krise nicht Stellung zu nehmen, und abzuwarten mit blindem Auge, bis die Krise vorbei ist - verstehen Sie, er nimmt nicht Stellung, er löst nicht - die Krise hat man ja nicht umsonst. Die Krise entsteht immer dadurch, daß der Saturn oder wer auch immer nur alles das zerstört, was nicht lebensfähig ist. Wenn man das auf

auf unseren Gusto übersetzt, heißt das, daß alles das, was zur Verwirklichung der persönlichen Anlagen ungeeignet ist, deshalb ausgeschieden werden muß. Wenn jemand abweicht von seiner Verwirklichung aus Angst - da gibt es viele Motive: sich etwas nicht eingestehen wollen - eine Verzichtsposition etwa, oder was der Deibel alles - wenn das also der Fall ist, daß man abweicht - das Schicksal kann sich genau so wenig wie die Natur Extreme erlauben - dann sorgt Ihre unterbewußte Anlagedisposition dafür, daß Sie in Krisen hineinkommen, die Ihnen wiederum die Möglichkeit geben, Ihren Verwirklichungsweg zu gehen. Wenn Sie also mit Ihrem Bewußtsein - Sie haben zweierlei Arten von Steuerung - Sie haben die bewußte Steuerung durch das Bewußtsein, Vernunft, das ist Haus sechs, um es einmal ganz schematisch zu machen, und wenn Sie nun in die bewußte Steuerung nicht mit aufnehmen, - nehmen wir einmal an, Sie haben eine Anlage - nehmen wir einmal an, es ist die Anlage zur Erhaltung der Art stärker als die Anlage zur Sicherung des Individuums - nehmen wir den Fall an, den gibts'. Bei Tieren kann man das deutlich sehen, einerseits die Anlage zur Sicherung des Individuums, also der Jagdtrieb und andererseits die Anlagen zur Erhaltung der Art, also etwa die Beißhemmungen, zum Beispiel in Rudeln gegen die eigene Art - wenn da ein Rudelmitglied den Hals hinzeigt, dann programmiert sich beim anderen sofort eine Beißhemmung, das ist dann eine Unterwerfung des einen und das Nichtzubeißen des anderen, beides zum Überleben des Rudels. Wenn man das nun bildlich überträgt auf den Menschen, dann gibt es Menschen, deren Verwirklichung darin liegt, sich um Notwendigkeiten der außerpersönlichen oder aussersubjektiven Welt zu bemühen, und dann gibt es wiederum andere, deren Anlagen in der Richtung dominant sind, daß sich ihre Verwirklichung erschöpft in der Sicherung der eigenen Existenz. Und wir haben schon einmal gesagt: Wertmaßstäbe gibt es nicht, ich kann in der Verwirklichung meiner Anlagen immer nur hundert Prozent werden, da gibts' kein höheres Leben und kein tiefes oder niedereres Leben, es gibt nur die Verwirklichung von Anlagen und sonst nichts. Wenn nun der, der die Anlagen dazu hat, außerpersönlicher Wirklichkeit gerecht zu werden, und diese Anlagen über die bewußte Steuerung nicht verwirklichen will, aus Angst, Existenzangst, Sicherungsangst - weiß der Deibel - dann kommt das Unterbewußtsein und drückt die bewußte Steuerung auf die Seite und drängt den in einer Art unterbewußten Ereigniswunsch in die Ereignisse hinein, in denen die Lösung seiner verdrängten Anlagen möglich wird.

K: So wie Sie es sagen müßte doch jede Krise gleich einem Gewitter sein, das anschließend reine Luft bringt. Nur, wenn man dann die Schicksale betrachtet, kann man das ja nicht sagen.

A: Warum nicht ?

K: Im Gegenteil.

A: Da müssen Sie mir einen Abirrungsfall konkret sagen. Sie meinen also zu Beispiel - was gibts' denn alles ? - Na ja, es gibt Leute, die fahren mit dem letzten Geld fünfhundert Kilometer, um ihr Schicksal zu erleben, das gibt es alles. Das heißt ..

K: Wenn ich einen Fall nehme, wo eine seelische Verwirrung groß genug wird für eine Einweisung ins Irrenhaus, - das kann man ja als eine Krise bezeichnen - ohne jetzt aber daß die wirklich irr ist, sondern das ist eine seelische Verwirrung ..

A: Na ja ..

K: .. kommt ja auch wieder 'raus aus dem Haus.

A: Das ist ein weites Feld, würde ich sagen.

K: Nur zum Beispiel. Auch wenn derjenige dann 'rauskommt aus dem Irrenhaus, ist es keineswegs besser, oder vielleicht nur so viel besser, daß er 'raus darf. Die Krise an und für sich hat keine Lösung gebracht.

A: Wenn wir den Fall mit dem Irrenhaus nehmen - es wird also einer aus seelischer Verwirrung eingeliefert. Was heißt denn das in erster Linie bereits ? - Das ist doch schon die Endstation von x Mal verweigerten Krisen, die heutige Zeit ist ja perfekt im negieren von Krisen, es gibt ja riesen Unternehmen, deren Hauptgeschäft das ist, - und jetzt ist klar, daß wenn sich die dann an einen Bereich wendet, an ein Irrenhaus, weil sie da Hilfe im negieren von Krisen erwartet, daß das beim Herauskommen nichts hilft. Nur, nach soundso viel verweigerten

Krisen kommt es dann letztlich zu einer, die ireversible Schäden anrichtet, das ist ja klar.

Es gibt aber auch die Fälle, wo die bewußte Steuerung relativ dünn ist, wenn die bewußte Steuerung eine ganz dünne Haut ist, zu dünn, um zu verarbeiten, um zu steuern - die reagieren immer unverhältnismäßig heftig auf Umweltreize, weil das Emotionale sofort durchbricht. Der Kafka hatte vom Gruppenschicksal her eine solche Konstellation, das entspricht Sonne-Uranus.

K: Da hilft dann auch keine Astrologie ?

A: Was heißt: "da hilft keine Astrologie". Wir wollen ja hier - schauen Sie ..

K: Wir wollen ja mit einer Beratung irgendwie helfen ..

A: Das wird gefährlich, "helfen wollen" ist immer - uuh, da wirds' gefährlich.

Ich versuche hier im Kurs, Ihnen Erkenntnisse zu vermitteln und Sie können sich von den Erkenntnissen alles das herausholen, wovon Sie glauben, daß es für Sie stichhaltig, zutreffend und so weiter ist. Und wenn wir dann dran gehen, "helfen zu wollen", kann es ja sein, daß wir eine Frage um Hilfe schon provozieren. Und wie wollen Sie überprüfen, ob Sie ein Bedürfnis loswerden wollen, um anderen zu helfen. Ich habe Ihnen schon einmal gesagt, es ist irrsinnig gefährlich, jemandem das Schutzverhalten oder sonst irgendwas wegzunehmen und jemanden aus dem Rhythmus zu holen. Woher wollen Sie denn wissen, daß der mit der verwirrten Seele nicht auf dem richtigeren Weg ist als Sie ?

Unter was leidet die denn, unter Beängstigungen ?

K: Ja.

A: Die Geschichte ist folgendermaßen - das kommt immer häufiger vor. Es dauert nicht mehr lange, dann müssen die "Normalen" - also in Anführungszeichen - die müssen in Irrenhäuser 'rein, damit sie vor den Kranken sicher sind. Da brauchen Sie nicht zu lachen. Ich war achtzehn Jahre als und da hat mir ein Choreograph und Tänzer, der Pawlinin gesagt: "was glauben Sie wir sitzen heute alle schon" - der hat natürlich gesagt: "wir musischen Menschen", das ist aber wurscht, auf wen man es bezieht

- "wir sitzen heute alle schon im Treibhaus und wir müssen ständig zittern, daß uns einer die Fenster einwirft". So unähnlich ist das der Gesamtsituation gar nicht. Und diejenigen, die die Wirklichkeit zerstören und damit das geistige Leben, haben die Macht, die werden immer unverschämter und gefährden alle. Das sind alles die Proleten der vorigen Generation - man müßte eigentlich einen neuen Schlachtruf anbringen: statt "Proletarier aller Länder vereinigt Euch" müßte es heißen: "Proletarier aller Länder artikuliert Euch".

Wenn ich so etwas sage, will ich Ihnen hier nur eine Erklärungsmöglichkeit aus meinem Verständnis von den Dingen liefern, - ich will Ihnen ja kein Kochrezept liefern. Sie können sagen "nein", und Sie können "ja" sagen, oder wie Sie wollen. Also ganz liberal.

Ich versuche nun die Frage zu beantworten: nehmen wir einmal an, Sie haben alle möglichen unerfüllten Anlagen unterhalb der Bewußtseinsebene. Diese Bewußtseinsebene ist die Silhouette. Und je mehr Anlagen unerfüllt sind, desto mehr drücken sie die Silhouette nach oben, sie drücken aufs' Bewußtsein. Das ist dann für die Bewußtseinsebene fast so was wie ein Erdbeben, - und in diesem Stadium treten, weil das Subjektive sich nicht mehr sicher genug gesteuert fühlt, Beängstigungen auf, Depressionen, Manien - je nachdem, wie der Typ gelagert ist. Und in solcher Situation, in der die Bewußtseinslinie solche Höcker bekommt und das Geschehen somit zur Krise wird, verstärkt sich jede an sich sonst normale Verhaltensanlage ebenfalls ins Extrem: ein Geiziger wird krankhaft geizig, ein Zwanghafter wird krankhaft zwanghaft und so weiter.

K: Was ist das, "manisch" ?

A: Wir wollen uns ja nicht verwissenschaftlichen - wir haben ja eigene Begriffe, die sich inhaltlich schlußfolgern und nicht aus äußeren Symptombeschreibungen herrühren. Wir haben uns ja schon einmal darüber unterhalten über die wissenschaftlichen Zuordnungen und Einteilungen von Schizoiden bis Manischen und so weiter, und das stimmt und stimmt nicht, und ich habe mich auch schon mit Verschiedenen unterhalten, auch mit den sogenannten "Päpsten" ecetera dieses Gebietes. Unser Gebiet hat seine eigenen Schlußfolgerungen, und die gilt es zu formulieren und dann möglicherweise gegenüberzustellen, - als von der Wissenschaft unabhängige Entwicklungsbilder.

Es gibt natürlich auch Erscheinungsformen, die depressiv wirken, dabei aber nichts anderes zum Ausdruck bringen, daß sie eine Mobilisierung erwarten. Ich bin einmal mit dem Karikaturisten, mit dem ich befreundet war, in einem Lokal gesessen, einem Zeichner eigentlich, und da kam irgendjemand herein und da sagte er: "hat der einen traurigen Hintern", und dann hab' ich hingeschaut und hab' gesagt, daß der da und da mit dieser und jener Konstellation geboren sein müßte, und dann wurde der auch gefragt, und der war da geboren. Das, was der hatte, war so etwas wie ein "depressives Gesäß", eigentlich weniger "depressiv", sondern schon mehr "traurig und lastend", schwunglos, hängend. Das ist so etwas wie das "deutsche Männergesäß", das ist so ganz was Spezifisches. Was da angesprochen ist, ist der ganze Bereich Haus sechs. Wenn das stark besetzt ist, fehlt natürlich genügend Antrieb aus dem fünften - die erwarten also von außen Mobilisierung, Motivierung von anderen oder von einer Idee. Und da brauchen Sie nie meinen, daß die zu kurz kommen, - na ja, virtuose und brilliante Nutzung von Umständen bzw. von anderen Personen, die dann zu Umständen werden. Und diese starke Besetzung des sechsten Hauses ist dann analog Körperform.

Das sind aber dann nicht Depressionen im eigentlichen Sinn, denn da wird durch "Traurigkeit" Motivation herausgefordert. Ich meine, es ist ja nicht schlimm, wenn es so ist, sondern dann ist es nur gut, wenn man es weiß, bei sich, oder bei anderen.

Gut, wir waren bei der "Krise". Wenn dem also so ist, daß unterhalb der Verhaltenslinie Unverarbeitetes oder Unberücksichtigtes hochdrängt, weil es vom bewußten Verhalten nicht akzeptiert wird, dann kommt zuerst der Neptun. Der löst nun hier in der bewußten Verhaltenslinie schon einmal feste Bastionen auf, und jetzt kommt das, was immer wieder faszinierend ist: diese Menschen kommen in Situationen, die von ihnen selbst willentlich nicht abhängig sind, in Situationen der Auflösung, der Orientierungslosigkeit über zukünftige Niederlassungsfragen, auch über Existenzziele. Da passiert zum Beispiel, daß man nicht weiß, ob der Betrieb aufgelöst wird oder nicht, daß Unklarheit besteht, ob man im Planungsgebiet einer Stadt wohnt und ausziehen muß, - die hängen in der Luft. Selche Situationen, wo die Betreffenden wirklich keinen Einfluß darauf haben, sind dann sozusagen eine Therapie des Schicksals. Es kommt dann noch hinzu, daß die Betreffenden vergeßlich wie auch gleichgültig werden, und sogar Ausschläge oder Hautunreinheiten kriegen, so als ob der Neptun durch die Bewußtheit der Haut durchdringen möchte.

Nehmen Sie einmal an, das wäre die Bewußtheitslinie eines Steinbocks, der Steinbock will zusammenfassen - und in dem Moment, in dem der Steinbock in einer Krise ist, stilisiert er, manieriert er. Da will er die bewußte Form in einen Stil zwingen. Er verhärtet. Jetzt stellen Sie sich einmal in der Erlebnissituation dann diesen Neptun vor, der beginnt nun die Bewußtseinslinie aufzulösen und den Betreffenden in ein Chaos hineinzuschikken. Das Ergebnis ist doch, daß der sich gegen das Chaos wehrt. Denn der Saturn verträgt doch alles, bloß das nicht, was er braucht. Das gilt genauso für andere Zeichen.

Sie haben hier also so etwas wie eine Schicksalstherapie, und jetzt komme ich noch einmal auf vorhin zurück. Jetzt sagen Sie dem Betreffenden: "ja, jetzt geht es Ihnen zwei Jahre lang schlecht, tun Sie sich einnudeln und so". Der nimmt doch überhaupt nicht Stellung dazu, was der Neptun von ihm will. Der will doch was von ihm. So wie jeder Schmerz was von einem Menschen will. Der Schmerz ist ebenso arterhaltend wie die Krise arterhaltend ist. Was heißt "arterhaltend", sagen wir lieber "den Menschen in seiner Lebensmöglichkeit haltend".

Und dann passiert folgendes: daß der hier in ein Chaos hineinkommt, Schicksalstherapie. Jetzt schwimmt er und jammert furchtbar, - also Steinböcke, die dem Neptun anheim fallen, die jammern grauenhaft. Ich kann mich aber auch 'reinfühlen, .. doch. Gut, jetzt kommt dann das Interessante: wenn es dem nämlich gelungen ist, mit Müh' und Not den Neptun zu negieren, dann kommt der Uranus, von mir aus, Uranus-Sonne, das ist sozusagen ein astrologischer Kurzschluß, da reißt die Bewußtseinsdecke auf. Und da quillt ungesteuert alles an unbewußten und unverarbeiteten Bildern heraus. Ab dem Neptun wird die Decke schon ganz dünn, aber ab dem Uranus bekommt sie ein Loch. Und aus dem Loch rutschen dann alle unverarbeiteten Planeten auch gleich mit heraus. Das gibt dann die Variationen bei den Ereignissen. Bei Frauen sind es meistens Operationen und bei Männern Unfall, wobei sich als Voranzeige Herz-Kreislaufstörungen zeigen. Die Konstellation heißt dann "Eingriff in den Organismus", wenn man es als Formel nimmt.

K: Werden mit diesem Unfall die Probleme gelöst ?

A: Das Problem ist à la long nicht gelöst, nur sporadisch, weil der Saturn, oder was für ein Planet auch immer zuständig dafür ist, oder die Uranus-Sonne, die haben ihre Verwirklichung gehabt und sind zufrieden, vielleicht auch noch die Venus und der Mars oder der Jupiter oder - was weiß ich - wer noch durch dieses Loch geschlüpft ist, - allerdings ungeordnet, in unformulierter und unartikulierter Weise. Dann bezeichnet man diese Leute als verwirrt oder sonst irgendwas. Die Anlagen haben sich dann also verwirklicht, aber außerhalb des eigenen bewußten Verdienstes. Der hinweisende Ereignischarakter als solcher ist aber nicht berücksichtigt. Das heißt also, wenn ich das Hinweisende negiere, wenn ich sage: "Pech" oder "Zufall", dann wird sich der gleiche Vorgang wiederholen müssen, weil ja das eigentliche Problem nicht gelöst ist. Und weil dieses dann trotz der einzelnen "Ventil-Ereignisse" dann ansteht, wird der Ereignischarakter immer grundsätzlicher.

Ich habe es Ihnen ja schon einmal gesagt: ein Unfall kommt ja nicht auf einmal. Es gibt da eine Reihenfolge von Steigerungsunfällen. Das können Sie wie eine graphische Kurve aufbauen, bis zum Kulminationspunkt. Das Unterbewußtsein führt den Betreffenden dann an eine Situation heran, die - sagen wir einmal - gefährlich oder lebensgefährlich oder existenzgefährlich oder sonst was ist und konfrontiert ihr dort, sozusagen an einem Abgrund mit seinem Ich - bzw. mit dem Nicht-Ich. Und dieses Nicht-Ich stürzt ihn dann den Abgrund hinunter - wenn wir nun schon bei einer Krise gleich von Tod reden wollen. Es gibt ja ganz andere Krisen, "Verlust im Geschäft", oder "Scheidung", oder "seelische Zerrissenheit aus Partnerschaftsgründen", oder - was der Deibel. Das sind die tagtäglichen, es muß nicht immer gleich das Schlimmste sein - der Alltag passiert viel öfter.

K: Aber ist es nicht richtig, wenn ich annehme, daß diese Hinweise zum Teil tödlich verlaufen ?

K: Das ist ja witzlos dann, dann ist der Mann ja tot.

K: In dem Augenblick, in dem er den Tod erleidet, dann kann er sich nicht mehr darauf einstellen.

A: Dann ist die im Raum zuständige erlebnismögliche Situation nicht mehr gegeben, so ist es. Aber das ist das Extrem, in dem die Regierungsphase des Neptun schon vorausgelaufen ist.

K: Dann ist die Korrektur praktisch möglich ?

A: Vorher schon, wenn Sie die Konstellation erkennen .. Sie brauchen ja kein Astrologe sein dazu: wenn Sie die Möglichkeit akzeptieren.

K: Aber Sie sagen, man soll nicht eingreifen.

A: Wenn er kommt, schon, aber nur, wenn er kommt. Wenn Sie nämlich jemanden sehen, der in einer Verhaltenskrise stärksten Ausmaßes ist, - Sie erleben es doch soundso oft - daß die Unechtheit in der Verhaltensform stark durchkommt, wenn Sie sehen, wie die Verhaltensformen schon zerbrechlich und gefährlich werden, daß Sie Angst haben, mit denen umzugehen, - wenn Sie denen nun was sagen wollen, die lachen ja, die sind clever und sagen, "wir sind aufgeklärt".

K: Nein, ich meine natürlich immer vorausgesetzt, daß er kommt ..

A: Wenn er kommt, dann ist es etwas anderes. Er muß die Frage nach der Verbindung zu seinem Schicksal stellen. Wenn er die nicht stellt, sind Sie als Vermittler unerwünscht.

K: Wenn jemand zu Ihnen kommt, dann wird er doch immer eine Frage haben, - ist es dann immer eine Frage an das Schicksal ?

A: Sicher, allein wenn jemand kommt, ist das schon eine Art Formulierung, denn er hat sich aufgeschwungen, zum Astrologen zu gehen. Das setzt immerhin entweder eine entsprechende Haltung, oder einen entsprechenden Notzustand voraus. Ich habe es immer wieder erlebt, daß einer sagte: "wenn mir gestern noch einer gesagt hätte, daß ich heute beim Astrologen sitze, dann hätte ich das für unmöglich gehalten". Wenn so einer dasitzt - davon abgesehen, daß das oft ein Alibi sein soll - dann heißt das so viel wie "ich kenne mich nicht mehr aus", und das ist die Bereitschaft.

Wenn einer dann das Reden anfangen will, dann sag' ich ihm, daß mich das im Moment alles nicht interessiert, denn ich will so wenig wie möglich von ihm wissen, und lasse mir sozusagen von den Fragen des Klienten nicht mein Vorgehen diktieren.

K: Und was sagen Sie ihm dann, wenn Sie ihn nicht einmal die Fragen stellen lassen ?

A: Fragen lasse ich schon stellen, aber ich lasse mir nichts erzählen. Die Artikulierung und die Reihenfolge des Vorgehens sind meine Sache - da wird dann alles geordnet vorgebracht. Meistens hat der danach gar keine Frage mehr.

K: Ich möchte noch einmal etwas Grundsätzliches fragen, was mich schon lange bewegt nach Ihren nicht ganz vollständigen Ausführungen. Es wäre doch eigentlich das Wichtigste für den Einzelnen, seine Anlagen zu erkennen und nun diese Anlagen zu verwirklichen.

A: Das ist mit einem Satz alles gesagt.

K: Aber sagen wir einmal "der Harmann". Der hat diese Anlagen verwirklicht, aber das ist ja furchtbar.

A: Das hat er nicht. Er hat die Lösung von der Abhängigkeit, den Saturn in zwölf, der ja auch seine Anlage ist, den hat er nicht gelebt, - den hat er sich dann leben lassen.

Aber einmal anders: es wird natürlich schon sehr schlimm, was ich jetzt sage, aber wir sind ja keine Weisen aus dem Wald ..

K: Am Extrem kann man es ja am ehesten begreifen.

A: Und da wirkt es dann auch am makabersten. Es ist folgendes: überlegen Sie mal, was hat der Harmann als Massenmörder für eine Chance, wenn alle in der Bewußtseinsebene ihre Probleme gelöst haben, was hat der für eine Chance ? - Sagen wir es einfacher, was hat der Harmann für eine Chance, wenn nirgendwo eine Bereitschaft ist dafür, ermordet zu werden ? Was hat der für eine Chance ?

K: Erleben sie denn durch die Ermordung etwas ? Sie verlieren ihr Leben.

A: Es kommt nicht auf die zeitliche Folge an, die Zeit ist relativ und die individuelle Zeit wird bestimmt durch Erlebnisdichte. Außerdem geht es ja beim Durchbrechen der Bewußtseinsebene um den Effekt. Um die Ausschaltung des aus der Ordnung abgewichenen Ich durch das Nicht-Ich.

K: Noch zu Ihrer Frage: Sie sagen, was der Harmann für eine Chance zum Morden hätte, wenn keiner die Bereitschaft mit sich brächte, ermordet zu werden - dann hat er ja keine Chance, sich zu verwirklichen.

A: Doch, er hat die Chance, sich zu verwirklichen, - ich weiß, was eine Sucht ist, man kommt von ihr genauso schwer los wie von den Trieben - aber selbst, wenn er davon nicht loskommt, dann wird er eben gezwungen, die Lösungsmöglichkeit des Saturn in zwölf, die er selbst nicht mit in sein Verhalten miteinbezieht, gezwungenermaßen als Contrario im Gefängnis oder in der Isolation zu leben.

Wenn ein Massenmörder eine Chance hat - ich weiß nicht, wieviel er umgebracht hat ? Vierundzwanzig oder so, - nun liebe ich ja solche Beispiele nicht, weil sie ja - wie gesagt - ..

K: Warum nicht, sie sind doch nur konsequent, und man sollte sich doch gerade ..

A: Gut, dann bin ich auch konsequent und sage: schauen Sie, es gibt z.B. Aasgeier, die kreisen in der Wüste nur deswegen herum, damit es keine Seuchen gibt - oder so ähnlich - sie sind Säuberer der Natur. Und wenn Sie liberal sind, müßten Sie jeden Mörder frei laufen lassen können und alle aus den Irrenhäusern und alle - überall 'rauslassen können, denn sie haben ja nur dort die Chance einzugreifen, wo eine Bereitschaft ist.

Das sind doch nur die Saubermachen. Das ist also astrologische Liberalität bis zur Endkonsequenz - bitte ?

K: Also ich finde, die geht zu weit.

A: Warum ? - Weil Sie Angst haben ?

K: Nein.

A: Weil Sie Angst haben.

K: Nein.

A: Doch. - Schauen Sie, ich sage Ihnen noch ein anderes Beispiel. Ich habe es Ihnen ja schon einmal gesagt: heute ist die Ärzteschaft sehr stolz darauf, daß sie von zehn Säuglingen, wo früher neun gestorben sind, daß sie neun durchbringen. Und sie kümmert sich - wie gesagt - einen Dreck drum, ob das, daß die Säuglinge nun bei der Geburt oder nach der Geburt gleich sterben, ob das ein Ausleseprinzip ist, oder obs' keins ist. Und - wie gesagt - es ist nachzuweisen, daß die alle Konstellationen haben, die seelische Erkrankungen im späteren Leben zur Folge haben. Und die weitere Folge davon ist die, daß sich die ungemein mehr vermehren, denn irgendwo muß man ja ein Ventil zum kompensieren haben, wenn nicht im Partner - was weiß ich - in allen möglichen Dingen. Das ist das Gleiche - schauen Sie, ich habe eine Schäferhündin, da hat es immer geheißen: "man muß aufpassen, daß der Hund sich nicht auf die Jungen legt", es hat nämlich geheißen: "der legt sich wahllos auf die Jungen und erdrückt die Jungen". Was ist das Ergebnis ? Der Hund wollte sich nur auf die Jungen legen, die sowieso nach einem Jahr gestorben sind, weil sie die Konstellation dafür gehabt haben. Wie will ich denn in meiner Anmaßung als aufgeklärter Mensch das Ausleseprinzip der Hündin, das angeblich so "zufällig" ist, durchbrechen.

Da wirds' nämlich sehr gefährlich. Wenn ich versuche - natürlich will man sich schützen, und das liberale astrologische Prinzip ist nicht durchführbar, und zwar deshalb nicht durchführbar, weil wir alle nicht gesund sind, nur deshalb. Und weil wir nicht gesund sind, haben wir Angst, und deswegen sichern wir uns ab. Das ist der einzige Grund.

K: Ja, nun ist es einmal so.

A: Ja, und drum wird der ja eingesperrt, verstehen Sie, deshalb wird der ja von der Gesellschaft eliminiert, weil die Gesellschaft Angst hat, weil sie nicht gesund ist. Verstehen Sie, das Absichern ist ja gut, und wer will auf den anderen einen Stein werfen, - das ist eben das Menschsein. Aber wissen muß man es, daß es so ist.

K: Der Mann, der ja praktisch nicht aufgeklärt wird, der hat ja einen wesentlichen Nachteil gegenüber einem Astrologen, weil der nämlich die Möglichkeit hat, sich die Situationen vorwegzunehmen, was er dann mit Sicherheit auch tun wird, weil er ja die Möglichkeit hat zu sehen, was da kommt, und er braucht niemand zu fragen, er fragt sich selbst und gibt sich selbst die Antwort.

A: Ach, ein Astrologe ist immerhin auch ein Subjektivist, und sieht manches nicht gerne, und was er nicht gerne sieht, das fällt ihm nicht auf - da passieren die übelsten Dinge. Ich habe einmal - das darf gar nicht wahr sein - Sie lachen, wenn ich es Ihnen erzähle: ich habe mal ein Mädchen gekannt, und die habe ich außergewöhnlich hoch eingeschätzt. Ich habe ihr auch einmal das Horoskop gemacht, und da habe ich den Jupiter in das zehnte 'rein, - und ich war absolut sicher, der Jupiter war im zehnten. Nach fünf Jahren schaue ich zufällig nach: siehe da, bei ihrem Jahrgang, da kann der Jupiter gar nicht in der Waage sein, da muß er im Schützen sein, also hat sie ihn nicht im zehnten gehabt. Dabei entgeht mir sonst nichts. Fall Nummer zwei: ich hatte eine Klientin, die mir außergewöhnlich sympathisch war. Ich hab' dann das Horoskop gemacht, hab' alle Planeten 'reingezeichnet, und die waren alle so schön versammelt, also zunächst, wie ich meine, und dann teste ich die Vergangenheit durch, weil, man muß ja wissen, erstens: ob die Achsen, von denen man ausgeht, ob die stimmen, und zweitens: um dem betreffenden Klienten in eine gewisse Beziehung zu seiner Vergangenheit zu setzen. Ihm also helfen, die Gegenwart als etwas Gewordenes zu sehen, und drittens: damit man auch, wenns' dann einigermaßen zutrifft, ein gewisses Renome hat. Damit man nicht erst am Anfang einen seelischen Ringkampf absolvieren muß. - Gut, - ich habe also alles mögliche aus der Vergangenheit gesagt, und dann sagt die zu mir: "ja, aber ein Ereignis, das war aber das Wichtigste, das fehlt". Dann sage ich: "das kann ich mir nicht vorstellen". Dann habe ich gesucht und geschaut, "wars' das ?" - "Nein, es fehlt !", und dann sagt sie - so einigermaßen burschikos: "ja, haben Sie denn alle Planeten drin ?" - Das ist doch die schlichteste Frage von der Welt. Und ich muß gestehen, ich hatte einen ganz üblen - wenn man das einmal - "übel" ist ja kein Planet - aber in dem Chargon - also einen üblen Uranus im achten Haus, den hatte ich einfach nicht eingezeichnet. Verstehen Sie, die Dame war mir sympathisch, und das war mir dann gar nicht bewußt. Die hat dann gemeint, daß sie das schon sehr nett von mir fände, daß ich diese Konstellation ihr ersparen wollte.

Also so einfach ist das nicht. Wie heißts' ? Der Schuster läuft selbst mit den schlechtesten Schuhen herum, der Schneider mit dem schlechtesten Anzug, und der Astrologe - na ja.

K: Ich meine jetzt nicht bezogen auf das Horoskop von anderen Leuten, sondern bezogen auf ihr eigenes Schicksal. Sie können sich doch selbst eine Krücke bauen, die der andere nicht zur Verfügung hat. Und daß dadurch praktisch beim Astrologen Unterbewußtes sehr viel besser in das Bewußtsein kommt.

A: Als Astrologe haben Sie natürlich einen Vorteil, was einen gewissen Stil mit sich bringt. Verbittern können Sie schon einmal nicht, weil das wäre sinnlos, wem gegenüber wollen Sie verbittert sein ? Das geht also schon gar nicht. Im Gegenteil, Sie müssen - ich habe es ja schon einmal gesagt: jemandem, der Sie betrügt, dem müssen Sie so dankbar sein, wie nur was, weil er Ihnen die Chance gibt, Ihnen zu helfen, Ihre Konstellation zu erfüllen. Sie müssen dem noch einen Blumenstrauß bringen. Aber verbittert können Sie niemandem gegenüber sein. Und Sie haben noch folgenden Vorzug: Sie wissen schon, wie Sie sich würden verhalten sollen, aber - Sie können mit Gusto das Falsche machen. Der Vorteil des Astrologen ist zu wissen, daß es falsch ist, und das kann unter Umständen die Freude am Falschen erhöhen. Aber der Lebenswille und der Lebenstrieb, die Wünsche des Ego - ob Sies' wissen, oder nicht wissen - die bleiben sich gleich.

K: Aber genau das könnte man doch dem Klienten auch vermitteln.

A: Das mache ich seit zwanzig Jahren, bis zum heutigen Tage, und ich habe es manchmal so satt, bis da oben hinauf, weils' so anstrengend ist.

Aber normalerweise macht der Astrologe genau das: nämlich versuchen, dem Betreffenden ein ausgesöhntes Verhältnis zu seinem Schicksal - ein "ausgesöhntes", weil "begriffenes" Verhältnis zu seinem Schicksal oder Geschick zu geben, das er braucht, um seine Anlagen verwirklichen zu können, um Wirklichkeit zu werden. Und ich habe Ihnen in dem Zusammenhang schon gesagt: es müßte jeder Stadtpfarrer Astrologe sein und müßte seinen Pfarrkindern nicht sagen: "der Herr wirds' schon richten", oder so salbungsvolle Sprüche oder sonst was, wovon die nämlich nichts haben, sondern er müßte ihnen erklären, warum sie in dieser Situation sind, in welchem Verhältnis sie zu dem Ereignis stehen und was die Krise von ihnen will. Irgendwas will sie, weil sonst ist sie nicht denkbar.

K: Kann man sich da nicht irren ?

A: Damit müssen Sie immer rechnen, und das ist auch das Einzige, was Sie dagegen tun können. - Das heißt, Sie können auch schon im Vorfeld Irrtümer, das heißt, Irrtumsmöglichkeiten aufspüren. Wenn Sie zum Beispiel einen Klienten haben, dessen Neptun zu Ihrem Ascendenten im Quadrat steht, - ich sage das jetzt nur einmal als Formel, obwohl ich Ihnen immer sage, "Sie sollen es nicht tun" - da liegt ein Mißverständnis schon näher als sonst. Es kommt natürlich dann auch sehr auf die Frage an. Es ist natürlich so: die Personen kommen mit verschiedenen Anliegen zum Astrologen. Die einen kommen gleich mit dem Wunsch, alles auf den Saturn zu schieben. Doch, die wollen dann vom Astrologen eine moralische Berechtigung, so gehandelt zu haben oder so handeln zu wollen, begründet bzw. moralisch legitimiert durch den von den Planeten gesalbten - "der Saturn ists'", nicht ich. Und wenn Sie dann ein geschäftstüchtiger Astrologe sind, dann können Sie da gut mitmischen und der wird garantiert abhängig, kommt jede Woche, und Sie halten die Hand auf, denn für nichts können Sie so viel verlangen und so viel Geld herausziehen als wie aus dem Schuldbewußtsein eines Menschen. Sie brauchen ja bloß einmal beobachten, wenn ein Bettler durch die Straßen geht, ..

K: Und Sie meinen, die anderen geben nur aus Schuldgefühl ?

A: Nur.

K: Ich nicht.

A: Ja, also gut.

K: Ich verteidige mich nicht, - weil ich war auch schon mal in so einer Situation, und da will ich ihm helfen.

A: Also gut, aber durchschnittlich ist es so.

K: Herr Döbereiner, ich wollte dazu noch etwas sagen, von dem Eingreifen des Arztes. Da habe ich jetzt in der Zeitung so ein Bild gesehen, da ist ein Junge, ein Bursch mit vierzehn Jahren operiert worden, am Herzen, und da schreibt er selber, der Bub, "er war vor der Operation glücklich, er hatte Freunde und er hatte Bekannte, und er liebte Musik und alles das", und nach der Operation wurde er anhand der Tabletten und der Hormone, die er ständig nehmen muß, unverschämt dick, sodaß alle Freunde ihn meiden, daß er vollkommen isoliert und allein steht, und jetzt sich praktisch nur noch seiner Musik widmet. Also er ist völlig ins zwölfte Haus gegangen, weil er - er ist jetzt dreiundzwanzig Jahre alt - eine Tonne geworden.

A: Ich weiß nun nicht, wie das bei dem ist, aber wenn man einen Saturn, der um einer bestimmten Wirkung willen manifest geworden ist, auf technischem Wege eliminiert, dann sucht sich derselbe Saturn halt ein anderes Abhängigkeitsgebiet, um sich auszuwirken, - das ist für uns eine alte Geschichte, das ist die Freiheit, Abhängigkeiten zu wechseln.

K: Noch eine Frage: empfinden Sie den Kaiserschnitt auch als einen unberechtigten Eingriff ?

A: Ich würde jeden Eingriff, allein schon eine Blinddarmoperation - als Entheiligung empfinden, einen Schritt zur Unreinheit. Das heißt also, ein Schritt dazu, einer Konstellation aus meiner inhaltlichen Situation die Möglichkeit gegeben zu haben, sich als Disharmonie im operativen Eingriff dokumentieren zu können.

K: Sterben Sie dann an Blinddarmdurchbruch ?

A: Natürlich nicht.

K: Aber unterbewußt stinkt es Ihnen, daß ..

A: So ist es, - denn wenn ich vollständig leben würde, dann könnte mir das nicht passieren, daß ich operiert werden müßte.

K: Das sind nämlich die Gedankengänge der Mormonen, die haben das ja gemacht, und die Türken gehen ja auch nicht zum Arzt und sagen: "alle körperlichen Leiden" - sie reden sich ein, die existieren nicht.

A: Ja, alles was zum Dogma und zwar inzwischen zum unbegriffenen Dogma gemacht wird, ist natürlich von Übel. Aber im Grundprinzip, würde ich sagen, stimme ich damit überein. Wenn ich einen Eingriff in den Organismus notwendig habe, um eine Konstellation zu befriedigen, dann habe ich geistig oder seelisch versagt.

Aber dazu wollte ich - wir kommen ja von ..

K: Das war doch mal wichtig.

A: Schon - wenn wir vom Horoskop abirren, so einmal quer Feld ein, dann ist das schon interessant, aber dann sollten wir uns ein Gebiet vornehmen, und da richtig darüber reden und dabei verbleiben, aber nicht so, daß ich am Pult stehe, sondern daß wir dann mehr aufgelockert sitzen, weil ich über soundso viele Fälle auch nicht mehr weiß wie Sie - auch, um keine Alpha-Rollen entstehen zu lassen, das ist immer ungesund.

K: Erlauben Sie mir noch eine Frage. Ist denn Astrologie das Letzte, oder steht dahinter noch ein Weiteres, oder was sagen Sie dazu ? Also mich beschäftigt es - ich weiß nicht, ob es die anderen beschäftigt.

A: Sie können im katholischen Sinne sagen, es ist ein Gottesbeweis. Sie können es auch anders formulieren, etwas neutraler und sagen: es ist eine so oder so geeignete Art der Erkenntnismöglichkeit.

Sie könnens' natürlich auch so sehen: der Steiner hat gesagt - ich glaubs' wenigstens - eine Form entsteht immer dadurch, daß man die Bewegung anhält. Ohne daß man die Bewegung anhält, kann keine Form entstehen. Wenn Sie es von dem Aspekt her nehmen, und sagen: die Erlebnisebene ist eine Ort-Zeit-Form, dann können Sie das Gefühl haben, daß Sie in einer Zeit-Schachtel sitzen, wie ein Maikäfer, mit Luftlöchern, - oder in einem Zeitsack, sodaß dann der Tod nichts anderes ist, als daß Sie aus der Zeitschachtel herauskommen, wieder in einen anderen Erlebnisbereich. Vielleicht in eine der Ordnungen der Engel, da können Sie dann möglicherweise in anderen Dimensionen leben, oder aber es fallen einige weg, wo Sie möglicherweise durch Türen marschieren, oder als Energiezustände leben, denn es gibt ja diese Schilderungen von Engeln mit den flammenden Händen - da würde unser Kurs nicht ausreichen, um darüber zu reden, da müßten wir in der Woche dreimal zusammenkommen.

Jedenfalls können Sie sagen: das Gesetz ist ein Teil dessen, was man "Gott" nennt, aber der angehaltene Teil, der aus der Bewegung herausgegriffene Teil.

Ja gut. Wir haben vorhin über "Verhalten" gesprochen, und dazu wollte ich noch folgendes sagen: wir haben immer gesagt, "die Sonne kann nur das verwirklichen, was als Anlage da ist". Wir haben es aber auch umgekehrt gesagt: "die Anlage kann nur so verwirklicht werden, wie es die Sonne zuläßt". Das heißt also mit anderen Worten, daß die Verwirklichung durch die Sonne das A und das O des Nach-außen-sichtbar-werdens einer Anlage ist.

Wenn dem so ist, dann müssen doch alle, die am gleichen Tage geboren sind, die also den gleichen Sonnenstand haben, die gleichen Erlebnisstufen oder Entwicklungsstufen haben. Das heißt, es muß also ein Gruppenschicksal geben.

K: Also alle die, die am gleichen Tag geboren sind, den gleichen Sonnenstand im Tierkreisstand haben, aber nicht in den gleichen Häusern.

A: Die müssen am gleichen Ort geboren sein, also - sagen wir - in der gleichen Region. Dann haben die die gleichen Entwicklungsstufen, die gleichen Ereignisse zur selben Zeit. Ich wollte Ihnen das nur theoretisch naheführen, - das ist schon bewiesen, das ist schon kein Problem mehr - das geht sogar schematisch.

K: Sie meinen also den gleichen Zeitpunkt ?

A: Eigentlich meine ich die gleiche Altersstufe. Es gibt auch die Ebene des gleichen Zeitpunkts, aber die meine ich jetzt hier nicht. Nehmen Sie einmal den siebenundzwanzigsten Dezember, da entfällt der Vater als Ernährer der Familie schon um die Geburtszeit oder kurz danach, - am einunddreißigsten Dezember trifft dasselbe mit vierzehn zu - wenn Ihnen das einmal aufgefallen ist, dann können Sie eine glatte Linie machen, wie das läuft - das ist so schlicht und einfach, daß es mich wundert, daß da noch nie ein Mensch draufgekommen ist, und zwar vermutlich deswegen, weil Sie alle nicht naiv genug sind, - verstehen Sie, da ist nämlich der wunde Punkt - ja ?

K: Wie kann ich mir das vorstellen, der Mars und die Sonne, wie war das gemeint ? Oben bei Ihrer Zeichnung ?

A: Das ist der Uranus, Entschuldigung.

K: Ja, Uranus und ..

A: Das ist der Kurzschluß.

K: Wie wandern die ?

A: Nein, mal stationär betrachtet, einmal mal als bildliche Entwicklung: zuerst kommt die Abweichung, dann kommt der Kurzschluß. Wobei Sie natürlich das, was Sie zur Abweichung bewegen will, den Göttern opfern können, dann kommt es nicht zum Kurzschluß. So, wie die alten Griechen, die gemeint haben, sie werden den Saturn dadurch los, daß sie ihm ein Opfer bringen - das ist nichts anderes, als das Anlage-Prinzip "Saturn befriedigen".

K: Theoretisch müßte doch das zurück zu entwickeln sein, ob das eine echte Befriedigung darstellt, das Opfer. Und wenn das Symbol-Tiere sind, die in eine Symbol-Kette hineingehören, dann müßte das doch homöopathisch wirksam sein.

A: Die nehmen das, was Ihnen lieb geworden ist - da müßte man sich halt in der Mythologie besser auskennen.

K: Es muß doch bestimmt ein echtes Opfer sein.

A: Ja, - aber in dem Moment, in dem es Dogma wird, ist es natürlich kein echtes Opfer mehr. Aber ich meine, das Opfer liegt im Bedürfnis des Menschen ..

K: Das Ausgleichen-wollen.

A: Das Tauschgeschäft mit dem Schicksal. Das Opfer soll die eigenen Verhältnisse ausgleichen, das haben sie zum Teil auch so genannt.

Aber - wie gesagt - wir sollten mehr von der Mythologie wissen. Der Cronos, von dem es ja auch heißt, daß er seine eigenen Kinder frißt, - was heißt das ? - Damit will gesagt werden, daß er seine eigene Lebendigkeit vernichtet, das ist der Steinbock, der in Gefahr ist, daß er die Lebendigkeit frißt. Und der Krebs ist in Gefahr, daß er sie nie verliert.

K: In Bezug auf Gruppenschicksal wollte ich auf Ihre Frage hinaus - kann man feststellen, welche Geburtstagsgruppen reif für einen Psychotherapeuten oder fürs' Nervenkrankenhaus sind ?

A: Man kann feststellen, welche Geburtstagsgruppe, das heißt, welches Geburtsdatum, in welchem Alter, unter welchen Bedingungen dafür reif ist. Das geht ganz schlicht, das geht ganz einfach. Ich hatte vor kurzem ..

K: Das dürfen Sie nicht laut sagen.

A: Warum nicht ?

K: Weil sonst wollen die Etablierten das wissen, dann werden die alle beordert, die kriegen dann einen großen Etat und dann machen die ..

A: .. Reihenuntersuchung. - In dem Buch, an dem ich geschrieben habe, da ist zwar alles sehr zusammengedrängt, aber da sind für alle Geburtstage sogenannte "Lebensfilme" gemacht worden, in denen die altersmäßigen Ereignisse für den jeweiligen Geburtstag angegeben sind. Wegen Platzmangel sind nur die gröbsten Ereignisse angegeben, so alle fünf bis sieben Jahre, und textlich auch nur schlagwortartig. Die Lebensfilme habe ich zum Teil gar nicht selber gemacht, sondern ich habe ein Schema aufgestellt - so weit ist das, daß man es mit einem Schema machen kann - und dann haben das andere für mich geschrieben, weil ich zeitlich mit dem Buch bis zum Redaktionsschluß nicht mehr hingekommen wäre. Da steht dann drin für jeden Geburtstag, in welchem Alter was ist - und das revolutioniert das ganze Denksystem - die Auswirkungen von diesen Gruppenschicksalsuntersuchungen, die sind gar nicht abzuschätzen.

K: Ich habe einen Fall vom 1. Juli 32 - 0 Uhr 10 geboren. Der ist tatsächlich Diplomingenieur geworden, aber es fehlt ihm das vierte Haus, deswegen ist er im Irrenhaus.

A: Anfang Juli, da sitzen die Sensiblen mit der dünnen Haut - ..

K: Wer ist da geboren ?

A: Der Kafka ist am 3. Juli geboren, und der Hermann Hesse am zweiten.

K: Erster Juni zweiunddreißig.

A: Ach, Juno, das ist was anderes. Das ist eine andere Konstellation, das ist "der Untergang des Abendlandes", das ist der Oswald Spengler, der da geboren ist. Die neigen zu Beängstigungen, fast zu Psychosen, - das sind die Milchglas-Menschen.

K: Mattscheibe.

A: Nein, nicht "Mattscheiben", das meine ich nicht - "Milchglas" ist - die sehen das Leben wie durch ein Milchglas, das ist ganz komisch. Ich habe das von diesen Geburtstagen immer wieder gehört, immer das Wort von dem "Milchglas". Aus diesem Grund habe ich das für diesen Geburtstag als Kennzeichen genommen. Und jemand, der dort geboren ist, hat das sofort begriffen. Das ist nämlich interessant: eine einfache Frau, schlicht und einfach - und sofort kapiert.

K: Wann können wir das bestellen ? Das heißt, wann können wir an das Buch herankommen ?

A: Am vierten kommt es heraus. Es ist leider nicht mit der nötigen Ruhe geschrieben, man muß sich halt an die Termine des

Verlages halten, - am Schluß war ich halt dagesessen und habe zehn Diagnosen am Tag 'runterdiktiert und hab' mir dann noch hundertzwanzig bis hundertfünfzig Lebensfilme durch Mitglieder unseres Kurses schreiben lassen. Denen habe ich eine Anweisung gegeben, wie das systematisch geht, da wurde dann zwei Nächte geschrieben, und dann war es fertig. Und jetzt kommt der Witz, die stimmen auch noch. So primitiv sind diese Gesetzmäßigkeiten. Die stimmen auch noch.

K: Ist das drin in dem Buch ?

A: Das ist drin im Buch. Sie können ohne weiteres sagen: "gut, wenn also einer geboren ist" - was weiß ich - ist jemand am 25.8. geboren ? - Nicht.

K: Ein Bekannter von mir ist da geboren.

A: Ja ? Ist er schon zweiundsechzig Jahre alt ?

K: Nein, neunundfünfzig.

A: Aha. Nehmen wir ein anderes Datum. - Na ja, also gut, am 25. August ist geboren unter anderen: Ludwig I, Ludwig II, Eugen Gerstenmeier und noch ein paar, die an sich weniger bekannt sind. Die haben alle eines gemeinsam: landesväterlich, schwankend zwischen konservativ und liberal, Arroganz, innere Emigration, - das sind also jetzt nur Schlagworte, und aus der Überspitzung der inneren Emigration Umstrittenheit und Abgesetztwerden mit zweiundsechzig Jahren. Beim Ludwig II ist es etwas anderes, bei dem war vorher schon eine Konstellation so gravierend, daß er diese Schwelle schon nicht mehr geschafft hat. Der hatte halt den Herrscher von eins in zwölf, und da haben die anderen stabilere Ascendenten gehabt. Aber wenn Sie das Leben von Ludwig I, Ludwig II und Eugen Gerstenmeier vergleichen, das ist ein Genuß, wie das übereinstimmt. Das ist richtig schön. Sie können es aber auch mit anderen Daten machen - haben wir jemand, der um den 15. Oktober

geboren ist ? - Haben wir da niemanden da ?

K: Ja, meine Mutter ist am 17. geboren.

A: Die sind ziemlich gemeinschaftszerrissen, weil die Eltern in der Kindheit sich schon scheiden ließen, oder zumindest getrennt waren ..

K: .. oder starben, ja.

A: Die sind dann gemeinschaftszerrissen - da ist geboren der Kleist, der Stifter, und der Büchner, die dann versuchen, sich in eine formale Symmetrie des Geregelten hineinzuflüchten, um sich vor der Dramatik der inneren Zerrissenheit zu schützen. Und da haben Sie natürlich im Sinne des Schutzes ganz extreme Verhaltensregler, wie zum Beispiel den Freiherrn von Knigge, der da auch geboren ist. Da kann man die Reihe fortsetzen mit den Malern: Böcklin, Leibl, Ludwig Richter, Pilotti, die sind da alle in einer Ecke zusammen.

Und dann haben Sie die Maler der anderen Stilrichtung, die malerischen wie Rembrandt, die sind dann in der Krebs-Ecke - also da gibt es schon sehr schöne Zusammenhänge. Was wollte ich sagen ? - Das Gruppenschicksal zeigt fast so etwas wie gattungsgleiche Ereignisse, die in jeder Region ein anderes Muster ziehen. Dabei spielt es überhaupt keine Rolle, im Sinne der Ereignisreihe, welcher Ascendent gegeben ist, oder, in welchem Haus die Sonne steht. Die Individualität hat nur die Chance, über das Gruppenschicksalsmuster zum Ereignis zu kommen. Das ist, wie wenn Sie in einen Zug einsteigen, da sind Sie auch an die Stationen gebunden, der Unterschied ist das Gepäck, das Sie mitbringen.

Wir wollten ja dieses Horoskop eigentlich besprechen. Abschließend zum vorhergehenden Thema: Sie haben eine Krise immer nur dann, eine schmerzliche, oder eine von Ihnen schmerzlich empfundene Korrektur, wenn sie notwendig ist. Wenn an Ihnen nichts zu korrigieren ist, dann kann eine Massivität von Planeten kommen, die kann Ihnen nichts tun, es kann Ihnen nichts passieren. Da können Sie vom fünften Stock 'runterspringen, da kann einer mit einer geladenen Pistole vor Ihnen stehen, da kann Ihnen nichts passieren. - Bitte ?

K: Aber das weiß ich nicht vorher.

K: Ich kann doch nur Zahnweh kriegen, wenn der Zahn 'raus muß.

A: Sie müssen das einmal ganz klar sehen. Da gehören immer zwei dazu: nämlich der, der die Möglichkeit hat, ermordet zu werden, und der andere, der ermordet. Und der, der ermordet, ist doch eigentlich der, der die Chance hat, ermordet zu werden. Aus diesem Grunde sucht er die Herausforderung. Denn das ist interessant, da müssen Sie einmal aufpassen. Viele von den Mördern sind genau in dem Moment erwischt worden, wo sie Gewissensbisse hatten, oder dadurch, daß sie eine "gute Tat" tun wollten.

K: Wir müssen noch die Beziehung zwischen Neptun und Pluto besprechen, wenn die gegenseitig als Pächter und Herr vom anderen Haus auftreten.

A: Wieviel Uhr haben wir denn jetzt ?

K: Zwanzig vor zehn.

A: Dann zeichne ich das Horoskop fertig, wir machen eine kleine Pause, diejenigen, die das Horoskop nicht kennen, können es sich in Ruhe inzwischen anschauen. Und wir deuten nach der Pause noch kurz ein anderes Horoskop.

K: Um was für ein Horoskop handelt es sich denn ?

A: Es ist sehr gut, wenn Sie das nicht wissen. Sie wollen immer schon das Ergebnis und nicht den Weg. Der Weg ist ja viel wichtiger - Sie haben ja vom Ergebnis nichts, wenn Sie es nicht selber erarbeiten, weil dann ist es nicht angewachsen. Sie müssen zum Formulieren Ihrer selbst fähig werden. Und es hat keinen Zweck, wenn ein anderer Sie formuliert. Aus diesem Grund ist es gar nicht so wichtig, ob Sie das Ergebnis gleich haben.

P A U S E

Sie können immer eine Logik im Aufbau eines Anlagebildes sehen. Wenn Sie in irgendeinem Geburtsbild einen starken Uranus sehen, der also übermäßig stark herausgestellt ist, dann können Sie damit rechnen, daß der Saturn sehr einengend ist. Ohne daß Sie den Saturn noch wissen, können Sie damit rechnen, daß dem so ist.

Nehmen Sie einmal an, es verknackst sich jemand den Fuß und - wissen Sie, es ist ja so: ein Erscheinungsmerkmal allein sagt nun nichts, und wenn es noch so typisch ist. Es müssen immer mehrere Erscheinungsmerkmale sein, aus denen Sie dann einen Schluß ziehen. Wenn Sie also möglicherweise sich den Fuß verknacksen, dann kann man schon einmal versuchen, ohne Horoskop, sondern einfach das astrologische Denken angewandt, auf den Normalfall Schlüsse ziehen. Ich kann mir da vorstellen, daß da jemand aus irgend etwas herauswill, und zwar auf eine so heftige und unmittelbare Weise, daß das wiederum den Schluß zuläßt, daß er streng zurückgehalten sein muß. Jetzt nehmen wir einmal an, der Betreffende hat außerdem noch eine zu trockene Haut, Pigmentschwierigkeiten, er ist nierenschwach - zum Beispiel die meisten, die zwischen dem 10. und 18. September geboren sind, die sind zur Zeit alle nierenkrank. Echt, - es fällt nur keinem auf, das ist der Witz an der Geschichte.

Wenn Sie das alles zusammensetzen, also das mit der trockenen Haut, das mit der Niere und das mit dem Fuß, dann können Sie schon einmal schätzen, das könnte eine Jungfrau sein.

K: Am Ascendenten oder im Verhalten ?

A: In der Verhaltenssituation, - es kann natürlich auch der Ascendent sein, wenn die Anlage sich nicht über die Sonne entäussern will. Wenn Sie eine zurückhaltende Anlage haben, kann es sein, daß die über die Sonne überhaupt nicht 'raus will, in dem Fall kann auch der Ascendent "Jungfrau" sein.

Wenn ich also von der Jungfrau ausgehe, dann weiß ich: "aha, da wird aus der Bedrohungserwartung gegenüber der Umwelt ein solcher Intellekt aufgebaut, der läßt die Seele nicht mehr heraus" - ich sage es jetzt quer durch den Bach - und dann sucht sie sich halt ihre Möglichkeit, über den Uranus herauszukommen, weil das der Geeignetste ist. Das ist ja dann auch ein Fieber-Typus, - und dann hätten wir das nächste Kennzeichen. "Fieber" hat ja der, bei dem die kranken Stoffe nicht ausgeschieden werden. Weil wegen der Bedrohungserwartung gegenüber der Umwelt und damit der Verhaltenheit Ausscheidungshemmungen bestehen. Die sind auch meistens träge im Stoffwechsel. Auf diese Art und Weise können Sie, wenn Sie das Bild der Jungfrau schon einmal gefunden haben, von einer Ecke des Bildes auf die andere schließen. Das nennt man dann im Gegensatz zum Methodischen das Systematische.

Jetzt machen wir mal folgenden Fall. Wir haben hier ein Ereignis mit einem Ascendenten von zwei Grad Schütze - ach so, der Herrscher von zehn ? - In solchen Fällen, wo der MC auf null Grad steht, ist es zunächst einmal ratsam, sowohl die Jungfrau als auch die Waage in Betracht zu ziehen, denn woher wollen Sie wissen, ob dieser Bruchteil von Sekunden auch der tatsächlichen Zeit entspricht. Obwohl, natürlich durch den Kardinalpunkt die Waage schon mehr zieht, das heißt, man damit rechnen kann, daß, wenn es ein Ereignis ist, dann der MC auf dem Kardinalpunkt steht und nicht erst davor. Dann zeichnen wir halt die Venus und auch den Merkur ein. - Was ist das für ein Vorgang ? - Na gut, ich zeichne Ihnen alle Planeten hinein, weil der Rest ja nur noch drei sind. So.

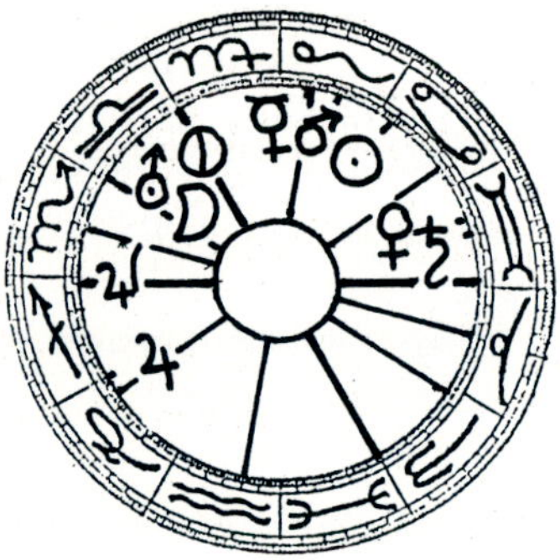

K: Auf jeden Fall etwas Unruhiges, würde ich sagen.

K: Etwas sehr Unruhiges sogar und auf jeden Fall nicht harmonisch.

K: Will der Neptun am Ascendenten irgendwelche Funktionalitäten auflösen ?

A: Mhm.

K: Und das Ganze ist ein bißerl lebensfeindlich, weil die Sonne in acht ist und der Pluto am MC, da wird das dann ganz immens ..

K: .. verbindlich.

K: Vom zwölften Haus her.

A: Ich lache, weil Sie sagen: zuerst: "es wird ein bißerl lebensfeindlich" und dann später wird es "immens". - Da ist eigentlich nicht viel dazu zu sagen. Wer würde das noch einmal - ganz unbayrisch - formulieren. Also nichts gegen das Bayrische, aber wer würde das so formulieren, daß das Gesetzmäßige deutlich wird. Also "gesetzmäßig" ist auch wieder falsch, daß halt die Zuständigkeit der Symbole oder der Anlagen in ihrer Wirksamkeit klar wird. Wir können das auch von einer anderen Seite aufziehen. Was hinterläßt denn dieses Ereignis für eine Begegnungsmöglichkeit ? Die Begegnungsmöglichkeit ist immer ausserhalb dieses Ereignisses stehend. Wir können dasselbe auch anders fragen: was für ein Bild der Wirklichkeit entsteht für alle diejenigen, denen dieses Ereignis begegnet ? Schauen Sie sich doch das siebte Haus an. Da können Sie schon etwas einengen, obwohl das hier an sich klar ist. Herr Junghans hat das ja schon alles in Überdeutlichkeit gesagt. Ich möchte nur wissen, warum ist es "lebensfeindlich" ? Ich möchte es formuliert haben.

K: Weil der Herrscher von zwei in sieben steht.

K: Die Sache an sich ist "Auflösung".

A: Auf welchem Bereich ?

K: Auf dem eigenen Bereich.

A: Auf was für einem "eigenen Bereich" ?

K: Haus drei.

A: Haus drei, die Funktion, die Mechanik, - was von denen meinen Sie ?

K: Der Herrscher vom Neptun ist der Jupiter in eins.

A: Ja. Und worauf bezieht sich dann die Auflösung ?

K: Die Auflösung bezieht sich auf die Sache selbst.

A: Gut, Haus eins löst sich auf.

K: Es löst sich auf und verwirklicht wird das Ganze durch "geistige Bindung".

A: Das heißt ?

K: Aufgabe der Existenz.

A: Sie dürfen sich nicht verwirren lassen durch den Neptun und den Jupiter, nämlich dadurch, daß das mundan obere Planeten sind. Hier sind sie allein zuständig für den ersten Quadranten. Und wenn unser Satz heißt, daß die Sonne nur das tun kann, was die Anlage zuläßt, dann müssen Sie hier sehen, daß wir eine Anlage haben, die lediglich auf den ersten Quadranten bezogen ist. Und zwar nicht nur, daß die Planeten drinstehen, sondern auch, daß die Tierkreiszeichen, von denen die Planeten herkommen, auch im ersten Quadranten sind. Ist das klar ?

K: Ja.

A: Das ist wichtig. Das wäre etwas anderes, wenn der Fisch zum Beispiel, schon das vierte Haus beherrschen würde.

Übersetzen Sie doch das, was Sie gesagt haben, ins Praktische.

K: Da begeht einer einen Selbstmord, oder so was.

A: Ja ? Wieso "Selbstmord" ? - Wieso nicht "Selbstmord" ? Es gibt einen ganz konkreten Anhaltspunkt.

K: Der Mond in elf - Aufhebung ..

A: Wenn der Herrscher von eins in drei wäre, dann wäre es etwas anderes, aber so ist der Herrscher von drei in eins. Verstehen Sie, was ich meine ? Die Funktionalität wird also nicht selbst durchgeführt.

K: Hätte man nicht erst noch den Ascendenten überhaupt prüfen müssen ? Was ist das überhaupt, was sagt der Ascendent ?

A: Gehen wir jetzt nicht inhaltlich vor, sondern gehen wir nach Schema vor. Herrscher von eins ist in eins, Herrscher von drei in eins, Verwirklichung in acht.

K: Sie sagen doch immer die Anlage dazu.

A: Wenn wir strukturell deuten, interessiert uns das Zeichen selbst nicht, das heißt also: die Färbungen oder die Kleider, die die Struktur anhat. Uns interessiert nicht der Schütze jetzt, sondern uns interessiert: Herrscher von eins in eins. - Gut, ich sage Ihnen, um was es sich handelt: hier ist jemand ertrunken. Und zwar einer, der Schütze-Ascendent hat in seinem Geburtsbild. Das Bild ist eindeutig, und das, was das Grundschema darüber schon aussagt, wird durch die restlichen Planeten - wie das immer so ist - noch bestätigt: hier durch den Mars, der als Herrscher von fünf in acht steht.

K: "Das ist der Vorgang", haben Sie gesagt.

A: Das ist ja ein Vorgang, das Ertrinken.

Wenn der Neptun am Ascendenten steht, und der Fisch im dritten Haus, ebenfalls im ersten Quadranten, dann kann der Neptun nur ein konkreter Neptun sein, und zwar "Wasser". "Das Auflösen" ist hier "das Untergehen". Der Herrscher von eins in eins sagt, daß hier etwas konkret untergeht, und weil es der Schütze ist und der Jupiter in eins, ist das, wo etwas untergeht, "ein weites Wasser". Dann steht die Sonne in Haus acht, die - dem Löwe zugehörig - bei diesem konkreten Untergang davon spricht, daß es sich um "Leben" handelt. Das wird durch den Mars bestätigt.

K: Sie haben auch gesagt, welche Begegnungsmöglichkeiten das

Ereignis hat.

A: Saturn-Venus. Das ist die gedrückte Venus, das ist keine gute Stimmung.

K: Mit der Waage am MC ist das die Begegnung mit Saturn ?

A: Ja, Sie könnten auch sagen: "die Begegnung mit dem Schicksal". Und zwar nicht die "Begegnung des Gefühls mit dem Schicksal", sondern "mit dem Bild des Schicksals".

Kurz vorher war ja der Pluto im zehnten noch der Herrscher von eins. Kurz vorher war damit das Pluto-Symbol das Beherrschende der Szene, bis dann durch den Wechsel in das Tierkreiszeichen Waage eine jähe Wandlung der Situation eingetreten ist.

K: Unabhängig von diesem Horoskop: eigentlich müßte der Pluto am Kardinalpunkt eine allgemeine Wandlung bedeuten.

A: Das gibt "Suche nach Leitbildern", das Bedürfnis nach Leitbildern wird stärker. Wie der Pluto so das erste Mal in die Nähe von null Grad Waage hingekommen ist, da gab es diese Jesus-People. Vorher war der Uranus drauf, die Exhibitionswelle. Die Nackt-Welle war ja nichts anderes als eine Exhibitionswelle in jedem Sinn. Das Körperliche ist den Leuten am meisten aufgefallen, aber seelisch war es genauso, und geistig auch. Diese sogenannte "Gleichmacherei", diese "Kumpanei", dieses "Wir-sind-doch-alle-dieselben", diese distanzlose Großmacherei.

K: Uranus, oder ?

A: Das ist der Uranus gewesen am Kardinalpunkt, er ist ja lang am Kardinalpunkt gestanden, immer hin und her gegangen. Und "die Aufhebung der Geschlechter" war das im Grunde, die ganze Nacktwelle, und ist völlig mißverstanden.

Und jetzt ist der Pluto am Kardinalpunkt, da bekommt er erhöhte Wirksamkeit und das sagt nichts anderes, als daß das Leitbildsuchen beginnt. Zunächst einmal im Symbolischen, Bruderschaften, Sektiererei, Religionsgeschichten, auch die schwarzen Messen, ecetera, oder das Interesse für Astrologie. Die Leitbildsuche, das ist das Wesentliche. Es braucht nur irgendwo ein Leitbild auftauchen, dann ist der Deibel los. Der Pluto kommt ja alle fünfundsiebzig Jahre auf den Kardinalpunkt, und schon, wenn der Pluto in ein neues Zeichen geht, gibt es Anschauungs- und Leitbildwandlung. 1914 ist der Pluto in den Krebs - das war eine eindeutige Leitbildwandlung, das war geradezu ein Zeitumbruch. Auf null Löwe war er 1939, das war auch - kann man sagen - ein Leitbildwandel, da hat sich auch viel verändert. 1956 war er auf null Jungfrau. Da sind wir an einem Krieg zwar grad noch vorbeigekommen, der Leitbildwandel war auch deutlich, - die Wissenschaft wurde zur Ideologie, zur Macht. Und jetzt kommen wir ganz entschieden an einen Kardinalpunkt in Anschauungsfragen. Und damit wird alles gefördert in Zukunft in der Vorstellungswelt des Menschen, was skorpionisch ist. Da kann einem der Gedanke kommen, daß der Pluto zuerst die unteren Quadranten zur Macht gebracht hat, um diese Macht dann, wenn er über die oberen Zeichen läuft, wieder zu brechen.

Da ändern sich dann auch die Ausdrucksformen. Die Ausdrucksformen, auch wenn sie Mode sind, sind ja nichts anderes als Symbole der Wirklichkeit. Wir haben es ja beim Uranus schon gesagt - die zugeordnete Farbe ist "orange", das ist die Bereitschaft. Wir haben ja schon einmal gesagt: ein Mädchen, das ein orangenes Kopftuch trägt, die ist schon bereit, aus ihrer Form zu springen. Wenn es die Bluse ist, oder der Rock, dann fehlt nur noch der Anlauf. Da kann sie noch so bürgerlich sein, oder noch so strenge Ansichten haben, umso stärker wird der Schwung, den sie dabei kriegt. Bei Saturn haben Sie die blaue Farbe, bei Pluto - ja, das ist ein sogenanntes "türkisgrün".

K: Aber der Neptun, der ist doch "grün".

A: Der Neptun ist mehr "oliv", da gibt es ja viele Schattierungen. Der Pluto ist das "hellgrüne Türkis" - das tragen dann die Undinen gerne, die in Besitz genommen sein wollen.

K: Meinen Sie die Olympiafarben ?

A: Genau so wie die Olympiafarben. Und wenn nächstes Jahr der

Saturn auf den Kardinalpunkt kommt, dann gibt es viel blau, marineblau. Und jetzt kommt das Merkwürdige: es gibt in der Textilbranche, da gibt es Einkäufer, die müssen eine Nase haben dafür, was in ein paar Jahren passiert. Und die nächste Modewoche steht ja schon vor der Tür, und da wird ja schon für das nächste Jahr bestellt. Und wissen Sie, was für eine Farbe als Hauptfarbe für nächstes Jahr schon eingekauft ist ? - Tief blau. - Da habe ich mich geärgert, da war ich nämlich bei einer Besprechung, und da wurde so nebenbei in einer Unterhaltung gesagt, "was ist denn nächstes Jahr für eine Modefarbe ?" Und da war ein Einkäufer, der hat gesagt: "na ja, das Blau" - da hab' ich mich einen Moment geärgert, denn wozu ist man denn Astrologe ?

Das nur nebenbei zu Pluto am Kardinalpunkt. - Da kommt es natürlich dann auch zu Ritualen, zu Weihen, - das Wort "Weihe" gehört ja zum Skorpion.

Gut, dann machen wir nicht mehr weiter, dann machen wir Schluß.

NEUNUNDDREIßIGSTER ABEND

30. AUGUST 1972

K: An und für sich liegt ein Widerspruch in der Anlage, wenn der Herr von eins, der Merkur im neunten Haus steht als Herr vom Zwilling. Es ist ja so, daß der Zwilling "das Zurechtfinden im konkreten Raum" ist und das neunte Haus eigentlich "die Einsichtigkeit" - gerade das Gegenteil davon.

A: Was bekomme ich noch für Stimmen dazu ?

K: Der Zwilling kann sich doch überall zurechtlegen. Das ist für mich kein Widerspruch, das ist eine Ergänzung.

A: Was kann man noch erzählen, was fällt einem ein ? An gebundenen Assoziationen, an freien ?

K: Ist das da oben eine Konjunktion ?

A: Das alles ist Konjunktion.

K: Die Anlage würde ich ziemlich widerspruchsfrei und positiv sehen. Was mir nicht so ganz gefällt, ist der Uranus in zwei, aber da bin ich mir noch nicht klar, auf welcher Ebene man das interpretieren kann. Gesundheitlich wäre es vielleicht gefährlich, aber ich weiß nicht, ob man gesundheitlich interpretieren muß, weil Anlage und Verhalten doch weniger realitätsbezogen sind.

A: Das Ganze ist übrigens männlich. - Fragen wir einmal anders: was fällt Ihnen auf ? Ist irgend etwas, was einem auffällt ?

K: Die Größe der Quadranten.

K: Besonders die zwei Felder, sechs und zwölf.

A: Sechs und zwölf fällt Ihnen auf.

K: Die anderen sind klein dagegen.

A: Die anderen sind klein.

K: Eigentlich das zehnte Haus ist das Auffälligste.

A: Das zehnte ist das Auffälligste.

K: Ja, mit der Sonne-Konjunktion-Jupiter-Konjunktion-Venus.

K: Das Ergebnis fällt mit der Verwirklichung zusammen.

K: Das kann doch auch, so auf den ersten Blick gesehen, schlecht sein.

A: Wer ist noch der Meinung ? - Und was heißt "schlecht" - bezogen worauf ?

K: Bezogen - meinetwegen - auf soziale Stellung, auf persönlichen Erfolg.

A: Warum "soziale Stellung" ?

K: Ja, das zehnte Haus.

A: Das ist die Bedeutung, die ist nicht identisch mit der "sozialen Stellung" eines Menschen, im Gegenteil, die Bedeutung des Stellenwertes schließt die eigene aus und umgekehrt.

K: Sicher, das ist schon richtig, aber meine Bedenken sehe ich im Gefolge, im Uranus in zwei.

K: Ich befürchte, daß dieser Uranus eine Gefährdung bringt.

A: Das bringt eine Gefährdung, meinen Sie ?

K: Ja.

K: Was da oben so schön harmonisch steht, wird ja wieder durch den Uranus in den ersten Quadranten gezogen.

A: Steht das da oben harmonisch ?

K: Diese Konjunktion gefällt mir an sich sehr gut.

K: Ich finde, ein bißerl zu eng.

A: Zu eng.

K: Der Jupiter kann sich auch nicht so recht entfalten.

A: Wissen Sie, wer sich verträgt, kann eng stehen. Und die zwei vertragen sich. Nein, ich will auf ganz was Bestimmtes hinaus und aus diesem Grunde habe ich dieses Geburtsbild als solches in den wesentlichen Punkten hingezeichnet. Ich will auf was ganz Bestimmtes hinaus. - Ja, verzählens ? - Schauen Sie, es wird ja zu wenig geredet.

K: Der Herr von eins in neun, der Zwilling und der Steinbock, die scheinen nicht zusammen zu passen.

A: Zwilling und Steinbock ? Warum nicht ? Was ist denn das Symbol von Zwilling und Steinbock ?

K: Vielleicht die Komprimierung.

K: Vielleicht zu stark zusammenfassend.

A: Nun möchte ich die Frage anders stellen: jede Hervorhebung einer Anlage hat zur Folge, daß gerade wegen der Hervorhebung der Anlage innerhalb des Anlagebildes Strittigkeiten auftauchen. Frage: wenn Sie das sehen, wo würden Sie als erstes hintippen, wo würden Probleme in erster Linie liegen.

K: In der Sicherung, wahrscheinlich.

K: In der eigenen Sicherung.

A: Probleme in der eigenen Sicherung ?

K: Ja.

A: Und warum ?

K: Einmal, allein ohne Uranus schon ..

A: Nein, ich möchte es in Worten. Ich möchte es nicht mit dem Uranus.

K: Die Frage wäre, ob ein Zwillings-Ascendent selbst mit einem Merkur in neun bereits ein genug solides Fundament darstellen kann für die starke Durchführung, die wieder mit dem Ergebnis zusammenfällt. Ob das überhaupt genug hergibt.

A: Genau das ist das Problem. Ob die Anlage gegenüber der Verwirklichung viel genug hergibt. Und das zweite Problem ?

K: Daß bei dieser Besetzung in zehn der Herr von zehn im ersten Quadranten sitzt, in zwei.

A: Ja, aber das ist ja eine Folgeerscheinung. Das ist doch das Erwirkte. Das ist ja das, was hier zur Geschichte wird. Und Geschichte ist erwirkt, in dem Fall auch.

K: Angenommen, es klafft tatsächlich ein Unterschied zwischen der Anlage und dieser Durchführung und dem Ergebnis, dann wäre die Frage: wie diese Kluft überwunden wird, wie sie überwunden werden kann und auf welche Kosten es geht.

A: Das ist in Ordnung - aber um zu dieser Lösung zu kommen, muß vorher noch ein anderes Problem erfaßt werden. Was hatte ich Ihnen über den Wassermann gesagt ?

K: Aufhebung von Unterschieden.

A: Also auch von Subjektivismen.

K: Aha, und das Haus zwei, das die Sicherung ist, ist dann entgegengesetzt.

A: Das ist das Erwirkte, das interessiert uns noch nicht. - Ich glaube, heut' ist alles müd', einschließlich mir, oder es steckt an.

K: Die seelische Verausgabung stimmt nicht.

A: Also gut. Wenn wir anfangen bei der Verwirklichung, bei der Sonne, da fällt uns auf, was ist identisch ? - Es ist die Verwirklichung und Bedeutung identisch. Das zweite, was uns auffällt, ist, daß das zehnte Haus sowieso noch einmal Wassermann ist, daß das elfte Feld auch noch einmal Fisch ist. Ist noch kein Groschen gefallen ?

K: Da ist ein gewisser Widerspruch enthalten.

A: Nicht ?

K: Mit den beiden Zeichen, die hier auflösen, und dann so eine starke Bedeutung und Durchführung, - das ist in sich schon spannungsgeladen, weil es eigentlich in zwei verschiedene Richtungen geht. Etwas durchführen mit einer so starken Besetzung, und damit Bedeutung erlangen und gleichzeitig alles Subjektive auflösen, das ist schon etwas, was auseinandergeht.

A: Bedeutung will er ja nicht erlangen. Da ist kein Impuls dafür da. Das ist ihm wurscht.

Machen wir es so, beschäftigen Sie sich fünf Minuten damit - unterhalten Sie sich untereinander, denken Sie sich hinein - ist das so schwierig ? Ich habe gedacht, das wird ganz leicht.

K: Was bedeutet eigentlich "Bedeutung" ?

A: Das ist die geistige Unterscheidbarkeit des Erwirkten. "Bezeichnung" ist die "Unterscheidbarkeit aus Kennzeichen im Konkreten", und "Bedeutung" ist die "Verbindlichkeit über das subjektive Moment hinaus". Wenn es also heißt, daß einer Bedeutung hat, dann hat nicht er Bedeutung, sondern das hat Bedeutung, was er hervorgebracht hat, was sein Erwirktes ist.

Das andere ist "berühmt", daß zum Beispiel ein Klischeeheini zum Leitbildtypen wird. Aber zum Beispiel ein Massenmörder drastisch gesehen, der kann schon wieder Bedeutung haben. - Waren Sie nicht da, als wir das Horoskop von dem Harmann gemacht hatten ?

K: Doch, doch.

A: Ist es wirklich so schwer ? Was machen wir jetzt ?

K: Da kommt so viel auf uns zu, seien Sie nicht so anspruchsvoll.

K: Uns fehlt ja auch noch einiges, zum Beispiel der Neptun.

A: Es fehlt das an Planeten, was wir nicht brauchen. Die Antwort liegt schon in den Planeten, die wir hier eingezeichnet haben, die anderen können nur bestätigen.

Fragen wir wieder anders: wo liegt der Saturn, wo wird er dieser Anlage nach sitzen müssen ?

K: Ich würde sagen: in sechs. Die Anpassung muß ja schwierig werden.

A: In sechs, würden Sie sagen. Bekomme ich noch ein paar Vorschläge ?

K: Er könnte auch in zwei sein.

A: Was kriege ich noch ? Zwei oder sechs, - was kriege ich

noch ?

K: "Zwei" ziehe ich zurück.

A: "Zwei" ziehen Sie weg. - Jetzt möchte ich die Begründung. Ich habe also grad gehört, "Saturn in sechs". Warum ?

K: Wenn er Anlage und Verwirklichung in der oberen Hälfte hat, dann muß die Anpassung ja schwierig werden. Infolgedessen muß der Saturn in sechs.

A: Was bekomme ich noch für Vorschläge ?

K: Ins fünfte oder sechste.

A: Ins fünfte oder sechste ? - Warum ins fünfte ?

K: Der Ausdruck.

A: Der Ausdruck, was ist mit dem ?

K: Der wird halt irgendwie schwierig sein.

A: Der Ausdruck müßte schwierig sein, warum ? - Sagen wir einmal "das Ausdrucksvermögen".

K: Das ist nicht harmonisch, diese starke Wassermann-Besetzung im zehnten Haus und dann der schwache Fisch.

A: Muß ja nicht harmonisch sein.

K: Aber das wird sich ja dann irgendwie äußern. Das äußert sich dann in irgendwelchen Quadraten. Und Sie sagen ja immer: die Quadrate soll man zurückführen auf die Ursache.

K: Und ich finde, daß der Wassermann zu stark hervorgehoben ist und der gar keinen großen Boden unter den Füßen hat.

A: Der Wassermann bringt es so weit, daß er nichts unter den Füßen hat, - meinen Sie ? Was macht denn einer, der nicht mehr viel unter den Füßen hat ? - Was hat der für eine Anpassung ?

K: Der hebt ab.

K: Der sucht was zum Festhalten.

A: Jetzt haben wir also zwei Versionen, die eine Version ist, daß dadurch, daß die Sonne so stark im zehnten, im Wassermann steht, hat er Anpassungsschwierigkeiten und hat also den Saturn in sechs. Das würde heißen, daß die Vernunft für ihn nicht geeignet ist. Aus diesem Grund hat er dann Schwierigkeiten. - Die zweite Version ist das, daß er sich entsubjektivieren möchte, - wie war das gleich wieder ? - Und dadurch hat er keinen Boden unter den Füßen, und den Saturn in fünf.

K: Da hätte er ihn dann auch in sechs.

K: Nehmen wir einmal an, daß er von der Anlage her ein geschlossenes Weltbild braucht oder sucht ..

A: .. sucht ?

K: Durch den Steinbock in neun und ..

A: Wenn Merkur in neun als Herrscher von eins steht, dann braucht ers', oder sucht ers' ?

K: Er suchts'.

A: Nein, er brauchts', weil es die Anlage ist, die sich erfüllen möchte. Wenn er es suchen würde, dann müßte es ja zu den Verhaltenseigenschaften gehören.

K: Interessiert das denn überhaupt ? Das Wichtigste ist doch praktisch nur der Uranus in zwei. Ich sehe hier eine sehr starke Beziehung zwischen dem zehnten Haus und dem zweiten Haus, - er hebt das zweite Haus auf, deshalb hat er eine schwierige Anpassung.

K: Außerdem ist es ja eine Nervengeschichte.

A: Nervengeschichte ?

K: Uranus in zwei.

A: Uranus in zwei, haben wir gelernt, ist eine "Nervengeschichte" ? Haben wir echt gelernt ?

K: Haben wir gelernt mal.

K: Steht der Uranus noch im Zwilling oder ist das schon im Krebs ?

A: Der steht im Krebs.

K: Wem gehört der Wagen M - TV - .., bitte wegfahren von der Einfahrt.

A: Das war der Uranus jetzt. - Der Saturn hat einige dazu verführt zu sagen: "gut, der hat eine schwierige Anpassung, also muß der Saturn ins sechste Haus hinein". Und jemand anderes hat gesagt, "der hat keinen Boden unter den Füßen, so wie der sich verwirklicht und lebt, der Saturn gehört ins fünfte Haus hinein", dann hat es geheißen, "er gehört auch noch ins sechste Haus hinein". Die Frage wäre jetzt: wieso muß jemand, der keinen Boden unter den Füßen hat, den Saturn ins sechste kriegen, und wieso muß jemand, der eine schwierige Anpassung hat, den Saturn ins sechste kriegen ? Das ist also die Frage, die man überlegen muß. Es kann ja sein, daß die Voraussetzung stimmt und die Antwort nicht.

Dann ist die Frage: wo würde der Neptun hingehören ? Wo würden Sie den Neptun zwangsläufig hinsetzen ? Nach Ihrem Gusto haben Sie das Geburtsbild ja so weit erfaßt. Aber Sie können einen - das ist jetzt wurscht, wie Sie ihn nennen ? Ob Sie ihn Probanten oder einen Klienten oder einen Patienten nennen - Sie können den ja nur begreifen, wenn Sie fähig sind, außer dem Rohbau die restlichen Planeten, die nicht zum Gerüst und zum Gerippe gehören, selber einsetzen können, dann haben Sie ihn begriffen. Und das ist das, was wir in Zukunft üben werden.

K: Ich würde den Neptun im dritten sehen.

A: Warum ? Wer ist dagegen, wer ist dafür ?

K: Das ist die Funktion, das ist das Bewußtsein ..

A: Heut' hat der Kurs einen schlechten Tag. Ich krieg' Antworten, über die ich entsetzt sein muß, fast ein Jahr Kurs.

Das Bewußtsein über sich, das ist der dritte Quadrant. Und die "Bewußtheit" im Sinne des "Gewahr-werdens innerer und äußerer Vorgänge", das ist Haus sechs. Das ist die Hilfsfunktion des Seelischen, die Anpassung an die Lebensbedingungen, - also die

Hilfsfunktion des Seelischen und die Lebensfähigkeit gegenüber den Bedingungen zu ermöglichen, also den Ausgleich herzustellen zwischen Lebenstrieb und Lebensmöglichkeit. Was man halt "Vernunft" nennt. Das ist auch "das sich der Umwelt versichern". Das hat aber nichts zu tun mit Haus drei, in dem die Umwelt bezeichnet wird, - das ist ja die Intelligenz als solche. Haus drei "die Intelligenz", Haus sechs "die Vernunft" und Haus neun "der Verstand, die Gescheitheit", also die "bayrische Gescheitheit". Ein gescheiter Mensch ist ja in Norddeutschland ein "kluger Mensch", in Bayern nicht. In Bayern ist ein "gscheiter Mensch" was anderes.

K: Was ist denn das ?

A: Das eine ist ein "einsichtiger Mensch", der andere ist "pfiffig".

Mir bleibt gar nichts anderes übrig, als die restlichen Planeten einzuzeichnen. Jetzt weiß ich nicht, wo der Bursch sitzt - wer hat denn die Ephemeriden da von 1950 ?

K: Zehn Grad Waage, der Mars.

K: Und der Saturn ?

A: Der ist in der Jungfrau - der ist in fünf. Und der Neptun ist in sechs.

Die Anpassung ist nämlich nicht erschwert, das ist eine Frage der Artikulation. Sicher haperts' an der Anpassung an die Lebensbedingungen, aber die sind nicht erschwert. Wissen Sie, wenn Sie sagen, "die Anpassung an die Lebensbedingungen ist erschwert", dann sehe ich einen Menschen, der furchtbar kämpft, damit er überhaupt existieren kann. Einer, der furchtbar kämpft, damit er mit der Umwelt auskommen kann.

K: Mit dem Neptun in Haus sechs kann er nicht mehr steuern.

A: Das ist schon in Ordnung. Aber ich wollte schon aus dem Rohbau heraus wissen, warum der Neptun im sechsten zwangsläufig ist, warum er nicht steuern kann ? Das wollte ich vorhin die ganze Zeit wissen.

K: Ja, wenn Sie den Neptun überhaupt nicht eingezeichnet haben.

A: Ich habe den Neptun nicht hineingesetzt, weil ich wollte, daß Sie aus der Grundanlage ersehen, daß er in der Funktionalität zwangsläufig ist. Das heißt, aus der Voraussetzung des Grundbildes hätten Sie erkennen sollen, daß die Steuerung gegenüber den Lebensbedingungen aufgehoben ist. Wenn Sie das erst über die Funktion, also über den Neptun erkennen, und dann die Funktion aus der Funktion erklären, dann wissen Sie zwar, aber Sie begreifen es nicht. Sie begreifen es strukturell nicht und haben aus diesem Grund das Bild nicht im Griff.

Ich weiß, daß das sehr schwer ist, aber wir werden das üben. Zuerst den Grund wissen und dann die Folgerung, und nicht umgekehrt. Der will sich nämlich nicht aussteuern, was meinen Sie, wieviel Ärzte sich da schon bemüht haben.

K: Das ist Energie plus Auflösung.

A: Ja gut, das weiß ich, daß das der Mars und der Neptun ist, und daß die das bezwecken.

K: Kommt das von dem Wassermann und dem Fisch da oben, daß der Wassermann ..

A: Da kommt es schon her, aber ich möchte es in Worten. - Wenn Sie sich das anschauen, können Sie wirklich nichts finden, was den mit den Füßen auf dem Boden hält. Der fliegt.

K: Wieso ? Ich sehe das nicht.

K: Das sehe ich auch nicht, denn durch den Wassermann wird er ja zwangsläufig, wenn er das auch nicht will, wieder in das zweite Haus hineingedrückt.

K: Das löst er ja auf.

A: Das ist das Erwirkte. Das ist der Prinz, der hernach dasteht.

K: Ich würde auch sagen, daß er die Anpassung sowohl wie die Begegnung schon hinter sich hat, er braucht sie gar nicht mehr durchleben.

A: Ja wissen Sie, die Verlagerung nach außerhalb dieses Lebens verdeckt die Gründe, denn jedes Bild ist in sich schlüssig. Schauen Sie, er ist von seiner Herkunft her Zwilling, und er

lebt bereits sein Ergebnis. Das ist ein sehr hohes Tempo, das würde aber nichts ausmachen, wenn er sich losließe. Da liegt nämlich das Problem, weil er den Herrscher von eins in neun hat und der Merkur in seiner Doppelfunktion auch noch der Herrscher von fünf ist. Wenn er also die Sonne in zehn leben möchte, dann muß das fünfte Haus, nämlich die Doppelseite vom Merkur gedämpft werden, insofern steht der Saturn richtig im fünften Haus.

Bis daher ist das also klar. Es entsteht jetzt die Frage, ob der Saturn in Haus fünf ausreicht, weil er ja vom Merkur beherrscht wird. Es ist also immer noch genügend Subjektivität im Merkur, auch wenn umgekehrt dieser Merkur wieder vom Saturn beherrscht wird. Die Sonne hat nun den Auftrag, im Wassermann und in Haus zehn, diese Anlage "Merkur" zu entsubjektivieren. - Zumindest besteht eine Spannung oder eine Diskrepanz zwischen dem Herrscher von eins und der Sonne. Wenn also die Sonne und überhaupt das zehnte Haus, also das Erwirkte ihre Möglichkeiten haben sollen, dann müssen die Folgen, die subjektiven Folgen des Merkur aufgehoben werden. Aus diesem Grunde steht der Neptun in Haus sechs, unterstützt durch Mars. Das ist zwingend.

Das heißt, wenn die Folgen des Merkur in sechs aufgelöst werden, also die Aussteuerung des eigenen Lebenstriebs gegenüber den Bedingungen, dann ergibt sich ein ausgesprochener Aussteuerungsmangel. Normalerweise darf der ohne medikamentöse psychische Mittel gar nicht auf die Straße gehen, weil, wie er sagte, "mir das nämlich so wurscht ist, wenn ich auf die Strasse gehe und es kommt ein Auto daher, da schaue ich mir zu, wie ich ins Auto 'reinlaufe".

Das kann man natürlich wissenschaftlich mit einem lateinischen Namen einteilen, aber strukturell weiß man dann gar nichts.

K: Ist der suizidgefährdet ?

K: Nein.

A: Nein, - der ist nervenkrank.

K: Also doch nervenkrank, Uranus in zwei.

A: Ja, aber das ist das Erwirkte, das ist organisch nicht fest sitzend, das ist temporär.

K: Das verbessert die Sache nicht.

K: Das ergibt sich.

A: "Das ergibt sich" - es hilft mir jetzt nichts, wenn Sie sagen - das ist ja die Astrologie, die wir nicht wollen - daß Sie ein Horoskop sehen und sagen: "hach, der ist nervenkrank", und der andere sagt: "stimmt". Verstehen Sie, dann ists' vorbei.

K: Aber Herr Döbereiner, wenn man zuerst dieses Horoskop anguckt, dann geht es mir genau wie Herrn Gertl. Ich guck das zehnte Haus an, Sonne, Venus, Jupiter im zehnten Haus, das ist eine Bombensache, und jetzt kommt ein Nervenkranker heraus. Da bin ich schon überrascht.

A: Warum soll ein Nervenkranker nicht bedeutend sein ?

K: Das haben wir hier noch nicht gesehen. Sie haben jetzt erst gesagt: "er kann ohne Medikamente nicht auf die Straße gehen".

A: Sicher, im Moment "ja", er ist in einer schweren Krise und er wird sich in einem viertel Jahr, wenn ihn die Ärzte ein bisserl in Ruhe lassen, und wenn sie ihm nicht gar so viel Medikamente geben, dann wird er sich in zwei, drei Monaten gefangen haben. Das Dumme ist ja nur, daß die Ärzte nicht wissen, wann sich was auslöst - also ich muß es ja echt sagen, denn ich erlebe da ja die schlimmsten Sachen.

K: Ah, dann müßten wir jetzt einmal die Krise erarbeiten und ..

A: Jetzt müßten wir schauen: wie alt ist er, und was ist wo los, - und wo weiter.

Er weiß das inzwischen auch, daß die Krise ihn auf etwas aufmerksam machen will, daß er sich etwas bewußt werden lassen muß. Er müßte halt die subjektive Seite seiner Merkur-Anlage abdecken, damit diese Konstellation erfüllt und damit nicht mehr relevant ist. Damit würde automatisch der Neptun in Haus sechs nicht mehr notwendig, damit nicht mehr wirksam.

K: Dem werden wir - glaube ich - so nicht gerecht. Das wäre so, wie wenn wir Nietzsches Horoskop nehmen und ..

A: Das ist jetzt eine Schnelldeutung, was ?

K: .. und dann heißt es, "aha, er ist nervenkrank".

K: Wie kann man den Merkur abdecken ?

A: Das ist die Jungfrauseite des Merkur in fünf - das ist Artikulieren, sprachlich, Schreiben - überhaupt einmal in der Richtung des Weltanschaulichen sich orientieren.

K: Der Neptun ist natürlich sehr ..

A: Der Neptun ist zwangsläufig aus der übrigen Konstellation ersichtlich und zu schlußfolgern.

Er ist übrigens am selben Tag geboren wie der Trakl, der Georg Trakl, - den kennt doch jeder ? - Das muß nicht sein.

K: Der ist doch ganz jung umgekommen.

A: Ja, der ist im Krieg umgekommen, und zwar deswegen, weil er die Welt nicht ertragen hat. Der ist ja schon zitternd aus dem

Zimmer herausgerannt, - da war so ein Essen, mit so einem Schweinskopf auf dem Tisch, garniert mit Petersilie, vorne, da hat er das Zittern angefangen und ist 'rausgelaufen. Ich würde sagen, "zu Recht". Die anderen nennen ihn halt dann krank, die den Schweinskopf gegessen haben.

K: Es könnte doch sein, daß diesem Geburtsbild der heutige Zeitgeist entgegensteht.

A: Das sowieso.

K: Daß er in einer anderen Zeit, sagen wir einmal: er wäre mit Mörike zusammen - das nur als Beispiel ..

A: Mit dem Neptun in Haus sechs hätte er sich mit dem Mörike gut verstanden.

K: Da wäre dann etwas herausgekommen. Und in der heutigen Zeit landet er beim Psychotherapeuten statt bei Mörike.

A: Ich meine, es gehört ja zu seiner Verwirklichung, daß er in der heutigen Zeit lebt.

K: .. leben muß, ja.

A: Sonst hätte er ja auch gar keine Chance, seinen Neptun auf diese oder jene Weise kennenzulernen. Das, was er ja jetzt kennenlernt, ist ja sein Neptun, der zeigt ihm, wie wurscht ihm die Aussteuerung gegenüber den Bedingungen sein soll.

K: Das begreife ich - man sieht ja auch, der ist zweiundzwanzig, der Neptun wird jetzt gerade ausgelöst.

A: Die ganze Geschichte fing an ..

K: .. mit vierzehn. Das muß schon eine Weile her sein.

A: Nein, die ganze Geschichte fing genau bei der Auslösung an ..

K: .. mit vierzehn Jahren.

A: Nein, die ganze Geschichte

fing mit zwanzigeinhalb Jahren an.

K: Nicht mit vierzehn ?

A: Mit zwanzigeinhalb. Warum ?

K: Weil der Neptun am Ende steht und nicht am Anfang.

A: Endlich die richtige Antwort, - weil der Neptun am Ende der Periode zwischen vierzehn und einundzwanzig sich erst auslöst. Die Inkubationszeit mag ja ab vierzehn gewesen sein. Jedenfalls mit zwanzigeinhalb hat er mit der Arbeit aufgehört - das war sowieso die verkehrte - da ist auch noch der transitierende Uranus über diesen ausgelösten Neptun gelaufen.

Die Auslösung des Neptun mit zwanzigeinhalb ist doch klar ? Hoffe ich jedenfalls. Der Neptun hat ja auch dann noch ein Quadrat zum Merkur als Herrscher von eins und fünf. - Die Verwirrung ist also ausreichend. - Frage: wiederholt sich das ?

K: Disponiert durch den Merkur kommt es wieder, und zwar jetzt dann mit siebenundzwanzigeinhalb.

A: Das kommt nie mehr - die reine Auslösung des Neptuns kommt nie mehr zustande. Die Auslösung über den Merkur "ja", aber da ist die Wirkung nicht mehr so ursprünglich. Da kommt er unter einer anderen Dominanz, da ist er untergeordnet. - Aus diesem Grunde ist es ja so wichtig, daß er seinen Neptun kennenlernt. Denn sonst verschleppt er ihn. Und je mehr man ihm die Chance läßt, diesen Neptun jetzt zu begreifen, desto weniger braucht er sich hernach von ihm stören zu lassen.

K: Das heißt, von allen anderen Nebenwirkungen abgesehen, wenn er zu viel Psychopharmaka bekommt, die ihn wegdämpfen, die rauben ihm also die Chance des bewußten Kennenlernens.

A: Genau. Und wenn er die zu lange nimmt, kommt er nicht mehr los davon, da ist keine Chance. Vor allen Dingen wird der Neptun dann durch die Psychopharmaka abgedeckt und nicht durch eine Veränderung seiner selbst.

K: Was könnte der jetzt tun ?

A: Gar nichts, 'rumlungern ein bißerl. Alles tun, was der Neptun mag, alles was neptunisch ist. Interessant ist, der hat jetzt erst das Schwimmen gelernt, bei der Neptun-Auslösung, - das ist schön. Ist das nicht schön ? - Nicht wegen des Neptuns, sondern überhaupt, das ist ja ein Symbol, daß er "das Schwimmen" lernt, denn das konnte er in seinem Leben bisher überhaupt nicht.

Gut, dann machen wir jetzt eine Pause, und dann ..

K: Ist er finanziell so gestellt, daß er ..

A: Er ist nicht so gestellt, aber es ist ihm wurscht, das ist ihm echt wurscht.

P A U S E

Können wir eventuell trotz der frischen Luft die Türe zumachen, wegen der Geschlossenheit der Atmosphäre. - Ich sehe zwar ein, daß viele Wassermänner da sind, aber ..

Ich höre gerade wieder das Argument, daß wir lieber weniger Geisteskranke oder Gemütskranke nehmen sollten, weil wir weniger Beziehung dazu haben. Ich fürchte, wir haben eine ganze Menge Beziehung zu Geisteskranken. Die Astrologie geht ja, wie Sie wissen, davon aus, daß es kein Erscheinungsmerkmal gibt, das nicht gleichzeitig aus seiner Bezeichenbarkeit heraus für mich eine Bedeutung hätte, in dem Augenblick, in dem ich fähig bin, es zu bezeichnen. Das heißt, wenn wir mit Geisteskranken zu tun haben, und im vermehrten Maße, oder mit seelisch Kranken, dann sind das unter anderem auch Maßstäbe.

Das einzige Mal, daß ich mit einem Wagen eine Schramme gefahren habe, war folgende Situation: in einer engen Straße, in der links und rechts Wagen geparkt haben, wo man in der Mitte mit dem Wagen nur knapp durchkommt, da läuft ein Geisteskranker mir vor den Wagen, macht Faxen und bleibt vor dem Wagen stehen. Ich habe eine hohe Geschwindigkeit gefahren, habe natürlich gebremst, den Wagen nicht halten können und bin einem parkenden Wagen ins Schlußlicht 'reingefahren. Das war dann irgendein Stadtbaudirektor von München, und das hat dann dreihundert Mark gekostet. Ich habe mir überlegt: "was soll das Ganze ?" Die Situation war dumm, nichts desto weniger war der Unfall unvermeidbar. Es kommt hinzu, daß ich unfallfrei gefahren bin, seit ich fahre. Also muß die Situation spezifisch für mich gewesen sein.

K: Dazu hätte ich eine Frage: was ist das für ein Ascendent, der da drüber geht über den Punkt zu dem Zeitpunkt ?

A: Das ist jetzt wurscht, was das ist. Wichtig ist, daß die Erscheinungsbilder in dem Moment, in dem sie für mich bezeichenbar werden, das heißt, in dem sie in meinen Horizont eindringen, daß die etwas aussagen. Die drücken Anlagen von mir aus, die nicht mehr bei mir zu Hause sind. Und die haben einen Aussagewert, ob das nun mittelalterlich ist oder nicht aufgeklärt ist, das spielt ja keine Rolle. Da muß ich mich jetzt lieber bremsen, sonst komme ich bloß ins schwungvolle Reden rein.

K: Aber Sie haben doch gesagt: wenn der Saturn .. also der "einzelne Rabe", was der symbolisiert ..

A: Wenn Sie heute einen Arzt, der ein bißchen astrologisch orientiert ist, da gibt es ja inzwischen einige - irgendwer hat hier gesagt, daß er einen Doktor hat, der astrologisch auch mitarbeitet. Wenn Sie den z.B. fragen - angenommen, er hat selbst Saturn-Konjunktion-Sonne, dann hat der seine meisten Patienten mit Saturn-Konjunktion-Sonne. Und es kommen ihm in der Praxis sämtliche Krankheitsprobleme entgegen, die aus Saturn-Konjunktion-Sonne entstehen. Das fällt natürlich nur dem auf, der mit den Symbolen umzugehen weiß, dem anderen fällt es zwar schon auf, "komisch, ich habe lauter solche Leute", aber er kanns' sich nicht erklären. Und er verdrängt das Ganze in den Bereich des Phänomens. Das können Sie natürlich übersetzen auf sich selbst. Wenn Sie selbst eine zeitlang unter Sonne-Saturn stehen, dann haben Sie eine Anziehung für eben alle Sonne-Saturn-Angelegenheiten, ob Sie auf der Straße gehen oder wo auch immer, die Symbole von Sonne-Saturn kommen Ihnen am laufenden Band entgegen.

Ich führe das an wegen "der Geisteskranken", weil Sie sagen, "wir brauchens' nicht". Alles, was uns an Konstellationen und Planeten entgegenkommt, das haben auch wir selbst. Und wenn Sie den Ansatz von sich in einem Extrem des anderen erkennen, dann können Sie sich dabei selbst näher bringen.

Das zweite ist, daß Sie bei solchen astrologischen Bestandsaufnahmen, da verlieren Sie doch die Angst vor der Krankheit. Nehmen Sie doch einmal an, es ist einer nervenkrank oder seelisch krank, da entsteht doch sofort bei jedem das Fremdheitsgefühl, das Angstgefühl, es baut sich eine Barriere auf. Sie glauben, selbst das Geländer zu verlieren, vom Schwindel erfaßt zu werden. Hier haben Sie dann den Zusammenhang und Sie verlieren die Angst davor. - Bitte ? - Das ist das Wichtigste, die Angst vor der Krankheit zu verlieren ist das Wichtigste, was es überhaupt gibt.

Ich habe Ihnen versprochen, von Adam und Eva wieder anzufangen, vom Paradies an, und habe das vergessen und bin jetzt erinnert worden. Wir wollen also kurz wiederholen. - Ich wollte Sie aber vorher noch etwas bitten: wir wollen in der nächsten Zeit Geburtsbilder durchnehmen, um einerseits die innere Logik eines Geburtsbilds zu üben, um andererseits uns an dem diesen Geburtsbildern entsprechenden Ausdruck zu orientieren. Ich denke da an die Geburtsbilder von Malern, um Beispiel dem Geburtsbild von van Gogh. Ich hätte nun gern, daß Sie sich von den jeweiligen Malern Bilder besorgen, aus verschiedenen Altersstufen, jetzt des van Goghs', und dann schon zu Hause überlegen, daß auf Grund der Ausdrucksmerkmale der Bilder zu schlußfolgern wäre. Ich hätte dann auch noch gerne ein ganz spezifisches Bild, daß Sie sich das besorgen, und zwar von Munch, ..

K: .. der Schrei ?

A: .. das eigentlich nicht, das Bild schreit nämlich nicht, sondern es schaut nur zu, wie jemand schreit. - Das Bild, das ich meine, gibt es in zwei Ausführungen ..

K: Wie heißt es ? Wenn man es verlangen muß, braucht man doch einen Titel.

A: Ich glaube, "Die Mädchen auf der Brücke" - drei sinds'. Das gibt es sicher auf Kunstpostkarten.

Es gibt nämlich einen ganz bestimmten Grund, warum ich das Bild ganz gerne vom astrologischen Standpunkt aus besprechen möchte.

Ich hatte also versprochen - wieviel Uhr haben wir denn ?

K: Halb zehn, - fünf nach halb zehn.

A: Da geht es noch ein bißchen. - Wir fangen also ganz vorn bei Adam und Eva an. Damit die Neuen kein schlechtes Gewissen haben, das war ein allgemeiner Wunsch. Wer könnte den Anfang übernehmen von Ihnen ? Niemand ? - Also gut.

Wir haben die vier Quadranten, die entstehen aus - nein, so weit vorne brauchen wir nicht anfangen. Fangen wir einmal anders an: nachdem Sie jetzt ein dreiviertel Jahr im Kurs sind: worauf kommt es Ihnen am ersten an, wenn Sie ein Geburtsbild machen ? Warum machen Sie ein Geburtsbild ?

K: Auf Wunsch des Betreffenden, nur auf Wunsch.

A: Ja, das schon, das meinte ich gar nicht. Sicher, ich habe in den ersten Stunden gesagt, "man darf sich nicht der Anmaßung anheimgeben, Geburtsbilder zu machen, um aus eigener Unbefriedigtheit oder Erlebnismangel im Schicksal anderer herumzurühren. Und man soll ein Geburtsbild nur dann machen, wenn eine Frage formuliert ist." Das ist schon eine wesentliche Voraussetzung. Weil die Gefahr, daß man den anderen benutzt, ist sehr groß.

Was ich eigentlich möchte, ist vom Inhaltlichen her.

Auf die Wiederholung der vier Quadranten-Besprechung wurde verzichtet, da diese an den ersten Abenden ausführlich besprochen wurden.

VIERZIGSTER ABEND

6. SEPTEMBER 1972

A: Ich würde sagen, wir machen zunächst einmal eine aktuelle Übung. Es bezieht sich auf gestern, auf die Arabische Untergrundorganisation oder Obergrund- oder wie - das ist egal - Untergrund sind die ja eigentlich schon gar nicht mehr. Wenn Sie nachschauen in den Ephemeriden, wann der arabisch-israelische Sechs-Tage-Krieg zustande gekommen ist, dann war das ein Termin, in dem der Mars auf fünfzehn Grad Widder stehengeblieben ist, stationär, einen Monat lang. Und nun ist jede weitere Attentatsgeschichte immer entstanden, wenn irgendein scharfer Planet wie der Mars oder der Uranus auf fünfzehn Grad Waage oder fünfzehn Grad Widder war, - oder Spiegelpunkt. Und wenn man das weiß, kann man schon darauf warten, wann passiert das nächste. Wir haben jetzt am zweiten, dritten, vierten September, also die Tage jetzt hier, die ganze Zeit den Uranus auf sechzehn Grad Waage - nun ist der sehr langsam und damit reagiert natürlich dieser Grad besonders eifrig auf alle übrigen schnelleren Planeten, und der Mars und die Sonne sind genau im Spiegelpunkt gewesen auf dreizehn Grad Jungfrau.

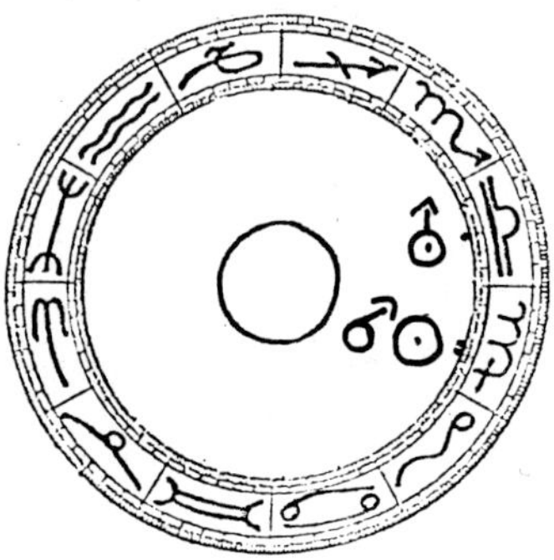

K: Und was ist das: Spiegelpunkt ?

A: Wenn Sie hier die Sonne auf drei Grad Stier haben, und Sie haben die Symmetrielinie von null Widder- null Waage, dann spiegelt sich die drei Grad Stier genau auf siebenundzwanzig Wassermann, nämlich in der gleichen Entfernung von der Symmetrielinie auf die andere Seite hinüber.

K: Und da nimmt man einen Kardinalpunkt ?

A: Ja, den null Widder oder den null Waage, wies' näher liegt. Später wissen Sie es auswendig. - Dreizehn Grad Schütze, das ist also siebzehn Krebs und so weiter.

Einige von Ihnen werden das gestern ja mitverfolgt haben - wie ich gehört habe - auch gleich mit dem Horoskop. Denn dort, wo Schicksal auftaucht, ist der Astrologe gleich mit den Ephemeriden da.

Wer hat denn über gestern abend etwas ausgerechnet ?

K: Ja, gestern früh, so um fünf Uhr, habe ich ausgerechnet.

K: Vier Uhr dreißig stand in der Zeitung.

A: Wer hat denn für gestern abend ausgerechnet ?

K: Dreiundzwanzig Uhr fünfundvierzig - habe ich.

A: Das müßte auch stimmen. Da kommen wir noch genau drauf. Was haben denn .. ? Da haben wir den Mondknoten auf dreiundzwanzig, dann haben wir den Jupiter auf achtundzwanzig, - die "Komma-fünf" schenke ich mir, die brauchen wir ja doch nicht. Dann haben wir den Neptun auf zwei - na ja - Komma-fünf, dann haben wir den Uranus auf sechzehn. Dann haben wir den Pluto auf ein Grad,

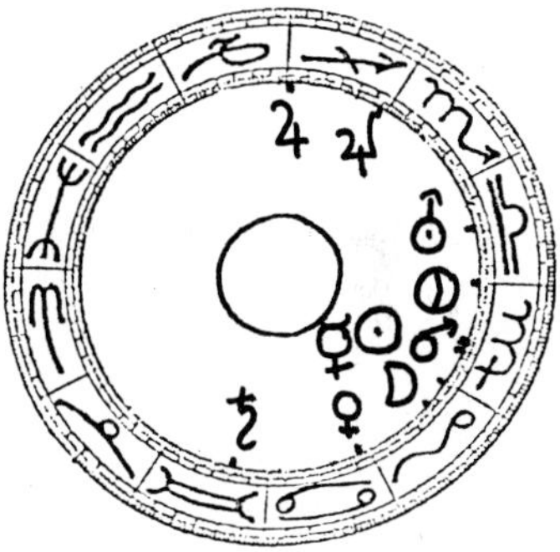

dann haben wir die Sonne und den Mars auf dreizehn und auf vierzehn, den Mond auf einundzwanzig. Die Venus noch mit achtundzwanzig und den Saturn auf zwanzig, - so, das sind die Planetenstände von gestern abend, und da sehen wir ganz deutlich, - wenn Sie den Spiegelpunkt nehmen - dann haben Sie genau die Spiegelung von Sonne-Mars zu Uranus. Und damit also den Punkt belegt, den man erfahrungsgemäß seit ein paar Jahren verwenden kann für Terror-Akte aus dem vorderen Orient bzw. von den Arabern. Man kann also bei einer solchen Grad-Belastung immer damit rechnen, daß irgendwo auf der Welt dann ein Attentat geschieht. Daß es in München ist, da ist eine andere Frage, die interessiert uns jetzt nicht. Das setzen wir jetzt voraus, daß das sowieso bekannt ist.

K: Ich möchte noch einmal nachfragen: der Uranus in der Waage, der ist ja jetzt länger dort, und wenn er länger dort ist, kann er es alleine nicht sein, also braucht er einen schnellen Planet als Auslöser ?

A: Der Uranus ist ein langsamer Planet. Und dadurch, daß er auf dem Punkt steht, sagt er, daß er die Situation um diese Terror-Akte in einer außergewöhnlichen Weise aktualisiert, - ein kleiner Merkur, der normalerweise auf fünfzehn Grad Waage oder Widder erscheint und gar nichts ausmacht, der kann dann das vom Uranus so Aktualisierte und Hochgeputschte auf einmal auslösen.

In diesem Falle ist ja die Auslösung dieses Uranus in allerschärfster Weise der Fall, nämlich durch den Spiegelpunkt mit Mars.

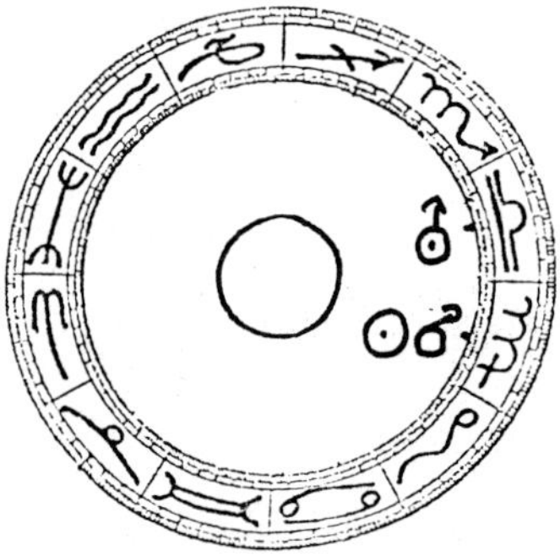

K: Das wäre auch so, wenn z.B. die Sonne über den Uranus ginge ?

A: Die Sonne allein würde genügen, - in diesem Fall ist ja in dem Spiegelpunkt die Sonne mitenthalten. Es dauert ja nicht lange, dann haben wir den Mars ja wieder über den Uranus gehend, und das ist am 27. Oktober etwa.

K: Mhm, - da klingelt es wieder ?

A: Da klingelt es wieder, ja. (Anm.: am 27. Oktober 72: Flugzeugentführung in München-Riem im Zusammenhang mit dem Olympia-Attentat). Da klingelt es wieder, ja. - Wie gesagt, ich weiß nicht, wie diese fünfzehn Grad zustande kommen, ich weiß nur, daß das damals beim Sechs-Tage-Krieg den israelisch-arabischen Streit kennzeichnete.

Solche Fälle gibt es ja öfters. Damals, während des Koreakrieges, ist auch der Mars auf eins bis drei Grad Skorpion stehengeblieben, auch einen Monat lang, und auch da kann man beobachten, daß dieses Gebiet auf diese zwei bis drei Grad Skorpion-Stier-Achse spezifisch reagiert.

Gut, ich habe gestern auch dagesessen, und es war für mich ganz klar, wann der Moment kommt, daß die Schießerei beginnt. Und zwar eben schon zwei Stunden vorher. Die Zeit hat sich dann anschließend bestätigt. Frage an Sie: welche Zeit war das ? Oder, anders gefragt: wo muß der Ascendent sein ?

K: Auf dem Saturn im Zwilling.

A: Auf dem Saturn, ja, weil Sie es wissen.

K: Na ja, also nicht nur, "weil ich es weiß".

A: Das ist aber dann schwer auseinanderzuhalten. - Und warum ?

Es ist an sich so: das mit dem Saturn stimmt schon. Das hat genau hier angefangen, als der Ascendent auf den zwanzig Zwillingen war. Vorher ist der Ascendent im Laufe des halben Tages hier oben 'rübermarschiert, und die ganze Zeit, wie er da 'rüber marschierte, konnte quasi nichts passieren, - auch nicht, wie er auf dreizehn Fische war. Warum nicht ? - Auch nicht, wie er auf sechzehn Widder war. Warum nicht ? - Da liegt er doch so schön auf dem Mars, auf der Sonne und auf dem Uranus, warum konnte da nichts passieren ?

Wo stehen denn dann, wenn der Ascendent auf dreizehn Fische ist, wo stehen denn da Mars und Sonne ? - Da stehen die genau am Descendenten, und warum kann da nichts passieren ? Wo vollzieht sich die Geschichte ?

K: Im Vorstellungsbereich.

A: Also nicht im Direkten. Ist das soweit klar ?

K: Also muß er unter der Achse sein.

A: Genau. Er muß im ersten Quadrant was Direktes zum spüren haben, weil da ja was Effektives vor sich geht.

K: Da war vielleicht die Planung.

A: Da fiel wahrscheinlich die Entscheidung des Vorgehens - denn der Hinweis ist ja auch noch, daß wenn der Ascendent dreizehn Grad Fische ist, ist der MC zwanzig Schütze.

Sie können nun sehen, wie sich die Zeit bestimmter Inhalte bemächtigt und sie nur nach ganz bestimmten Perioden entläßt. Das können Sie sehen, wenn Sie den Ascendenten vom Eindringen in die israelische Wohnung, also den Ausgangspunkt nehmen und ihn dann mit dem Endpunkt vergleichen. Das Eindringen in die israelische Wohnung ist der Anfangspunkt, das sind achtzehn bis neunzehn Grad Löwe Ascendent, und das Ende der Sache ist dann dieses Horoskop hier, die neunzehn Grad Löwe IC.

Ich persönlich würde ja vermuten, daß das Eindringen in die israelische Wohnung exakt neunzehn-Komma-fünf Grad Löwe gewesen sind, aber die zwei Minuten spielen jetzt auch keine Rolle.

K: Die beiden Achsen decken sich.

A: Anfang und Ende.

K: Das eine ist Ascendent und das andere ist MC.

A: Es kommt noch etwas hinzu: das Geschehen kommt auf seinen Kulminationspunkt zu dem Zeitpunkt, wo der Mond den Ascendenten vom Eindringen in das olympische Dorf erreicht hat, nämlich achtzehn, neunzehn Löwe, wodurch dieser Punkt durch den Mond noch einmal aktualisiert ist.

K: Dann wäre ja der Mond ausschlaggebend für den Zeitpunkt der Schießerei.

A: Nein, der Niederschlag eines Inhalts innerhalb einer Raum-Zeit-Gleichung ist nicht der Mond, sondern der Niederschlag ist immer die Stellung von Ascendent oder MC. Der ist die Verbindung mit der Wirklichkeit, nicht der Mond, nicht die Venus, nicht - was weiß ich, - sondern die Achsen. Das ist so wie bei der Zeugung eines Kindes. Der Ascendent der Zeugung ist wichtig. Das heißt, wenn der Mond neun Monate später über diesen Ascendenten der Zeugung geht, in dem Moment löst sich die Geburt. Der Ascendent ist dabei das Grundsätzliche. - Wie soll ich das sagen ? - Der Ascendent ist die Verankerung eines Inhalts an den Raum.

Der Mond ist hier beigeordnet, er ist eine Synchron-Aussage.

K: Bei der Zeugung ist es doch ein sehr langer Zeitpunkt, den man nicht bestimmen kann, weil es ja bis zum Zeitpunkt der Befruchtung des Eies doch gewisse Zeitdifferenzen gibt.

A: Ich habe ja auch nicht von der Befruchtung des Eies, sondern ich habe von der Zeugung gesprochen, vom Akt des Handelns.

K: Ist der hauptsächlich relevant, der Zeugungsakt ?

A: Was meinen denn Sie ?

K: Sie haben doch gesagt: es muß eine Beziehung zum ersten Quadranten hergestellt sein - die Sonne ist aber schon außerhalb des ersten Quadranten.

A: Die Sonne ist noch außerhalb des ersten Quadranten. - Mir geht es darum, daß der Saturn an den Ascendenten hinmuß, - im übrigen ist die Beziehung zum ersten Quadranten im Rahmen des Gesamtverlaufs schon dadurch gegeben, daß der Mars zum Saturn ein Quadrat hat, damit die Sonne mit hinein zieht. Sie müssen sich vorstellen, daß die Spannung den ganzen Tag über schon in einem solchen Maße angestiegen ist, daß schon die leiseste Berührung mit dem ersten Quadranten explosiv wirkt. Im übrigen ist das eigentliche Grundhoroskop das des Eindringens in das olympische Dorf, während dieses sozusagen eher so etwas wie ein Transit-Horoskop ist, das heißt, im Rahmen des Ausgangshoroskop zu sehen ist.

K: Warum der Saturn ?

A: Der Saturn ist das Ende einer Sache. Wenn eine schwebende Situation gegeben ist, und es kommt der Saturn auf die Achse, dann wird gefiltert und entschieden.

K: Der ist doch vorher schon über die Achsen gegangen ?

A: Nicht über den Ascendenten, das ist vierundzwanzig Stunden vorher gewesen.

K: Ich meinte jetzt den MC.

A: Das ist uninteressant, es geht hier um die Formierung von Tatbeständen im Erscheinungsbild. Da sind Leute gestorben, da ist ja echt geschossen worden.

K: Nehmen wir jetzt die Hypothese an: die Astrologie ist so weit, daß der Schreiber Astrologe ist und der sagt ..

A: "Bei dem Zeitpunkt schieße ich nicht", - aber dann haben wir die Geschichte "aktiv" und "passiv", dann schießen die anderen. Da muß man sich dann für das Handeln schon einen anderen Zeitpunkt suchen. Denn wenn man auf dieser Konstellation ist, mit den zwanzig Zwilling, sind die Weichen schon gestellt.

Aber angenommen, der Schreiber wäre Astrologe, dann hätte er an den zwei Tagen furchtbar scharf aufgepaßt, wenn der Mars und die Sonne zusammen sind, und einen Spiegelpunkt zu jenem Uranus hat, der diese sensible arabisch-israelische Achse besetzt. Dann hätte er sich überlegen müssen: habe ich Araber bei mir, oder habe ich Israelis, oder habe ich alle beide, dann laß' ich sie alle beide bewachen. Das heißt also: die Vorsorge wäre schon einmal grundsätzlich gewesen.

K: Wenn sich die Konstellation verwirklichen will, was nützt dann das Aufpassen ?

A: Diese Konstellation ist wie ein Kahn, und der Kahn geht planmäßig - die Frage ist nur, wer steigt ein, und welches Gepäck bringt er mit - Sie müssen ja nicht einsteigen.

K: Nehmen wir doch einmal eine andere Hypothese, nicht, daß der Schreiber Astrologe ist, sondern daß die Astrologen immer erst dann hinzugezogen werden, wenn wirklich unbedingt es notwendig ist. Und gestern war ja - sagen wir einmal - den ganzen Tag über, wußten sie nicht, was sie tun sollten, und da wäre es notwendig gewesen, man hätte den Astrologen hinzugezogen. Was kann man da aus dem nachmittäglichen Bild der Lage dann noch mit der Astrologie machen ? - Vielleicht könnte man jetzt mit dem Planen anfangen.

A: Hier ?

K: Ja.

A: Planen insofern, als man die Operation nicht anfängt, wenn die Achse auf dem Saturn liegt, sondern man fängt die Operation an, in dem Augenblick, in dem die Achse auf dem Neptun ist. - Das ist das Beste. Wenn ich heute einen Bankeinbruch planen würde, dann würde ich in die Bank unter Neptun 'reingehen. Und ich kann Ihnen eines sagen, es gibt also Bankeinbrüche mit Zeitpunkten, in denen die Täter nie entdeckt wurden. Es gibt solche Kriminalfälle über die Jahrzehnte hinweg, wo alles allen ein Rätsel ist, wie und wo was passiert ist, - ecetera. Und da war überall der Neptun am MC, das ist astrologisch ein Genuß, die Leute hat man nicht erwischt - man tappt im Dunklen, da ist einfach nichts zum Wollen. Das ist ein Loch in der Realität.

K: Wie hätte sich das beim gestrigen Fall ausgewirkt ?

A: Nehmen Sie einmal an, der Neptun ist am MC. Das wäre also ungefähr sechs Stunden früher - der Neptun bringt immer die Situation des Unklarseins, bei einem Fußballspiel ist es "unentschieden". Das Unklarsein sehen Sie diese Tage jetzt draußen, der Merkur beginnt ins Quadrat zum Neptun 'reinzusteigen, der Merkur als Zwillings-Planet oder als Herrscher von drei, es wird schon sehr stark dunstig und neblig.

K: Es gibt ja gar keinen Merkur.

A: Den haben wir vergessen, - da ist er. - Ja, es wird also schon sehr dunstig und neblig draußen, was ganz normal und schön voraussagbar war. - Bitte ?

K: Daß er jetzt kommt ?

A: Es hätte ja gestern auch schon neblig sein können, oder vorgestern, aber da war es nicht neblig, erst heute. Das sind immer die Geschichten, die kenne ich schon. Wissen Sie, man wird immer furchtbar angezweifelt, "das wenn - das aber - das so", dann heißt es: "wenn Sie das können, das wäre ja ungeheuer". Und wenn Sie dann so einen Test machen, wie z.B. ich habe am 17. Dezember unter anderem wieder einmal die Wetterlage mit Hoch- und Tief-Verteilung auf der europäischen Wetterkarte schön ausgerechnet, am 17. Dezember voriges Jahr, und dokumentiert. Auch die Wetterauswirkung für den Beginn der Olympischen Spiele. Hat exakt gestimmt, - nimmt keiner Notiz, wissen Sie, warum ? - Es ist so unangenehm, es hat gestimmt. Es ist echt unangenehm, das mögen sie nicht.

Wie gesagt, beim Neptun, wenn der Neptun am MC steht, was sich da niederschlägt ist ja das, daß die Konstellationen und die Planeten das ausdrücken, in welcher Situation der Ort steht, auf den diese Ort-Zeit-Gleichung errichtet oder gemünzt ist. Wenn also der Neptun am MC ist, heißt das, daß in den Bereich dieser Ort-Zeit-Situation die Reaktivität wie überhaupt die Aktivität aufgehoben ist, - daß die Realität ein Loch hat. Noch schöner ist es natürlich, wenn der Neptun am Ascendenten ist, das ist dann eine Tarnkappe wie Weiland bei den Nibelungen.

Wenn also der Neptun so schön da ist, dann würde man sagen, "gut, man probierts'" oder "man packts'". Das ist logisch, daß dann von denen keiner handelt, denn da besteht so etwas wie eine Handlungslähmung.

K: Aber nach meiner Hypothese - natürlich kann man nie was

Endgültiges sagen - würden die dann schießen ?

A: Beim Neptun würde gar nicht geschossen werden, da würde man die Situation neptunisch auflösen können oder sich dementsprechend entziehen.

K: Was würden Sie aber machen, tatsächlich, wenn jetzt ..

A: Gas, zum Beispiel, - Neptun ist doch ein herrliches Gas. Ich habe mir heute erzählen lassen, es gibt ein Gas, das läßt sich in kleinen Kapseln konservieren, und das wirkt in einer halben Sekunde. Sie sind dann also drei Stunden lang betäubt. Da kann man doch ganz schön aussortieren. - Bitte ?

K: Warum hat man das nicht hergenommen ?

A: Ich nehme an, genau so wenig, wie ich das gewußt habe, - das habe ich von einem Physiker vom Max-Planck-Institut gehört - genau so wenig haben das der Goppel oder der Genscher oder der Schreiber gewußt. Aber das Gas hätte man ja gar nicht gebraucht. Wenn Sie eine Handlung unter Neptun vollziehen, dann bleiben Sie unbemerkt, und im schlimmsten Falle ist die Gegenseite handlungsgelähmt. Sie hätten auch unter Jupiter handeln können, - bei Jupiter im zehnten Haus, da hätten sie immerhin Fisch-Ascendent wenigstens gehabt. Aber das haben der Genscher, der Goppel und der Schreiber auch nicht gewußt. Wenn Sie die Gedenkfeier gehört haben, da haben sie ja auch wieder nur die Eroika gespielt, es gibt halt Sachen, die kennen die einen Leute, und die anderen, die kennen es nicht. Und die haben eben die Eroika gekannt.

Aber das ist die Frage gar nicht. Die Frage ist ganz anders: warum ist denn so eine Sache letztlich so zwangsläufig ? Die Zwangsläufigkeit besteht doch darin, daß es zwei Partner sind, Opfer und Täter. Was hätten denn die Israelis gemacht ? Die müssen doch eine Konstellation gehabt haben, eine Bereitschaft.

K: Die hätten sich vielleicht irrsinnig geärgert, daß sie bei den Olympischen Spielen verloren haben.

A: .. und wären dann alle ins Wasser gesprungen ?

Schauen Sie, die Frage scheitert an einem - ich hatte das in zwei Fällen - bei Flugzeugabstürzen, ecetera, gemacht, und mich bemüht um die Konstellationen derjenigen, denen dieses da oder jenes passiert ist. Und wenn man da genau nachforscht, kommt man wirklich auf die erstaunlichsten Zusammenhänge. Sie haben das ja bei dem Bölkow-Flugzeug schon einmal gesagt: man könnte ja den allgemeinen Schluß schon ziehen, - ohne Astrologie - in dem Augenblick, in dem ein Flugzeug abfliegt, und es werden viele Umbuchungen kurzfristig gemacht, und die einen fliegen mit und die anderen fliegen nicht mit, da dürfte man schon nicht mehr einsteigen, weil das das erste Kennzeichen von abstürzenden Maschinen ist. Das Komische ist nämlich das, daß diejenigen, die die Bereitschaft für diese Konstellation nicht haben, tatsächlich aus irgendwelchen Gründen, die funktionell durchaus plausibel sind, kurzfristig nicht mitfliegen, und die anderen, die bemühen sich, noch in die Maschine 'reinzukommen.

Ein hierfür ganz typischer Fall ist mir passiert. Ich sollte einen Abschluß machen, einen Lizensvertrag, und habe festgestellt: na ja, wenn man schon Astrologe ist, dann soll man nicht zu einem ungünstigen Zeitpunkt abschließen, der nächste günstige Zeitpunkt ist in vier Wochen. Wenn man also konsequent ist, dann würde man den günstigen und sehr günstigen für sich selber in Anspruch nehmen, also vier Wochen warten. Und nach vielem Gerede ist das auch dann vereinbart worden. Und nach vierzehn Tagen ist der Betreffende, mit dem der Lizensvertrag gemacht werden sollte - ja, der von der Cita 2000 - der ist da abgestürzt. Und der Erfolg war, daß der Bruder des Betreffenden lange nicht so geschäftstüchtig war wie der ältere Bruder, das wäre ein Fiasko geworden und man wäre vertragsmäßig an den gebunden gewesen, weil es sich dann um eine GmbH gehandelt hätte.

Das Geburtsbild von dem Abgestürzten habe ich mir nachträglich erst angesehen, weil ich mir gesagt habe, im Lizensvertrag selbst muß die zukünftige Entwicklung den Lizensvertrag betreffend aller Beteiligten enthalten sein.

Da sind - von mir aus - zehn Leute in einem Flugzeug und es stürzt ab. Nun können Sie sagen: die Situationen, aus denen die Bereitschaft dazu entsteht, ist ja bei jedem der Zehn anders. Das ist nicht der Fall, es sei denn, die Abweichungen sind so gering, daß sie durch die Konstitution des Unglücks noch gedeckt werden. Ich habe es ja schon einmal gesagt: Sie können - auf einer Landkarte können Sie die Konstellationen projizieren und können dann schön feststellen - von mir aus ist über Hamburg oder Schleswig-Holstein eine Saturn-Uranus-Konstellation oder sonst was, mit einem Mars dazwischen- und genau auf dem entsprechenden Bereich, bei genauer Länge und Breite, da zieht es dann die Leute hin, die diese Konstellation ungelöst haben. Das ist gespenstisch, wenn Sie das nachvollziehen. Und die treibt es wie einen Sog dorthin. Dort vollzieht sich dann diese Konstellation, die sich nicht vollziehen müßte, wenn sie ihre Anlagen selber lösen würden, sporadisch immer wieder, sodaß sich nicht eine solche ungelöste Summe aufhäufen könnte.

Denn wenn ein Individuum seine Anlagen nicht selbst löst, werden sie von außen gelöst, und im Extremfall kann sich die Natur oder auch das Schicksal kein Extrem leisten. Das ist nicht drin. Da war ein Flugzeugabsturz, diese Chartermaschine nördlich von Hamburg, wenn Sie sich erinnern, - das ist jetzt auch noch nicht so lange her, - und um die genau gleiche Uhrzeit ist einen Tag später in Hannover - ich weiß nicht, um wieviel südlicher von Hamburg .. bitte ?

K: Es ist hundertfünfzig Kilometer südlicher.

A: Das ist nicht wild. - Da haben Sie genau das Fadenkreuz gehabt, das eine war da und das andere da. Das ist dann gewandert. Und im Tagesverlauf selbst gab es dann für dieses Ereignis nur eine bestimmte Zeit. Und darum waren beide Tageszeitpunkte identisch.

Eine bestimmte Konstellation - Saturn-Uranus - war z.B. über Baden-Württemberg ungefähr ein dreiviertel Jahr lang. Es gibt welche, die bleiben haften, und es gibt welche, die bleiben nicht haften, wie bei den Hochs' und den Tiefs' beim Wetter. - Da haben Sie in einer Tour lauter Eisenbahnunglücke gehabt, - da muß ich dazu sagen: Saturn-Uranus ist das "Eisenbahnunglück". Da kommt noch vom Symbol her eine ganz tolle Geschichte, - Saturn-Uranus, das ist die Zahl "41", - und immer, wenn Sie unter der Woche ein schwerwiegendes Eisenbahnunglück haben, dann haben Sie im Lotto die Zahl "41". Es ist wahr, - Sie brauchen es bloß nachzuvollziehen, es braucht Ihnen bloß aufzufallen.

K: Oder die vierzehn.

A: Ja, oder die vierzehn. Und dann erscheint das Symbol auch im Fernsehn auch noch in der ganzen Bundesrepublik - nämlich die Konto-Nummer für Katastrophen - 41 41 41.

K: Dann könnte man das ja in der Spielbank spielen ?

A: In der Woche, in der Region, da können Sie es machen. Sie können auch in eine Spielbank hineingehen und so lange warten, bis ein riesen Gewitter draußen ist, und dann spielen Sie die vierzehn/eins/eins, die kommt am laufenden Band, weil das Gewitter in die Symbolkette des Saturn-Uranus gehört. Sie können auch so lange in der Spielbank stehen und warten, bis sich zwei um einen Chip streiten, aber schon bös', also innerlich bös' - nach außen wahren sie ja meistens so ein bißchen die Form. Dann müssen Sie "neunzehn" spielen, oder die "Finale neun", das kommt. Aber dann möglichst am Nebentisch, weil die nämlich weiterspielen.

K: Oder ?

A: "Finale neun", also "neun, neunzehn, neunundzwanzig", die "Erregung". Ich will Ihnen damit gar nichts anderes sagen, daß wenn ein bestimmter Inhalt durch eine Konstellation ausgedrückt ist, dann schlägt sich dieser Inhalt in allen möglichen Erscheinungsformen nieder, in einer sogenannten Symbolkette. Dieser Inhalt sucht sich Personen, Dinge oder Sachen, die ihn verwirklichen, - er sucht sich also aus dem Personenkreis die heraus, die ihm zur Verwirklichung verhelfen und ihrerseits eine gewisse Bereitschaft dafür haben. Und dasselbe gilt natürlich für Ziffern, da wird dann die neutrale Ziffer zum Bildhinweis.

So wie sie sie damals im Mittelalter gesehen haben - ich habe schon gesagt, der Rabe - oder was weiß ich - oder wenn das Rad zerbricht.

Die Astrologie ist ja auch nichts anderes als ein Kennzeichen für diese Inhalte. Denn es ist ja nicht so, daß hier die Schießerei begann auf zwanzig Zwilling, oder auf achtzehn Grad Löwe der Einbruch begann, das ist ja nicht deshalb, weil die Achsen dort stehen, - das ist ja immer das, wodurch man durch sein Wahrscheinlichkeitsdenken oder durch das funktionelle naturwissenschaftliche Denken mit Ursache und Wirkung sich immer befangen fühlt, sondern es ist ja so: hier ist ein Inhalt, den ich über diese Konstellation erkennen kann. Und der Inhalt sucht sich die Möglichkeit, die Bereitschaft, daß er erfüllt wird.

K: Mir ist aufgefallen, daß der Willi Daume seine Sonne auf zwanzig Grad Zwilling hat.

A: Hat er nicht, auf zwei hat er es.

K: Auf zwei ? Ich habe was gehört von "zwanzig Grad".

A: Nein, dann hätte ich ja mein ganzes Bücherl falsch geschrieben, - das kommt übrigens die Woche raus. Der ist 23. Mai.

Sie haben jetzt alle noch in Erinnerung die Auslösung des Schießens von zwanzig Grad Zwilling mit dem Saturn darauf. Sie haben auch noch in Erinnerung, daß ich Ihnen sagte: "fünfzehn Grad Waage-Widder ist die Auslösung für arabische Terror-Akte". Jetzt machen wir ganz schlicht und einfach die Eröffnung der Olympischen Spiele, und zwar als Voraussetzung. Ich meine, die offizielle Eröffnung ist das, wenn einer an den Lautsprecher hingeht und dann sagt - während die Flamme da 'rumsaust - oder was weiß ich - also ..

K: Ich hatte den Eindruck schon, daß wenn der Bundespräsident das erklärt, und dann der Applaus losbricht, müßte eigentlich die Eröffnung sein, so, wie wenn ich bei der Autobahn das Band durchschneide.

A: Bei einer Geschäftseröffnung ist es das, wenn die Unterschrift geleistet ist, dann ist die Geschichte verbindlich. Es ist ja damit keine Farce erreicht, sondern der Betreffende ist ab diesem Zeitpunkt rechtsverpflichtet. Insofern ist also die Unterschrift unter eine Vertragssituation der wesentliche Punkt und nicht die Zusammenkunft der Leute, die den Vertrag machen wollen. Die können sich ja schon eine Stunde vorher treffen, möglicherweise. Eine andere Sache ist das, wenn fest geplant ist, - von mir aus "fünfzehn Uhr", sitzen alle dann auf ihren Stühlchen und die Maschinerie beginnt, es hält einer eine Rede - das ist eigentlich der sichtbare Beginn der Sache und daß der Heinemann mit dem Versuch, männlich zu wirken, oder sportlich, da diesen dünnblütigen Ausschrei getan hat - das werde ich ja nicht vergessen, wie jämmerlich das ist. Ich meine, ich will ja nichts sagen, - wer hats' denn gehört ? Es geht halt nichts über einen Juristen. Und die haben ja auch mit Vorliebe Saturn-Uranus.

Wir machen jetzt einmal das Horoskop der Eröffnung auf drei Uhr. Wir werden dann schon sehen, ob das was bringt. Sie können es ja verifizieren an dem, was nun tatsächlich passiert oder nicht passiert ist. Das ist der MC.

K: Wieviel Grad ?

A: Das schaue ich selber grad, - ich habe es nicht gerechnet. - Der MC steht auf - halt, das gibt es ja nicht, - doch, der steht auf siebzehn Grad Waage. Ich übernehme hier eine Berechnung. Der Ascendent steht auf - und das ist jetzt das Schöne an der Geschichte, - der steht auf zwanzig Grad Schütze. Und jetzt haben Sie noch einmal eine Identifikation. Sie haben nämlich bei der Eröffnung der Spiele diesen Punkt wieder erreicht. So, und dann die anderen Planeten.

Jetzt würde ich vorschlagen, daß Sie das Horoskop unter dem Gesichtspunkt betrachten, als würden Sie ein Sicherheitsbeamter sein. Wir wollen ganz objektiv und real überlegen, ob astrologisch etwas erkennbar gewesen wäre.

K: Herr Döbereiner, die Eröffnung, war das der Augenblick, wo gesagt wurde: "ich erkläre die Spiele für eröffnet" ?

A: Nein, das ist fünfzehn Uhr, wo sie alle beieinander waren und der erste ans Mikrofon hinmarschiert ist.

K: Wer ist denn überhaupt zuerst gekommen, der Fakelläufer ?

K: Die Fanfaren.

K: Also der Heinemann ..

A: .. der ist später gekommen.

K: Die waren aber noch nicht eröffnet, an sich, das war praktisch erst in dem Augenblick, wo einer sagt: "bumms, jetzt gehts' los".

A: Nein, das haben wir gerade gesagt: der hätte ja auch nicht mehr sagen können, "die Spiele sind nicht eröffnet", - also ich meine, das ist eine Farce. Der Beginn des sichtbaren Vorgangs der Eröffnungsfeier, das muß um die Zeit gewesen sein.

K: Um drei, da sind die Fanfaren losgegangen.

A: So - was würden Sie jetzt als Verantwortlicher dazu sagen ? Würden Sie sagen: "heitere Spiele" ?

K: Nein.

A: Warum nicht ?

K: Da würde ich als erstes einmal den Zeitpunkt ändern.

A: Das ist klar. Man will ja immer ein Spezialhoroskop machen - nehmen wir einmal an, es wird ein Unternehmen gestartet. Und dann ist man als Astrologe geneigt zu sagen: "ich suche mir einen günstigen Zeitpunkt". Das ist nachvollziehbar. Das Problem dabei ist nur das, daß man sich eines guten Diagnosemittels beraubt, insofern sich der Inhalt seine äußere Funktion selber sucht und ich will ja nicht durch äußere Maßstäbe erzwingen, daß die Sache gut, sondern ich möchte ja, daß die Sache von ihrem Inhalt her gut ist. Das heißt, wenn die Sache sich einen Termin sucht, der mir nicht paßt, astrologisch nicht paßt, dann ist das ein Indikator, und da muß man eben von diesem Unternehmen Abstand nehmen, oder muß sagen: "dann laß' ich das Projekt aus den Augen" oder "ich laß' es vorläufig ruhen". Ich meine, man muß als Astrologe sehr viel liberaler werden, als man es gemeinhin ist. Man muß den Inhalt und man muß die Dinge für sich wirken lassen und dann erst – schauen Sie, Herr Junghans, was hätten Sie erreicht, wenn Sie einen anderen Termin nehmen. Damit haben Sie ja den Inhalt noch nicht verändert. Angenommen, es wäre Ihnen möglich, den Termin zu verändern.

K: Aber wo ist die Grenze ? Weil Sie sagen: "dann warte ich noch vier Wochen".

A: Weil vorher kein Termin ist, der mir astrologisch gefällt. Wenn der Zeitpunkt, der mir möglich ist, den Vertrag zu unterschreiben, astrologisch ungeeignet ist, warte ich vier Wochen, ob eine geeignete Situation zum Unterschreiben vorhanden ist. Vier Wochen später hat sich dann der Inhalt so verändert, daß die Situation zum Unterschreiben gar nicht mehr gegeben war.

Gut, was ist mit dem Horoskop los ? Haben die es nicht gut erwischt mit dem Jupiter da vorne drin ?

K: Wenn der Jupiter in zwölf gewesen wäre, dann wäre vermutlich kein Attentat passiert, weil er das verhindert hätte.

A: Mit einem Jupiter in zwölf wären es auch keine Olympischen Spiele gewesen.

Was fällt Ihnen auf – Sie haben ja schon ein dreiviertel Jahr Astrologieunterricht, wenigstens die überwiegendste Mehrzahl. Sie müssen jetzt reden.

K: Das Blöde ist jetzt, daß man versucht, es rückwärts hineinzuinterpretieren.

A: Wenn Sie es gründlich anschauen, dann tun Sie es ja nicht.

Sie sehen, diese Spiele beginnen mit einem MC von fünfzehn Grad Waage mit dem Uranus direkt drauf. Sie würden also als Sicherheitsbeamter von vorne herein darauf achten und sagen: "wenn etwas vorkommt, dann arabisch-israelisch", wenn Sie davon ausgehen, Astrologie wäre anerkannt. Ich meine, es ließe sich ja sowieso wesentlich mehr machen, als ich hier zeige, aber das spielt ja keine Rolle. Es geht jetzt um die Dinge, die einem, auch als Astrologieschüler, sofort ins Auge fallen. Automatisch - da braucht man gar kein großer Astrologe sein, damit einem das klar wird.

Sie sehen also jetzt zwei Sachen: erstens, den Uranus am MC allein, zweitens den MC auf sechzehn Grad Waage.

K: Ist der Uranus-Aspekt genug ?

A: Lassen wir einmal die sechzehn Waage mit den Arabern weg, dann ist der Uranus Aspekt genug.

K: Aber wenn wir sonst nur systematisch vorgehen, wie Sie es immer machen - also einmal Ascendent betrachtet, das wäre Schütze, und welcher Inhalt im Schützen liegt und wo dann der Herr vom Ascendenten ..

A: Das würde ich sagen, das können Sie bis nächstes Mal als Heimarbeit machen.

K: Und dann die Zurückführung.

A: Das gefällt Ihnen nicht ? Ein anderes ?

K: Machen wir es doch gleich.

K: Ja.

A: Wissen Sie, die Geschichte ist die: "machen wir es gleich", ist schon schön und recht. Dann sitz' ich da heraußen oder stehe, und dann frage ich: "was ist das ?" Dann frage ich dreimal. Dann krieg' ich keine Antwort, dann sag' ich: "na ja, Sie haben ja ein dreiviertel Jahr Astrologieunterricht", dann erkläre ich es, und dann sage ich anschließend: "ist das klar ?" Und dann sagen alle: "Ja", - und in Wirklichkeit ist gar nichts passiert.

Das ist der Nachteil, wenn ichs' hier vor Ihnen mache. Sie kennen ja den ganzen Vorgang. Sie kommen also gar nicht so leicht ins Spekulieren und dann ist es auch so schön klar, Sie haben den Neptun Spitze zwölf als Herrscher von drei. Was gibts' denn eigentlich Schöneres und Klareres überhaupt.

K: Die Durchführung, die ist in Feld acht.

A: Ja, wir wollen - wie gesagt - es zu Hause machen, dann machen wir jetzt eine Pause und dann eine Wiederholung von Deutungen.

K: Das machen ja nicht alle.

A: Doch, der eine oder andere macht es dann schon. Ich würde vorschlagen, daß das nächste Mal sich einer hier 'rausstellt und das etwas durchgeht. Ich meine, wir müßten ja eigentlich jetzt mit dem sogenannten lockeren Unterricht wirklich allmählich beginnen können, so eine Art - na, wie nenne ich das ? - ..

K: Colloquium.

A: Ja, so eine Art Seminarien. - Wie ist das hier mit den Auslösungen, um das mal kurz anzudeuten ?

K: Das war überhaupt ein Problem, in welchem Rhythmus man so kurze Ereignisbereiche durchgeht. Nimmt man ein Haus ein Tag - das geht aber dann nicht auf.

A: Für kürzere Ereignisstrecken können Sie den Mond nehmen, der geht in siebenundzwanzig oder achtundzwanzig Tagen um den ganzen Tierkreis. Das heißt, Sie können mit dem Mond das Gleiche machen, was wir mit der Sonne in den Septaren haben. Sie können also das Radix sowohl als Solar auffassen, wenn die Sonne einmal um den Tierkreis geht und Sie können es als Lunar auffassen, wenn der Mond einmal durch den Tierkreis geht – das nennt man "Lunar". Das sagt schon einiges aus, zeigt aber mehr die Möglichkeiten und weniger das Tatsächliche, weil ja die Sonne die Verwirklicherin ist. Außerdem ist es wegen des unregelmäßigen Laufes des Mondes zu arbeitsintensiv, da habe ich es sein gelassen.

Sie sagen, "Sie kommen nicht hin, bei der Auslösung".

K: Man muß halt wissen, wonach man fragt. Da braucht man erst einmal ein Einheitssystem.

K: Die ganzen Olympischen Spiele dauern vierzehn Tage, wie kann ich die vierzehn Tage auf die zwölf Häuser projizieren ?

A: Das können Sie schon machen, den tatsächlichen Ablauf als Maßeinheit für den Gesamtumlauf nehmen. In etwa können Sie da schon hinkommen, nur ist das weder zwingend noch effektiv. Aber Sie können etwas anderes machen: was muß denn in dem Geburtsbild enthalten sein ?

K: Ach ja, der Überfall.

K: Aber vorher weiß man ja nichts vom Überfall.

A: Aber daran können Sie in diesem Fall Ihr Vorgehen überprüfen.

K: Der Saturn oder der Uranus, die müssen auf jeden Fall ausgelöst sein.

A: Was würden Sie denn für eine Auslösung für am gefährlichsten halten ?

K: Den Uranus.

A: Ja schon, aber von welcher Seite, beim Überlaufen des Uranus oder bei der Auslösung des Uranus durch den Wassermann ? – Erst bei der Auslösung durch den Wassermann hat der Uranus am MC seine geballte Kraft, da explodiert geradezu der MC, noch dazu auf diesem Saturn-Uranus-Punkt, von dem wir das letzte Mal gesprochen haben. Und da haben Sie dann Ihr Maß mit einem Tag pro Haus, das Sie meinten. Am neunten Tag löst sich dann Mars-Neptun und Mond-Neptun aus, - wobei wir diesem Horoskop entsprechend den Beginn der Auslösung jeweils um fünfzehn Uhr haben - und am zehnten Tag haben Sie dann die Schießerei. Bemerkenswert ist dabei noch - wegen des Uranus, - daß es in Flugkörpern geschah.

Und wenn Sie dann noch wissen wollen, welche Tageszeit besonders gefährdet ist, dann nehmen Sie das ganze Horoskop als Uhr mit Ziffernblatt und da ist wiederum diese Phase des zweiten Hauses die gefährdetste Zeit, das wäre dann - weil wir ja Greenwich-Zeit rechnen müssen - vier Uhr, da ist dann Neptun und Uranus fällig.

K: Dann geht das: ein Tag für jedes Haus.

A: Sie können auch nach rückwärts verifizieren. In diesem Geburtsbild muß ja enthalten sein die Vorgeschichte, es muß die gesamte olympische Geschichte in diesem Horoskop enthalten sein, es müßte 1936 enthalten sein, mit den entsprechenden Symbolen, das muß alles enthalten sein. Das Geburtsbild greift ein gegenwärtiges Geschehen heraus, und in diesem gegenwärtigen Geschehen ist Vergangenheit und Zukunft spiegelgleich enthalten. Und in diesem Geburtsbild müssen auch alle Nebenschauplätze bezeichenbar werden, die mit diesen olympischen Spielen zu tun haben, - zum Beispiel, daß Königin Elisabeth nicht gekommen ist, weil ihr Vetter verunfallt ist, - oder - die Kommentare, daß die olympische Idee stirbt.

Das sind alles Möglichkeiten für Sie, um an das Geburtsbild heranzugehen. Denn das, was wir bisher im Kurs gemacht haben, ist ja ein Schnellkursus gewesen für die hauptsächlichsten Maximen oder für das grundsätzliche Handwerkszeug des Anwendens. Das ist ungefähr so, wenn man einen VW fährt, und es wird einem erklärt, daß wenn die Zündkerzen fehlen, der Wagen nicht läuft. Anders war unsere Astrologie bisher nicht.

K: In welcher Form geht man zurück ?

A: Man geht die Strecke zurück, sieben Jahre pro Haus. Eines muß ich noch sagen: Sie finden die Vorgeschichte darin, die im Verhältnis oder zu dieser Entwicklung solcher Ereignisse führt. Das heißt, Sie finden hierin nicht die gesamte olympische Geschichte, sondern Sie finden das an Symbolen, was vor fünfzig Jahren schon Ausgangspunkt für diese Entwicklung war. Das ist ungefähr so, wenn Sie das Geburtsbild eines Kindes in die Vergangenheit zurückgehen, dann finden Sie genau die Vorgeschichte der Familie wieder, die für spezifisch dieses Kind herausstechend ist. Der Bruder davon, der hat sich möglicherweise anderes herausgeholt.

K: In Mexiko hat es doch auch was gegeben.

K: Da waren die Protestmärsche mit den Studenten.

A: Ja ? Das weiß ich nicht.

K: Da gabs' auch Tote.

K: Hundertachtundsechzig Tote.

A: Was ?

K: Ja, Mexiko. Eine böse Schießerei.

K: Ja, 1968 war das.

A: Da nehmen Sie dieses Geburtsbild mit nach Hause und dann haben Sie ja genügend Material, um es zu Hause durchzustöbern.

K: Wenn man das niemals an einem Beispiel erlebt hat, glaube ich, tut man sich furchtbar hart, anzufangen.

A: Ich bin der Meinung, daß nur das richtige Chaos fruchtbar macht. - Schauen Sie, das ist doch eine gute Übung, wir nehmen es ja das nächste Mal gemeinsam durch. Aber Sie sollten eben versuchen, sich selbst zu üben, in diesem Falle ein Erscheinungsbild auf Konstellationen zu übertragen. Das schult insofern, als Sie dann nicht einfach sagen, "ach ja, da hat es gekracht, das war der Mars", - nicht alles, was kracht, ist der Mars. Sie sollen lernen, sich zurecht zu finden im Umgang mit Inhalten, im Umgang mit Erscheinungsbildern. Das ist ja genau das, was dem heutigen Menschen fehlt. Ich sehe ein, daß es schwer ist.

Darum wollen wir ja auch die Bilder durchgehen, vor allem das eine Bild mit den drei Mädchen auf der Brücke.

K: Der Munch.

A: Der Munch. Wissen Sie, den Blick für das Wesentliche, den bekommt man nur durch Übung. Die Unterscheidung, was ist wesentlich, was ist nicht wesentlich. Ich kann es Ihnen sagen, bei dem Munch-Bild war - wenn Sie sich erinnern - das können wir ja kurz einmal skizzieren. Da ist so diagonal im Vordergrund eine Brücke, da sind die drei Mädchen gestanden, am Geländer, und unterhalb vorne links, da war dunkles Wasser. Im Bildhintergrund war dann eine Silhouette mit Bäumen und ein Haus, festgefügt, fast wie eine Festung auf dem mehr ungeordneten Bildvordergrund. In dem Augenblick, in dem Sie das Bild wie eine Schrift untersuchen, dann machen Sie nichts anderes, als mit Ascendent und MC versehen, und dann überlegen Sie, was ist da los ? Verstehen Sie, wenn hier im Bildvordergrund links das Wasser ist, und wenn über dieses Wasser die Brücke führt, und wenn da drei stehen, und wenn darüber sich eine zwanghafte Bewußtseins- oder Bewußtheitssilhouette zusammenverkrampft, in dem Augenblick können Sie feststellen, auch wenn man zunächst einmal über das Symbol geht: möglicherweise, "da muß der Neptun im ersten Quadranten stehen".

K: Können nicht die Achsen auch diagonal liegen ?

A: Nein. Es ist ungefähr wie bei der Schrift, das ist etwa so, als ob der Mensch tatsächlich so ein Fadenkreuz unsichtbar in seinem Ausdruckshandeln hätte. Erfahrungsgemäß jedenfalls. Es gibt ja so einen abstrakten Maler, Cavael heißt er - kennt ihn jemand ?

K: Ja.

A: Ja ? Der ist an der Akademie Professor. Ich will das gar nicht abwertend sagen. In so einem Stammlokal, einem früheren, da hat die Wirtin Bilder aufgehängt, wie man halt meint, daß Schwabing gewesen sein müßte. - Und dann haben sie etwas sehr Schlimmes gemacht, sie haben so ein abstraktes Bild von dem genommen und haben darüber noch eine Lampe gehängt, damit es auch ganz schön hell ist. Und die Lampe hat das Bild dann angeleuchtet, weil es ja vom Professor soundso ist, und ich bin 'reingegangen und habe so hingeschaut, dann habe ich das als neu empfunden und habe zur Bedienung gesagt, "ist das Ihre neue Speisekarte ?" Und dann war der Cavael hinter mir gestanden und dann war er böse. Er hat gemeint, wenn ich schon nichts verstehe davon, dann solle ich wenigstens meinen Mund halten - das war schon 1960 gewesen. Ich hab' ihm dann gesagt, "Sie waren ja schon im Frühjahr 1947 im Hertie ausgestellt, nämlich mitten unter den abstrakten Amerikanern, 1948 dann im Lenbach-Haus". - Da war er dann ganz mild und - weil ich wußte, daß er 1947 - da gabs' keine Ausstellungsräume und da war im obersten Stock von Hertie ein Raum, in dem dann die amerikanischen Abstrakten ausgestellt wurden, und da war er mit drunter. Wir sind uns dann näher gekommen, und mich hat dann was interessiert, und zwar hat der immer im rechten unteren Segment seiner Bilder einen knallroten Fleck gehabt, und der konnte gemalt haben, was er wollte - was ich von ihm gekannt habe, da war immer ein roter bis rotbrauner Fleck. Ich habe dann vermutet, daß er im fünften Haus den Mars haben müßte, und dann stellte sich heraus, daß er von Astrologie zumindest so viel verstand, daß er sein Horoskop hatte - und er hat den Mars im fünften Haus.

Begreifen Sie das Erstaunliche ? - Wie man sich in allen Handlungen wiederspiegelt. Das ist die Übereinstimmung von "Inhalt" und "Funktion", von "Inhalt" und von "Form". Das ist dem selber aber nie aufgefallen gewesen, er mußte dann aber selbst zugeben, "das stimmt". Nur für einen Außenstehenden war das ziemlich deutlich.

Er war im übrigen Skorpion, und hat mir erzählt, "es wäre sehr komisch, immer wenn er mit jemandem einen wesentlichen Streit oder eine Auseinandersetzung hätte, wo es also schon um die Existenz geht, dann wäre der Betreffende ein halbes Jahr später gestorben. Und das wäre ihm schon aufgefallen. Und drum ginge er jedem Streit aus dem Weg." So kann nur ein Skorpion denken. Und ganz davon abgesehen, kann da auch was dran sein. Ja, wir machen eine Pause.

P A U S E

Wir brauchen doch ein Vereinslokal, wo wir in der Pause oder danach zusammensitzen können. Jetzt ist folgendes: ich bin angesprochen worden wegen des Buches, es liegt immer noch in der Buchbinderei, und am Montag kann ich die Exemplare für mich schon abholen.

Dann fahren wir weiter. Es ist jetzt gerade in der Pause das Quadrat Mars-Saturn angesprochen worden. Was würden Sie sagen, was ist mit Mars-Saturn, wenn es ein Quadrat ist, was ist da los ?

K: Energie plus Bremse.

K: Der eine hält fest und der andere will weiter.

A: Was heißt das aber ursprünglich, wenn man überhaupt schon sagt, "der Mars hat ein Quadrat zum Saturn", das ist zwar üblich, es so zu sagen, aber es ist ungenau. Die haben nämlich ein "Quadrat miteinander", wer da nun gegen wen ist, und wer innerhalb der Hierarchie des Geburtsbilds der Stärkere oder der Dominante ist, läßt sich aus einer Einzelkonstellation noch nicht sagen.

Wenn wir auf das Mars-Quadrat-Saturn eingehen, dann können wir dabei ein bißchen wiederholen. Die Planeten sind ja Symbole oder Zeichen für Anlagen, und sind sozusagen die Grundbausteine von Urrudimenten, die jeder von uns in der gleichen Anzahl, aber in verschiedener Beiordnung oder Anordnung hat. Das heißt mit anderen Worten: jeder hat einen Mars, jeder hat einen Saturn, - und das heißt auf deutsch: jeder hat eine Energie, oder eine normale Aggression, und jeder hat einen Zusammenordnungstrieb, der Bewegung aufheben möchte. Und wenn man von Urrudimenten spricht, dann kann man sagen: der Mars, der entsteht aus der Raubtierzeit, die Venus - zum Beispiel - ist ein Anteil aus der Gruppensituation, die kommt aus der Zeit, wo der Mensch seßhaft geworden ist. Und das heißt mit anderen Worten, wenn jemand eine Anlage hat, die ihn zu aggressiven Bildaufnahmen oder Vorstellungsinhalten disponiert, wo hat der dann seinen Baustein "Energie" ?

K: In der Begegnung.

A: In der Begegnung - das heißt, "er selber ist nicht aggressiv als Person, sondern er ist es in seinen Vorstellungsinhalten".

K: Der mit dem Mars im siebten Haus, der wird doch immer ganz schnell heiraten.

A: Mit dem Mars sowieso. Aber schauen Sie, der geht durch hundert Mädchen durch, und da ist eine mit dem Mars am Ascendenten. Und da ist er Feuer und Flamme und kann die ganze Nacht nicht mehr schlafen und was weiß ich, - hält das Ganze für Liebe und in Wirklichkeit hat er bloß seinen Mars getroffen. Das heißt, hier wird ein Bedürfnis zur Vollständigkeit gedeckt.

Gut, der mit Mars in sieben ist also hart und aggressiv in seiner Vorstellungswelt. Persönlich ist er mild. Das ist ja auch immer der Fehler, der in normalen Klischees gemacht wird, daß, wenn jemand harte Urteile fällt, daß man meint, der Betreffende müßte - weiß Gott - wie hart oder scharf oder grausam sein, anstatt daß man bedenkt: die Urteile hat er ja nur deswegen, weil ihm die Härte fehlt. Das ist überall so. Je labiler jemand ist, desto dogmatischer ist jemand im Denken. Das ist eine ganz alte Geschichte. Jetzt nehmen wir einmal an, der hat nun gleichzeitig in seinem fünften Haus den Saturn stehen, - was heißt das ?

K: Der Saturn, der läßt den Mars nicht.

K: Der bremst ihn.

A: Ja, was tut denn der Saturn überhaupt ?

K: Einschränken.

A: Einschränken. Was schränkt er ein ?

K: Er maßregelt alles, was nicht zur Sache gehört.

A: Was haben wir einmal gesagt: was ist der Uranus für eine Linie ?

K: Die Wandlung, also die Wellenlinie.

A: Die Wellenlinie, die "Welle" ist ja auch wieder regelmäßig. Nein, die bizzar, gekrümmte, unregelmäßige Linie, das ist der Uranus. Wenn Sie auf ein weißes Papier so eine Linie hinzeichnen, dann haben Sie auch den Eindruck des Uranus, nämlich den der Unruhe, der Dezentralisation. Was ist denn der Saturn für eine Linie, wenn Sie es hinzeichnen ?

K: Die gerade.

A: Das ist eine gerade, oder es ist rechtwinklig, es ist geordnet, - was also schränkt der Saturn ein ?

K: Die Bewegung.

A: Die Bewegung, - und was ist "die Bewegung" ?

K: Das Leben.

A: Das Leben, genau das ist es. Der Saturn - bei den alten Griechen hat es schon geheißen, "der Cronos frißt seine Kinder". Das heißt mit anderen Worten nichts anderes als "der Saturn frißt seine Lebendigkeit". Der Saturn liebt die Abweichung nicht. Er diszipliniert. Ist das nicht klar ?

K: Doch.

A: Schon. Was macht der Saturn, wenn er da im fünften Haus steht ?

K: Er sucht aber Begegnung, aber er kann nicht.

A: Warum sucht er Begegnung ?

K: Durch den Mars da.

A: Nein, den haben wir noch nicht. Wir haben jetzt den Saturn getrennt. Was betont der ?

K: Das Formierte - zum Beispiel. Also ..

A: Er trennt zwischen dem Wirklichen und dem Subjektiven, also schränkt er das Subjektive ein. Und wenn nicht genügend Subjektivität als Gegengewicht da ist, dann bleibt nichts. Der Mars dagegen fordert aggressiv die Begegnung heraus, - was passiert denn da ?

K: Auf jeden Fall eine große Spannung.

A: Ja, und in diesem Augenblick können Sie von einem Quadrat reden, - Sie können immer nur dann von einem Quadrat reden, wenn zwei Anlagebilder Entwicklungsphasen dominant machen, oder Entwicklungszustände dominant machen, die sich gegenseitig ausschließen. Das Quadrat würde nicht entstehen, wenn der Mars nicht im siebten wäre, dann gäbe es keine Skrupel, keine Schwierigkeiten, gar nichts. Aber weil die Gleichzeitigkeit der Anlagen dominant sind, der Begegnungstrieb und das Disziplinieren, deswegen entsteht das Mißverhältnis. Und wenn Sie das inhaltlich begriffen haben, dann können Sie anschließend nachzählen, ob es wirklich ein Quadrat ist.

K: Wenn man das hier auf fünf und sieben bezieht: Sie sagen, der Mars ist das "Geistige", und auf der anderen Seite schränkt der Saturn "das Lebendige, das Subjektive" ein. Das ist doch wie eine Verzerrung.

A: Was fordert denn das siebte Haus ?

K: Begegnung.

A: Begegnung von Bildern, von aggressiven Bildern. Und was fordert das ? - Der Mars sitzt doch in der Efficiens, im Bewirken. Und diese Efficiens bewirkt ja erst die Ausdrucksmöglichkeit des zweiten Quadranten. Und infolgedessen steht mit dem Saturn plötzlich nichts zur Verfügung - der Mars wird es also ohne Erlebnis nur aus der Vorstellung versuchen.

Wenn der Mars, unabhängig davon, in welchem Tierkreis er steht, an sich "die Aggression" darstellt, und wenn der Saturn "die Disziplinierung" und "die Einschränkung des Lebendigen" und "die Formierung des Subjektiven" darstellt, dann passiert folgendes: dann kann man damit rechnen, wenn das in einem Geburtsbild der Fall ist, daß bei einem Kind durch das ordnende Prinzip die Energie oder die Aggression von früh auf eingeschränkt wurde. Das "ordnende Prinzip" für ein Kind ist meistens der Vater, - kann aber auch etwas anderes sein, kann nternat sein, ein strenges, kann der Zwang einer Situation sein. Die Folge für später ist die, daß - nehmen wir einmal an - wir haben hier ein Quadrat, unabhängig von Entwicklungsphasen ..

K: Ist das wirklich unabhängig davon ?

A: Das ist unabhängig. Wenn eine Mars-Hemmung, ein Widerstreit zwischen Aggression und Disziplinierung, ist immer da, gleich, in welcher Phase, gleich in welchen Belangen, gleich in welchen Bereichen. Wir haben also den Mars-Quadrat-Saturn - ich habe das ja nun erklärt mit den Phasen, weil ich ja nicht will, daß man sich damit begnügt zu sagen, "das ist ein Quadrat". Ich meine, das ist ein technisches - das ist eine Formulierung dafür, die nichts anderes ausdrücken soll als das, was Sie dazu wissen müssen: es sind hier zwei Anlagen in sich widersprechenden Phasen.

Also gut, wir haben hier ein Mars-Quadrat-Saturn, das heißt, wir haben zwei Anlagen von Phasen, die sich widersprechen. Sie haben die Aggression und Sie haben die Disziplinierung - dann passiert folgendes: daß die Aggression immer nur im Widerstand entstehen kann, - also wenn Sie zum Beispiel einen Wartek-Test machen, - da gibt es so einen "Wartek-Test", und da sind sechs Kästchen, in denen jeweils nur kleine Anhaltspunkte gegeben sind, und die muß man vervollständigen und da ist ein Kästchen

darunter, das darüber Aufschluß geben soll über Antrieb und Hemmung. In dem Fall, in dem Mars-Saturn gegeben ist, - immer nur bei den Mars-Saturn-Probanten - entstanden immer extreme Spannungsgebilde. In einem Fall war es geradezu klassisch, da konnte jemand recht gut zeichnen und hat aus den vorgegebenen Anhaltspunkten etwas gemacht, was nun wirklich nicht daraus zu schlußfolgern gewesen wäre, weder durch die vorgegebenen Linien, noch durch sonst was, der hat eine Bauernschlägerei im Wirtshaus gezeichnet. So ganz fix 'reinskizziert, richtig gut zu erkennen, auch mit dem umstürzenden Mobiliar.

Das heißt, die Energie steht immer nur im Sinne des Widerstand-Herausholens, der aufeinanderkrachenden Gegensätze. Das heißt auch für später, daß der Betreffende immer nur dann Energie hat, wenn er einen Widerstand zur Verfügung gestellt bekommt. Wenn ihm also das Leben einen Widerstand bietet. Bietet ihm das Leben keinen Widerstand, dann tun mir die Nachbarn leid, weil er auf die als erstes zurückgreift, um Widerstände zu finden. Findet er bei den Nachbarn keinen Widerstand, - aber das gibts' bei dem gar nicht - dann geht er auf die Jagd, um Widerstände zu finden. Manche machen es auf der sportlichen Ebene, die werden dann Hindernisläufer, und zwar sehr gute.

Wenn einer wirklich keine Widerstände finden sollte, was schier unmöglich ist, oder zu seiner Widerstandssuche nicht kommt, weil er Angst vor den Menschen hat, dann denkt er sich Widerstände zusammen, in der Phantasie, die für ihn dann Wirklichkeit sind, obwohl sie real nicht existieren. Die existieren dann nur in der Einbildung. Und darum ist das Netteste und Christlichste, was man eigentlich in einem solchen Fall machen kann, daß man diesem Mann wirklich Streitmöglichkeiten bietet. Denn dann ist er zufrieden.

K: Geht das sein ganzes Leben so weiter ?

K: Er muß doch einmal eine gewisse innere Reifung durchmachen.

A: Nun klingt das für Sie oder für jemanden, der Mars-Saturn nicht hat, natürlich sehr schlimm. Wenn aber jemand von Jugend auf eine Konstellation hat, ist er dagegen immunisiert. Das heißt, er ist ja gerade nur dadurch glücklich, daß er die Widerstände hat und das kann sich ein anderer, der das nicht hat, nicht vorstellen. Der sagt nämlich: "heut' haben wir wieder richtig schön gestritten". Der schnauft durch. Sie müssen versuchen, sich da hineinzuversetzen.

K: Ich kann das .. ich will das nicht glauben, daß ein Mensch immer der Gleiche bleiben soll.

A: Solange einer blind seiner Subjektivität ausgeliefert ist und kein Stückchen 'rausschauen kann, wird er diesen Mechanismen immer ausgeliefert sein. Ich muß es zu meinem Bedauern sagen: ich habe schon Fünfundsechzigjährige gesehen, die unter der Konstellation stark litten, und da war es immer noch das Gleiche, nur hatten sie nicht mehr die gleiche Frau, aber das ist eine andere Geschichte.

K: Gilt das auch für Mars im Steinbock ?

A: Mars im Steinbock ist ein bißchen unangenehmer - warum ? - Das haben wir auch schon ein paar Mal gehabt. Das ist die Geschichte mit dem Hausbesitzer und mit dem Pächter, - der Saturn ist der Hausbesitzer und der Pächter, der Mars kann nur so, wie es der Saturn zuläßt. Das heißt mit anderen Worten: die Richtung der Energie wird vom Saturn festgelegt. Der wird also für andere, wo auch immer sich das vollzieht, mit Energie einengend wirken. Eine gewisse Richtung zur Destruktion ist darin schon enthalten.

K: Zwei solche, wenn die Nachbarn sind, die leben nebeneinander auf ?

A: Ja, da ist kein Zweifel. Die brauchen sich.

K: Die vertragen sich trotzdem.

A: Sie können die Konstellation natürlich über den Beruf leiten, fast total abdecken. Das ist eine der häufigsten Chirurgen-Konstellationen. Aber auch Politiker, eminent viele Politiker haben diese Konstellation.

K: Ist das irgendwie zu erklären ?

A: Leicht - ich sage Ihnen gleich ein Beispiel. Das ist der Ascendent, und das soll der MC sein - ist das gut zu sehen ? Das ist das achte Haus, wo der Mars drinsitzt, damits' stimmt, da ist das zehnte Haus, mit dem Saturn - da haben Sie ein schönes Mars-Quadrat-Saturn. Dann noch die Sonne und die Venus - was heißt das ?

K: Die Lösung, die liegt in der Begegnung.

K: So ein Mars-Saturn richtet sich auf die Begegnung.

A: Das ist schon recht, - auf was müssen Sie in einem solchen Fall als allererstes schauen ? Geht es bei dem um sich selber ?

K: Um den anderen geht es hier.

A: Es geht ihm also nicht um sich selber. In der Durchführung muß er herausfordern. Und zwar die ihm begegnende Wirklichkeit. Dabei ist sein Ich oder sein Ego schwach. Echt schwach. Aber er wird ständig Streit provozieren. Ich kann es Ihnen ganz schlicht und einfach sagen: das ist die Eskalation der Widerstandssuche. Das heißt, es werden immer größere und weitere Widerstände gesucht, und weil das auch noch Bezug zum zehnten Haus hat, ist das Erwirkte bzw. das Ergebnis "Zerstörung eben jener Wirklichkeit". - Das ist der Hitler. Der hat so lange Widerstände gesucht, bis nichts mehr ging. - Also, wenn auch nicht so extrem, aber Widerstandssuche in der Politik ist immer lohnend. Beim Hitler heißt es ja auch, daß er in den Teppich gebissen hat und so Zeugs. Worauf es mir ankommt ist das, daß er selber Vegetarier war bzw. daß er für seine Person immer das Schlichte vevorzugte und daß er die Widerstandssuche nicht zur Bereicherung seiner Person eingesetzt hat. Er war ja auch nicht mitreißend durch seine Person, denn da war ja gar nichts daheim, sondern das Mitreißende war seine Verhaltensart, die ihn ja, wegen der Sonne im Stier in sieben, zum Darsteller der öffentlichen Bedürfnisse machte. Das heißt mit anderen Worten: die Zeit war reif für ein Mars-Saturn-Bedürfnis, also hat sie sich eine Figur geholt, die diesen Mars-Saturn in die Verwirklichung geeignet - wie sagt man da ? - die halt in den Kahn eingestiegen ist, in diesen Konstellations-Kahn. Die Herde mit ihren Bedürfnissen hat sich seine Konstellation also zuerst geholt, und anschließend haben sie alles auf ihn verteufelt.

K: Was Sie sagen, kommt einem schon voll an, aber man kann es hernach nicht selbst so reproduzieren, daß es gleich zu Fleisch und Blut wird.

A: Und aus diesem Grund möchte ich ja, daß verschiedentlich welche herausgehen zum Pult und dann selbst vortragen, weil man es selber formulieren muß - wissen Sie, wenn es einem vorformuliert wird, ist das was anderes als das selber-formulieren-Müssen. Ich habe das am Anfang vom Kurs schön durchgehalten, da habe ich Sie manchmal schön schwimmen lassen, und jetzt habe ich insofern immer etwas nachgegeben, dem Drang nach Klarheit, - das ist nicht immer gut - ich hätte Sie ein paar Mal ein bißchen mehr im Unklaren lassen sollen.

Wieviel Uhr ist es denn ? - Viertel nach zehn - ja, dann hören wir auf.

Ein fünfter Band ist vorgesehen

Quellennachweis

Wolfgang Döbereiner:

"Ihr Schicksalsrhythmus im Horoskop"
(rhythmische Vergrößerung und Auslösung)
- Das Neue Zeitalter - Nr. 44 - 30. Oktober 1953

"Vererbung, astrologisch gesehen"
Astrologische Monatshefte - Hamburg - Heft 9/10, 1955

"Gibt es wirklich keine Hexen?"
(die vier Causalitäten)
Zenit - München - November 1956

"Häusertabellen zum Rhythmensystem"
(vier Causalitäten)
Zenit - München - Heft 4, April 1957

"V.T. - ein Portrait mit Untertiteln"
(Anlage - Verhalten)
Zenit - München - Heft 3, März 1958

"Züricher Woche"
(Gruppenschicksal - Anlage - Verhalten)
1968: Nr. 18; 20; 21; 25; 33; 68.

"Horoskop für jeden Tag"
(Gruppenschicksal)
Südwestverlag 1972

"Heyne-Tierkreisbücher" 1974
(Interpretationen - Tierkreiszeichen)

"Ihre besten Tage 1976"
1975 Edition Tomus in ECON-Verlag

"Astrologische Tagesschau"
1976 Edition Tomus in ECON-Verlag

"Astrologisches Lehr- und Übungsbuch" Band I bis IV
Selbstverlag Dezember 1978, Frühjahr 81, Herbst 82, Herbst 84
Band V in Vorbereitung

"Astrologisch-homöopathische Erfahrungsbilder zur Diagnose und Therapie von Erkrankungen" Band I und II
Selbstverlag 1980, erweiterte Neuauflage Frühjahr 1982, Herbst 1982

Inhaltsübersicht